Comment se conduire dans les lieux publics

COLLECTION ÉTUDES SOCIOLOGIQUES

Comment se conduire dans les lieux publics

Notes sur l'organisation sociale des rassemblements

Erving Goffman

Traduit de l'anglais (États-Unis)
et postface par Daniel Cefaï

Publié avec le concours de la Maison Méditerranée
des Sciences de l'Homme (MMSH), Aix en Provence

ECONOMICA
49, rue Héricart, 75015 Paris

Cet ouvrage est une traduction du livre *Behavior in Public Places: Notes on the Social Organization of Gatherings,* publié par The Free Press, a division of Simon & Schuster Inc.

Remerciements

Une grande partie des matériaux utilisés dans ce livre ont été recueillis entre 1954 et 1957, alors que j'étais invité par le *Laboratory of Socio-Environmental Studies* du *National Institute of Mental Health.* Les données sur l'hôpital psychiatrique proviennent principalement d'une année d'observation participante de la vie sociale des pensionnaires de l'asile, menée sous la tutelle du laboratoire en 1955-1956. Je suis reconnaissant à son directeur de l'époque, John A. Clausen, au Dr. Winfred Overholser, et au responsable en chef du *Saint Elizabeths Hospital*, Washington, D. C., pour ce qui s'est avéré être une totale liberté d'observer ce que je voulais et de publier des descriptions de ce que j'avais vu. Je remercie également la *Society for the Study of Human Ecology*, dont le soutien m'a permis de passer l'été 1959 à travailler sur le manuscrit, et le *Center for the Integration of Social Science Theory* de l'Université de Californie, grâce auquel j'ai obtenu du temps libre hors de mon enseignement, entre 1958 et 1960, afin d'achever le travail de rédaction.

Je voudrais enfin exprimer ma gratitude à David Schneider, Charlotte Green Schwarz, Gregory Stone, Fred et Marcia Davis, pour leur relecture des versions préliminaires de ce livre.

Première partie

Introduction

Chapitre premier

Le problème

[3] Dans leur diagnostic et leur suivi à l'hôpital de la maladie mentale, les psychiatres mentionnent souvent des aspects du comportement du patient qui sont « inappropriés dans la situation ». Leur croyance que ce type particulier d'inconduite est un signe évident de « maladie mentale » les a amenés à consacrer beaucoup de temps à l'étude de ces impropriétés[1]. Ils ont appris à les thématiser, à les décrire en détail et à en comprendre le sens pour le patient. Ils ont développé leurs capacités d'observation et obtenu des autorisations pour en discuter dans la littérature scientifique - autorisations requises du fait que nombre de ces infractions sont mesquines, gênantes ou embarrassantes. Nous, sociologues, devons leur être reconnaissants de cette moisson, d'autant qu'elle est récoltée par des mains délicates. Nous pouvons exprimer notre gratitude en tentant de nous approprier le fruit de leur enquête, et en offrant en échange quelques observations sur les situations sociales que l'anthropologie nous a enseignées de longue date.

La plupart du temps, l'étude psychiatrique des impropriétés situationnelles s'est focalisée sur le contrevenant, plutôt que sur les règles qui auraient été transgressées ou les cercles sociaux qui auraient été offensés. En poursuivant ces recherches, les psychiatres nous ont cependant fait prendre conscience, à leur insu, d'un domaine important de la vie sociale - celui du comportement dans les lieux publics et semi-publics. Ce domaine n'a pas encore été reconnu comme un domaine de plein droit de l'enquête

▲ 1. [*Improprieties* est traduit par le mot vieilli « impropriété », qui ne s'utilise plus guère que pour les impropriétés de langage, afin de garder la symétrie avec l'idée de « propriétés situationnelles » (*situational proprieties*). Il faut entendre par « impropriétés » ce qui est inapproprié, incorrect ou inconvenant dans la situation] [Les notes du traducteur, qui ne sont pas de la main de Goffman, sont mises entre crochets].

sociologique. Il devrait pourtant l'être, car les règles [4] de conduite dans les rues, les parcs, les restaurants, les théâtres, les magasins, les salons de danse et les salles de réunion, et tous les lieux de rassemblement, dans quelque communauté que ce soit, nous apprennent beaucoup sur les formes les plus diffuses de l'organisation sociale.

La sociologie n'offre pas de cadre préétabli dans lequel ordonner ces données, encore moins comparer leurs ressemblances et leurs différences avec les conduites dans des lieux de rassemblement privé - des bureaux, des cuisines, des salles de séjour ou des ateliers d'usine. Sans doute, une part des recherches sur le « comportement collectif » - émeutes, foules, paniques - a traité de ces questions. Mais la part restante de cet ordre de phénomènes, la circulation des êtres humains et l'organisation de leurs contacts sociaux dans des situations ordinaires, a été peu prise en considération. Le fait que, dans des circonstances données, des mouvements de foule puissent émerger du flux tranquille de la circulation humaine, a été clairement reconnu. Mais la structure de ces relations à l'état de paix, hors de ces états d'agitation collective, n'a guère été étudiée. Ce sera l'objet de ce livre de développer un tel cadre d'analyse.

Quelques-unes de nos données sont empruntées à une enquête sur un hôpital psychiatrique, que nous appellerons désormais l'Hôpital central[1]. D'autres proviennent d'une enquête sur les îles Shetland[2]. D'autres, encore, ont été puisées dans des manuels de civilité, et d'autres, enfin, tirées d'un dossier où je conserve des citations qui m'ont frappé et m'ont paru intéressantes. À l'évidence, beaucoup de ces données ont une valeur discutable, et l'on pourra soumettre mes interprétations - certaines plus que d'autres - à question. Je crois cependant que la spéculation relâchée vaut mieux que la cécité absolue à ces formes élémentaires de conduite.

Une distinction familière sera retenue entre des actes qui sont approuvés socialement et des actes qui sont perçus comme inappropriés. Cette simple dichotomie permet d'être économe en préambules, de passer outre certains problèmes restés non résolus et d'avancer en direction de certains autres, susceptibles de l'être. Avant de m'accorder cette licence, cependant, il me faut poser quelques questions qui découlent de cette décision.

▲1. [*Central Hospital* : il s'agit du Saint Elizabeths Hospital, Washington, D. C. C'était une institution fédérale, fondée en 1855 et administrée par le *Department of Mental Health* du District de Columbia, l'un des plus imposants hôpitaux psychiatriques aux États-Unis, qui abritait encore 7 000 lits à l'époque].

▲2. [Cette communauté de trois-cents habitants, Dixon, en réalité Baltasound, sur l'île de Unst, dont le principal secteur d'activité économique était l'agriculture de subsistance, a été étudiée par Goffman pendant une année entre 1949 et 1951, essentiellement à travers ses interactions dans les occasions sociales, les salles de billard et à l'hôtel local : *Communication Conduct in an Island Community*, thèse de doctorat, département de sociologie, Université de Chicago, 1953].

[5] Quoiqu'une bonne part des exemples auxquels recourt ce livre proviennent de sociétés non occidentales, ma propre expérience porte principalement sur des conduites de membres de classes moyennes, dans un nombre restreint de régions nord-américaines. C'est avant tout à cette expérience que la plupart de mes remarques s'appliquent. Un acte, bien entendu, ne paraît approprié ou inapproprié qu'en accord avec le jugement d'un groupe social particulier - et jusque dans les groupes les plus minuscules et les plus chaleureux, il peut y avoir quelque chose qui ressemble au doute et au désaccord. Le degré de consensus ou de dissension dans un groupe, à propos de la propriété d'un acte - et cela vaut pour les frontières du groupe elles-mêmes - ne peut être établi par mes seules affirmations. Il requiert une enquête empirique systématique. Mon livre est pourtant rempli de telles propositions invérifiées. Cette faiblesse avouée ne saurait toutefois être confondue avec une autre, clairement évitée. Nulle part dans le texte qui suit, je ne fais savoir que je tiens personnellement un acte pour approprié ou inapproprié, même si la méthode d'exposition peut, ici et là, donner cette impression.

C'est dans ce contexte, avec les classes moyennes en point de mire, que se justifie le recours aux citations de manuels de civilité. Quand Mrs Emily Post[1] énonce des préceptes sur les bonnes manières des personnes de bonne éducation et, en conséquence, sur la façon dont les autres personnes devraient se comporter, les sociologues sont souvent choqués. La bonne raison qu'ils avancent pour dénigrer Mrs Post est qu'elle fournit peu de preuves sur l'importance statistique ou sociale du cercle dont elle parle, sur le fait que ses membres se conduisent comme elle dit qu'ils le font, ou même sur le fait que ces personnes - ou d'autres, encore - considèrent qu'il *faut* se conduire de la sorte.

Ces doutes attribuent bien plus d'imagination aux auteurs de manuels de civilité qu'ils n'en ont. Quoique ces écrivains ne vérifient pas empiriquement leur prétentions concernant ce qui est tenu ou non pour approprié, il me semble qu'ils décrivent néanmoins quelques-unes des normes qui *influencent* les conduites de nos classes moyennes, même si, en de nombreuses occasions, d'autres facteurs peuvent l'emporter. Par ailleurs, ces ouvrages sont l'une des rares sources d'information sur la structure de la conduite en public aux États-Unis. Mon sentiment est que le principal inconvénient à y recourir comme matériau de sciences sociales n'est pas tant la nature des propositions qu'ils contiennent - lesquelles peuvent toujours être validées par la recherche. Ce serait plutôt que ces ouvrages [6]

▲ 1. [Emily Post a publié un best-seller en 1922, *Etiquette in Society, in Business, in Politics, and at Home*, qui n'a cessé d'être réédité par la suite - l'édition citée par Goffman est celle de New York, Funk and Wagnalls, 1937. À partir de 1931, elle a tenu des émissions de radio et écrit des billets sur le bon goût, qui étaient publiés dans près de 200 quotidiens. Son entreprise a été perpétuée par l'*Emily Post Institute*, fondé en 1946].

fournissent un simple catalogue de propriétés situationnelles au lieu d'une analyse du système de normes qui sous-tend celles-ci.

Aux États-Unis, peu de sociologues et d'historiens, à l'image de W. Lloyd Warner[1] ou d'Arthur M. Schlesinger[2], ont prêté attention aux manuels de civilité. Je connais moins de psychiatres encore qui estiment avoir affaire à des problèmes similaires à ceux dont traitent ces livres. Pourtant, on pourrait argumenter que les manuels de civilité sont parmi les meilleurs guides pour une compréhension systématique de la conduite observable des patients et des réactions des autres personnes à leur conduite, dans ou hors les hôpitaux psychiatriques.

Hormis la question de la preuve, l'usage irréfléchi de la distinction entre comportement approuvé ou réprouvé pose un autre problème : le concept d'approbation n'est en aucune façon neutre, et couvre un spectre de variables mal explorées.

Une première variable porte sur la force de l'approbation pour le maintien de la règle. Certains actes, qui attestent d'une grande habileté ou d'une forme d'héroïsme, ont droit à des applaudissements pour la performance. D'autres passent pratiquement inaperçus et ne font pas événement, lorsque, par exemple, une lycéenne s'abstient de mettre des bas de nylon, mais porte plutôt des socquettes avec ses chaussures basses[3].

Une seconde variable concerne les conséquences du manquement à la règle. À un bout du spectre, nous avons des actes qui ne sont ni exigés, ni attendus, et qui sont rarement accomplis. Quelques-uns sont recensés dans les manuels de civilité comme des cas exemplaires de courtoisie achevée, davantage pour illustrer les forces idéales qui, estime-t-on, devraient être à l'œuvre en société, que pour fournir des recettes dans la vie quotidienne. À l'autre bout du spectre, nous avons des actes obligatoires, comme celui de payer des contraventions : le refus de s'exécuter peut conduire en prison. Entre ces deux extrêmes se tiennent les actes « tolérés », remarqués avec un léger froncement de sourcil de désaveu, mais que la personne offensée, bien qu'ils constituent des manquements à la règle, est obligée de laisser passer dans certaines situations.

Les différentes combinaisons de ces deux variables, un type d'approbation et un type de [7] réprobation, ne suffisent cependant pas à couvrir tous les cas. Le problème est compliqué par le fait que ces deux

▲1. [Warner L. W., *Yankee City*, New Haven, Yale University Press, 1941, introduit le statut professionnel, l'étiquette et le prestige dans sa définition des castes et des classes. Cf. aussi Davis A., Gardner B., Gardner M., *Deep South*, Chicago, University of Chicago Press, 1941 : la caste de Noirs est intégrée quoique enclavée dans le système économique, mais traitée comme inférieure et discriminée dans le système social].

▲2. Schlesinger A. M., *Learning How to Behave*, New York, The Macmillan Company, 1946.

▲3. Gordon C. W., *The Social System of the High School*, New York, The Free Press of Glencoe, 1957, p. 118.

variables renvoient souvent moins à des espèces d'actes concrets, comme le fait de tirer son chapeau en croisant une dame, qu'à des classes d'actes, dont les occurrences sont distinctes d'un point de vue phénoménal, mais équivalentes d'un point de vue normatif, et substituables en situation. Ces classes d'actes sont elles-mêmes de taille variable. Par exemple, la directive « tenue de gala exigée » contraint une femme à porter une robe de soirée, au sens strict, tandis que l'indication « robe d'après-midi », qui est également une stipulation normative, peut être satisfaite par un libre choix entre plusieurs tenues vestimentaires. Cette liberté de choix à l'intérieur d'une classe d'actes obligatoires peut rendre l'individu aveugle aux contraintes relevant de la classe comme un tout.

On voit encore comment une erreur peut être commise en mettant en équation deux situations, sous le motif que le même acte est « approuvé » en chacune d'entre elles, alors même que l'approbation peut y prendre des significations sensiblement différentes. Dans ce livre-ci, un type d'acte approuvé aura une importance centrale : le type d'acte qui ne fait événement qu'en négatif. S'il n'est pas accompli, il donne lieu à des sanctions négatives spécifiques ; mais s'il est accompli, personne ne le remarque, il ne fait pas événement.

Ajoutons une remarque préliminaire. Un modèle conceptuel fréquemment employé ces derniers temps en sciences sociales est celui du « système naturel clos »[1]. Un tel système de comportement concret implique une différenciation d'activités. Leur intégration les unes avec les autres rend possible l'émergence de fonctions générales, maintenues à travers un équilibre des interactions entre les activités qui les composent. Cet équilibre peut être de différentes espèces - dynamique, autorégulé, et ainsi de suite.

Un modèle conceptuel moins compliqué est celui de la théorie des « jeux »[2]. Dans le jeu standard, à « somme nulle », on assiste à un échange ordonné de coups, conformément à des règles restrictives, entre un petit nombre d'équipes. Les coups joués par une équipe s'agrègent en une seule ligne d'action, qui vise à contrarier le projet d'action de l'équipe adverse. Le jeu, pris dans sa totalité, engendre [8] le déploiement d'une seule histoire, où s'enchevêtrent des lignes d'action antagonistes, orientées mutuellement les unes vers les autres[3].

▲ 1. [Goffman fait référence aux progrès de la cybernétique, sous l'égide de L. von Bertalanffy, dont s'inspiraient certains auteurs pour traiter de l'auto-régulation et de l'auto-reproduction des communautés et des organisations].

▲ 2. [Goffman fait référence à la *game theory* développée par J. von Neumann et O. Morgenstern, dont il montrera, dans *Strategic Interaction*, les limites pour rendre compte de l'ordre de l'interaction].

▲ 3. Il y a des jeux de coopération et de collaboration à « somme non nulle », mais l'analyse de ces jeux semble commencer avec des jeux à somme nulle.

Le cadre d'analyse qui sera ici retenu est beaucoup plus simple que celui des théories des jeux ou du système naturel, mais il est aussi plus inclusif. Il s'agit d'un modèle de l'« *ordre social* ». Pour faire bref, un ordre social peut être défini comme la conséquence de tout ensemble de normes morales qui régule la façon dont des personnes poursuivent leurs objectifs. Cet ensemble de normes ne spécifie pas les finalités que poursuivent les participants, ni le schéma formé par la composition ou l'intégration de ces finalités les unes avec les autres. Il concerne seulement les modalités de leur visée. Les règles de la circulation routière et l'ordre qui en découle en sont un bon exemple. Tout système social ou tout jeu social peuvent être vus de façon appropriée comme des instances d'un ordre social, encore que cette perspective ne nous permette pas de saisir ce qu'il y a de systémique dans les systèmes et de ludique dans les jeux.

Il existe de nombreux types d'ordre social. L'ordre juridique et l'ordre économique en sont deux exemples importants. À l'intérieur de chacun de ces ordres, le comportement simple est transformé en un type correspondant de conduite. Des actes particuliers et concrets, bien entendu, sont accomplis, selon toute plausibilité, en conformité avec les régulations de l'un ou l'autre de ces ordres. Ici, nous enquêterons sur un seul type de régulation : celui qui gouverne les façons dont une personne s'y prend avec soi-même et avec les autres, dans une situation de coprésence physique, et en vertu de celle-ci. L'objet de ce livre sera donc l'*interaction immédiate* ou l'*interaction en face-à-face.*

Une note s'impose à propos du terme « *public* ». Les normes qui soutiennent l'ordre public, tel qu'il est d'ordinaire défini, règlent non seulement l'interaction en face-à-face, mais portent également sur des questions qui n'impliquent pas de contact immédiat entre les personnes. Par exemple, durant la période médiévale, une obligation en vigueur, souvent transgressée, était de maintenir les cochons hors des rues, même [9] s'ils pouvaient y trouver une nourriture abondante[1] ; de même, une autre obligation imposait d'éteindre les lumières et les feux de la ville à une heure donnée, pour éviter tout risque d'incendie[2]. De nos jours, le citadin est tenu de maintenir en bon état les bouts de trottoir et de rue devant son domicile[3] et de ne pas déverser de déchets toxiques sur le territoire de la ville. De surcroît, la notion d'ordre public fait davantage référence à la régulation des interactions en face-à-face, entre membres d'une communauté qui ne se connaissent pas ou peu, qu'à des interactions dans des lieux enclos et

▲ 1. Salusbury G.T., *Street Life in Medieval England*, Oxford, Pen-in-Hand, 1948, p. 65-69.

▲ 2. « Curfew », *Encyclopaedia Britannica*, 1947, 6, p. 873-874.

▲ 3. [C'est une obligation légale, dans la plupart des villes aux États-Unis, qui incombe aux personnes privées, de balayer devant leur porte et de retirer neige et glace en hiver. Le propriétaire ou le locataire est tenu pour responsable s'il peut être établi que le mauvais entretien de ce bout d'espace est la cause d'un accident].

privés, où seulement des familiers se rencontrent. La notion de « lieux publics » renvoie aux régions d'une communauté librement accessibles à tous ses membres ; celle de « lieux privés » aux régions insonorisées où seuls des membres autorisés ou leurs invités se rassemblent. La préoccupation pour l'ordre public ne naît que de la gêne qu'un rassemblement privé cause aux voisins. Ces termes seront utilisés dans leur sens conventionnel, et il ne faut y projeter aucune signification analytique. Dans l'étude des *groupes*, la distinction entre primaire et secondaire ou entre privé et public dans la caractérisation des lieux de réunion peut être de fait porteuse de sens, mais dans l'étude des *rassemblements*, toutes les occasions où plus de deux personnes sont coprésentes peuvent être traitées fructueusement, dans un premier temps, comme une seule classe.

Notre objet sera donc la composante du comportement qui joue un rôle dans la circulation physique des personnes. Certains pensent que ces conduites sont de peu de poids, et qu'elles ne sont qu'un enjeu mineur de bonnes manières et de civilités. Mais d'autres auteurs, comme Giovanni Della Casa, ont laissé entendre l'importance de la chose, et ont tenté d'expliquer pourquoi :

> « Car quoique la générosité, la loyauté et la magnanimité soient, sans aucun doute, des qualités plus nobles et plus louables qu'une belle apparence et une bonne éducation, il n'en reste pas moins que la douceur des mœurs et la courtoisie, de belles manières de se tenir et de parler, profitent davantage à ceux qui les détiennent que la grandeur d'âme ou la confiance en soi. La nécessité s'imposant à chacun d'entre nous de rencontrer d'autres hommes et de converser avec eux, nous [10] devons user des bonnes manières plusieurs fois par jour, alors que la justice, la force morale, et les autres vertus, les plus hautes et les plus nobles, sont moins fréquemment mises en œuvre. Nul n'est tenu d'exercer sa générosité ou sa magnanimité, avec grandeur et à toute heure, et nul ne pourrait s'en acquitter bien souvent. Les hommes pleins de force et de courage sont rarement appelés à mettre leur valeur et leur vertu à l'épreuve de leurs actes[1]. »

Avant de continuer, quelques réponses toutes prêtes à la question de la conduite publique appropriée doivent être signalées. Il y a de nombreux contextes sociaux dans lesquels les personnes d'un certain statut n'ont pas le droit d'entrer. Un effort semble être accompli pour prévenir la pénétration des frontières du soi, pour empêcher la contamination par des indésirables ou pour écarter l'agression physique.

Les règles de contrôle des seuils d'une propriété, par exemple, interdisent aux individus non autorisés d'entrer dans une habitation privée à n'importe quelle heure, ou dans un bâtiment semi-privé hors des horaires d'accès public. Moins familières sont les nombreuses règles qui restreignent le droit d'être présent dans des lieux publics, à ciel ouvert et sans clôture. Citons-en quelques-unes : à Londres, au XIXe siècle, l'exclusion formelle des parcs de

▲ 1. Della Casa G., *Galateo* (1558) [trad. ang. : R. S. Pine-Coffin, Londres, Penguin Books, 1958, p. 21-22 - retraduit à partir de la version italienne].

certaines catégories de population et l'exclusion de fait des gens ordinaires des promenades comme *Rotten Row*[1] ; dans les villes musulmanes, bâties autour de *quartiers*[2], l'interdiction de circuler après la tombée de la nuit hors du voisinage de son domicile. On peut encore citer les couvre-feux qui déclarent illégale la sortie des jeunes d'un certain âge sans la compagnie d'un adulte ; les règlements des pensionnats, interdisant la présence dans la rue après une certaine heure ou les règlements militaires, prohibant l'accès à certaines zones à certaines catégories de personnel ; enfin, les règles de police imposant pendant la nuit une ségrégation raciale sur les voies publiques dans certaines parties de la ville.

Quand de telles règles d'exclusion existent, il est clair que la simple présence de l'individu, quelle que soit sa conduite, signifie soit qu'il détient les qualités requises pour être là, soit qu'il est en train de se comporter de façon incorrecte. Il y a là un motif, soit pour chercher à entrer dans un lieu particulier, soit pour vouloir s'en tenir à distance et ne pas y être vu.

[11] Dans beaucoup de situations, la présence de certaines catégories de personnes pourrait bien n'être pas autorisée. Si elle l'était, cet acte serait en soi inapproprié. Le sens commun, cependant, a aussi son mot à dire à propos de ceux dont la présence est autorisée. La règle de conduite qui semble être commune et exclusive à toutes les situations est celle qui oblige les participants à se fondre (*fit in*) dans la situation sans se faire remarquer. Les mots qui s'appliquent à un enfant, lors de sa première sortie dans un restaurant, valent sans doute pour tout un chacun et en tout temps. L'individu doit « bien » se tenir, ne pas faire d'esclandre ou ne pas causer de trouble. Il ne doit pas attirer l'attention de façon indue sur sa personne, soit en s'imposant de façon exagérée à l'assemblée, soit en se retirant de façon trop sensible de leur compagnie. Il doit respecter l'esprit ou l'*ethos* de la situation. Il ne doit être ni *de trop*[3], ni déplacé. Dans certaines occasions, l'individu est amené à agir comme s'il était pris par la situation, alors qu'en fait, il sait pertinemment, comme d'autres personnes présentes, que ce n'est pas le cas. Par égard pour l'harmonie de la scène, on exige de lui qu'il se compromette et se mette en danger, en prenant l'air de quelqu'un qui appartient (*belongs*) à la situation, alors qu'on pourrait attester du contraire. Un bon exemple peut être tiré d'un ancien manuel de civilité américain :

> « S'il vous arrivait un soir de rendre une visite à une maison où, sans que vous le sachiez, une petite réception a été organisée, vous devez entrer et vous présenter exactement comme vous l'auriez fait si vous aviez été invité. Vous retirer précipitamment en vous excusant de votre intrusion créerait une scène et serait extrêmement gênant. Entrez donc, discutez avec aisance pendant quelque temps, et prenez ensuite congé. Prenez soin de le faire savoir le jour

▲ 1. [*Rotten Row* ou Route du Roi, créée au sud de Hyde Park, à Londres, par William III et lieu de promenade pour les classes supérieures aux XVIIIe et XIXe siècles].

▲ 2. [En français dans le texte].

▲ 3. [En français dans le texte].

suivant, de telle sorte qu'il vienne à la connaissance de la famille que vous n'étiez pas au courant de l'organisation de cette réunion[1]. »

Bien entendu, les variations sont grandes entre les différents groupements sociaux quant à la capacité de leurs membres à penser et à exprimer ces choses-là. Et les mots utilisés pour le faire varient tout autant. Mais on peut supposer que, dans tous les groupements, il existe un souci de s'ajuster à la situation et de se fondre en elle.

[12] L'idée de se fondre dans la situation renvoie à un autre élément de sens commun : ce qui est approprié dans une situation pourrait bien ne pas l'être dans une autre. Le sentiment courant, éprouvé par un individu, quand il en éprouve un, sera de se plier aux exigences de la situation. Ce thème apparaît dans la littérature en sciences sociales sous la figure du « déterminisme situationnel ». Les études sur les relations raciales mettent par exemple en évidence que, pour le même groupe de personnes, des tabous de caste dans une sphère de vie peuvent coexister avec des relations égalitaires dans d'autres sphères[2].

Mais nous ne sommes qu'au début de l'enquête. Qu'un individu puisse se conduire de façon particulière, uniquement parce qu'il ressent la pression des convenances, ne nous indique qu'un motif possible de conformité. Nous ne savons toujours pas *pourquoi* cette forme particulière de conduite est ici approuvée - à savoir comment cette règle a émergé historiquement et quelle est son actuelle fonction sociale. Pour traiter de ces sujets, un détour analytique s'impose, par d'autres voies.

▲ 1. *The Laws of Etiquette*, by « A Gentleman », Philadelphie, Carey, Lee, and Blanchard, 1836, p. 77-78.

▲ 2. Lohman J., Reitzes D., « Note on Race Relations in Mass Society », *American Journal of Sociology*, 58, 1952, p. 240-246 ; Rogler C., « Some Situational Aspects of Race Relations in Puerto Rico », *Social Forces*, 27, 1949, p. 72-77.

Chapitre 2

Premières définitions

[13] L'échange de mots et de regards entre des individus en présence l'un de l'autre est un arrangement social tout à fait commun, encore qu'il soit difficile de démêler les propriétés de la communication qui le caractérisent. Quelques définitions plus sophistiquées apparaissent nécessaires.

Un individu peut donner une information par des moyens langagiers, formellement institués à cette fin dans la société, à savoir des discours ou des substituts de discours consacrés, comme les signes picturaux, la gestuelle ou l'écriture. Cet individu envoie des messages à quelqu'un qui les reçoit. Mais il peut aussi donner une information sur un mode expressif, en passant, moyennant des événements qui lui sont associés, porteurs d'un sens symptomatique. Dans ce cas, il émet, exsude ou dégage une information à quelqu'un qui la recueille. Les messages langagiers peuvent transmettre du sens « à propos » de quelque chose dans le monde : l'émetteur et le thème du message n'ont pas de connexion nécessaire, et ne coïncident qu'après coup, dans des récits autobiographiques. Les messages expressifs sont nécessairement « à propos » du complexe physique causal dont l'agence de transmission est partie prenante. Le consensus semble plus fermement établi autour du sens des messages en langage que des messages expressifs. Les messages en langage peuvent être traduits, stockés, et produits comme preuves judiciaires ; les messages expressifs tendent à ne pas engager [14] la responsabilité légale de l'émetteur, d'ordinaire à même de nier un vouloir-signifier que les autres prétendent lui attribuer. Les messages en langage sont perçus comme volontaires et intentionnels ; les messages expressifs doivent souvent préserver la fiction qu'ils sont involontaires et spontanés, non calculés et non intentionnels - ce qu'ils sont dans certains cas[1]. Chaque message langagier charrie une information expressive, celle de l'émetteur qui envoie le message. Dans tous les cas, la plupart des messages combinent concrètement des éléments langagiers et des éléments expressifs, dont la proportion diffère considérablement d'un message à l'autre.

L'information qu'un individu fournit, qu'il l'envoie ou qu'il l'exsude, peut être *incarnée* ou *désincarnée*[2]. Un froncement de sourcil, un mot ou un coup sont des messages incarnés, qu'un émetteur convoie en acte, par sa propre activité corporelle. La transmission ne se fait qu'aussi longtemps que son corps est présent pour poursuivre cette activité. Les messages désincarnés, comme les lettres ou les cadeaux qui nous sont envoyés par la poste, ou les indices que les chasseurs recueillent en déchiffrant les traces d'un animal maintenant distant, requièrent la capacité de l'organisme de faire quelque chose qui emprisonne et qui conserve l'information, longtemps après qu'il a cessé de la transmettre. Mais notre livre ne sera concerné que par des messages incarnés.

Aucun verbe ordinaire, en langue anglaise, ne semble couvrir tous les sens - vue, ouïe, odorat, goût et toucher - qui limitent les possibilités de réception et forment l'équipement par où un individu est capable d'obtenir des informations. Un terme comme « percevoir », avec sa référence spécifique à la vision, doit être élargi, tandis qu'un terme comme « expérience » doit, au contraire, voir son sens restreint. D'autres mots doivent être forgés, comme « vérifier » (*audit*) ou « contrôler » (*monitor*).

Selon la compréhension ordinaire de la réception par les cinq sens, celle-ci se fait de façon « directe » ou « immédiate ». Cela implique une restriction du recours à des procédés mécaniques, [15] chimiques ou électriques, qui corrigent les sens déficients d'un individu particulier et les rétablissent au niveau moyen des sens normaux. Les lunettes, par exemple, sont acceptables, mais pas les jumelles ; les audiophones, mais pas les microphones. L'éclairage électrique, aussi, dès lors qu'il illumine une pièce selon les standards de la lumière de plein jour, est compatible avec l'idée que l'on se fait d'une réception « directe » ou « immédiate ».

Quand on parle de faire l'expérience de quelqu'un d'autre au moyen de ses seuls sens, on sous-entend d'ordinaire la réception de messages incarnés. Le lien entre l'opération des sens nus d'un côté et la transmission de messages incarnés de l'autre est une condition essentielle de la communication dans une interaction en face-à-face. Sous cette condition,

▲ 1. La dichotomie « volontaire-involontaire » est l'une des moins innocentes dans notre métier. Plus avant, un effort sera fait pour indiquer quelques-uns des problèmes qu'elle soulève.

▲ 2. Le lecteur pourra comparer avec l'usage de ces termes par Szasz T. S., *The Myth of Mental Illness*, New York, Hoeber-Harper, 1961, p. 116et s. [trad. fr. : D. Berger, *Le mythe de la maladie mentale*, Paris, Payot, 1975].

tout message qu'envoie un individu est susceptible d'être qualifié et modifié par une masse d'informations complémentaires que les autres recueillent simultanément à son propos, souvent à son insu. Un très grand nombre de courts messages peuvent ainsi être envoyés.

Mais l'individu peut aussi recevoir des messages incarnés au moyen de ses sens nus sans risquer d'inverser les rôles de communication, quand par exemple il espionne des personnes à travers une fissure dans le mur ou quand il les entend à travers une mince cloison[1]. De tels arrangements asymétriques peuvent même être mis en place dans un cadre professionnel : il en va ainsi de la procédure par laquelle les prêtres et les psychanalystes observent leurs clients sans être facilement observés en retour. D'ordinaire, cependant, en usant de ses sens nus pour recevoir des messages incarnés de la part de ses partenaires, l'individu se rend également disponible comme source de messages incarnés à leur adresse (et ce même si une exploitation différentielle des possibilités de contrôle est toujours possible). Ici, nous touchons à une seconde condition de la communication dans les interactions en face-à-face : non seulement les processus d'émission et de réception sont [16] immédiats et incarnés, mais de surcroît, chaque émetteur est lui-même un récepteur, et réciproquement.

Les implications de cette seconde condition sont fondamentales. Premièrement, la vue commence à acquérir un rôle spécial et supplémentaire par rapport aux autres sens. Chaque individu peut *voir* qu'il est un objet d'expérience, sous tel et tel aspect, et il guidera une partie, tout au moins, de sa conduite, conformément à l'identité perçue et à la réaction initiale de son auditoire[2]. De plus, il peut être vu en train de voir ceci, et peut voir qu'il a été vu voyant. D'ordinaire, utiliser nos sens nus signifie y recourir ouvertement (*nakedly*) et se trouver en situation de vulnérabilité (*naked*) en raison de leur usage. Nous sommes clairement vus comme les agents de nos actes, sans que grande chance nous soit laissée de nier que nous les avons commis. Et

▲1. Une relation de communication asymétrique de ce type, n'en déplaise à Polonius [qui espionnait Hamlet caché derrière une tapisserie], est bien sûr plus commode quand sont utilisées des techniques d'amplification, comme des micros-espions. Aux îles Shetland, des jumelles de poche étaient communément utilisées afin d'observer les voisins sans pouvoir être surpris en retour en train d'observer. De cette façon, il était possible de vérifier constamment dans quelle phase du cycle annuel de travail les voisins étaient engagés, et qui étaient leurs visiteurs. Cet usage de la lunette était apparemment explicable par la distance physique entre les falaises et l'absence d'arbres et de rochers qui empêchent la perception à distance. Il était aussi sans doute lié à la forte tradition maritime des îles. On pourrait rajouter que chaque communauté, chaque entreprise semble avoir des arrangements de communication qui lui sont propres.

▲2. Dans le cas d'une relation de communication asymétrique, une personne qui suspecte qu'elle est espionnée par des moyens directs ou indirects modifiera considérablement sa conduite, même si elle ignore l'identité de ses éventuels observateurs. C'est l'une des possibilités explorée par George Orwell dans *1984*, Londres, Secker and Warburg, 1948 [trad. fr. : A. Audiberti, *1984*, Paris, Gallimard, 1950], et cette possibilité est l'une des forces opérantes dans le contrôle social de personnes qui sont seules.

nous ne pouvons pas facilement nier que nous avons émis ou reçu des messages incarnés, tout au moins vis-à-vis des personnes qui sont directement impliquées dans l'échange[1].

Un facteur émerge alors, qui a été examiné en détail par Adam Smith, Charles H. Cooley ou George H. Mead : la réciprocité spécifique des interactions sociales immédiates. Quand deux personnes sont ensemble, une partie de leur monde est constituée par le fait (et par la prise en considération du fait) que la ligne d'action de l'une est soit facilitée, soit entravée par celle de l'autre. Une telle ligne d'action se déploie toujours dans un monde fait d'obstacles et d'opportunités. Les individus adoptent l'attitude des autres personnes présentes, sur un mode sympathique, quelle que soit la finalité au service de laquelle ils mettent les informations ainsi obtenues[2].

[17] Deux traits distinctifs de l'interaction en face-à-face ont jusqu'ici été mentionnés : la richesse du flux d'information et la facilitation d'une action en retour. Ces deux traits ont une importance suffisamment forte dans l'organisation de l'interaction que le traitement autonome des normes sociales qui régulent le comportement de personnes immédiatement présentes l'une à l'autre apparaît justifié analytiquement.

La distance physique jusqu'à laquelle une personne peut avoir l'expérience d'une autre avec ses seuls sens - trouvant dès lors que l'autre est « à portée » - varie en relation à de nombreux facteurs : le médium sensoriel qui est activé, la présence d'obstacles et même la température de l'air. Aux îles Shetland, il arrivait que des visiteurs du continent se promènent, les nuits froides, le long de la baie, et se sentant isolés, rient fort selon les stricts standards locaux. Cela pouvait provoquer chez les Shetlanders, à près de deux cents mètres de là, des froncements de sourcils de désapprobation. Inversement, quand un individu chuchote ou s'exprime par le regard, son corps agit comme une barrière qui focalise l'attention, et qui restreint effectivement la sphère habituelle de propagation des stimuli sensoriels. La réception se voit de la sorte limitée à ceux qui sont très proches de cet individu ou directement en face de lui.

▲ 1. Quand des écrans de télévision seront rajoutés aux lignes téléphoniques, les événements qui font l'interaction directe seront finalement rendus disponibles à ceux qui se trouvent à distance. Dans tous les cas, ces formes de communication médiatisées entre deux lieux distants peuvent être caractérisées par leur degré de restriction des possibilités de communication ici discutées.

▲ 2. Robert E. Park le suggérait dans « Human Nature and Collective Behavior », *American Journal of Sociology*, 32, 1927, p. 738 : « Dans une société humaine, chaque acte de chaque individu tend à devenir un geste, du fait que ce que l'on fait est toujours une indication de ce que l'on a l'intention de faire. La conséquence en est que l'individu en société vit une existence plus ou moins publique, en ce que ses actes sont anticipés, évalués, inhibés ou modifiés par les gestes et les intentions de ses partenaires. C'est dans ce conflit social, où chaque individu vit plus ou moins dans l'esprit de tous les autres individus, que la nature humaine acquiert ses traits humains les plus caractéristiques ».

Les conditions pleines de la coprésence, cependant, se rencontrent dans des circonstances moins variables. Les personnes doivent sentir qu'elles sont suffisamment proches pour être perçues dans ce qu'elles font, et pour être perçues dans leur sensation d'être perçues. Dans la société occidentale, enclose dans ses murs, ces conditions sont supposées être remplies pour toutes les personnes présentes dans l'espace d'une pièce. Sur la voie publique et dans des lieux relativement non obstrués, la région spatiale où la présence mutuelle peut être dite prévaloir n'est pas clairement tracée, du fait que les personnes qui sont présentes en différents points sont capables d'observer (et d'être observées par) un [18] ensemble de personnes sensiblement différent. Cette spécification mise entre parenthèses, j'utiliserai le terme de « *rassemblement* » pour désigner tout regroupement de deux personnes ou plus : les membres de ce regroupement incluent tous ceux qui, et seulement ceux qui, à un moment donné, se trouvent en présence immédiate les uns des autres. Par le terme de « *situation* », je désignerai la totalité de l'environnement spatial où se tient (ou se rend présent) un rassemblement, dans lequel une personne qui entre devient membre. Les situations commencent quand un contrôle mutuel se met en place entre les personnes coprésentes. Elles se terminent quand la dernière personne restante s'en est allée. Quand je voudrai insister sur la pleine extension de cette unité, j'emploierai l'expression de « situation dans son ensemble » (*situation at large*).

Outre les concepts de « rassemblement » et de « situation », d'autres concepts fondamentaux doivent être définis, de façon provisoire. Quand des personnes se rassemblent et se retrouvent en présence immédiate les unes des autres, elles tendent à le faire en tant que participantes à ce que j'appellerai une « *occasion sociale* ». Une occasion sociale est une affaire, un événement ou une entreprise de plus large amplitude, limitée spatialement et temporellement, en général aménagée par un équipement fixe. Une occasion sociale fournit le contexte social dans lequel de nombreuses situations et leurs rassemblements sont susceptibles de se former, de se dissoudre et de se former à nouveau. Un modèle de conduite tend à y être reconnu comme approprié, quand il n'est pas, comme souvent, officiel ou programmé - un « schéma de comportement durable »[1]. Comme exemples d'occasions sociales, on peut citer la réception publique, le pique-nique, la journée au bureau ou la soirée à l'opéra.

Pour piloter le cours d'une occasion sociale, un ou plusieurs participants peuvent être définis comme responsables afin de mettre l'affaire en route, de guider l'activité principale, de maintenir l'ordre et de conclure l'événement. On distingue parfois entre les participants à part entière et

▲ 1. Barker R., Wright H., *Midwest and Its Children*, Evanston, Row, Peterson, sans date, p. 7 et p. 45-46.

différentes catégories de spectateurs. En outre, entre le début et la fin de l'occasion sociale, un « profil d'engagement » peut être tracé, une courbe qui enregistre les variations à la hausse et à la baisse des degrés d'absorption des participants dans l'activité principale[1].

Certaines occasions sociales, un enterrement, par exemple, ont des bornes bien nettes qui en marquent le début et la fin, et des règles très strictes quant au type d'assistance en droit d'y participer [19] et d'activités qui y sont tolérées. Chaque classe de ces occasions possède un *ethos* distinctif, un esprit, une structure émotionnelle, qui doivent être convenablement créés, instaurés et soutenus pour durer - les participants devant se sentir pris par l'occasion, quels que soient leurs sentiments personnels. Ces occasions, communément programmées à l'avance, se caractérisent par un agenda d'activités, l'attribution d'une fonction de direction, la spécification de sanctions négatives pour conduite incorrecte, et la programmation de phases préétablies autour d'un moment culminant. D'autres occasions, comme un mardi après-midi en ville[2], sont très diffuses, et peuvent ne pas être perçues par leurs participants comme des entités dotées d'une structure et d'un développement qui leur soient propres, saisissables, prospectivement ou rétrospectivement, comme des totalités. (Dans ce cas, l'individu peut apercevoir une ligne de développement de l'occasion durant sa propre période de participation, mais il ne la recadre pas dans l'occasion prise comme un tout). Le terme très utile de « *contexte de comportement* » (*behavior setting*) avancé par Barker et ses collaborateurs peut être alors suffisant[3]. Des occasions sociales diffuses peuvent, bien entendu, développer une structure et une orientation au cours de leur déploiement.

Certaines de ces occasions sociales, que l'on traite souvent de « pas sérieuses » ou de « récréatives », sont perçues comme des fins en soi. L'individu reconnaît y participer pour le simple plaisir. D'autres sont saisies comme « sérieuses », et servent officiellement de moyens vers d'autres fins. D'autres, encore, sont vues comme « régulières », des instances faisant partie de séries d'occasions similaires - séries qui sont elles-mêmes vues comme des unités et se développent comme telles, selon des cycles quotidiens, hebdomadaires ou annuels, souvent avec les mêmes participants.

▲ 1. Une illustration de ce qu'est l'analyse d'une occasion sociale se trouve dans Riesman D., Potter R., Watson J., « The Vanishing Host », *Human Organization*, 19, 1960, p. 17-27.

▲ 2. [*Tuesday afternoon downtown* : sans doute choisi pour signifier un moment où il ne se passe pas grand-chose, où l'ambiance et l'animation sont un peu relâchées, par contraste avec le vendredi ou le samedi soir].

▲ 3. Barker R., Wright H., *Midwest and Its Children, op. cit.*, p. 7-10 et p. 45-50. Les auteurs font une très utile recension des problèmes conceptuels que pose l'usage de ce terme. [Un contexte de comportement (*behavior setting*) est un des sites naturels de comportement que R. G. Barker et H. F. Wright ont circonscrits dans leur recherche de psychologie écologique des enfants, à la station d'Oskaloosa, Kansas].

D'autres occasions, enfin, comme les fêtes qui émergent sous l'impulsion du moment, sont vécues comme des événements uniques, dépourvus de caractère sériel.

Le concept d'occasion sociale pose de nombreux problèmes, mais on doit y recourir pour désigner certaines situations[1] : beaucoup de rassemblements se produisent sous les auspices d'une plus large instance [20] de ce type. Nous espérons qu'il deviendra bientôt clair que les régulations de la conduite, caractéristiques des situations et de leurs rassemblements, peuvent être pour une bonne part rapportées à l'occasion sociale dont elles relèvent.

Du fait que différents participants peuvent tenir dans une même occasion sociale des rôles tout à fait différents, on peut soutenir que ce qui est une occasion de jeu pour un individu pourra être une occasion de travail pour un autre individu, comme c'est le cas de l'invité et du serviteur dans une réception. Cependant, un excès de relativisme n'est pas justifié. Si différent soit ce que ressentent les participants à une occasion sociale, on peut présumer qu'ils parviendront à s'entendre sur le sens de l'occasion dont ils sont en train de parler. De plus, celui qui doit travailler sur le lieu et au moment d'une occasion de loisir sait pertinemment que son travail n'est pas accompli au service d'une occasion sérieuse. Cet état de fait constitue une dimension importante de son emploi.

On peut cependant entendre dans un autre sens le fait que de multiples réalités sociales prennent place en un même lieu. Une fois qu'une situation sociale est rapportée à une occasion sociale qui donne le ton au rassemblement qui y a cours, nous devons admettre la possibilité que le même espace physique puisse être investi par deux occasions sociales distinctes. La situation sociale peut alors être la scène d'un conflit, réel ou potentiel, entre les différents ensembles de régulations qui la gouvernent. Prenez pour exemple le conflit classique entre les définitions de la situation, d'une part, par les touristes estivaux, qui voudraient étendre l'informalité de leur camp de vacances aux commerces du coin, d'autre part, par les habitants de cette localité, qui voudraient maintenir le décorum approprié de leurs affaires quotidiennes. Le même type de chevauchement entre définitions de la situation peut se retrouver dans un même établissement social. Ainsi, dans un immeuble de bureaux ou dans une bibliothèque publique, où des règles de bienséance assez strictes sont en vigueur, les personnels de maintenance peuvent avoir sur l'occasion des perspectives divergentes de celles des autres employés. Ils peuvent travailler dans leurs

▲ 1. Une description des caractéristiques générales de l'occasion sociale est tentée dans Goffman E., *Communication Conduct*, *op. cit.*, 1953, chap. 9. On trouvera une très bonne présentation des subtilités de ce concept dans Pike K. L., *Language in Relation to a Unified Theory of the Structure of Human Behavior*, Glendale, CA, Summer Institute of Linguistics, 1954, première partie.

habits de tous les jours, courir dans un corridor quand une réparation doit être faite rapidement, entrer dans des pièces sans crier gare, s'interpeller avec décontraction dans le hall d'entrée, brancher une radio portable à la prise la plus proche et entretenir un niveau de bruit élevé dans les conversations - toutes conduites interdites au personnel de bureau. Ici, nous rencontrons quelque chose de plus que la cohabitation de rôles différents en une même occasion, car aucune activité isolée ne saurait se voir accorder la préséance sur les autres, tout au moins dans [21] le court terme. Quand de tels contextes de comportement se chevauchent les uns avec les autres dans une situation sociale, les rassemblements que celle-ci accueille sont marqués par un type singulier de désorganisation normative.

La possibilité que le même espace physique en vienne à être utilisé comme le cadre de plusieurs occasions sociales, et devienne le lieu de tension entre plusieurs ensembles d'attentes, est donc reconnue par la société. Elle est en général soumise à des restrictions. Ainsi, les voies publiques tendent, dans la société occidentale, à être définies comme la scène d'une occasion sociale dominante à laquelle les autres occasions doivent être subordonnées. Les définitions de la situation, en concurrence potentielle, laissent alors place à une sorte de décorum public. Ce décorum public est lui-même, bien sûr, momentanément subverti par des parades, des cérémonies de convention, des cortèges de mariage et des processions de funérailles, ou par le passage des ambulances et des camions de pompiers qui imposent leur tonalité spécifique à l'oreille publique, pour un court moment.

Ce sont des situations et leurs rassemblements, et non pas des occasions sociales, que nous allons observer dans un premier temps. Mais pour cela, un certain nombre de termes doivent être introduits, qui nous aideront à distinguer ce qui est pertinent et ce qui ne l'est pas dans une situation.

Le terme « *situé* » peut être employé en référence à n'importe quel événement qui advient à l'intérieur des frontières physiques de la situation. Sans doute, une personne qui débarque sur la scène transforme tout ce qu'elle a fait elle-même et tout ce qui a été fait par la personne déjà là en une activité située, et cela même s'il n'y a pas de changement apparent dans la façon dont la personne déjà présente continue de faire ce à quoi elle était occupée. Cette nouvelle arrivée, en effet, transforme deux individus isolés en un rassemblement.

Quand nous observons une activité située, nous constatons souvent que l'une de ses composantes aurait pu aussi bien se produire hors de toute situation, en l'absence de quiconque ou en présence d'une seule personne. Ainsi, une partie des pertes subies par un individu lorsqu'il est victime d'une attaque à main armée à son domicile aurait été identique si la maison avait été cambriolée en son absence, pendant la période de vacances. De façon analogue, ce qui est convoyé pendant une conversation pourrait l'être dans un échange de correspondance. Les tâches accomplies par une personne en présence de ses pairs seraient parfois aussi bien exécutées si elle se trouvait seule. Cet aspect de l'activité [22] peut advenir *dans* (*in*) la situation, mais il n'est pas *de* (*of*) la situation, pouvant aussi bien se produire en dehors de la situation, à d'autres moments. Je me réfèrerai à cette partie de la réalité comme à l'aspect *simplement situé* (*merely-situated*) de l'activité située. Cette composante de l'activité est soumise à une régulation normative, ce qui nous autorise à parler d'obligations et d'offenses qui sont simplement-situées. Mais mon souci est ici de réussir à distinguer analytiquement cette composante simplement-située de la composante de l'activité située qui nous concerne au premier chef : à savoir, la partie qui ne pourrait advenir hors de la situation, du fait qu'elle est intrinsèquement dépendante des conditions qui y prévalent. Nous qualifierons cette partie de la situation comme son *aspect situationnel* (*situational aspect*)[1]. Le risque encouru par mon propre corps quand il est braqué par un pistolet dans un vol à main armée est situationnel ; la perte de mes biens domestiques est simplement-située. Certaines significations des mots véhiculés par la conversation sont simplement-situées ; en revanche, la coloration donnée à ces mots par une émotion qu'exprime mon corps est clairement situationnelle. De la même manière, l'usager d'une bibliothèque est supposé emprunter des livres afin de les lire, et non pas passer son temps à d'autres occupations, comme la bibliothécaire l'enseigne aux adolescents qui font de la bibliothèque un bruyant lieu de rendez-vous. Ici encore, nous touchons à l'aspect situationnel de la conduite. Dans certaines limites, cependant, le choix par l'individu de livres particuliers et le profit qu'il en tire ne regardent que lui ou ceux qui lui ont assigné cet exercice de lecture. Cet aspect de ce qu'il fait à la bibliothèque est simplement-situé.

Maintenant que nous avons distingué le « simplement-situé » du « situationnel », nous pouvons revenir à l'idée d'ordre public. La coprésence rend les personnes exclusivement accessibles, disponibles les unes aux autres et dépendantes les unes des autres. L'ordre public, constitué d'interactions en face-à-face, a à voir avec la régulation normative de cette accessibilité.

La dimension en face-à-face de l'ordre public, au sens classique du terme, qui a peut-être été la mieux explorée est celle que l'on qualifie de « sécurité publique ». Ses règles élémentaires sont peu nombreuses et clairement définies. Dans la société occidentale, [23] aujourd'hui, ces règles sont appliquées avec les renforts du pouvoir policier. Le point central en est l'usage que des individus peuvent faire de leur corps comme d'un objet physique ou d'instruments qu'ils peuvent manipuler au moyen de leur corps. Dans la poursuite de leurs activités respectives, les individus - en particulier

▲ 1. [Les aspects simplement-situés d'une action auraient donc pu se produire dans une autre situation, ils n'ont qu'un lien *accidentel* avec cette situation-ci *dans* laquelle ils se manifestent. Les aspects situationnels sont par contre *déterminés* par l'occurrence de cette action-ci dans cette situation-ci et dans aucune autre : ils relèvent *de* cette situation-ci].

quand ils sont étrangers les uns aux autres - ne sont pas autorisés à se blesser physiquement, à se bloquer le passage, à s'agresser sexuellement ou à se transmettre des maladies contagieuses. Cette sorte de « paix royale »[1] prévaut la plupart du temps, dans la plupart des rues et des places de nos villes, même s'il existe encore des quartiers où un tel ordre public n'est pas totalement garanti. Mais en certains lieux et à certains moments de notre histoire, la sécurité publique était plus l'exception que la règle[2]. Une version de ce problème se rencontre aujourd'hui dans les pavillons des hôpitaux psychiatriques où certains patients se gagnent la réputation méritée de « lanceurs de nourriture » (*food throwers*), provoquant à l'heure du repas un certain type de désordre. L'idée ordinaire selon laquelle on ne peut faire confiance à ces patients, susceptibles, à l'improviste, de donner des coups aux autres, permet d'apercevoir certains ingrédients de l'ordre public qui seraient sinon tenus pour allant de soi.

Le tort provoqué par l'interférence physique, quelle que soit sa forme, est dû en partie à l'humiliation sociale d'être perçu sans défense par l'agresseur et sans doute par les autres : il a donc à l'évidence des composantes psycho-sociales. La façon dont la régulation de la sécurité physique des personnes a des implications non physiques sera examinée plus avant. Pour l'instant, on passera outre à cette garantie de la sécurité personnelle par l'ordre public. Concentrons-nous sur le fait que des personnes coprésentes n'opèrent pas seulement comme des instruments physiques, mais communiquent aussi les unes avec les autres. Cette capacité à communiquer n'est pas moins décisive pour les personnes concernées que leurs capacités physiques. Elle apparaît, dans toute société, [24] soumise à de strictes régulations normatives, et donne lieu à une espèce d'ordre de circulation des échanges communicationnels. (C'est du reste en relation à cette dimension de l'ordre public que la plupart des symptômes du désordre mental semblent initialement se rendre sensibles). Les règles opérantes dans ce domaine de conduite seront qualifiées de *propriétés situationnelles*. Le code situationnel qui en dérive sera distingué des codes de moralité qui régulent les autres aspects de la vie, même si certains d'entre eux s'appliquent en même temps. Citons, par exemple, les codes de l'honneur, qui régulent les relations interpersonnelles ; les codes juridiques, qui réglementent les questions

▲ 1. [*King's peace* ou *Queen's peace* : dans le *Commonwealth*, la protection que le monarque doit à ses sujets - l'un des devoirs de la Couronne].

▲ 2. Pour l'Angleterre médiévale, par exemple, cf. Pike L. O., *A History of Crime in England*, Londres, Smith, Elder, 1873, 2 vol., en particulier tome 1, p. 242-254. Une description de l'ordre public dans l'*East End* de Londres au tournant du XIXe au XXe siècle se trouve dans le roman d'Arthur Morrison, *A Child of the Jago* (1896), Londres, Penguin Books, 1946.

économiques et politiques ; et les codes d'éthique, qui réglementent la vie professionnelle[1].

Les conduites de communication des personnes immédiatement présentes les unes aux autres peuvent être considérées de deux façons. La première a trait à l'*interaction non focalisée*, soit une espèce de communication qui advient quand on recueille des informations sur une autre personne en lui jetant un coup d'œil, même furtif, alors qu'elle entre dans le champ de vision et en ressort. L'interaction non focalisée est largement impliquée dans le pilotage de la coprésence. La deuxième a trait à l'*interaction focalisée*, soit une espèce de communication qui advient quand des personnes se rassemblent et coopèrent ouvertement au maintien d'un seul foyer d'attention, en prenant par exemple des tours de parole. Quand aucune interaction focalisée ne se produit, le terme de *rassemblement non focalisé* peut être utilisé. Pour les situations où se produit une interaction focalisée, il faudra inventer des termes plus compliqués.

Étant données les définitions auxquelles nous sommes à présent parvenus, il est possible de franchir une nouvelle étape dans l'analyse des propriétés situationnelles et de proposer un élément supplémentaire qui caractérise la conduite appropriée. Dans la société américaine, on attend de l'individu qu'il exerce une espèce de discipline ou de retenue vis-à-vis de son corps. En restant mesuré, il atteste de sa capacité à affronter n'importe quelle interaction en face-à-face qui pourrait se présenter dans la situation. Cette forme de vigilance contrôlée dans la situation peut parfois [25] impliquer le refoulement ou la dissimulation de rôles et de capacités dont la démonstration serait requise en d'autres lieux. Quelles que soient les préoccupations de l'autre, donc, et quels que soient ses intérêts simplement-situés, l'individu est tenu d'« entrer dans le jeu », en prenant place dans la situation et tant qu'il s'y trouve, de continuer à « jouer le jeu ». Il maintient ainsi cette orientation diffuse, en tout cas jusqu'à ce qu'il puisse officiellement prendre congé de la situation. Il assure une espèce de « tonus interactionnel ». Sa conduite, qui atteste de sa vivacité et de sa sensibilité à la situation, impose la conclusion d'un attachement et d'un égard pour les participants à la situation et pour l'occasion sociale qui les englobe. Inversement, la prise en considération des infractions flagrantes à ces règles en hôpital psychiatrique laisse à penser que l'échec à manifester une « présence » est l'expression normale et compréhensible d'une aliénation et d'une hostilité au rassemblement et aux officiels qui y prennent part.

L'une des façons les plus évidentes de manifester sa présence à la situation est d'assurer une gestion disciplinée de son apparence ou de sa

▲ 1. Cf. les commentaires intéressants de Simmel G., « Morality, Honor, and Law », in *Soziologie*, Munich, Duncker & Humblot, 1923 (3e édition), p. 403-405 (traduction en anglais par E. C. Hughes, document ronéotypé).

« face personnelle », soit du complexe des vêtements, maquillage et coiffure, et autres décorations de surface que tout un chacun transporte sur sa personne. Dans les lieux publics de la société occidentale, les hommes de certaines classes sont supposés être vêtus avec élégance, rasés et coiffés, mains et visage propres ; les femmes ont des obligations similaires, et bien d'autres encore. Notons à ce propos que l'obligation ne porte pas seulement sur la possession de l'équipement adéquat, mais aussi sur l'exercice d'un contrôle continu qui le maintienne en bon ordre. (Pourtant, en dépit de ces règles, on peut s'attendre à voir dans certains lieux, comme le métro new-yorkais aux heures de pointe, des personnes laisser aller le contrôle de l'expression de leur face, par une sorte de négligence temporaire et d'épuisement justifié, tout en continuant d'être habillés et maquillés selon des canons bien plus disciplinés).

L'échec à se présenter dans un [26] rassemblement avec le bon harnachement situationnel a de bonnes chances d'être pris comme le signe d'une forme d'irrespect pour la situation et ses participants ; à moins qu'il n'exprime une extranéité culturelle au monde social des personnes présentes. Ces implications expressives de l'apparence personnelle, bien ou mal ordonnée, sont souvent discutées dans les manuels de savoir-vivre. Leurs instructions sont parfois très pertinentes :

> « Mais même dans des rencontres informelles, et dans des occasions où votre tenue (*habit*) peut être déconnectée des sentiments que vous éprouvez vis-à-vis de ceux que vous rencontrez, une apparence (*dressing*) nette et soignée tournera à votre avantage. Une présentation (*guise*) négligente trahira une personne satisfaite d'elle-même, enfermée dans ses projets et ses convictions, indifférente aux opinions des autres, incapable de se divertir en raison de son étroitesse de vue : nul ne se sent encouragé à faire des ouvertures à une telle personne. Une tenue recherchée indique par contre que l'on a affaire à un homme ou à une femme du monde, qui aspire habituellement au plaisir en société et qui à tout moment se montre prêt à se mêler à ceux qu'il rencontre : il y a là une invitation à nouer connaissance, qui suscite le désir d'engager la conversation[1]. »

Une expression intéressante du type de tonus interactionnel requis par la bonne gestion de son apparence personnelle se trouve dans le soin constant que mettent les hommes à vérifier que leur pantalon est bien boutonné et que la protubérance d'une érection ne se laisse pas deviner[2]. Avant de s'engager dans une situation sociale, ils se livrent souvent à une rapide inspection visuelle de certains éléments de leur face personnelle, et une fois dans la situation, ils peuvent prendre la précaution supplémentaire d'utiliser une couverture protectrice, soit en croisant leurs jambes, soit en masquant leur entrejambe à l'aide d'un livre ou d'un journal, en particulier si leur

▲ 1. Anonyme, *The Canons of Good Breeding*, Philadelphie, Lee and Blanchard, 1839, p. 14-15.

▲ 2. La difficulté à s'engager dans ce type de dissimulation protectrice est l'un des imprévus auxquels sont apparemment confrontés des hommes souffrant de paralysie de la jambe : cf. Henrich E., Kriegel L., eds, *Experiments in Survival*, New York, Association for the Aid and Crippled Children, 1961, p. 192.

contrôle de soi se relâche. Une préoccupation analogue se retrouve dans le soin que mettent les femmes à [27] s'assurer que leurs jambes ne sont pas écartées, exposant le haut de leurs cuisses et leurs sous-vêtements. L'universalité de ce type de discipline des membres dans notre société peut être appréciée à sa juste valeur dans les pavillons de femmes, internées au long cours, qui pour une raison ou une autre, assises les jambes largement ouvertes, se livrent à d'enthousiastes frictions de leurs parties intimes. Elles font prendre conscience du considérable travail de discipline des membres, qui est d'ordinaire tenu pour allant de soi. Un autre indicateur de telles attentes de contrôle de soi est fourni par les mouvements des membres auxquels doit se livrer une femme adulte et obèse alors qu'elle s'extirpe du siège avant de son automobile. De même qu'un Balinais semble être en permanence préoccupé par la hauteur et l'orientation de son siège, de même les individus dans notre société, « en situation », sont constamment attachés à maintenir invisibles les signes « physiques » de leurs attributs sexuels. On pourrait ici suggérer que l'exposition de ces parties du corps n'est pas seulement un symbole sexuel, mais aussi le signe d'un laxisme dans le contrôle sur soi. Elle témoigne d'un apprêtement insuffisant du soi en vue du rassemblement.

L'importance de cette gestion disciplinée de la face est mise en évidence, de multiples manières, par les comportements des malades mentaux. Un signe typique de psychose en gestation est la « négligence » par l'individu de sa tenue et de son hygiène personnelle. Les pavillons des hôpitaux psychiatriques où sont rassemblés ceux qui présentent de telles tendances sont un lieu classique de manifestation de ces impropriétés. Ils facilitent remarquablement ce type de désorientation. Le délaissement de sa face par une personne y est toléré, et quelquefois, discrètement approuvé, parce qu'il réduit les problèmes d'administration de la vie de l'institution. Inversement, lorsque le patient commence à « prêter attention à son apparence » et à faire un effort de toilette, il est souvent crédité d'une amorce de retour vers la « réalité ». Il semble abandonner son combat contre la société.

L'un des éléments les plus délicats de l'apparence personnelle semble être la composition de la face. Un procédé évident pour rendre sensible sa présence à la situation réside dans le contrôle approprié des muscles du visage qui donnent sa forme et son expression aux différentes parties de cet instrument. [28] Ce contrôle peut n'être pas conscient, il n'en est pas moins exercé. Nous arborons des visages de fête et des visages d'enterrement, et différents types de visages institutionnels, comme en témoignent les commentaires à suivre de la vie de prison :

> « Chaque nouveau détenu apprend à se faire ce qu'il appelle une "gueule de chien" (*dog-face*), c'est-à-dire qu'il adopte une expression faciale et une posture dépourvues de caractère aux yeux des autorités. Le visage impassible de la "gueule de chien" est facilement imitable quand une personne se fige ou se détend jusqu'à l'immobilité. Cette face est typique d'un travail de dissimulation, dans la rue ou dans certaines occasions sociales. Le relâchement devient possible quand les détenus sont entre eux : il y a une exagération du sourire plein d'entrain dans la fête amicale. La face qui est protectrice durant le jour est agressivement durcie et remplie de haine pendant la nuit, à l'encontre des gardiens qui surveillent à l'arrêt ou qui font les cent pas. À cette tension et à cette antipathie, les gardiens réagissent avec un

calme consciencieux, gardant un visage "indulgent" - cet effort étant souvent trahi par un léger tremblement des mains[1]. »

Un fait intéressant à propos de la composition de la face est que l'aisance à maintenir la présentation de soi semble, dans notre société, décliner avec l'âge. Dans les classes sociales dont les femmes mettent un point d'honneur à conserver jusque tard leur attractivité sexuelle, la période de temps requise, après le réveil, pour se ravaler la façade dure de plus en plus longtemps. Tant qu'elles ne se sont pas remises en forme, ces femmes estiment qu'elles ne sont pas « présentables ». À un certain point de vieillissement, les standards de jeunesse auxquels doivent se soumettre les faces font que, sous certains angles, des visages pourtant correctement apprêtés paraîtront manquer de tonus.

La mise en ordre disciplinée de la face personnelle est donc une voie obligée par où l'individu exprime aux autres sa vitalité. Celle-ci se manifeste aussi par la rapidité à répondre à de nouveaux stimuli dans la situation et par la vivacité à y réagir par des mouvements corporels. L'individu maintient ainsi un niveau de motricité approprié dans certaines [29] situations - un type de propriété dont il est très difficile de prendre conscience. Ici encore, les hôpitaux psychiatriques nous éclairent. Un symptôme fréquent, visible chez des personnes diagnostiquées comme schizophréniques, consiste par exemple en mouvements corporels extrêmement lents, pendant la promenade dans le hall. Le patient *engagé* dans cette activité peut répondre à la question d'un infirmier en tournant lentement sa tête en direction de la voix. Il garde un visage impassible et bouge la totalité de son tronc, comme si son cou était complètement raide. Ce type de conduite est semblable à celui qui est supposé se produire, selon l'imagerie populaire, dans les cas de somnambulisme. Il appelle le même type de réponse, à savoir le sentiment que quelqu'un est présent physiquement dans la situation, mais pas vraiment disponible pour les finalités de l'interaction. Bleuler a donné de fines descriptions de cas extrêmes d'engourdissement situationnel, comme il l'a fait de nombreux symptômes de schizophrénie, en pointant l'espèce de migration intérieure qui semble advenir à ce moment-là :

« L'autisme se manifeste aussi à l'extérieur chez de nombreux patients (naturellement, en règle générale, de façon non intentionnelle). Non seulement, ceux-ci semblent n'être pas concernés par quoi que ce soit autour d'eux, mais ils restent assis avec des visages sans expression, en regardant dans le vide. Ou alors, ils ferment leurs portails sensoriels en couvrant leur tête d'un drap ou d'une jupe. De fait, autrefois, quand les patients étaient pratiquement abandonnés à eux-mêmes, on les retrouvait souvent dans des positions

▲ 1. Phillips B., « Notes on the Prison Community », *in* Cantine H., Rainer D., eds, *Prison Etiquette*, Bearsville, NY, Retort Press, 1950, p. 105-106.

accroupies ou recroquevillées, une indication de ce qu'ils essayaient de restreindre autant que possible la surface sensible de leur peau[1]. »

Ce manque de présence pourrait être encore documenté dans des établissements qui n'ont pas de vocation médicale, mais qui n'en ont pas moins des ressemblances, sous de nombreux aspects, avec les hôpitaux psychiatriques :

« Dans les cours et les ateliers des prisons, on rencontre des détenus pour qui le sourire, le bavardage, la vigilance et l'attention à l'environnement viennent facilement. On en croise une autre moitié environ qui sourient rarement, qui bavardent rarement, qui trébuchent quand ils marchent dans la queue, que leurs erreurs commises [30] au travail semblent peu émouvoir et qui ne répondent normalement à des stimuli sociaux que si ceux-ci sont forts ou contrastés. L'approbation sociale ou statutaire semble ne pas compter pour eux. C'est l'état de rêverie qui les contrôle[2]. »

En général, donc, on attendra d'un individu qui veut disposer dans la situation de sa pleine capacité sociale, qu'il maintienne un certain niveau de vigilance, attestant de sa disponibilité à des stimuli potentiels, et un ordonnancement de son apparence personnelle, attestant de sa sensibilité au rassemblement dans lequel il se trouve. Un problème qui se pose à l'analyse est, bien sûr, d'isoler les différentes façons dont se manifeste un manque de présence.

▲1. Bleuler E., *Dementia Praecox or the Group of Schizophrenias*, New York, International Universities Press, 1950, p. 65-66.

▲2. Clemmer D., *The Prison Community*, New York, Holt, Rinehart, and Winston, 1958, p. 244.

Deuxième partie

Interaction non focalisée

Chapitre 3

Engagement

Idiome corporel

[33] Quand des individus entrent en présence immédiate les uns des autres dans des circonstances où il n'est pas exigé d'eux qu'ils communiquent par la parole, ils ne *s'engagent* pas moins, inévitablement, dans un genre de communication[1]. En effet, un sens est attribué à certains éléments de la situation, qui ne sont pas nécessairement liés à des échanges verbaux. Ceux-ci incluent des apparences corporelles et des actes personnels : le vêtement, la posture, le mouvement et la position, le niveau sonore, les gestes physiques comme le signe de la main ou les salutations, les décorations faciales et les expressions émotionnelles.

Dans chaque société, ces possibilités de communication sont institutionnalisées. Si nombre de ces événements peuvent être négligés, certains, tout au moins, ont des chances de se produire régulièrement et de se voir attribuer une signification commune. Dans une semi-conscience qu'un certain aspect de son activité est rendu disponible à tous ceux qui, présents, le perçoivent, l'individu tend à modifier celle-ci, en gardant à l'esprit son caractère public. Quelquefois, en fait, il n'emploie ces signes que pour la seule raison qu'on peut les remarquer. Et si les participants à la situation n'ont pas tout à fait conscience d'être les récepteurs d'un processus de communication, ils peuvent néanmoins avoir le sentiment que quelque chose cloche sérieusement dans les manifestations inhabituelles

▲ 1. [Le lecteur pourra se reporter à une traduction alternative de ce chapitre par A. Cardoen et M.-C. Chiareri, sous le titre « Engagement », dans le recueil édité par Y. Winkin, *La nouvelle communication*, Paris, Seuil, 1981, p. 267-278]

dont ils sont les témoins. Il existe donc un symbolisme corporel, un idiome des apparences et des gestes individuels, qui tend à provoquer chez l'acteur ce qu'il provoque chez les autres – « les autres » [34] réunissant ici ceux, et seulement ceux, qui sont immédiatement présents[1].

Ces signes expressifs incarnés peuvent encore servir à caractériser ce qu'un individu veut signifier quand il adresse un message aux autres : ils jouent alors un rôle dans l'interaction focalisée, par exemple, d'un rassemblement conversationnel. Cependant, nombre de ces événements de communication ne peuvent pas être facilement ciblés ou masqués : ils tendent, à la limite, à être accessibles à tous ceux qui se trouvent dans la situation. Alors que ces signes semblent mal apprêtés pour passer dans des messages discursifs, à la différence du langage articulé, ils paraissent bien conçus pour véhiculer des informations sur les attributs sociaux de l'acteur, et sur sa conception de la situation de coprésence, de soi et des autres. Ces signes donnent ainsi son matériau à l'interaction non focalisée, tout en ayant leur rôle dans des interactions focalisées.

Dans le domaine de l'interaction non focalisée, la scène ne peut être officiellement abandonnée à aucun participant : il n'y a pas de foyer d'attention officiel. Bien que l'individu puisse mettre un soin particulier à un certain type de conduite afin de faire bonne impression sur une personne déterminée dans la situation – la jeune fille qui met le parfum dont elle sait qu'il est apprécié par son petit copain – une telle performance tend à être accomplie comme si elle était destinée à tous les gens à proximité.

L'idiome corporel est donc une espèce de discours de convention[2]. [35] Il est de surcroît normatif. On peut constater en général une obligation de

---

▲ 1. L'action corporelle comme fondement de l'interaction sociale est traitée dans la littérature en sciences sociales sous la rubrique de la « communication non verbale ». Les aspects posturaux de cette conduite ont été systématiquement cartographiés par Hewes G. W., « World Distribution of Certain Postural Habits », *American Anthropologist*, 57, 1955, p. 231-244. Une lecture très pointue en a été proposée par R. Birdwhistell, *Introduction to Kinesics*, Washington D. C., Department of State, Foreign Service Institute, 1952. On peut encore se rapporter à Ruesch J., Kees W., *Nonverbal Communication: Notes On the Visual Perception of Human Relations*, Berkeley, University of California Press, 1956 ; Szazs T., *The Myth of Mental Illness*, New York, Hoeber-Harper, 1961 ; Feldmann S., *Mannerisms of Speech and Gestures in Everyday Life*, New York, International Universities Press, 1959, deuxième partie ; Efron D., *Gesture and Environment*, New York, King's Crown Press, 1941 ; Critchley M., *The Language of Gesture*, Londres, Edward Arnold, 1939 ; et Hall E. T., *The Silent Language*, New York, Doubleday, 1959 [trad. fr. : J. Mesrie, *Le langage silencieux*, Paris, Seuil, 1984].

▲ 2. La distinction entre gestes « significatifs » et « non significatifs » que G. H. Mead propose dans *Mind, Self, and Society*, Chicago, University of Chicago Press, 1934 [trad. fr. : *L'Esprit, le soi et la société*, Paris, PUF, 2006] n'est pas entièrement satisfaisante sur ce point. L'idiome corporel implique quelque chose de plus qu'une simple « conversation de gestes » non significative : il tend à évoquer le même sens pour l'acteur et pour son témoin et il tend à être employé par l'acteur en raison de son sens pour le témoin. Pourtant, l'idiome corporel n'est pas l'équivalent d'un symbolisme significatif : il ne consiste pas de façon caractéristique en un échange prolongé d'actes significatifs ; l'impression doit être maintenue qu'une marge d'engagement spontané, non calculé, a été ménagée dans l'acte ;

convoyer ou de ne pas convoyer certaines informations quand on est en présence des autres et en contrepoint, une attente vis-à-vis de la façon dont les autres se présentent. Il tend à y avoir un accord, non seulement sur le sens des conduites qui sont vues, mais aussi sur la nature des conduites qui doivent être montrées.

Quoiqu'un individu puisse cesser de parler avec des mots, il ne peut arrêter de communiquer en idiome corporel. Il peut dire des choses justes, il peut dire des choses fausses, mais il ne peut pas ne rien dire. Paradoxalement, la meilleure manière de révéler le moins d'informations possibles le concernant - quoique celle-ci soit encore conséquente - est pour lui de se fondre parmi les autres. Il doit agir comme sont supposées le faire les personnes qui lui ressemblent. (Le fait qu'il puisse ainsi retenir des informations sur sa personne est un motif pour agir de façon conforme aux propriétés de la situation). Finalement, si personne n'est à même d'occuper une position dans une société d'où maîtriser la totalité de l'idiome expressif (ni même une grande part de celui-ci), chacun n'en détient pas moins sa part de connaissance du vocabulaire partagé des symboles corporels. De fait, la compréhension de l'idiome corporel dans ce qu'il a de commun est une bonne raison d'appeler un agrégat d'individus une société.

Engagement

Étant entendu que l'individu rend des informations disponibles par le biais d'un idiome corporel, la question qui se pose à présent est de savoir sur quoi portent ces informations. Nous pouvons commencer à y répondre en explorant l'un des types les plus évidents de propriétés : l'« activité occasionnée ».

Au cours d'une occasion sociale, quelle qu'elle soit, nous pouvons nous attendre à rencontrer des activités qui sont, de façon intrinsèque, partie prenante de cette occasion - au sens où, [36] par exemple, un discours politique est un élément attendu d'une réunion politique. Une telle activité occasionnée sera vraisemblablement légitimée comme appropriée aux situations sociales qui se déploient dans le cadre d'une occasion sociale. Ainsi sera confirmé le dicton de sens commun selon lequel « il y a un lieu et un moment pour chaque chose ». Mais nous devons alors nous demander pourquoi une activité déterminée est définie d'emblée comme appropriée à une occasion sociale. Plus important, la manifestation d'une activité occasionnée semble n'être que l'une des formes générales de la propriété, une des façons d'agir comme il convient.

Un point nous paraît cependant prometteur dans ces considérations. Participer à une activité occasionnée signifie maintenir un certain type

l'acteur sera d'ordinaire dans la position de nier le sens de son acte si on lui reproche de l'avoir accompli.

d'absorption cognitive et affective en elle, s'y impliquer en mobilisant des ressources psychobiologiques. En bref, cela signifie y être engagé[1]. De plus, en scrutant tout comportement obligatoire en situation pour y discerner la distribution de l'engagement de l'acteur, nous voyons émerger un nombre limité de thèmes, chacun s'exprimant à travers de multiples et divers aspects du comportement. Autrement dit, en traduisant des actes concrets et obligatoires en termes d'expression de l'engagement, nous disposons d'une façon de montrer l'équivalence fonctionnelle de phénomènes aussi divers que le vêtement, la tenue, l'expression du visage et l'activité en cours. Sous les différentes apparences se laisse apercevoir une structure commune. Pour analyser les propriétés situationnelles, donc, il sera nécessaire de se tourner vers une analyse des régulations sociales qui déterminent les conceptions de l'individu et la distribution de son engagement[2].

La première chose à noter à propos de l'« engagement dans des situations » [37] est l'ambiguïté terminologique de l'expression. Nous n'entendons parler à présent que des engagements *situés*, ceux qui sont soutenus *à l'intérieur de* (*within*) la situation, tandis que l'expression « engagement *dans* (*in*) la situation », qui a cette signification, en a aussi une autre, plus circonscrite. Elle se réfère aux façons dont l'individu s'abandonne à la situation dans son ensemble et au rassemblement qui y prend place, ayant dès lors un engagement *situationnel*. Le terme d'« engagement *à l'intérieur de* la situation » sera réservé aux façons dont l'individu maîtrise ses activités situées. Je m'abstiendrai pour l'instant d'utiliser l'expression « engagement *dans* la situation ».

L'engagement que l'individu soutient dans une situation déterminée est affaire de sentiment intime, pour soi. L'évaluation de l'engagement doit prendre appui sur des formes d'expression en extériorité, hors de soi. Arrivés à ce point, nous pouvons commencer à analyser les effets de l'idiome corporel : de même que les activités corporelles semblent particulièrement bien conçues pour diffuser leurs informations à travers la situation sociale dans son ensemble, de même ces signes semblent-ils

▲ 1. Le terme d'engagement (*involvement*) est utilisé dans deux autres sens complémentaires dans le discours ordinaire : celui de l'engagement (*commitment*), comme assomption de responsabilités (*liable and responsible*) dans certaines actions, et celui d'engagement comme attachement (*attachment*), au sens de l'investissement émotionnel et de l'identification à quelque chose. En raison de cette ambiguïté, le terme *engagement* a été utilisé ailleurs, dans Goffman E., « Role Distance », in *Encounters*, Indianapolis, Bobbs-Merrill, 1961, avec le même sens que *involvement* dans ce livre-ci.

▲ 2. L'engagement, au sens de *involvement*, est une variable qui est prise en compte dans Borgatta E. F., Cottrell L. S. Jr, « On the Classification of Groups », *Sociometry*, 18, 1955, p. 416-417. Un aspect de l'engagement, celui de l'intensité, est abordé par Sarbin T. R., « Role Theory », dans le paragraphe « Organismic Dimension », *in* Lindzey G., ed., *Handbook of Social Psychology*, Cambridge, Addison-Wesley, 1954. Mon propre intérêt pour cette question de l'engagement provient de Bateson G., Mead M., *Balinese Character*, New York, New York Academy of Sciences, 1942.

destinés à la transmission d'informations sur l'engagement de l'individu. De même que l'individu réalise qu'il doit communiquer « quelque chose » à travers son idiome corporel et qu'il est supposé transmettre la « chose juste », de même se rend-il compte que sa présence aux autres le conduit de façon inévitable, obligatoire, à transmettre des informations sur la distribution de son engagement. Il est à présent possible d'être un peu plus précis et de parler non plus d'idiome corporel, mais d'« idiome de l'engagement » et des règles relatives à la distribution de cet engagement.

Du fait que l'idiome de l'engagement d'un groupe semble être acquis, conventionnel, nous pouvons anticiper une réelle difficulté dans les recherches à cheval sur plusieurs cultures ou subcultures. Le même type de rassemblement peut y être organisé sur le fondement de diverses obligations d'engagement. Dans beaucoup de sociétés d'Extrême-Orient, par exemple, on requiert de l'auditoire d'une pièce de théâtre une attention et une concentration moins soutenues que dans la société américaine. Mais cette distinction mise entre parenthèses, le même signal comportemental [38] peut provoquer, par convention, des types d'engagement différents dans des sociétés différentes. Les membres d'un groupe religieux peuvent ainsi montrer leur révérence pour la Maison de Dieu, ici, en se découvrant la tête, là, en la couvrant. Quand une différence de conduite en situation se rencontre, dans deux cultures ou dans la même culture à deux périodes distinctes, il est compliqué de déterminer quelle part en est imputable à une différence dans cet engagement même, et quelle part à une différence entre les idiomes conventionnels qui l'expriment.

Écrans de l'engagement

Du fait que l'engagement n'est pas directement visible, mais peut seulement être inféré à travers des signes conventionnels, l'engagement tel qu'il apparaît peut avoir peu d'importance. Ce que nous voulons savoir, c'est en quoi consiste un engagement « effectif », dont l'acteur et les autres participants éprouvent qu'il se maintient, ou qu'il est éprouvé (ou devrait être éprouvé) comme se maintenant.

Une demande concernant l'absorption dans une activité est une demande portant sur l'esprit intime de la personne engagée. Naturellement, il arrive qu'elle ne soit pas de tout cœur là où l'occasion sociale l'exige. Dans de tels cas, la solution est de dissimuler un engagement impropre et d'affecter un engagement approprié. Une autre solution, bien entendu, pour l'individu mal disposé, est de réaliser à l'avance qu'il ne sera pas capable ou qu'il n'aura pas envie de se plier aux règles de l'engagement. Il s'abstient alors d'entrer dans la situation. Une partition similaire de la situation est quelquefois accomplie par des tiers sympathiques. Ainsi, quand une mauvaise nouvelle doit être donnée et que son récepteur risque d'en être ébranlé, l'annonciateur peut attendre un moment propice où le récepteur se trouve hors scène et où il ne sera vraisemblablement pas appelé, dans l'immédiat, à être présent à la situation [1]. [39] Le récepteur pourra alors réagir émotionnellement aux nouvelles, sans que cela provoque de dégâts dans la situation sociale, où son désespoir pourrait être reconnu, mais difficilement supportable pour toutes les personnes présentes.

Étant donné que les signes de l'engagement doivent être exprimés et observés avant que puisse être inférée l'appropriation de sa distribution, nous pouvons nous attendre à rencontrer un certain nombre de barrières perceptives, opérant comme des *écrans de l'engagement* - des boucliers derrière lesquels les individus peuvent accomplir en toute sécurité des actes qui, d'ordinaire, encourraient des sanctions négatives. L'engagement de l'individu est perçu en référence à la totalité du contexte de son activité : du coup, cet engagement peut être protégé en en bloquant la perception, soit des signes, soit des objets, soit des uns et des autres. Les salles de bain et les chambres à coucher sont peut-être les meilleurs abris dans la société anglo-américaine[2]. Les salles de bain présentent l'intérêt d'être les seules pièces dans la plupart des maisons où une personne seule puisse s'enfermer sans inconvenance. Et c'est seulement sous la garantie de telles conditions que certaines personnes pourront se sentir en sécurité pour manifester certains types d'engagement, par ailleurs déplacés dans une autre situation sociale[3].

Tout établissement social a, à vrai dire, de telles anfractuosités, qui assurent ce type de protection. À l'Hôpital central, par exemple, on considérait comme « non professionnel » que les infirmières fument une cigarette sous le porche, à l'extérieur, dans le parc. Fumer était supposé mettre en scène un soi insuffisamment consacré au monde des patients. Les étudiantes en infirmerie, quand elles traversaient le tunnel souterrain par où communiquaient les deux moitiés du bâtiment, ralentissaient parfois et

▲ 1. Un exemple extrême de la façon dont des « tiers sympathiques » peuvent aider à mettre un individu à l'abri est celui où des hommes, en milieu populaire, protègent l'un des leurs quand il est soûl. Ce dernier manifestant, dans chacun de ses gestes, qu'il est incapable d'un engagement approprié, ses amis ou ses « potes » (*buddies*) peuvent user de leurs corps pour le dissimuler aux yeux des autorités.

▲ 2. Ces lieux et autres régions « en coulisses » sont examinés en détail dans Goffman E., *The Presentation of Self in Everyday Life*, New York, Doubleday Anchor, 1959, chap. 3.

▲ 3. Même en ces lieux, cependant, certaines catégories de personnes sont supposées respecter les propriétés situationnelles. Dans certains couvents, la modestie doit être sauvegardée jusque dans la solitude de la baignoire, pour la raison que Dieu continue d'y être présent. Et au XVIe siècle, quand les voyageurs étaient obligés de partager des lits d'auberge avec des inconnus du même sexe, on espérait que les dormeurs se conduiraient correctement pendant la nuit afin de ne pas déranger leurs voisins de façon indue. Cf. Nicolson H., *Good Behaviour*, Londres, Constable, 1955, p. 134 ; et Elias N., *Über den Prozess der Zivilisation*, Bâle, Falken, 1939, « Über das Verhalten im Schlafraum », vol. 1, p. 219-230.

allumaient, avec un air frondeur, une cigarette, tirant parti de cette très brève [40] période de faible visibilité. Le petit jeu auquel elles se livraient à ce moment-là était l'expression d'une « pause dans le rôle », une façon de s'accorder ce qu'Everett C. Hughes appelait un « relâchement dans le rôle ».

Certains écrans de l'engagement ont la caractéristique utile d'être portatifs. Les femmes ont cessé dans la société européenne de recourir aux éventails, et plus encore aux masques, afin de dissimuler un rougissement ou une absence de rougissement[1]. Les mains sont aujourd'hui utilisées pour cacher des yeux fermés quand ils devraient être ouverts[2], et les journaux pour couvrir une bouche qu'un bâillement démantibule. De même, dans des institutions répressives comme les prisons, l'engagement dans l'acte de fumer peut être dissimulé en enveloppant la cigarette dans la paume de la main[3].

Une question qui se pose à propos des écrans de l'engagement est celle du sentiment de légitimité à les employer : est-on autorisé, pour prendre un exemple extrême, à se retirer totalement du jeu quand on est absolument seul ? Quand une personne en état de relâchement est ainsi, de façon inattendue, surprise par un visiteur, les deux protagonistes se retrouvent dans une situation embarrassante. La personne découverte n'a pas vraiment le droit de se laisser dénuder par l'interaction, tandis que l'intrus n'a pas tout à fait le droit de la saisir dans cette posture inconvenante. L'exception, ici, peut-on rajouter, est porteuse de sens : certaines catégories de découvreurs, comme les jeunes enfants, les domestiques ou les courtisans, n'ont pas le pouvoir social, eu égard à leur statut, de forcer les personnes découvertes à mettre une couverture situationnelle sur certains de leurs actes simplement-situés. De façon concomitante, cette incapacité autorise souvent ces « non personnes » à entrer dans la chambre sans s'annoncer. Elle n'ont pas à lancer les signaux d'avertissement préliminaires que sont le coup de fil ou le battement à la porte, comme des personnes de plein droit sont [41] tenues de le faire[4]. C'est d'ailleurs quand un individu se croit protégé de la vue des autres, et découvre soudainement qu'il ne l'est pas, que nous avons le tableau le plus clair de ce qu'il doit au rassemblement : à

▲ 1. Turner E. S., *A History of Courting*, New York, Ballantine Books, 1954, p. 73.

▲ 2. Les yeux fermés, bien sûr, n'expriment pas toujours le fait que l'individu se soit absenté du rassemblement en s'assoupissant. Il y a des moments dans l'écoute de la musique de chambre ou dans les ébats amoureux où les yeux fermés peuvent être le signe respectueux d'un engagement émotionnel profond dans le cours des opérations. Dans ces cas, cependant, les yeux sont fermés d'une manière spécifique, qui atteste que la personne derrière les paupières est encore présente avec ses capacités proprement accordées à la situation.

▲ 3. Cf. par exemple Denckrickson G., Thomas F., *The Truth About Dartmoor*, Londres, Gollancz, 1954, p. 171.

▲ 4. Cf. Goffman E., *Communication Conduct*, *op. cit.*, chap. 16 et *Presentation of Self*, *op. cit.*, p. 151-153.

de tels moments d'exposition, il y a de bonnes chances pour que cet individu se ressaisisse en toute hâte, dévoilant du même coup, sans le vouloir, ce qu'il laisse de côté et ce qu'il endosse par la seule vertu de la présence des autres. De façon à se prémunir contre ces embarras et à engendrer en lui la vue que les autres portent sur lui, l'individu peut aussi rester présentable alors même qu'il se trouve seul. Une conduite situationnelle peut avoir cours en l'absence d'une situation sociale de fait.

D'ordinaire, nous concevons les écrans de l'engagement comme des moyens par lesquels l'individu maintient l'apparence d'un engagement approprié alors qu'il est en vérité en train de déroger à ses obligations situationnelles. Un point intéressant est que les formes relativement étendues de retrait situationnel auxquelles recourt le patient psychotique, comme à un mode nécessaire de défense contre le passé ou contre le présent, peuvent devenir une pénible nécessité et une discipline en soi. C'est ainsi que ces patients se cachent derrière des écrans d'engagement, moins pour dissimuler un manque provisoire d'orientation dans la situation que pour se garder de son occurrence momentanée. L'écran de télévision, les bandes dessinées du dimanche et les nouveaux visiteurs du service de psychiatrie semblent fournir des tentations particulières. Les patients montrent un vif intérêt quand ils pensent que personne n'est en train de les observer. M. Schwartz avait enregistré les conduites suivantes : « La patiente trahit qu'elle est capable de centrer son attention sur les autres quand elle n'est pas impliquée elle-même et quand elle ne se sent pas observée. Dans les situations où cela se produit et où elle découvre soudain qu'on l'observe, elle se dépêche de reporter le flux de son attention sur elle-même[1]. »

[42] Même dans les cas les plus courants, cependant, où une protection est utilisée pour masquer un retrait de la situation, nous ne devons pas nous méprendre sur le sens du recours à de tels procédés. Il nous dit autant sur le pouvoir des obligations situationnelles que sur la tendance des personnes à chercher des moyens d'y réchapper. C'est seulement quand il devient évident qu'un écran a été utilisé à des fins de dissimulation ou quand un écran, qui pouvait être facilement utilisé, ne l'a pas été, que l'on assiste à des cas d'impertinence situationnelle. Tirons un exemple de nos notes de terrain à l'hôpital :

> « Pavillon surpeuplé pour femmes en état régressif. Une patiente remarque que sa serviette sanitaire est de travers. Elle se lève du banc et de façon méthodique et explicite, elle part à la pêche de sa serviette en passant sa main sous sa jupe, le long de sa jambe. Mais même lorsqu'elle se penche, sa main ne parvient pas à aller assez loin. Elle se lève alors, passe avec nonchalance sa robe par-dessus la tête, la laisse tomber par terre. Elle remet alors calmement la serviette en place, puis repasse sa robe, le tout non pas en montrant de l'inconscience, mais en affichant un royal désintérêt pour la nécessité de recourir à une ruse

▲1. Schwartz M. S., *Social Interaction on a Disturbed Ward of a Mental Hospital*, thèse de doctorat, département de sociologie, Université de Chicago, 1951, p. 94.

ou à un subterfuge pour cacher ce qu'elle est en train de faire. Sa manière de faire, plus que le but de son action, exprime une forme de mépris pour la situation. »

La notion d'écrans de l'engagement met en évidence un attribut caractéristique de la conduite située. Du fait que le domaine des propriétés situationnelles est entièrement constitué par l'expérience que les individus ont en coprésence les uns des autres et du fait que les canaux de l'expérience peuvent connaître des interférences de toutes sortes, nous n'avons pas tant affaire à un réseau de règles qui doivent être suivies qu'à des règles qui doivent être prises en considération, que ce soit pour s'y conformer ou pour les contourner soigneusement.

Chapitre 4

Quelques règles à propos de la distribution de l'engagement

[43] La notion d'engagement renvoie à la capacité d'un individu de prêter de l'attention, ou de se retenir d'en prêter à une activité à portée de la main - une tâche solitaire, une conversation, un travail en collaboration. Elle suppose une proximité reconnue de celui qui s'implique vis-à-vis de l'objet de son engagement et une absorption manifeste dans ce qu'il en fait. L'engagement dans une activité sert à exprimer l'intention ou la visée de l'acteur. Pour en discuter, nous pouvons commencer avec les notions de sens commun, institutionnalisées dans la société américaine, et sans doute ailleurs.

Les humains et les animaux ont la capacité de partager leur attention entre un engagement *principal* et des engagements *secondaires*. Un engagement principal concentre la plus grande partie de l'attention et de l'intérêt d'un individu et constitue à l'évidence le courant déterminant de ses actions. Un engagement secondaire désigne une activité qu'un individu peut accomplir sur un mode distrait, sans menacer ou déranger la réalisation simultanée de son engagement principal. Qu'elles soient momentanées ou continues, simples ou compliquées, ces activités secondaires ne semblent constituer qu'une sorte de dérivation, à la façon du contrepoint d'une fugue, d'une certaine quantité d'énergie musculaire de la ligne principale de l'action. Chantonner pendant que l'on travaille ou tricoter pendant que l'on écoute en sont deux bons exemples.

[44] Cette distinction entre engagement principal et engagement secondaire se redouble d'une autre distinction entre engagement *dominant* et engagement *subordonné*, qui peut être facilement confondue avec la première. Un engagement dominant impose des exigences propres à l'occasion sociale, que l'individu est obligé de reconnaître ; il n'est autorisé à

se livrer à un engagement subordonné que jusqu'à un certain point et pendant un certain temps, pour autant que son attention n'est pas requise par l'engagement dominant. Les engagements subordonnés sont soutenus de façon muette, modulée et intermittente, exprimant dans leur style un égard et une déférence pour l'activité officielle, celle qui domine la situation et ses protagonistes. Ainsi, en attendant de rencontrer une personne importante, un individu peut bavarder avec un ami, lire un magazine ou griffonner avec un crayon, et être captivé par ces foyers d'attention jusqu'à ce que son tour arrive. Le rendez-vous le contraint à laisser de côté ce passe-temps, quel que soit son état d'achèvement ou d'inachèvement.

D'ordinaire, on attend d'un engagement principal qu'il soit dominant et d'un engagement secondaire qu'il soit subordonné - ainsi d'un employé qui fume une cigarette, sans penser à rien, quand son activité professionnelle le lui permet. Cette corrélation n'est cependant en aucun cas systématique. De nombreux engagements dominants, comme des tâches de travail, peuvent être assurés de façon automatique et irréfléchie pendant de longues périodes, permettant à l'individu de se concentrer sur son principal foyer d'attention, le commérage - activité qui, si prenante soit-elle, passera au second plan lorsque la tâche de travail requerra à son tour, à nouveau, de l'attention. Un télégraphiste, par exemple, peut taper des messages tout en poursuivant une activité parallèle de conversation avec un collègue.

À présent que nous savons qu'une activité demandant peu d'attention, quoique socialement dominante, peut être accomplie alors que l'attention de l'individu est momentanément fixée ailleurs, nous pouvons aller plus loin. Cet individu peut avoir, en complément, d'autres engagements secondaires, comme fumer, qui sont eux-mêmes subordonnés à l'engagement principal, temporaire et non officiel. Les exigences pesant sur l'individu peuvent aussi soudainement changer et ce qui avait été un engagement dominant peut être rétrogradé en importance et se trouver subordonné à une nouvelle source [45] d'engagement, à présent considérée comme prioritaire.

Dans notre société, il est reconnu que certaines activités doivent être accomplies exclusivement au titre d'engagements principaux et dominants : c'est le cas de nombreuses cérémonies sociales. Il est aussi reconnu que certaines autres activités n'ont jamais qu'un statut d'engagements secondaires et subordonnés - mâcher du chewing-gum, par exemple. Ces façons insignifiantes de participer à la situation ne se verront jamais accorder une attention prééminente, même si aucun engagement principal n'entre en concurrence avec elles. Entre ces deux pôles, cependant, ce qui est défini comme engagement dominant à un moment donné peut passer au statut d'engagement subordonné à un autre moment. Ainsi, au travail, boire une tasse de café peut être un engagement subordonné ; mais pendant la pause-café officielle, ce sera l'activité dominante.

La gestion des engagements subordonnés

Les engagements subordonnés - principaux ou secondaires -, si prenants puissent-ils être par ailleurs, expriment donc, par définition, un respect tout au moins de surface pour ce que l'on s'accorde à voir comme l'activité en jeu. Cela implique que de tels engagements subordonnés ne doivent occuper que la partie la moins importante du soi de l'individu. Et l'on comprend alors que lorsqu'un individu souhaite ardemment se livrer à ces activités subordonnées, il doive les déguiser et les dissimuler sous l'apparence de pures distractions. On comprend encore que ces engagements soient une menace constante pour les conduites obligatoires, en ce qu'ils sont toujours prêts à absorber les préoccupations de l'individu au-delà de ce qui semble approprié. C'est particulièrement le cas des engagements, bien établis comme secondaires et subordonnés, définis et décrits comme « mineurs » dans le langage de la vie quotidienne. Jamais totalement proscrits de la situation, ils sont toujours disponibles comme points de départ pour une défection.

L'idiome des engagements subordonnés diffère grandement d'un groupe culturel à l'autre. Même les [46] modèles anglais et américain présentent des différences, comme Dickens nous le rappelle dans sa réaction britannique à une coutume des États-Unis :

> « Washington pouvant se parer du titre de capitale de la salive au tabac, le moment est venu pour moi de confesser, sans dissimulation aucune, que cette tyrannie à deux têtes, associant chique et crachat, commença vers cette époque à m'être rien moins qu'agréable et me fut bientôt aussi repoussante qu'écœurante. Cette habitude immonde est admise dans tous les lieux publics en Amérique. Dans les cours de justice, le juge possède son crachoir, de même que l'audiencier, le témoin et le prévenu, cependant que jurés et spectateurs en sont également pourvus, comme autant d'hommes qui, nature oblige, éprouvent le besoin de cracher sans discontinuer. Dans les hôpitaux, les étudiants en médecine se voient invités, par des avis placardés sur les murs, à ne pas souiller les escaliers et à envoyer leur jus de tabac dans les réceptacles prévus à cet effet. À l'intérieur des bâtiments publics, on implore de la même façon le visiteur de faire gicler l'essence de sa chique, la "carotte" (*plug*), ainsi que je l'ai entendue nommer par certains messieurs experts dans ce type de friandises, dans les crachoirs nationaux plutôt qu'au pied des colonnes de marbre. Mais il se trouve des coins où cette habitude fait indissociablement partie de chaque repas, de chaque visite matinale, et de toutes les occasions de la vie en société[1]. »

Ce que Dickens écrivait en 1842, de nombreux Américains pourraient le dire à présent : l'idiome de l'engagement peut en effet changer au cours du temps pour la même nation. Certains signes, comme siffler, renifler une prise de tabac ou jouer avec la chaîne de sa montre, n'ont plus cours depuis longtemps dans le vocabulaire des gestes disponibles. D'autres activités, comme le filage ou le tissage, ont totalement disparu de la société américaine. D'autres, encore, comme garder une oreille vissée à la radio ou au phonographe, sont venues au jour dans un temps récent, de mémoire d'homme. Et d'autres, enfin, comme fumer, ont changé de sens et cessé de jouir du degré de tolérance situationnelle qui était le leur autrefois.

▲ 1. Dickens C., *American Notes*, Greenwich, Conn., Premier Americana, Fawcett Publications, 1961, p. 134-135 [trad. fr. : G. Piloquet et E. Chedaille, *Voyage en Amérique*, Paris, Phébus, 1994, p. 146-147].

Le répertoire des engagements subordonnés varie également selon les groupes sociaux. À l'Hôpital central, par exemple, pendant les pauses, au cours de la répétition d'un spectacle, [47] quelques-unes des patientes, femmes de classe moyenne, essayaient leur corps à des figures de ballet - un idiome qui n'était pas à la portée des femmes de classes moins favorisées. Dans notre société, tricoter est un engagement subordonné, d'ordinaire interdit aux hommes, tout comme fumer la pipe l'est aux femmes. Et comme dans tout ce qui concerne la distribution des engagements, les différences de tranche d'âge sont très marquées eu égard aux engagements subordonnés. Dans beaucoup de cinémas aux États-Unis, par exemple, on constate un cycle d'ordre civique, quotidien et hebdomadaire. Les samedis et les dimanches, en particulier les après-midi, sont ainsi définis comme des moments de tolérance d'un large spectre d'engagements subordonnés, tandis que les occasions qui ont cours à d'autres moments n'en souffrent que fort peu. À Chicago, de fait, certains cinémas se sont spécialisés dans cette espèce d'ordre social coproduit par les enfants :

> « Ce cinéma s'est fait comme spécialité de projeter de vieux films. Seuls de tout jeunes enfants peuvent être captivés par des œuvres aussi démodées. Ce cinéma leur a dès lors été réservé. Du fait qu'il n'est pas pris au sérieux, ce lieu sert de cour de récréation aux plus âgés d'entre eux, à l'abri duquel ils peuvent se consacrer davantage d'attention les uns aux autres qu'ils n'en accordent à l'écran[1]. »

De la même façon, on autorise à un enfant dans la rue de sucer son pouce ou de lécher un sucre d'orge, de faire des bulles de chewing-gum jusqu'à ce qu'elles éclatent, de cogner un bâton le long d'une clôture ou d'interrompre une ligne principale d'activité pour enlever un caillou de sa chaussure. Mais les patients adultes de l'Hôpital central chez qui le personnel observe des conduites similaires sont déclarés agir de façon « symptomatique ».

Pour toute classe particulière de rassemblements sociaux, nous pouvons nous attendre à trouver des régulations concernant les types d'engagement subordonné qui y sont tolérés. Cette sélection semble être fondée sur l'évaluation de la quantité d'investissement de soi qui est requise par de telles activités, et donc, sur la détermination de la proportion d'attention qui doit être réservée à [48] l'engagement dominant. Par exemple, pendant une session de thérapie de groupe conduite par et pour le personnel d'un centre de soins pour enfants, les participants étaient autorisés à garder un chat sur leurs genoux. Mais accorder à l'animal plus que quelques caresses, de temps en temps, aurait été perçu comme le signe d'un retrait de la séance[2].

▲ 1. Freidson E., *An Audience and its Taste*, thèse de doctorat, département de sociologie, Université de Chicago, 1952, p. 216.

▲ 2. Meara H., « The Group Therapy Session as a Social Situation », article non publié.

Comme pour tous les autres aspects de la structure de l'engagement en situation, il existe une écologie concernant les engagements subordonnés. Ainsi, on raconte qu'entre-deux-guerres à Londres, dans certains quartiers comme Bond Street, une femme ne pouvait se promener en portant autre chose que ses gants, une laisse ou un parapluie. Des restrictions similaires s'appliquaient aux hommes. Un petit paquet porté sous le bras n'aurait pas été *comme il faut*[1], car cette implication dans une activité musculaire visible aurait constitué une menace pour la posture d'équilibre tenue pour appropriée. Un continuum aurait pu être tracé dans la même ville depuis ces beaux quartiers jusqu'à des lieux moins chics où les gens pouvaient batailler avec des harnais d'épaule et des charges comme des lourdes caisses ou des outils encombrants[2].

Les règles d'interdiction à propos des engagements subordonnés, à la différence des autres espèces de régulation, sont fréquemment formulées de façon explicite. Les sites de nombreux rassemblements exhibent souvent des pancartes où sont affichées les règles d'interdiction de fumer du tabac ou de mâcher de la gomme. Dans des organisations disciplinaires, comme les prisons, ces règles sont étendues à l'interdiction de parler pendant les repas. Dans certains couvents, ces règles peuvent même gouverner la « conduite des yeux » pendant la méditation et la prière, de sorte que le seul acte de laisser son regard voguer autour de la [49] pièce constitue un inacceptable engagement subordonné[3].

Les autorisations et les prohibitions portant sur les engagements subordonnés dans des situations particulières ont connu d'intéressants changements historiques. Dans de nombreuses salles de classe, à l'Université, ces vingt dernières années, les activités de fumer et de tricoter sont devenues acceptables, signifiant, peut-être une dégradation de la dignité de l'occasion et une revalorisation du statut des étudiants en relation aux professeurs. Un changement similaire dans le langage et dans les règles d'engagement en situation des adolescents américains peut être constaté. Ce

▲ 1. [En français dans le texte].

▲ 2. Dans les sociétés paysannes où les personnes ont l'habitude de travailler pendant toutes les heures de veille, au lieu de limiter le labeur à un moment donné de la journée, un grand nombre d'engagements secondaires semble être toléré et même recommandé, en tout cas du point de vue de notre idiome de l'engagement. Par exemple, on peut lire à propos des Indiens sud-américains : « Les femmes indiennes sont habituellement occupées à filer alors qu'elles marchent sur la route, vendent au marché ou bavardent entre elles, et les hommes sont de même engagés dans des travaux de filage, de tressage ou de cordage en marchant. » Cf. Salz B. R., « The Human Element in Industrialization », *American Anthropological Association Memoir*, 85, 1955, p. 101.

▲ 3. Les religieuses sont apparemment entraînées pour maintenir, de façon générale, un plus grand retrait de la situation que les laïcs. Ce point est une dimension importante de la socialisation dans leurs congrégations et un frein contre l'adaptation rapide au monde séculier si elles quittent leur ordre : cf. Hulme K., *The Nun's Story*, Londres, Muller, 1956, p. 67 et Sœur Mary Francis, *A Right to Be Merry*, New York, Sheed and Ward, 1956, p. 18.

groupe semble jouir d'une bien plus grande permissivité que la génération précédente en matière de conduite informelle dans les lieux publics. En même temps, la mode du transistor portable, qui peut être embarqué dans une multitude de situations, a créé un nouveau foyer d'absorption dans un engagement subordonné[1].

Un engagement subordonné détourne le soi de l'engagement dominant, même si cette diversion est perçue comme mineure. On peut alors s'attendre à ce qu'un individu, qui sent sa sécurité menacée par un engagement dominant et craint de perdre le contrôle de soi, adopte ou feigne d'adopter un engagement subordonné afin de prétendre rester [50] maître des circonstances. Ses vis-à-vis, s'ils savent représenter pour lui une menace, peuvent avec tact lui offrir une cigarette : fumer lui sert alors de protection[2].

Les obligations regardant les engagements principaux

Dans de nombreuses situations sociales, un engagement principal sera vu comme partie prenante de l'occasion sociale dans laquelle la situation advient et sera défini comme préférentiel, si non obligatoire. Dans une partie de cartes, par exemple, les participants sont supposés focaliser leur attention sur le jeu, cette distribution de l'engagement se justifiant par référence à la nature de l'occasion sociale. Nous parlerons alors d'engagements principaux *occasionnés.*

On peut comprendre le sens d'un engagement principal occasionné, *a contrario,* en examinant ce qui arrive quand un individu n'est pas suffisamment au courant pour « saisir » le sens de ce qui est en train de se passer. En de telles circonstances, il aura de grandes difficultés pour maintenir son attention en éveil et assurer un engagement approprié dans la situation. Ce problème est celui auquel sont confrontés des étudiants étrangers qui assistent à un cours ou des spectateurs non britanniques à un match de cricket. De même, la gêne ressentie par un amateur qui inspecte le moteur de sa voiture qui a calé sous les yeux des autres passagers n'est pas seulement due à l'inconvénient de la panne et à la démonstration de son incompétence. Il lui faut agir comme s'il était absorbé dans ce qu'il fait, alors qu'il pourrait bien ne pas être assez versé en mécanique pour être vraiment

▲ 1. L'usage des radios portatives n'est pas allé sans résistance, en tout cas, dans certains pays. Une nouvelle de Reuters, lue dans le *San Francisco Chronicle,* 28 mai 1961, rapportait ainsi que « Le chanoine Felix Kir, 85 ans, maire de gauche de Dijon, France, a interdit aujourd'hui l'utilisation des radios portatives en public. Le clerc, qui est aussi le doyen de l'Assemblée Nationale, a promulgué cette décision après avoir reçu des dizaines de plaintes et après avoir fait une visite personnelle à la piscine locale. "J'ai dû m'en aller, a-t-il dit, je n'ai pas pu supporter la cacophonie de toutes les radios - on se serait cru à une fête foraine" ».

▲ 2. Le sentiment d'aisance qu'exprime l'acte de fumer peut être contrebalancé par le tremblement d'un individu qui demande du feu ou tient une cigarette. En y pensant bien, il peut ne pas savoir quelle est la meilleure solution pour paraître sûr de soi, fumer ou ne pas fumer.

pris par l'examen du dysfonctionnement[1]. De façon [51] intéressante, un individu qui n'est pas suffisamment formé dans un domaine pour y prendre part comme il faut et qui tente de compenser son extranéité en portant exactement les bons vêtements, en employant exactement le bon équipement, en assumant exactement la bonne posture, sera taxé par ceux qui l'entourent de « sur-engagement dans la situation ». Pourtant, il serait plus juste de dire qu'il est insuffisamment impliqué dans l'engagement principal, propre à cette occasion sociale, et qu'il est trop dépendant de signes attestant de ce qu'il faut faire dans une telle situation. On peut de même imaginer le léger malaise que provoquerait une femme, sans lien étroit avec un défunt, qui apparaîtrait à ses funérailles dans un ensemble noir, très mode et très classe.

L'engagement principal soutenu par un individu dans une situation sociale peut exprimer son objectif apparent d'être présent : être obligé d'avoir un engagement principal approprié, c'est être obligé d'avoir un objectif particulier. Comme on l'a cependant suggéré, il existe des situations sociales dans lesquelles ceux qui sont présents ont un objectif, pas forcément obligatoire, qui ne requiert pas en lui-même ou n'autorise pas d'engagement principal - par exemple, lorsqu'un individu dans un véhicule de transports en commun s'assied ou se tient debout en attendant d'arriver à bon port. À de tels moments, l'individu peut soutenir des engagements principaux qui sont tout à fait prenants, mais clairement subordonnés à un engagement dominant à venir.

Que l'engagement principal occasionné soit prescrit ou non, le participant à un rassemblement social - tout au moins dans les classes moyennes - peut être obligé de maintenir un engagement principal *minimal*, pour éviter de donner l'impression d'être totalement désengagé. Pour cette raison, les wagons bars, les salles d'attente et les avions de ligne sont souvent équipés de fournitures d'urgence comme des journaux ou des magazines. Ceux-ci servent à assurer un minimum d'engagement, auquel les usagers peuvent donner un certain poids (quand il n'y a rien d'autre à faire qu'attendre), mais qui peuvent être abandonnés dès que leur tour est arrivé ou qu'ils sont rendus à destination. Les journaux, en particulier, jouent un rôle important : cette source transportable d'engagement peut être mobilisée [52] chaque fois qu'un individu a le sentiment qu'il devrait avoir un engagement, alors qu'il n'en a pas[2].

▲ 1. Le manque d'expérience n'est pas la seule raison d'un tel malaise. Quand les invités d'une petite fête sont momentanément abandonnés à eux-mêmes, un problème similaire se produit : du fait qu'ils s'attendent à ce qu'on leur garantisse une interaction conviviale, ils se trouvent désemparés quand aucun engagement principal légitime n'est mis à leur disposition.

▲ 2. Une grève de diffusion des journaux, en 1954, aurait eu pour conséquence de priver les usagers du métro londonien d'un écran derrière lequel se cacher pendant leurs trajets - rien

Dans notre société, les repas offrent l'occasion d'un intéressant problème de distribution de l'engagement. Dans les restaurants publics, manger est défini comme un engagement dominant, et ce même si les repas peuvent être perçus comme une activité qui ne doit peut-être pas absorber une forte dose d'attention de la part des consommateurs. Souvent, toutefois, des engagements subordonnés seront recherchés afin de drainer une quantité inhabituelle d'engagement. Ainsi, quand un individu doit dîner seul sans pouvoir se raccrocher à une conversation avec un convive de table, il peut apporter un journal ou un magazine en guise de compagnon de substitution[1]. Et s'il se trouve qu'il n'a rien à lire, il peut choisir de s'asseoir au comptoir et, en se contentant d'un repas simple et rapide, montrer qu'il est engagé dans d'autres affaires vers lesquelles il se hâte. En se tenant à l'écart du rassemblement des clients et en se pressant contre le bar, il corrige ainsi son exposition à la situation. Il se maintient à sa bordure, sinon à son dehors[2].

Il existe par ailleurs des situations dans lesquelles certains engagements mineurs sont explicitement requis. L'occasion n'est pas assez importante pour justifier une totale absorption dans l'engagement principal qu'elle suscite. Aux îles Shetland, de jeunes femmes, tout en participant aux conversations des veillées familiales, étaient parfois obligées de tricoter, cette activité secondaire étant une source importante de revenu pour la maisonnée. De même, dans un couvent, les religieuses avaient l'habitude suivante :

> [53] « Chacune venait à la récréation avec son nécessaire de travail... Dans le sac, vous transportiez l'ouvrage qui allait occuper vos mains tandis que vous restiez assise dans le cercle - les mains ne pouvant rester inactives, sans rien faire, posées sur les genoux. Ce travail devait par ailleurs être manuel, comme tricoter ou raccommoder et ne pas trop occuper l'esprit, comme écrire une lettre, lire ou dessiner. Cela aurait soustrait une part de l'attention due aux autres sœurs, assises à vos côtés[3]. »

Ces illustrations de l'équilibre requis entre engagements principaux et secondaires semblent toucher à des aspects triviaux du comportement, mais

derrière quoi se retirer et garder une contenance. Du coup, ils ont dû apparaître en train de ne rien faire, ce qui pour des Anglais de classe moyenne implique une légère désorientation dans la situation, une forme d'exposition de soi ou de « sur-présence ».

▲ 1. Mais si un individu dans une telle situation lisait un ouvrage érudit, il pourrait être considéré comme trop absorbé du point de vue de ce qui est approprié en public, trop distrait de l'activité dominante, et par la même occasion, trop peu disponible. On peut rajouter que les livres de poche, si sérieux puisse être leur contenu, tendent à confirmer cette règle, du fait de leur apparence et de leur coût : ce pourrait bien être l'une des raisons de leur popularité.

▲ 2. Dans certains restaurants européens, une grande table est dressée pour les personnes solitaires qui ne veulent pas manger toutes seules. Le fait que cela n'existe pas aux États-Unis est parlant, quant aux différences entre régulations américaines et continentales de la commensalité et du contact social.

▲ 3. Hulme K., *The Nun's Story*, *op. cit.*, p. 59.

il y a des circonstances dans lesquelles le sérieux de l'enjeu devient évident. Par exemple, une plainte récurrente parmi les patients des pavillons d'hôpitaux psychiatriques est qu'il n'y a là rien à faire. Non seulement le traitement médical qui constitue l'occasion de l'engagement échoue à se matérialiser, mais toutes les ressources mentionnées ci-dessus, qui pourvoient d'ordinaire des engagements subordonnés, ont été rendues indisponibles. Dans le cas où elles sont disponibles, elles sont supposées remplir leur office pendant une période de temps bien plus longue qu'elles n'ont été projetées pour le faire. Ici, le patient doit faire montre d'un engagement inapproprié dans la situation, alors même que l'observation à laquelle les autres le soumettent peut se faire extrêmement menaçante. Le patient, en bref, est forcé d'agir de façon bizarre, en un lieu et à un moment où la chose qui compte le plus à ses yeux serait de démontrer qu'il est normal. Que le patient s'accorde une forte exception dans ces circonstances et il peut se retrouver enfermé dans une « salle de réclusion » où, littéralement, il risque bien de ne disposer d'absolument rien en guise de foyer principal, acceptable, d'attention. Seul dans une salle nue, il lui serait presque impossible d'agir de façon convenable, et donc de paraître sain d'esprit. Il n'aurait plus, pour seule alternative, que de masquer le judas de la porte de sa cellule afin d'empêcher les passants de transformer son malaise privé en situation sociale.

L'échec à assurer le type et le degré d'engagement principal qu'exige la situation ne résulte pas seulement d'un manque de compréhension et d'appréciation de ce qui s'y passe ou [54] d'un appauvrissement de l'environnement. Tout en étant présent à un rassemblement, un individu peut juger que ses intérêts et ses préoccupations sont ailleurs. Une autre situation sociale pourrait lui donner satisfaction, mais pas celle-ci, dans laquelle il se trouve[1]. L'expression d'impatience qui peut en découler, le sentiment de vouloir repousser les limites de la situation est quelque chose que tout un chacun a pu observer ou expérimenter. Une autre situation commune est celle qui pousse un individu à confesser qu'il s'ennuie où qu'il se sent trop flegmatique et indifférent pour s'adonner à un engagement principal. Une autre, encore, celle où un individu se sent apparemment trop nerveux ou trop angoissé pour participer de façon appropriée. Quels que soient les engagements principaux qui s'offrent à lui dans la situation, l'individu est alors trop agité pour y investir une partie de soi[2]. Les personnes qui ont la bougeotte et ne tiennent pas en place en sont un bon exemple, comme les patients maniaques dans les hôpitaux psychiatriques.

▲1. Un phénomène analogue a été étudié dans les conversations par E. Goffman, « Alienation from Interaction », *Human Relations*, 10, 1957, p. 47-60.

▲2. Ce type de préoccupation a été immortalisé dans les *expectant father cartoons* [genre de dessin humoristique mettant en scène des futurs pères dans des salles d'attente de maternité].

L'une des scènes les plus poignantes qu'il puisse être donné d'y observer est celle d'un patient trop excité ou trop affolé pour prendre place dans la situation qui se présente à lui, alors même qu'il tente désespérément de s'y couler. Ainsi, un fameux ex-patient décrit ses efforts pour se contrôler durant des périodes d'exaltation :

> « J'ai souvent ressenti cette ["malsaine excitation mentale"] et eu le sentiment qu'elle pourrait être contrôlée par un exercice résolu de ma volonté. Souvent, je me suis levé et j'ai marché avec détermination à travers la pièce ou le terrain, en me commandant à moi-même comme si je tirais sur les rênes d'un cheval qui faisait tout son possible pour sortir de la piste, en dépit du mors et de la bride[1]. »

Quelquefois, le patient donne l'impression de savoir qu'il ne parviendra pas à se contenir dans la situation et se contente simplement de simuler sa présence de la façon la plus convenable possible. À l'Hôpital central, j'ai ainsi observé un patient qui marchait d'un bout à l'autre de la salle de séjour, [55] jusqu'à une porte de sortie donnant sur le porche, tentant bravement de montrer qu'il avait quelque chose à y faire, puis, sans même atteindre le porche, revenant sur ses pas et répétant le même cycle d'action. Une autre patiente, une jeune psychotique, avec le tempo incroyablement rapide des personnes en état d'excitation motrice, semblait essayer de revenir à la situation en vidant cendriers, assiettes de nourriture et verres d'eau les uns dans les autres, avec le vain espoir de paraître être en train de faire quelque chose de sensé et recevable. Une autre, qui quittait de façon répétée son siège à la cafétéria, se rendant à la porte de sortie avant d'en revenir, tentait de dissimuler son anxiété en arborant sur son visage l'apparence étudiée de quelqu'un qui doit être à l'heure à son rendez-vous.

Les situations sociales sont nombreuses où les individus feignent d'être pris dans les activités propres à une occasion sociale, mais s'occupent en fait de leurs propres affaires et se conforment, par conséquent, à une distribution de l'engagement qui leur est propre. L'expression « se mêler à la foule » tend à être réservée aux criminels, aux détectives et aux reporters, et autres héros de la dissimulation, mais le processus est en réalité des plus communs[2]. Ainsi, dans certaines bibliothèques publiques, les membres du personnel et les clochards du coin ont parfois un accord tacite : faire un petit somme est toléré pour autant que le dormeur prenne un livre et en couvre son visage. À l'Hôpital central, il m'a été donné d'observer un exemple intéressant de dissimulation par certains infirmiers, bien aimés par les patients, totalement acceptés par eux, et participant à leurs activités de jeu. En cas de dispute ou de tentative de fuite, l'infirmier de service se trouvait sur place avant même que les patients réalisent quoi que ce soit. En

▲ 1. *The Philosophy of Insanity*, by a Late Inmate of the Glasgow Royal Asylum for Lunatics at Gartnavel, New York, Greenberg, 1947, p. 23.

▲ 2. Goffman E., *Presentation of Self*, *op. cit.*, p. 145-149.

de tels moments, les patients perdaient leurs illusions : ils se rendaient compte que la participation de l'infirmier à leurs jeux n'était pour une bonne part qu'un simulacre, que son esprit n'avait pas été captivé par l'occasion autant qu'ils l'avaient cru et que, tout ce temps-là, il avait maintenu l'attitude de [56] vigilance du surveillant. C'est dans de tels cas d'abandon de la simulation d'engagement que nous avons un clair aperçu de contraintes qui restent d'ordinaires invisibles et imperceptibles.

Entre les murs des établissements sociaux, des règles formelles sont communément formulées à propos des engagements principaux occasionnés. Ainsi, dans l'industrie, une frontière statutaire peut être tracée au point où les employés sont explicitement enjoints d'« aller travailler ». Un cas extrême semble être celui des camps de travail en Alabama, où l'« indifférence au travail » peut être punie par le fouet ou les menottes. Tout le monde sait ce que « faire semblant de travailler » signifie dans ces circonstances : un simulacre d'activités, une imitation de l'engagement principal occasionné, jouée au moment de l'inspection. Cette activité est simplement-située du fait qu'elle n'accomplit rien d'autre que le spectacle du travail.

Le problème de maintenir un engagement principal approprié a une portée particulière eu égard au comportement dans la rue. Le fait de vaquer à ses affaires et d'y paraître totalement absorbé, « comme si l'on était toujours en train de venir de quelque part ou de se rendre quelque part[1] », implique un objectif dominant qui laisse le foyer effectif de l'attention libre pour d'autres choses. La finalité d'une personne, et donc le foyer de son engagement dominant, se tiennent à l'extérieur de la situation. Quand les engagements principaux subordonnés qui en résultent deviennent intenses - une querelle enflammée ou une caresse torride -, le manque d'égards de l'individu peut le faire passer pour un délinquant aux yeux de ses pairs.

Outre qu'ils peuvent donner l'impression d'être divertis de ce que devrait être leur occupation, les individus peuvent aussi paraître en être tout simplement dépourvus. Qui erre sans orientation vers un but apparent dans un lieu public peut être suspecté de passer son temps à ne rien faire : il se prélasse ou il « zone » (*lolling*), s'il reste sur place, il flâne ou il rôde (*loitering*), s'il est en mouvement. Ces activités peuvent être jugées si inappropriées qu'elles méritent d'être la cible d'une action légale. Dans beaucoup de rues de nos villes, en particulier à certaines heures, la police demande à quiconque paraît désœuvré de « circuler ». À Londres, une récente [57] décision de justice a établi qu'un individu a le droit de marcher dans la rue, mais n'a aucun droit, selon la loi, d'y stationner. À Chicago, un individu portant l'uniforme du *hobo* pourra vagabonder dans le flux de

▲1. Love E. G., *Subways Are for Sleeping*, New York, Harcourt, Brace & World, 1957, p. 28.

passants[1], mais une fois qu'il aura quitté cette zone réservée, il sera contraint de faire comme s'il avait l'intention de se livrer à une quelconque activité. De la même manière, certains patients d'hôpital psychiatrique doivent leur internement au fait que la police les a attrapés à errer dans la rue à point d'heure, sans aucune destination, ni aucune finalité en tête. Une illustration de ces régulations de la vie de la rue se rencontre dans la description par Samuel Beckett du triste état de son héros infirme, dans la fiction *Molloy*, alors qu'il cherche à s'en sortir, avec ses béquilles, sa bicyclette et sa fatigue, tout en même temps :

> « Ainsi nous franchîmes cette passe difficile, ma bicyclette et moi, en même temps. Mais un peu plus loin je m'entendis interpeller. Je levai la tête et vis un agent de police. C'est là une façon elliptique de parler, car ce ne fut que plus tard, par voie d'induction, ou de déduction, je ne sais plus, que je sus ce que c'était. Que faites-vous là ? dit-il. J'ai l'habitude de cette question, je la compris aussitôt. Je me repose, dis-je. Voulez-vous répondre à ma question ? s'écria-t-il. Voilà ce qui m'arrive régulièrement quand je suis acculé à la confabulation, je crois sincèrement avoir répondu aux questions qu'on me pose et en réalité il n'en est rien. Je ne rétablirai pas cette conversation dans tous ses méandres. Je finis par comprendre que ma façon de me reposer, mon attitude pendant le repos, à califourchon sur ma bicyclette, les bras sur le guidon, la tête sur les bras, attentait à je ne sais plus quoi, à l'ordre [public], à la pudeur [publique][2]. »

[Molloy est alors embarqué en prison, questionné, et relâché.]

> « Ce qui est certain, c'est que jamais plus je ne me suis reposé de cette façon, les pieds obscènement posés par terre, les bras sur le guidon et sur les bras la tête, abandonnée et brimbalante. C'était en effet un triste spectacle, et un triste exemple, pour les citadins, qui ont tellement besoin d'être encouragés, dans leur dur labeur, et de ne voir autour d'eux que des manifestations de force, de joie et de cran, sans quoi ils seraient capables de s'effondrer, en fin de journée, et de rouler par terre[3]. »

[58] Traîner et vagabonder sont souvent, mais pas toujours, interdits. Dans certaines sociétés où la vie de café est une institution, la flânerie semble être bien acceptée. Même dans notre société, une espèce de tolérance est accordée à certains groupes de « désœuvrés », qui se montrent distraits par n'importe quel foyer d'attention, passant dans leur champ de vision, et qui déclinent toute proposition de conversation sérieuse, à moins qu'ils n'y soient disposés. Ces grappes de personnes se rencontrent aux coins de rue des quartiers mal famés, dans les zones commerçantes quand le temps est

▲ 1. [*On the stem* renvoie à l'argot démodé *stem* : jambe et signifie dans ce cas-ci « debout sur le trottoir ». Le terme était utilisé par les *hobos*. Goffman utilise aussi ce mot dans l'expression *street stemmer*, pages 111 et 141, pour indiquer que le mendiant se tient debout et importune les passants].

▲ 2. Beckett S., *Molloy*, New York, Grove Press, 1955, p. 25-26 [Paris, Minuit, 1951, p. 29-30. À la différence de la version française, il est question dans la version anglaise, traduite par S. Beckett et P. Bowles, de « pudeur *publique* » et d'« ordre *public* »].

▲ 3. *Ibid.*, p. 31-32 [p. 37-38].

clément, devant les magasins généraux et les boutiques de barbier[1] et, bizarrement, sur les pelouses des tribunaux de certaines petites villes[2]. Elles y dépensent leur temps en pure perte.

La règle contre le « désœuvrement » de ceux qui sont dépourvus d'engagement est évidente dans l'exploitation d'engagements de façade, sans compromis, afin de masquer ou de rationaliser un désir de flâner - une façon de recouvrir la présence physique dans une situation sous un vernis d'activité acceptable. Ainsi, si des individus veulent faire une « pause » dans leur routine de travail, ils doivent se déplacer vers un endroit où il est acceptable de fumer, et une fois rendus là, fumer de façon ostensible. Certaines activités minimales de recréation sont aussi utilisées pour dissimuler l'absence d'engagement : c'est le cas de celui qui pêche dans un cours d'eau où il est sûr qu'aucun poisson ne viendra perturber sa rêverie, ou de celle dont le bronzage sur la plage sert d'écran à la rêverie ou à la sieste - encore que, dans le cas du vagabondage des *hobos*, un uniforme spécial doive être porté, qui proclame et institutionnalise cette relative inactivité. Comme on peut s'y attendre, quand le contexte fournit clairement un engagement dominant hors de la situation, lors d'un voyage en train ou en avion, par exemple, regarder par la fenêtre, rêvasser ou sommeiller est tout à fait autorisé. En bref, plus la situation certifie que le participant ne s'est pas retiré [59] d'un engagement auquel il aurait dû se tenir, plus grande paraît sa liberté d'adopter des conduites qui auraient, sinon, été considérées comme des attitudes de retrait de la situation.

Une petite remarque peut être ici insérée, à propos des engagements subordonnés, comme lire les journaux ou lécher les vitrines. Du fait que ces engagements représentent dans notre société des diversions légitimes, momentanées, de l'activité principale de vaquer à ses affaires, ils tendent à être utilisés comme couvertures quand l'objectif de quelqu'un se fait illégitime - l'art de prendre en filature un suspect en étant le meilleur exemple. Quand Sam Spade affecte d'observer de près un costume dans une vitrine, son objectif véritable n'est pas de faire croire à son intérêt pour les costumes, mais de manifester le même type de préoccupations que n'importe quelle autre personne qui, dans une rue publique, se divertit un moment et s'écarte de son activité principale pour faire du lèche-vitrines. De même, comme un ancien clochard le raconte, quand l'apparence de quelqu'un et ses objectifs du moment le placent hors du flux des conduites

▲1. Cf. West J., *Plainville, U. S. A.*, New York, Columbia University Press, 1945, p. 99-103 ; Lewis H., *Blackways of Kent*, Chapel Hill, University of Carolina Press, 1955, « The Idling Complex », p. 68-72.

▲2. Cf. les articles sur les « petits délinquants » par Deutscher I., « The White Petty Offenders in the Small City », *Social Problems*, 1, 1953, p. 70-73 ; « The Petty Offender: A Sociological Alien », *Journal of Criminal Law, Criminology, and Police Science*, 44, 1954, p. 592-595 ; « The Petty Offender: Society's Orphan », *Federal Probation*, 19, 1955, p. 12-18.

propres à un site donné, il peut lui être alors essentiel d'afficher un certain type d'engagement subordonné, afin de convaincre les autres que son engagement dominant est du type de ceux associés à cet engagement subordonné :

> « Une curiosité qu'il [un ami] a constatée, mais qu'il ne peut expliquer, est l'attitude des policiers dans les gares envers les lecteurs de livres. Après 19h30, une personne qui veut lire un livre à Grand Central ou à Penn Station doit être de mise exceptionnellement aisée, ou porter des lunettes à monture d'écaille. N'importe qui d'autre est susceptible de se retrouver sous surveillance. Par contre, les lecteurs de journaux semblent ne jamais retenir l'attention, et même le vagabond le plus miteux peut passer la nuit entière à lire le journal sans être en aucun cas tracassé[1]. »

Marges de désengagement

Les déviations que nous avons considérées sont autant de remises en cause de la prise d'un individu sur l'occasion sociale dans [60] laquelle il se trouve. De cette proposition, on ne saurait cependant inférer que la conduite appropriée en situation puisse être garantie par un investissement sans faille du soi dans des engagements principaux occasionnés. Quels que soient les engagements prescrits et quelle que soit leur intensité, on attend d'ordinaire des individus, en tout cas dans notre société de classes moyennes, qu'ils donnent des preuves visibles du fait qu'ils ne sont pas totalement captivés par le foyer principal d'attention. Une mince marge de contrôle de soi (*self-command*) et de propriété de soi (*self-possession*) est en général requise et exhibée. C'est le cas, même si cette obligation doit souvent être équilibrée avec les obligations mentionnées précédemment, afin de maintenir un minimum d'acceptabilité de l'engagement principal.

D'ordinaire, l'individu peut d'autant mieux entretenir une impression de désengagement que nous tendons à passer outre à cette exigence. Quand une véritable crise se déclare, qui impose une complète absorption dans une activité située, la crise elle-même, comme nouvelle occasion sociale, peut passer sous silence ce désengagement, exonérer de la faute qu'il pourrait représenter, et même contraindre à ce qui aurait été ailleurs tenu pour un délit situationnel. Pendant des crises mineures, cependant, quand l'individu a des raisons de se retirer de l'orientation générale du rassemblement, mais n'en a pas l'autorisation, on peut alors assister à des efforts titanesques, malgré les difficultés, pour que ce désengagement se présente sous des airs convenables. Ainsi, quand un homme court à perdre haleine pour attraper l'autobus ou se retrouve à dormir sur un trottoir glacé, il peut maintenir les apparences optimistes d'un corps droit et fort, ne trahissant qu'un petit sourire douloureux sur son visage, comme s'il disait qu'il n'est pas vraiment

▲ 1. Love E.G., *Subways Are for Sleeping*, *op. cit.*, p. 28.

concerné par tout ce désordre et qu'il garde la maîtrise appropriée et située de soi.

Il existe, apparemment, plusieurs espèces de sur-engagement dans des activités situées, comme lorsqu'un individu manifeste bruyamment son surinvestissement en hurlant à un match de boxe amateur ou s'immerge dans un silence abyssal à l'occasion d'une partie d'échecs. Encore une fois, on voit comment des activités qui diffèrent tellement en surface peuvent avoir la même signification expressive. Chose intéressante, la preuve de l'espèce la plus tranquille de sur-engagement nous parvient souvent à travers une classe spéciale d'engagements secondaires, sur le mode du contrepoint, à la façon d'une fugue. Ces actes répétitifs impliquent que l'individu est très profondément impliqué dans une tâche, [61] souvent, une tâche occasionnée[1]. Il semble qu'il y ait peu de situations définies pour autoriser un tel retrait dans une activité. En conséquence, quand un individu intensément impliqué est surpris dans l'un de ces engagements secondaires, dissocié de l'engagement principal, il réagit souvent avec embarras, en tentant de recentrer de façon hâtive ce qu'il est en train de faire dans une direction plus acceptable. C'est seulement dans des situations telles que les examens ou les sports de compétition, où un engagement situé des plus intensifs est étroitement lié à la finalité de l'occasion sociale, qu'il est toléré de s'immerger en profondeur dans une tâche.

Une forme commune de contrôle de l'engagement advient à l'heure des repas quand, dans de nombreux milieux de la société anglo-américaine, l'individu est supposé manger en prenant son temps, sans chaparder de nourriture dans l'assiette de son voisin, en se conduisant de façon telle que se rassasier ne paraisse pas la chose la plus importante au monde - comme si, en fait, manger ne devait mobiliser que très peu d'attention. Aux îles Shetland, par exemple, une communauté dont la plupart des membres restaient toujours un peu sur leur faim, il était difficile de trouver un convive qui acceptât un deuxième service de plats, sinon après avoir affirmé dans un premier temps qu'il en avait eu assez et dans un second temps qu'il en avait eu de trop. Dans les hôpitaux psychiatriques, le personnel rend hommage à ces règles en construisant des types sociaux afin de personnifier les patients qui y contreviennent ouvertement. Ainsi du « glouton » (*stuffer*) qui enfourne les aliments dans sa bouche, la bourre à se faire exploser les

▲ 1. En même temps que ces signes organisés à la façon d'une fugue, il est plausible d'assister à un désordre dans la façon de se tenir (et il est possible, par conséquent, de recueillir des éléments de preuve concernant les règles de maintien de soi). L'un des premiers chercheurs - et l'un des rares - qui ait enquêté sur les rassemblements sociaux ordinaires écrit ce qui suit : « Quand un étudiant dans une salle de classe s'absorbe dans la résolution d'un problème, il laisse tomber ses épaules, il allonge ses jambes, il ébouriffe ses cheveux, et se conduit de façon pas très convenable. Une fois que le problème est résolu, il se redresse, réarrange ses vêtements et se rend à nouveau présentable socialement. » Cf. Woolbert C. H., « The Audience », *Psychological Monographs*, 21, 1916, p. 48-49.

joues, se gave, étouffe, devient écarlate et suffoque par manque d'air. Ou encore de l'« accapareur » (*grabber*) qui, suspecté de ne pas respecter l'assiette de ses voisins, est servi seul dans son coin, quand il n'est pas attaché à sa chaise pendant le repas par une corde à son cou, comme un chien en laisse, afin de le tenir éloigné du territoire des autres patients. D'autres cas, moins extrêmes, se rencontrent à l'hôpital et forment un continuum avec les conduites [62] que l'on observe dans la société libre. À l'Hôpital central, par exemple, certains des patients adultes, les plus « malades », ingurgitaient leur dessert en premier, témoignant de leur peu de contrôle sur leur désir de sucreries et de leur trop grand engagement dans l'activité de manger. Cette faute est, bien sûr, commune parmi les jeunes enfants, à qui l'on doit enseigner de masquer à la fois cet excès d'impatience pour les plaisirs de l'oralité et cet excès de satisfaction au moment de la consommation de nourriture[1].

Dans notre société, la transpiration est un indice de sur-engagement. Un autre en est la voix « chevrotante ». Plus perturbant encore, les mains qui tremblent. Les personnes âgées qui souffrent de tels ébranlements chroniques sont vues comme « déficientes » (*faulty*), handicapées dans leurs interactions ordinaires par des traits de conduite qui témoignent d'un insuffisant contrôle de soi. Certaines stratégies, mises au point de façon indépendante, consistent à effacer et à prévenir ces signes, en empêchant que soit démentie la face d'un engagement approprié par le reste du corps. La technique de tel individu sera de garder ses mains dans les poches ; celle de tel autre, de les maintenir fermement sur la table ; tandis qu'un troisième maîtrisera la main tremblante avec sa main saine, tout en se servant du coude sur la table comme d'un support.

La tendance à maintenir une partie de soi en réserve peut tellement transparaître dans l'activité d'un individu que, dans certaines situations spécifiques où l'on attend de lui qu'il s'abandonne presque complètement à un engagement principal, il échoue à se laisser aller. Peut-être que s'explique ainsi en partie la frigidité des classes moyennes. On a des relations sexuelles, dans notre société, de préférence dans le noir, derrière l'écran de l'obscurité, laquelle autorise les participants à jouir de la liberté de n'être absolument pas présents à la situation. Le problème (mais pas la solution) se retrouve, bien sûr, en d'autres contextes. Ainsi, le partage d'un bureau avec une autre personne a souvent [63] pour conséquence de limiter le travail

▲ 1. L'apprentissage du contrôle de soi en matière d'appétit est, au même titre que d'autres règles d'engagement, une dimension importance de l'enseignement des parents à leurs enfants. Un fondement de la similarité souvent invoquée entre fous et enfants est qu'ils doivent être amenés par ceux qui s'en occupent à se plier à des règles d'engagement. On peut dire que la « régression » n'est pas un retour à un stade infantile de l'organisation libidinale, mais plutôt une manifestation de problèmes de discipline en situation, par ailleurs rencontrés chez les enfants.

fourni, parce que l'extrême immersion et concentration dans une tâche a quelque chose d'inapproprié dans une situation de coprésence. Certains collègues de bureau résolvent apparemment le problème en s'accordant graduellement le statut de non personnes, favorisant ainsi un relâchement des propriétés situationnelles et une augmentation de la concentration située. Ceci peut même aller jusqu'au point de se permettre des grommèlements à moitié audibles du type : « Qu'est-ce que tu en sais ! », « Hum ! hum ! », « Voyons donc ! », sans prendre la peine de s'excuser auprès de son partenaire de bureau[1]. Ou de se livrer à d'autres types d'engagements secondaires, comme s'entortiller les cheveux, qui sont tolérés dans de telles circonstances.

▲ 1. E. Schein avance qu'un individu qui se sent obligé de paraître profondément occupé par un foyer d'attention peut bien sûr en affecter l'expression.

Chapitre 5

Quelques règles à propos des objets de l'engagement

[64] On a vu que, dans les situations sociales, les engagements se distribuent en engagements principaux et secondaires, dominants et subordonnés ; et que, pour chacune de ces situations sociales, une répartition particulière de ces engagements doit être définie comme appropriée. De plus, certaines déviations générales aux propriétés de l'engagement ont été décrites : surinvestissement dans les engagements subordonnés ; absence d'engagement principal lié à l'occasion ; insuffisance de l'engagement principal ; et sur-engagement.

Dans ce chapitre, nous allons à présent examiner les *objets* ou les *orientations* spécifiques de l'engagement, qui paraissent avoir une importance centrale du point de vue de sa régulation et des infractions qu'elle connaît. Les types de comportements qui vont être examinés seront les mêmes que dans le chapitre précédent, mais dans une perspective légèrement différente.

Auto-engagements

L'engagement peut s'orienter, de façon tout à fait ordinaire, vers le propre corps de l'individu ou vers les choses qui lui sont directement associées. Si une telle activité peut avoir une justification technique et instrumentale, comme lorsque l'individu tente de retirer une épine de son pied avec une aiguille, elle peut impliquer des éléments de décoration de soi ou de complaisance pour soi. Dans tous les cas, nous sommes confrontés à des exemples d'auto-engagement, ou d'actes physiques dirigés vers soi et absorbés par soi : [65] manger, s'habiller, se curer les dents ou se récurer les ongles, sommeiller ou dormir [1]. Ces activités seront qualifiées d'« *auto-engagements* ». Le terme plus simple d'« engagements vers soi » comprendrait l'absorption dans des sujets moins spécifiquement somatiques, comme la discussion ou la fantaisie dont le soi est l'objet.

Il existe des différences marquées entre régions, regardant les auto-engagements autorisés en présence des autres. Dans les quartiers d'affaires des villes américaines, il est permis aux adultes de mâcher de la gomme ou de croquer des bonbons. Mais les pratiques alimentaires qui s'observent sur les trottoirs de promenade, en bord de plage, y seraient sans doute tenues pour déplacées - trop engagées vers soi pour ne pas représenter un manque d'égard vis-à-vis des autres.

De façon générale, ces préoccupations pour le « corps propre » sont perçues comme des engagements secondaires et subordonnés. Un ensemble amusant d'exemples nous en est donné par Saul Bellow, non sans indignation et émerveillement, dans un essai qui traite des distractions :

> « *Pendant que vous vous occupez du travail domestique* : vous pouvez garder votre visage couvert de crème et des bigoudis dans vos cheveux ; vous pouvez rectifier votre posture debout et travailler à votre tenue ; si vous êtes assise au plan de travail de la cuisine à peler des pommes de terre, vous pouvez faire vos exercices d'assouplissement des chevilles et de renforcement des pieds, et vous entraîner aussi à une bonne posture assise. *Pendant que vous êtes au téléphone* (à la maison, bien sûr) : vous pouvez faire des exercices pour le cou ; coiffer vos cheveux ; faire des exercices pour les chevilles, les yeux, les pieds, le menton et le cou ; travailler vos postures debout et assise ; même frictionner vos gencives (pendant que vous écoutez l'autre personne). *Pendant que vous lisez ou regardez la télé* : vous pouvez vous coiffer ; frictionner vos gencives ; faire vos exercices d'assouplissement des mains, des chevilles et des pieds ; faire d'autres exercices pour votre poitrine et votre dos ; masser votre cuir chevelu ; appliquer un traitement pour vous épiler[2]. »

Quand les autres sont présents, cependant, ces auto-engagements sont souvent perçus comme des distractions inappropriées des engagements dominants. [66] Des restrictions situationnelles pèsent d'ordinaire sur elles. Les manuels de civilité, bien sûr, donnent des avertissements contre l'accomplissement de ces activités en public :

> « Les hommes ne devraient jamais se regarder dans le miroir, ni se coiffer en public. Tout au plus, un homme peut resserrer son nœud de cravate et lisser ses cheveux à l'aide de sa main. Il n'est probablement pas nécessaire de rajouter combien il est peu séduisant de se gratter la tête, de se frotter le visage ou de se tripoter une dent, ou encore de se nettoyer les ongles en public. Toutes ces choses doivent être faites en privé. Même un tic, comme de se passer un doigt sur la joue ou derrière l'oreille, peut être bien peu attirant, surtout si la chose est faite de façon insistante[3]. »

▲ 1. Une mine d'exemples se trouve dans : Krout M. H., « Autistic Gestures », *Psychological Monographs*, 46(4), 1935.

▲ 2. Bellow S., « Distractions of a Fiction Writer », in *New World Writing*, New York, American Library, 12, 1957, p. 231, citant une brochure populaire de Constance Hart, *The Handbook of Beauty*, New York, Dell. Pub., 1955.

▲ 3. Fenwick M., *Vogue's Book of Etiquette*, New York, Simon and Schuster, 1948, p. 11.

Comme cette citation le suggère, l'individu qui vérifie ou corrige sa mise ou sa tenue personnelle accomplit une espèce d'auto-engagement. Un signe du relâchement des mœurs dans notre société est qu'il est devenu de moins en moins incorrect pour une femme de prendre soin de sa face dans des lieux publics, de remettre du rouge à lèvres ou de réajuster son chapeau à une table de restaurant, sans avoir pour cela à se retirer dans une salle réservée. Dans tous les cas, ce travail de réparation est ressenti comme si stratégiquement nécessaire que des écrans d'engagement appropriés sont disposés à l'avance afin que de telles activités puissent se dérouler en toute sécurité. Dans de nombreux bureaux, par exemple, on trouve des lavabos à moitié cachés où une secrétaire peut se regarder dans un miroir et se refaire le portrait, mettre du maquillage, se coiffer, travailler aux effets que produit son visage, et ainsi de suite. Il lui est ainsi possible de se laisser aller à un degré d'auto-engagement, qui n'est pas permis ailleurs.

Les miroirs sont des objets importants à étudier, quand on s'intéresse au problème de la gestion des auto-engagements. Dans la société américaine, il semble apparemment difficile de résister à la tentation d'utiliser des miroirs à portée de la main. La jauge du contrôle de soi qui d'ordinaire prévient les auto-engagements inacceptables tombe parfois en panne. Souvent, des adultes sont pris dans des engagements fugitifs de cette espèce, nous rappelant que les enfants ont dû passer par une phase [67] d'apprentissage explicite pour arrêter de se regarder dans des miroirs (ou dans des glaces réfléchissantes) en présence des autres.

L'attention à l'apparence personnelle va souvent de pair avec une auto-stimulation, source de plaisir. C'est là une raison supplémentaire de s'approprier les expressions de « geste de se pomponner[1] » et de « conduite de toilettage »[2], en usage dans la sociologie animale, pour décrire le comportement social des humains[3]. Un exemple extrême de cette sorte d'engagement auto-absorbant est la tolérance accordée sur les plages à l'application, lente et assidue, d'huile solaire sur sa propre peau. Mais bien sûr, même dans des occasions définies tout à fait formellement, l'individu peut exercer sa liberté de caresser, un court instant, une partie exposée de son propre corps.

Peut-être que la forme la plus extrême d'auto-engagement dans notre société de classes moyennes est la masturbation. La masturbation peut être définie comme tolérable dans certains pavillons d'hôpital psychiatrique, mais les implications de cet état de fait dans les contextes uni-genre de classe inférieure sont rarement examinées pour elles-mêmes. Ainsi, à l'Hôpital central, dans certaines salles réservées aux malades chroniques,

▲ 1. [*Preening gesture* : renvoie au lissage des plumes des oiseaux].
▲ 2. [*Grooming behavior* : renvoie au toilettage des fourrures des singes].
▲ 3. Je m'appuie ici sur des remarques de Ray Birdwhistell.

deux types de masturbation se laissaient observer : celle pratiquée par des personnes perçues comme manquant de contrôle et de discipline, parce que psychotiques ; celle, à moitié cachée, pratiquée par des patients dont l'internement n'était pas tant dû, aux yeux de leurs pairs et des infirmiers, à la folie qu'au passage par quelque sorte de « trouble ». Nous avons ici un exemple d'actes, plus ou moins identiques, mais dont les implications psycho-dynamiques sont tout à fait différentes[1]. La forme « normale » de masturbation, ainsi que les définitions sociales qui lui sont associées, est rapportée également dans d'autres contextes, exclusivement masculins, souvent de classe inférieure, comme les prisons[2]. Dans des contextes féminins, on observe également de semblables exemples [68] d'auto-engagement, et qui sont, de façon similaire, évalués dans le cadre d'une psychologie normale :

> « Lors d'une visite à une manufacture de vêtements militaires, écrit Pouillet, j'ai assisté à la scène suivante. Dans l'ambiance sonore uniforme produite par les quelque trente machines à coudre, j'ai soudain entendu la cadence de l'une des machines devenir plus rapide que celle des autres. J'ai alors regardé la personne qui y travaillait, une jeune fille brune de dix-huit à vingt ans. Alors qu'elle s'affairait à fabriquer un pantalon, son visage s'anima, sa bouche s'entrouvrit, ses narines se dilatèrent et ses pieds s'agitèrent sur les pédales à une vitesse sans cesse croissante. Soudain, je vis une lueur convulsive dans son regard, elle a baissé les yeux, son visage est devenu pâle, elle l'a rejeté en arrière, tandis que ses mains et ses pieds se sont figés et tendus. Un cri étouffé, suivi d'un long soupir, s'est perdu dans le bruit de l'atelier. La fille est restée immobile quelques secondes, s'est saisie de son mouchoir pour essuyer quelques perles de sueur sur son front, et après avoir lancé un regard timide et honteux à ses compagnes, s'est remise au travail. La contremaître qui me servait de guide, et qui avait noté la direction de mon regard, m'amena devant la fille, qui rougit, regarda vers le bas et murmura quelques mots incohérents, avant que la contremaître ouvrît la bouche pour lui conseiller de s'asseoir au milieu de la chaise, et pas sur le bord.
>
> Alors que je quittai le lieu, j'entendis une autre machine, à l'autre bout de l'atelier, qui accélérait le mouvement. La contremaître me sourit et me fit la remarque que la chose était si fréquente qu'elle ne retenait plus l'attention. Cela se produisait en particulier, me dit-elle, avec les apprenties et avec les ouvrières qui s'asseyaient sur le bord de leurs sièges, facilitant ainsi la friction de leurs lèvres[3]. »

Une classe supplémentaire d'auto-engagements devrait être examinée. On pourrait les qualifier de « relâchements animaux » (*creature releases*). Il s'agit d'actes fugitifs qui échappent au contrôle de soi de l'individu et qui témoignent momentanément de sa « nature animale ». Ils assurent un bref soulagement d'une tension éprouvée par l'individu tout en le maintenant

▲1. Pour une présentation utile de quelques-unes des implications psycho-dynamiques d'un auto-engagement impropre, cf. Szasz T. S., « The Psychology of Bodily Feelings in Schizophrenia », *Psychosomatic Medicine*, 19, 1957, p. 11-16.

▲2. Hassler A., *Diary of a Self-Made Convict*, Chicago, Regnery, 1954, p. 63 : « ... Il est habituel de rentrer dans les toilettes et de trouver un ou plusieurs hommes en train de se masturber dans les urinoirs. »

▲3. Dr. Thésée Pouillet, *L'Onanisme chez la femme*, Paris, Place de l'École de Médecine, 1880, cité par Havelock E., *Studies in the Psychology of Sex*, New York, Random House, 1936, vol. 1, p. 176-177.

totalement et inébranlablement drapé dans [69] son costume social - une capitulation passagère aux démangeaisons qui tourmentent l'acteur qui ne veut pas éternuer pendant qu'il joue. Cette perte de contrôle, quand la bête qui sommeille en soi se réveille, est révélatrice du peu de présence à la situation.

Une hiérarchie de ces relâchements animaux semble être reconnue. Elle varie selon le degré de discrédit qu'ils jettent sur l'attitude d'une personne vis-à-vis de la situation. À un extrême, on aura les relâchements mineurs, comme se gratter, avoir une quinte de toux, se frotter les yeux, soupirer, bâiller, et ainsi de suite ; à l'autre extrême, des conduites de flatulence ou d'incontinence. Dans la zone médiane de ce continuum se trouvent les activités de s'assoupir, roter, cracher, curer son nez ou desserrer sa ceinture. Cette hiérarchie est ponctuée, à des degrés divers de profondeur, par des expressions émotionnelles comme éclater de rire, pousser un cri, verser des larmes ou lâcher un juron. Ces actes peuvent évoquer une perte momentanée de contrôle sur des affects jusque-là réprimés comme il le faut. Comme ces « relâchements animaux » tendent par nature à être brefs, ils se prêtent bien à des expressions furtives ou masquées, comme lorsqu'une personne cache un bâillement derrière sa main, gratte ses parties intimes dans la poche de son pantalon, ou essuie prudemment son nez qui le démange au moyen d'un mouchoir-écran.

Absences

Tandis qu'il participe à une situation sociale, un individu peut détourner son attention de ce que lui-même et tous les autres prennent pour le monde réel ou sérieux, et se donner un temps dans un monde de fantaisie auquel lui seul participe. Cette espèce de migration intérieure, hors du rassemblement avec les autres, peut être qualifiée d'« absence »[1]. De strictes régulations situationnelles régissent ce type d'absence.

[70] Peut-être que le type d'absence le plus significatif est celui à travers lequel l'individu revit des expériences passées ou en répète des futures - activité qui est connue d'ordinaire sous le nom de rêverie[2], et qui peut aller jusqu'à la pensée autiste[3]. En de tels moments, l'individu peut se montrer absent de la situation en cours par son regard inspiré et lointain, ou par l'immobilité de ses membres, comme s'il dormait, ou par cette classe

▲ 1. Le terme « *away* » (ailleurs) [ou « *awayness* » : absence] est emprunté à Bateson G., Mead M., *Balinese Character, op. cit.* [cf. planche photographique 7, « Awayness », p. 68-69]. Cf. aussi Goffman E., *Communication Conduct, op. cit.*, chap. 17.

▲ 2. [Goffman aligne une liste de termes : *reverie, brown study, woolgathering, daydreaming*].

▲ 3. Une version psychiatrique de l'autisme est présentée par Eugen Bleuler, in *Dementia Praecox oder die Gruppe der Schizofrenien*, in G. Aschaffenburg, ed., *Handbuch der Psychiatrie*, Leipzig et Vienne, 1911-1928 ; et « Autistic Thinking », *in* Rapaport D., ed., *Organization and Pathology of Thought*, New York, Columbia University Press, 1951, chap. 20.

singulière d'engagements latéraux qui peuvent être soutenus d'une façon totalement distraite et « inconsciente » - grommeler, jouer du piano sur la table, tirer sur une mèche de cheveux, griffonner une feuille de papier... (Ce sont ces engagements latéraux, à la façon d'une fugue, qui indiquent que l'individu a été emporté au loin par son activité méditative). En tout cas, la rêverie constitue un signe éloquent que l'individu a détourné son esprit des sujets concrets et publics propres à la situation.

Le degré auquel les individus s'absentent des situations dont ils sont les participants, qu'ils dissimulent ou non cette défection, est peu connu. On peut toutefois faire l'hypothèse que chaque cercle de vie fournit au moins un petit nombre de lieux dont on peut s'échapper (*get away*) sans pour autant les quitter physiquement (*go away*). Certaines professions sont particulièrement riches à cet égard. Dans l'hôtel touristique des Shetland, par exemple, les plongeurs pouvaient assurer le rythme de leur travail tout en laissant leurs esprits vagabonder sans bride, et se retrouver parfois à chanter sans s'en rendre compte, avec un air si absent que leur patron les rappelait bientôt à l'ordre. De même, dans des réunions communautaires, les musiciens sur scène étaient capables de jouer tout en se laissant dériver au grand large. Ils revenaient de leurs rêveries en même temps, à la fin d'un morceau, accompagnant leur ré-atterrissage d'une vague de plaisanteries, qui attestaient de la distance à laquelle ils s'étaient envolés, loin des danseurs. Certains boulots, bien sûr, comme celui de gardien de nuit, peuvent être choisis pour les possibilités qu'ils offrent de s'absenter. Certains établissements sociaux semblent particulièrement touchés par le [71] fait que leurs membres trouvent de trop nombreuses occasions de rêvasser. Le biographe d'une ex-religieuse écrit ce qui suit à propos d'un groupe de novices dans un couvent :

> « Leurs compagnes venaient comme d'habitude avec leurs petits sacs noirs, mais certaines, observait-elle, avaient l'apparence de somnambules. Leurs yeux grands ouverts semblaient vissés sur une gloire distante alors qu'elles saluaient la Mère supérieure et prenaient les chaises inoccupées les plus proches sans, comme autrefois, choisir une place dans le cercle où leur présence aurait pu faire le plus grand bien...
>
> La tendance au mysticisme est toujours un problème dans un ordre mixte comme le nôtre où travail et contemplation vont main dans la main. On observe souvent cela chez les novices. Et si c'est une très belle chose de voir une jeune religieuse communier directement avec Dieu, elle est néanmoins perdue pour la communauté quand, dans cet état de ravissement, exilée dans l'esprit de quelqu'un d'autre, elle doit continuer à faire fonctionner ses mains et ses pieds. On ne peut jamais savoir, bien entendu, s'il s'agit d'une véritable épreuve de quelque chose de réel ou juste l'une de ces singularisations inconscientes dont nous sommes tous la proie de temps en temps.
>
> Le silence des novices les plus absentes n'échappait pas à l'attention de la Mère supérieure. Elle ramenait les rêveuses sur terre, dans le cercle de couture, en leur adressant des questions directes à propos de leur mission[1]. »

▲1. Hulme K., *The Nun's Story*, *op. cit.*, p. 69-70.

Dans certains hôpitaux psychiatriques, les absences ne sont pas directement pénalisées et les patients peuvent passer des années à marcher en long et en large dans les halls et à ruminer des bouts de vie laissés derrière eux, ne revenant de cette fuite ailleurs que lorsque l'administration les rappelle énergiquement à l'ordre[1]. Dans de tels contextes, l'absence pourrait bien être non seulement tolérée, mais engendrée par l'institution, comme lorsqu'un patient en réclusion ne trouve rien de tangible dans sa cellule sur quoi fixer son esprit. Il en va de même quand tous les patients d'une salle de quatre-vingt-dix lits sont regroupés dans l'une des deux salles communes, afin que l'autre puisse être nettoyée ou cirée, et se retrouvent tellement serrés que le mécanisme de défense le plus efficace est de se retirer en soi et de suspendre l'orientation vers les autres. Dans ces contextes, le participant-observateur [72] apprend rapidement à s'insensibiliser aux hallucinations et aux incontinences qui ont cours à quelques pas. Il découvre combien il doit être difficile pour l'individu de s'arracher à son absence pour participer à des discussions avec les autres personnes présentes[2]. Peut-être ces faits aident-ils à comprendre le phénomène classique du patient, suffisamment présent pour demander poliment une cigarette, mais qui, trop hanté par ses lubies, laisse la cigarette se consumer jusqu'à lui brûler les doigts.

Comme on l'a avancé à propos de la flânerie, les individus développent de nombreuses activités peu engageantes comme autant de couvertures derrière lesquelles ils peuvent se laisser aller à la rêverie. La pause café-et-cigarettes en est un bon exemple. Certains restaurants invitent leurs clients solitaires à cette pratique, en plaçant des miroirs en face de leurs sièges et en leur permettant de s'absenter plus facilement en se regardant à la dérobée. Des personnes, désenchantées à propos du système des obligations situationnelles, recherchent de tels lieux où la rêverie a des chances d'être tolérée. Comme un patient cultivé de l'Hôpital central le confie au magnétophone :

> « Pour éviter les commérages, j'ai commencé par fréquenter toutes sortes de bouges où je pensais que personne ne pourrait me voir. Là, je suis resté assis, pendant des heures, à penser et à regarder dans le vide, naviguant dans une mer confuse d'idées. »

Cette espèce d'absence silencieuse est peut-être la plus commune, mais d'autres types d'absence sont observables. Premièrement, ce que l'on appelle « se parler à soi-même » peut être défini au sens strict comme avoir une conversation gestuelle ou vocale avec une personne qui n'est autre que soi-

▲ 1. Une bonne description de cet état de fait, en termes de « démoralisation chronique » et de « désespoir », se trouve dans Sullivan H. S., « Psychiatric Aspects of Morale », *American Journal of Sociology*, 47, 1941, p. 281.

▲ 2. Hayward M. L., Taylor J. E., « A Schizophrenic Patient Describes the Action of Intensive Psychotherapy », *Psychiatric Quarterly*, 30, 1956, p. 1-38.

même. Sur la scène de théâtre, ces actions sont appelées des soliloques et ont été fixées par des procédés conventionnels du répertoire dramaturgique. Dans la vie réelle, cependant, on tend à penser que seuls les malades mentaux, les idiots et les enfants *s'engagent* dans [73] une telle activité de conversation avec soi-même. De fait, nombreuses sont les circonstances dans lesquelles des personnes se parlent à elles-mêmes et constatent que la chose est tout à fait tolérée. Quelqu'un qui a agi de façon inepte peut copieusement se maudire, en jurant à voix haute, et montrer que, lui aussi, juge son ineptie inacceptable, et si peu représentative de qui il est. Il préfère « grommeler » et être vu comme quelqu'un qui se parle à lui-même pour se reprendre, plutôt que perçu comme quelqu'un qui commet des fautes comme il vient de le faire et supporte les affronts sans y répondre. Mis à part ces cas où elles veulent sauver la face, les personnes qui se parlent à elles-mêmes (*self-talkers*) prennent en général soin de le faire quand elles sont sûres de n'être pas confrontées à quelqu'un d'autre, par conséquent, hors d'une situation sociale. Elles sont particulièrement soucieuses de n'être pas prises sur le fait et masquent l'impropriété potentielle de leurs actes en gardant la bouche légèrement ouverte, de sorte que des signes de vocalisation soient moins facilement détectables par des témoins qui surgiraient à l'improviste.

Une autre variété d'absence se produit quand un individu *s'engage*, de façon audible pour les autres, dans la répétition d'une conversation, passée ou à venir, avec un interlocuteur autre que lui-même, mais qui se trouve ne pas être là. Les individus, bien sûr, ont souvent des conversations de ce type « en leur for intérieur », lorsqu'ils s'entraînent par exemple à répéter ce qu'ils vont dire à leur patron ou à un public. Mais rarement, semble-t-il, ils laissent filtrer à l'extérieur le numéro qu'ils sont en train de jouer.

Il y a enfin un dernier type d'absence qui vaut la peine d'être mentionné. Si un individu veut s'isoler des activités d'un rassemblement, il peut laisser son attention se diluer dans une fantaisie (en ce sens, similaire à la rêverie), et utiliser des matériaux visibles pour les autres participants à la construction de ce monde imaginaire. Une composante de passe-temps intellectuel et désintéressé est présente dans cette activité et dans quelques autres, comme résoudre des puzzles, griffonner des petits dessins sophistiqués, empiler des allumettes sur le goulot d'une bouteille ou, pour un enfant, marcher en évitant les joints de raccord du carrelage, sauter à cloche-pied à une certaine distance, faire claquer un bâton contre les poteaux d'une barrière [74] ou taper du pied dans une boîte de conserves dans la rue[1]. Dans la société américaine, un bon exemple serait celui d'une

▲ 1. Une série d'exemples de ces divertissements réservés se trouve dans Wright H., Barker R., *Methods in Psychological Ecology*, Topeka, Kansas, Ray's Printing Service, 1950, en part. p. 86.

mère qui prend un congé interactionnel de la situation, où elle est physiquement immobilisée, pour jouer un moment avec son enfant, alors même qu'un autre adulte est en train de lui adresser des remarques dans un petit cercle conversationnel dont elle est un membre ratifié. La perception positive de l'amour maternel et la conviction que, d'un point de vue cérémoniel, les enfants ne sont pas encore des personnes accomplies - l'attention qu'on leur porte ne vaut pas comme distraction - permettent à ceux qui recourent à cette stratégie de jouir d'une forme d'immunité. Aux îles Shetland, le chat que l'on retrouve dans toutes les maisons remplit une fonction similaire : un Shetlander prisonnier d'une conversation qu'il trouve ennuyeuse va parfois taquiner le chat, en répétant à mi-voix les réponses que ses taquineries provoqueraient vraisemblablement chez le chat, si celui-ci parlait. Ainsi, un homme qui a été attiré dans la cuisine par la chaleur et le parfum du thé, mais qui éprouve peu de plaisir à côtoyer le cercle de femmes qui s'y trouve déjà, peut trouver une issue de secours en utilisant le chat comme moyen de se retirer de cette compagnie féminine.

Les patients chroniques de l'Hôpital central recouraient fréquemment à ces « engagements de diversion » pour prendre du champ et s'absenter de la situation. En montant les marches, dans une queue de résidents, après le déjeuner, une personne pouvait soudainement s'incliner et se régaler à l'examen d'une petite tâche de couleur sur le béton. D'autres patients, dans un état de régression avancée, fixaient de toute leur attention, pendant de longues périodes de temps, des petites scories de crasse au bout de leurs ongles. Ils léchaient des particules ou des monticules de poussière sur le sol, où ils étaient accroupis, ils y traçaient lentement et soigneusement des figures du bout de leurs doigts. De cette façon, ils repliaient effectivement la totalité du monde sur eux-mêmes, le réduisant à un cercle de réalité de moins de trente centimètres[1] de diamètre, au bout de leur nez. Bien entendu, certains de ces « engagements de diversion » n'étaient pas très éloignés de pratiques civiles. Par exemple, quand un camion de livraison stationnait devant le [75] bâtiment de la cantine, un patient pouvait imprimer ses empreintes de doigt sur la poussière de la carrosserie ; un autre, dans la salle, pouvait passer le plus clair de son temps à découper des chaînes de silhouettes dans du papier de journal.

Un commentaire, pour conclure : une petite phase de conduite peut révéler l'impropriété d'un engagement davantage que les flottements de la présence à la situation. Les « relâchements animaux » sont, par exemple, souvent associés au fait d'être absent de la situation. À l'Hôpital central, un patient pouvait régurgiter une bouchée de poulet mâché de sa bouche trop pleine ou extirper un filet de morve de son nez, l'examiner attentivement, l'explorer des deux mains, en y prenant beaucoup de plaisir. Une autre

▲ 1. [*One foot* : un pied].

femme crachait, mais pas assez loin pour ne pas maculer sa robe, et passait ensuite un certain temps, en pleine concentration, à regarder le crachat se répandre et être absorbé par le tissu du vêtement. Un homme, enfin, plus âgé, après avoir toussé et expectoré, jouait l'air de rien avec ses mucosités étalées sur la table, avant de finalement les essuyer.

Engagements occultes

Les soliloques et les dialogues intimes à voix haute se caractérisent par le fait que l'individu sait que la personne à qui il s'adresse est soit lui-même, soit une autre personne absente. Les rêveries ont le même caractère : l'individu sait qu'il n'est pas réellement dans le monde où il s'est laissé glisser ou, tout au moins, se le laisse facilement rappeler. Cependant, dans certains cas d'absence, l'individu donne aux autres l'impression, justifiée ou non, qu'il n'est pas conscient de son état. C'est le domaine de ce que la psychiatrie qualifie d'états d'« illusion » ou d'« hallucination ». Correspondant à ces activités verbales « non naturelles », on peut repérer des activités corporelles « non naturelles », qui paraissent être orientées par des finalités pratiques, mais ne sont pas pour autant « compréhensibles » ou « significatives ». Ces actions « non naturelles » peuvent même impliquer la saisie de quelque chose, comme lorsqu'un [76] patient adulte de l'hôpital psychiatrique s'agrippe à une poupée ou à une pièce de vêtement à valeur de fétiche. Ici, les termes d'« acte rituel », de « manie » (*mannerism*) ou de « pose » (*posturing*) sont appliqués. Comme le terme « non naturel », ils sont assez clairs, mais nous disent peu sur la spécificité des actions « naturelles ». Ces activités corporelles et conversationnelles, en quelque sorte « non naturelles », seront ici qualifiées d'« engagements occultes ».

Les engagements occultes se distinguent des absences du point de vue de leurs conséquences, après le retour à la réalité. Une personne, qui est en train de rêver et qui est découverte ou se découvre comme telle, retrouve en général brusquement son attention interactionnelle et se réoriente vers la situation. Mais si elle est sous l'emprise de ses engagements occultes, elle en est incapable. Un enfant âgé de quatre ans peut vous demander de ne pas l'interrompre quand il est en train de se jouer des rôles à lui-même. Mais un adulte qui croirait pouvoir s'arroger un tel droit serait perçu comme la proie d'un engagement occulte.

L'un des points perturbants à propos des engagements occultes, tant corporels que verbaux, est que les personnes qui y assistent n'ont pas accès à l'intention générale qui les gouverne et ne peuvent pas accorder de crédit au compte-rendu qu'en donne l'offenseur, quand il en donne un. Dans la vie ordinaire, toute activité située, si elle n'est pas clairement définie comme une « occasion sociale », est supposée avoir un degré de transparence ou d'intelligibilité immédiate pour toutes les personnes présentes. Cela ne signifie pas que les actions particulières de l'acteur doivent être totalement comprises - elles ne le sont certainement pas quand la famille regarde le technicien réparer le poste de télévision. Mais on peut leur donner un vernis situationnel en les plaçant dans un contexte de fins connues et de techniques reconnues. Si les personnes coprésentes n'ont pas la garantie que l'esprit de l'acteur se trouve à la place où les esprits se tiennent normalement, ils peuvent alors avoir le sentiment que cet esprit est peut-être bien trop éloigné pour autoriser un engagement approprié dans le rassemblement. Les engagements occultes, bien entendu, comptent parmi les symptômes psychiatriques classiques qui conduisent à des procédures d'internement. Une personne qui s'effondre en sanglots ou se montre craintive à l'excès, sans cause apparente, qui brûle ses effets personnels, déchire ses livrets de caisse d'épargne [77] ou trempe sa Bible dans un bol d'eau, donne l'impression de n'être pas présente à la situation au sens où ses coparticipants sont supposés l'être. Comme une femme le formule dans une thérapie de groupe :

> « On dirait que les patients s'attirent des ennuis chaque fois qu'ils vont se promener. J'ai marché pendant deux jours et les flics m'ont rattrapée. J'allais, je crois, vers une petite île pour m'échapper. J'avais une miche de pain et des hameçons pour pêcher. »

Peut-être que ce sont ces qualités de n'être pas présent et de ne pas être fermement rappelable à l'ordre du rassemblement, plutôt que les spécificités de la conduite incorrecte elle-même, qui suscitent un sentiment de trouble. Sans doute, ce sentiment d'aliénation aux activités qui ont cours dans la situation est l'un des rares éléments qu'ont en commun des conduites extrêmement différentes les unes des autres.

Les impressions d'avoir affaire à un engagement occulte sont moins dues à une orientation directe de l'individu vers quelque chose qui n'est pas là, que dérivées de la façon dont il traite quelque chose qui est reconnu par les autres pour être là. Par exemple, la notion psychiatrique d'affect inapproprié, futile ou superficiel, peut renvoyer à une réaction joyeuse du patient qui, le cœur léger, fait face à une situation qu'il devrait prendre au sérieux. On éprouve alors le sentiment que si le patient adopte ce type d'engagement-ci vis-à-vis de ce type de problème, il y a un risque élevé qu'il se sente concerné par des choses qui pourraient bien n'être ni présentes ni naturelles. Une impression similaire est donnée par le patient qui se trouve dans le parc au moment où il commence à pleuvoir, mais qui à la différence des autres patients, ne se met pas à marcher plus vite pour en réchapper ou ne resserre pas ses vêtements contre lui pour se protéger. Du fait qu'il n'a pas de jugement sensé à propos de son bien-être physique, la question est alors posée de savoir ce qui le touche et l'intéresse vraiment. À la frontière de cette forme d'engagement occulte, on retrouve le professeur dont l'esprit est absent - une personne qui est beaucoup trop immergée dans des pensées abstruses et éloignées du sens commun pour avoir l'attention appropriée aux petits détails auxquels les promeneurs sont d'ordinaire confrontés. Mais ici, bien sûr, c'est seulement l'envahissement par des soucis de savant, d'ordre intellectuel, qui donne à [78] ces personnages leur réputation de distraction naturelle et leur confère le droit à une certaine absence d'esprit[1].

Confrontés à un individu qui est pris par un engagement occulte, les observateurs font l'épreuve de leur incapacité à attirer son attention. Mais ils peuvent aussi avoir le sentiment que la totalité de l'activité du contrevenant a été jusque-là prise à tort comme le signe de sa participation en leur compagnie. Ce point semble particulièrement vrai dans le cas des engagements occultes, à l'état éveillé : l'offenseur fournit une explication pleine d'entrain à propos de l'objet qui l'absorbe, à laquelle les personnes présentes n'accordent aucun crédit. Cet aspect rétrospectif de l'offense engendre souvent une méfiance généralisée vis-à-vis de toutes les conduites à venir de l'offenseur[2]. L'espèce de confiance-en-autrui, nécessaire pour que des personnes en présence les unes des autres continuent de mener leurs affaires respectives, est alors ruinée. L'offenseur est un candidat perdu pour les rapports sociaux. D'une certaine façon, une personne peut être dite paranoïaque si ses actes ont provoqué chez les autres une réaction de vigilance et de suspicion vis-à-vis de tout ce qu'elle fait. Les sentiments de persécution qui en résultent peuvent être tout à fait justifiés[3].

Si le tabou des engagements occultes prend un sens particulier pour les personnes qui sont des patients psychiatriques ou qui le deviennent, il a aussi un effet de contrôle diffus dans toute la société, et c'est ici, peut-être, parmi les non patients, qu'il a sa portée la plus intéressante. Même un individu qui ne se laisse jamais aller à des engagements occultes est sûr de se retrouver, tôt ou tard, en train d'agir d'une façon qui sera, pour un temps, tout au moins, perçue comme occulte par les autres. Dans un tel cas, il doit modifier ses actes afin de protéger sa réputation. Si un homme se met ainsi [79] à quatre pattes dans l'herbe pour retrouver son bouton de manchette, et qu'un passant surgit soudain et le surprend dans cet exercice solitaire, il y a de bonnes chances pour qu'il enfreigne la règle de ne pas se parler à voix haute. Il rend parfaitement clair que ce qu'il est train de faire a du sens. De même, quand une personne tombe par hasard sur une deuxième qui en attend elle-même une troisième à l'entrée d'un bâtiment, la deuxième, celle qui attend, peut jeter un coup d'œil à sa montre et regarder à droite et à gauche dans la rue pour donner une forme visible, familière, à son intention.

▲ 1. Un cas exceptionnel est ici celui d'Albert Einstein, dont la manière de s'habiller illustre de façon unique ce qui est tolérable en matière de non conformisme. Ses vêtements montraient qu'il était totalement ailleurs, et vivait dans son propre monde, mais ce monde particulier et exclusif avait été reconnu comme réel et sensé. La seule personne qui pouvait se permettre, comme Einstein, une totale licence en matière de vêtements était Einstein.

▲ 2. Je suis ici redevable au travail non publié de H. Garfinkel [sur la confiance, cf. *Recherches en ethnométhodologie* (1967), Paris, PUF, 2007].

▲ 3. Lemert E., « Paranoia and the Dynamics of Exclusion », *Sociometry*, 25, 1962, p. 2-20.

Elle assure ainsi la protection d'une activité dominante appropriée qui lui impose, pour l'instant, de rester inactive.

Deux précisions doivent être rajoutées en annexe à ce qui vient d'être dit sur les engagements occultes. Premièrement, le fait que les autres interprètent régulièrement l'activité d'un individu comme « insensée » ou « folle » n'est pas une preuve qu'elle le soit, pas plus qu'elle n'impose de lui chercher du sens en recourant à une interprétation symbolique du type de la psychanalyse[1]. Deuxièmement, le caractère occulte d'un acte ne lui est pas intrinsèque et il doit bien sûr être mis en relation avec le groupe qui le définit ainsi. Il y a des sociétés dans lesquelles la conversation avec un esprit qui n'est pas directement présent est aussi acceptable que n'importe quelle conversation téléphonique aux États-Unis, pour peu qu'elle soit le fait d'une personne autorisée. Dans la société américaine elle-même, il n'y a rien d'insensé pour les participants à une séance de spiritisme à ce que le médium interagisse avec « quelqu'un dans l'au-delà », qu'ils tiennent cette interaction pour authentique ou pour factice. Et sans aucun doute, nous pensons que la prière est acceptable, dès lors qu'elle est accomplie dans les occasions appropriées. Dans tous ces cas, les observateurs croient que l'acteur est de fait en train de communiquer avec quelque chose ou quelqu'un, à moins qu'ils ne se rendent compte, avec beaucoup de tact, que telle est la croyance d'un nombre appréciable de leurs coparticipants. Dans la mesure où de telles croyances ou de telles préoccupations sont partagées, ces engagements cessent d'être occultes, au sens sociologique, et ce quel que soit leur statut scientifique.

▲ 1. Un bon exemple de ce type d'analyse en profondeur peut être trouvé dans Sechehaye M. A., *Symbolic Realization*, New York, International Universities Press, 1951.

Troisième partie

Interaction focalisée

Chapitre 6

Engagements de face

[83] Les propriétés situationnelles peuvent être étudiées sous deux aspects. Jusqu'à présent, l'attention a porté sur l'interaction non focalisée, soit à ce que se communiquent deux personnes en vertu de leur seule coprésence dans la même situation sociale. Le domaine d'enquête va être maintenant circonscrit à l'*interaction focalisée*, soit à ce qui se passe dans des groupes d'individus qui se consentent les uns aux autres une autorisation particulière de communiquer et qui poursuivent un type spécifique d'activité mutuelle, parfois en excluant de la situation sociale d'autres personnes qui y sont pourtant physiquement présentes. C'est de cette interaction focalisée que nous allons à présent nous occuper.

Inattention civile

Quand plusieurs personnes sont coprésentes et qu'elles ne sont pas engagées dans une conversation ou dans quelque autre interaction focalisée, il est possible que l'une d'entre elles regarde ouvertement et fixement ses protagonistes, glanant ainsi des informations à leur propos, tout en exprimant franchement sur son visage la réaction à ce qu'elle voit - ainsi du « regard haineux » que lancent quelquefois, gratuitement, les hommes du Sud aux Noirs qui marchent derrière eux[1]. Il est aussi possible pour une personne de traiter les autres comme si elles n'étaient pas là du tout, à la façon d'objets qui ne méritent même pas un coup d'œil, [84] et encore moins un examen rapproché. De surcroît, cette personne, qui dévisage avec insistance ou feint de ne pas voir, peut ne pas altérer son apparence ou ne

▲ 1. Griffin J.H., *Black Like Me*, *op. cit.*, p. 54 et p. 128 [trad. fr. : *Dans la peau d'un noir*, Paris, Gallimard, 1962].

presque pas changer de conduite en présence de certaines autres personnes. Elle les traite alors comme des « non personnes », comme nous le faisons parfois dans nos interactions avec les enfants, les domestiques, les Noirs ou les malades mentaux[1].

Ce type de traitement doit être mis en regard d'une autre façon d'aborder autrui, perçue comme la plus appropriée dans de nombreuses situations. Nous la qualifierons d'« *inattention civile* ». Une première personne donne à une seconde personne suffisamment d'informations visuelles pour lui montrer qu'elle a reconnu sa présence (et cette dernière admet ouvertement l'avoir vue), mais l'instant suivant, elle retire son attention afin de signifier que cette seconde personne ne constitue pas une cible particulière de curiosité ou ne fait pas partie de ses plans.

Pour réaliser cette forme de courtoisie, le regard de la personne voyante peut croiser le regard de la personne vue, mais sans que ne s'y laisse lire aucune « reconnaissance ». Lorsque cette relation de politesse est accomplie entre deux passants dans la rue, l'inattention civile prend une forme particulière. Les passants se regardent l'un l'autre, jusqu'à arriver à environ deux mètres cinquante[2] de distance. Ce faisant, ils s'allouent l'un à l'autre, par leurs gestes, un côté du trottoir. Puis ils baissent les yeux en se croisant - un peu comme on met les codes à la place des phares. Dans tous les cas, nous avons ici ce qui constitue peut-être le plus minime des rituels interpersonnels, et qui pourtant régule constamment le commerce social entre les personnes dans notre société.

Par sa conduite d'inattention civile, l'individu laisse entendre qu'il n'a aucune raison de suspecter les intentions des personnes coprésentes : il n'en a pas peur, n'est pas hostile à leur égard et ne cherche pas à les éviter. En se montrant poli, il s'attend en retour, de façon automatique, à subir un traitement analogue de la part des autres. Il atteste qu'il n'a rien à craindre à voir ou à être vu, qu'il n'a pas à fuir cette situation, qu'il n'a pas honte de lui-même, ni de la compagnie en présence de laquelle il se trouve. Il lui est nécessaire d'avoir une certaine « franchise » dans l'expression du regard. Comme l'avance D. Riemer, le [85] regard de l'individu ne doit pas être réservé, détourné, absent ou défensif, comme s'il « avait quelque chose à cacher ». Une expression fuyante du regard pourrait effectivement être prise pour le symptôme d'une espèce de dérangement mental[3].

L'inattention civile est un ajustement tellement délicat que nous pouvons nous attendre à une esquive régulière des règles qui la caractérisent. Les lunettes à verres fumés, par exemple, permettent à celui qui les porte de

▲ 1. Goffman E., *Presentation of Self, op. cit.*, p. 151-153.

▲ 2. [*Eight feet* : huit pieds].

▲ 3. Riemer M. D., « Abnormalities of the Gaze: A Classification », *Psychiatric Quarterly*, 29, 1955, p. 659-672.

dévisager son vis-à-vis sans que ce dernier puisse être assuré d'être l'objet d'une telle inspection[1]. Une personne peut en regarder une autre du coin des yeux. L'éventail et l'ombrelle servaient autrefois d'artefacts analogues pour voler des coups d'œil, et le déclin de l'usage de ces instruments dans la bonne société occidentale, ces cinquante dernières années, a réduit la plasticité des arrangements de communication[2]. On pourrait rajouter que plus proches sont les spectateurs d'une personne, plus exposées se trouvent leurs positions respectives et plus forte l'obligation ressentie de lui garantir de l'inattention civile. Par contre, plus ces spectateurs seront éloignés de la personne qui les intrigue, plus grande sera la liberté qu'ils éprouveront de la dévisager.

[86] Outre ces différentes façons de contourner la règle, de fréquentes entorses se laissent observer. Ici, bien entendu, la subculture ethnique ou la subculture de classe introduisent des différences dans les schémas de civilité. Et elles introduisent aussi des différences entre les âges auxquels ces différents schémas sont utilisés pour la première fois.

L'état d'esprit d'un groupe vis-à-vis de cette politesse minimale qu'est l'inattention civile - une politesse qui tend à traiter les personnes présentes du seul point de vue de leur participation à un rassemblement, en mettant entre parenthèses leurs autres caractéristiques sociales - est mis à l'épreuve chaque fois que ses membres sont en présence de quelqu'un dont le statut social ou l'apparence physique est très différent. La société anglaise de classes moyennes, par exemple, s'enorgueillit d'accorder à certaines personnes, fameuses ou infâmes, le privilège d'être ignorées civilement en public. Il en va ainsi lorsque les enfants de la reine réussissent à se promener dans un parc sans que personne ou presque ne se retourne pour

▲ 1. Un observateur remarquable des conduites en face-à-face, le romancier William Sansom, discute ce point dans « Happy Holiday Abroad », in *A Contest of Ladies*, Londres, Hogarth Press, 1956, p. 228 : « Il marcha lentement tout le long de la plage, en prétendant flâner, étudiant latéralement chacun des baigneurs, caché derrière ses lunettes de soleil. On pourrait penser que de telles lunettes dissimulent le regard inquisiteur : mais Preedy le savait très bien, *il* savait qu'elles produisent l'effet inverse, aussitôt qu'elles sont tournées vers n'importe quel point à proximité de l'objet, elles sont ressenties comme un coup direct. Vous ne pouvez pas faire semblant de jeter un coup d'œil avec vos flingues noirs ».

▲ 2. Cf. Binder P., *Muffs and Morals*, New York, Morrow, sans date, chap. 9, « Umbrellas, Walking-Sticks, and Fans », p. 178-196. L'auteur écrit, p. 193 : « Un curieux éventail anglais, au XVIIIe siècle, avait une incrustation de gaze ou de mica, de telle sorte qu'une dame pouvait astucieusement l'utiliser comme une lorgnette, alors même que son visage était caché au regard des autres. Ce type d'éventail était utilisé dans un jeu *risqué*, quand la pudeur requérait l'équivalent des masques d'antan ». Des procédés de ce type doivent incorporer trois éléments pour être efficaces : l'utilisateur doit être capable de voir l'autre, tout en étant capable de donner l'apparence de n'être pas honteux d'être vu par l'autre, et tout en étant capable de dissimuler le fait qu'il est en train de l'espionner. Aux îles Shetland, les enfants des écoles primaires reçoivent les visiteurs étrangers avec un procédé apparenté à un éventail - quoiqu'il échappe aux deux derniers critères. Ils cachent pudiquement leurs visages derrières leurs deux mains jointes, tout en dévisageant le visiteur à travers une fente ménagée entre deux doigts. »

les regarder. Inversement, dans la société américaine, l'une des grandes épreuves, aujourd'hui, pour les personnes porteuses d'un handicap physique, est d'être dévisagées ouvertement dans les lieux publics - l'invasion de leur sphère privée allant de pair avec l'exposition de leurs attributs indésirables[1].

> « L'acte de dévisager un autre être humain est d'ordinaire proscrit : il donne l'impression de mettre à l'index l'objet dévisagé, de le ranger dans une classe à part. On ne parle pas à un singe dans sa cage de zoo, ni à un monstre dans une attraction foraine - on ne fait que les observer fixement[2]. »

> « Un handicap, comme partie caractéristique et inséparable du corps, peut être éprouvé comme un problème personnel qu'une personne préfèrerait maintenir privé. Pourtant, le fait de sa visibilité le fait connaître à tous ceux que la personne handicapée rencontre, y compris les étrangers. Le handicap visible diffère de tous les autres sujets personnels en ce que, quel que soit le souhait de la personne handicapée, n'importe qui y a accès. N'importe qui peut l'inspecter en détail et poser des questions à son propos, et dans tous les cas, communiquer ses sentiments et ses jugements, les imposer à la personne handicapée. Ces actions sont alors ressenties comme une invasion de [87] la sphère privée. C'est la visibilité du handicap qui rend cette intrusion si aisée. Les personnes porteuses de handicap sont alors confrontées à des rencontres, encore et encore, de personnes qui les scrutent et les questionnent ; et elles se sentent impuissantes à changer cet état des choses[3]... »

La règle de l'inattention civile et sa transgression sont le plus clairement illustrées quand une personne profite de n'être pas observée par une autre personne pour l'observer, et que cette dernière se retourne et la surprend dans son activité d'observateur illicite. L'individu ainsi pris sur le fait peut alors détourner le regard, souvent avec embarras, et même un peu de honte ; mais il peut aussi agir avec retenue, faisant comme s'il avait été saisi en train d'observer à un moment où la chose était autorisée. Dans tous les cas, nous avons là, *a contrario*, une preuve de l'existence d'une propriété situationnelle qui aurait dû être respectée.

Les faits de se conduire correctement et d'avoir un *droit* à l'inattention civile sont liés : une conduite appropriée tend à garantir un droit à l'indifférence. Une impropriété extrême de la part d'un individu risquerait fort de le projeter au centre de l'attention, à moins qu'au contraire, elle ne le rende invisible. Les spectateurs ne sont cependant pas automatiquement libérés de l'obligation d'accorder au contrevenant son droit à l'inattention civile, si affaiblie soit celle-ci. En tout cas, l'inattention civile peut être opposée comme une manifestation de tact à l'encontre d'un acte offensif, afin de maintenir une apparence d'ordre dans la situation en dépit de ce qui est en train de s'y produire.

▲ 1. Cf. le très utile article de White R. K., Wright B. A., Dembo T., « Studies in Adjustment to Visible Injuries: Evaluation of the Curiosity by the Injured », *Journal of Abnormal and Social Psychology*, 43, 1948, p. 13-28.

▲ 2. *Ibid.*, p. 22.

▲ 3. *Ibid.*, p. 16-17.

D'ordinaire, dans une société de classes moyennes, la non observance de la règle d'inattention civile n'est pas sanctionnée de façon ouverte et directe, si ce n'est dans l'apprentissage social des domestiques et des enfants, en particulier dans l'éducation de ces derniers à ne pas commettre d'impair avec des personnes qui ont un handicap ou une déformation physique. Pour trouver des exemples de sanctions directes entre adultes, il faut prospecter du côté des sociétés despotiques, où un simple coup d'œil à l'empereur ou à ses agents pouvait être qualifié de délit punissable[1]. Dans certains États du Sud des États-Unis, des règles plutôt raffinées sont également en vigueur quant à la distance et à la durée du regard qu'un homme de couleur peut porter sur une femme blanche. [88] En cas de non respect de ces règles, le regard est interprété comme une avance sexuelle qui doit être punie[2].

Étant donné le désagrément qu'il y a à être dévisagé, il est compréhensible que le regard soutenu soit souvent utilisé comme un mode de sanction négative, à des fins de contrôle social de toutes sortes de conduite inappropriée en public. C'est souvent le premier avertissement que reçoit un individu qui a franchi la « ligne rouge » et le dernier qu'il est nécessaire de lui donner. En fait, dans le cas où l'apparence d'une personne teste la capacité d'un rassemblement à montrer de l'inattention civile, l'acte de dévisager peut devenir une sanction contre l'acte de dévisager. L'autobiographie d'un « nain » nous en donne une illustration :

> « Il y avait les gens peu sensibles, qui matent comme des péquenauds descendus voir un spectacle dans un cirque de passage. Il y avait les fouineurs, ceux qui jettent un regard furtif et se retirent en rougissant si vous les prenez sur le fait. Il y avait les gens pleins de compassion, ceux dont je pouvais presque entendre les murmures de désapprobation après les avoir croisés. Mais pire encore, il y avait les bavards, dont chaque remarque sonnait comme un : "Comment ça va, mon pauvre garçon ?" Ils le disaient avec leurs yeux, avec leurs manières, avec le ton de leur voix.
>
> J'avais une défense standard - un regard de glace. Ainsi anesthésié contre mes pairs, je pouvais me débattre avec le principal problème - entrer dans le métro et en sortir vivant[3]. »

La structure des *engagements* de face

Quand deux personnes coprésentes sont *engagées* toutes les deux, jusqu'à un certain point, dans une interaction non focalisée, l'inattention civile - cette forme significative d'interaction non focalisée - n'est pas la seule façon qu'elles ont de se rapporter mutuellement l'une à l'autre. Elles peuvent partir de là et *s'engager* l'une l'autre dans une interaction focalisée

▲ 1. Douglas R. K., *Society in China*, Londres, Innes, 1894, p. 11.

▲ 2. Cf. le célèbre cas Webster-Ingram, 12 et 13 novembre 1952. Dans beaucoup de sociétés africaines et asiatiques, un tabou analogue existe sur les regards que les hommes portent sur les femmes.

▲ 3. Viscardi H. Jr, *A Man's Stature*, New York, John Day, 1952, p. 70, cité par Wright B. A., *Physical Disability: A Psychological Approach*, New York, Harper and Bros, 1960, p. 214.

[89] - unité sociale qui sera qualifiée d'*engagement de face* ou de *rencontre*[1]. Les *engagements* de face comprennent toutes les situations où deux participants ou plus se rassemblent ouvertement et s'orientent vers un foyer unique d'attention visuelle ou cognitive - ce qui est perçu comme une *activité mutuelle* simple, impliquant des droits préférentiels à la communication. Pour donner un exemple des plus ordinaires, des personnes coprésentes dans une même situation peuvent *s'engager* dans une discussion les unes avec les autres. Cette accréditation qu'elles s'accordent mutuellement fonde l'un des statuts les plus généraux qui soient. Même des personnes aux positions sociales extrêmement disparates peuvent se retrouver dans des circonstances où il convient qu'elles se reconnaissent l'une à l'autre un statut de *participant ratifié.* Ce statut n'a d'ordinaire pas de « phase latente »[2], mais il oblige ceux à qui il incombe de l'exercer en *s'engageant* à ce moment précis.

Les activités mutuelles et les *engagements* de face dans lesquels elles sont enracinées incluent les moments de conversation à bâtons rompus, de commensalité, de jeu et d'amour, de discussion formelle et de service personnel (soigner, vendre, servir, et ainsi de suite). Dans certains cas, comme les bavardages de sociabilité conviviale, le fait de se réunir ne semble pas vraiment avoir de justification utilitaire. Dans d'autres cas, lorsque le professeur s'arrête un moment au bureau d'un élève pour l'aider à résoudre un problème dans lequel il est engagé et continuera de l'être après qu'il se sera éloigné, la rencontre est clairement le cadre (*setting*) d'une activité mutuelle à visée utilitaire, et ce travail conjoint n'est qu'une phase de ce qui se présente en premier lieu comme une tâche individuelle[3]. Tandis que de nombreux *engagements* de face semblent être composés pour une bonne part d'échanges d'énoncés verbaux, au point que les conversations pourraient être [90] prises comme modèle de la rencontre, il existe d'autres types de rencontres où aucun mot n'est échangé. Cela est évident pour les *engagements* entre enfants qui ne maîtrisent pas encore la parole. Il est alors possible de voir la transformation progressive d'un contact purement

▲ 1. Le terme de « rencontre », de loin le plus facile des deux à utiliser, a un certain nombre de connotations de sens commun qui doivent être ici écartées. Premièrement, ce mot est parfois utilisé pour désigner un contact, direct ou médiatisé, entre deux personnes qui, par exemple, correspondent l'une avec l'autre. Deuxièmement, ce mot implique aussi souvent l'advenue d'un trouble ou d'une difficulté durant l'interaction, par exemple une « querelle » (*run-in*). Enfin, ce mot peut renvoyer à des occasions qui ménagent un accès facile entre deux personnes, indépendamment du nombre de fois où elles peuvent s'engager l'une avec l'autre dans une conversation, comme dans l'expression : « Je l'ai ensuite rencontré à la fête chez les Jones. » Cette dynamique interne des rencontres a été étudiée dans Goffman E., « Fun in Games », in *Encounters, op. cit.*, p. 17-81.

▲ 2. [Le statut est manifeste quand il s'accomplit comme tel sur une scène publique, repoussant momentanément dans l'ombre toutes ses autres dimensions - les phases latentes du statut, « provisoirement mises en vacance ». La référence implicite est ici à Ralph Linton].

▲ 3. Cet exemple a été proposé par Arthur Stinchcombe.

physique avec l'autre en un acte qui établit une relation sociale d'accréditation conjointe de la rencontre en face-à-face[1]. Entre adultes, des rencontres non verbales peuvent être également observées : les actes significatifs peuvent être des gestes[2] ou même, dans les jeux de cartes ou les jeux de société, des coups (*moves*). Il y a aussi des rapprochements en vue de tâches de travail à plusieurs qui font émerger des interventions étroitement coordonnées autour d'un seul foyer d'attention visuelle et cognitive - le type de contribution de chacun étant déterminé par l'appréciation partagée de ce que la tâche du moment requiert à l'étape suivante. Ici, bien qu'il soit possible qu'aucune parole d'orientation ou de sociabilité ne soit échangée, le manque d'attention ou de réaction coordonnée constitue un manquement à l'engagement mutuel des participants[3].

[91] Quand il y a seulement deux participants à une situation, une rencontre, s'il s'en produit une, *épuisera* la situation, accouchant d'un *rassemblement totalement focalisé.* S'il y a plus de deux participants, certaines personnes présentes dans la situation peuvent être officiellement

▲ 1. Cf. l'étude pionnière de Beaver A., *The Initiation of Social Contacts by Preschool Children*, New York, Bureau of Publications, Teachers College, Columbia University, Child Development Monographs, 1932, 7, p. 1-14.

▲ 2. Efron D., *Gesture and Environment*, New York, King's Crown Press, 1941.

▲ 3. Le type d'étroite coordination qui découle de l'engagement dans la même tâche est bien décrit par Miller F. B., « "Situational Interactions" - A Worthwhile Concept ? », *Human Organization*, 17, 1958-59, p. 37-47. Après avoir souligné les différences entre ce type d'interaction focalisée et le type qui implique nécessairement des gestes ou des discours, l'auteur n'examine cependant pas leurs similarités jusqu'au bout, comme le fait que, dans les deux cas, le retrait de l'attention ou le caractère déplacé des contributions peuvent donner lieu au même type de contrôle social correctif. Une bonne description de l'activité pratique comme *engagement* est donnée par Burling T., *Essays on Human Aspects of Administration*, New York State School of Industrial and Labor Relations, Cornell University, août 1953, bulletin 25, p. 10-11 : « Ce qui se produit à présent est que les besoins changeants du patient, tels qu'ils se développent en cours d'opération, déterminent ce que chacun fait. Quand les membres d'une équipe chirurgicale ont suffisamment travaillé ensemble pour développer un sens du travail d'équipe, chaque membre a une telle appréhension de la situation sociale et de son rôle en elle que les besoins du patient dictent des ordres sans équivoque. Une petite artère est coupée et commence à saigner. Dans l'organisation de la chaîne de commandement, le chirurgien remarque cet état de fait et ordonne à son assistant : "Arrêtez ce saignement !". L'assistant à son tour demande à l'infirmière : "Passez-moi les pinces homéostatiques !", et ainsi se réalise un effort coordonné. Ce qui se passe en fait est que la personne qui saigne transmet un ordre [91] simultané aux trois membres de l'équipe, lesquels ont suivi le déroulement de l'opération avec la même attention. Elle dit au chirurgien : "Retirez votre main jusqu'à ce que ce problème soit sous contrôle !". Elle dit à l'infirmière : "Tenez prêtes les pinces homéostatiques !". Et elle dit à l'assistant : "Clampez-moi cette fuite !". Ceci est le type de coopération connu le plus élevé et le plus efficace. Il en paraît même simple et primitif. Il n'est possible que si chaque membre de l'équipe connaît non seulement parfaitement sa part du travail, mais en sait aussi suffisamment sur le procès de travail dans son ensemble et sur la façon dont chacun voit la relation entre ce que chaque partenaire fait et ce qui s'ensuit. »

exclues de la rencontre, et ne pas y être vraiment *engagées.* Ces participants *non engagés*[1] font que le *rassemblement* est *partiellement focalisé.* S'il y a plus de trois personnes présentes, plusieurs rencontres peuvent se tenir simultanément dans la même situation - on a alors un *rassemblement multi-focalisé.* Le terme d'*unité de participation* renvoie à la fois aux rencontres et aux participants *non engagés.* Le terme de *spectateur*[2] désigne un individu présent, mais qui n'est pas un membre ratifié de cette rencontre particulière-ci, qu'il soit ou non le membre de quelque autre rencontre.

Dans notre société, les *engagements* de face partagent un ensemble de propriétés, de telle sorte que cette classe de phénomènes sociaux peut être aussi bien définie par l'analyse que spécifiée par des exemples.

Une *rencontre* s'engage quand quelqu'un joue un coup d'ouverture, en général au moyen d'une expression spécifique du regard, quelquefois par une affirmation au début d'une prise de parole ou par une intonation particulière de la voix[3]. L'*engagement* à proprement parler commence quand cette [92] ouverture est reconnue par l'autre, qui signale en retour, par le regard, la voix ou la posture, qu'il s'est mis à la disposition du premier en vue d'une activité mutuelle en face-à-face, portée par l'échange des regards - même s'il ne s'agit que de demander à l'initiateur de différer sa demande d'auditoire.

Le coup initial et la réponse d'« autorisation » (*clearance*) tendent à être échangés en même temps - tous les participants utilisant les deux signes, peut-être afin d'empêcher qu'un initiateur se retrouve dans une position de rejet par les autres. Les coups d'œil, en particulier, rendent cette simultanéité effective. En fait, quand les regards se rencontrent, le premier coup d'œil peut être suffisamment hésitant et ambigu pour permettre à l'initiateur d'agir comme si aucune initiative n'avait été prise, au cas où son ouverture s'avérait non désirée.

▲ 1. Un participant « non engagé » (*unengaged*) peut en effet être impliqué dans une tâche ou orienté vers un foyer d'attention principal, et donc, ne pas être « désengagé » (*disengaged*) de la situation.

▲ 2. [*Bystander* : le *bystander* est quelqu'un qui se trouve dans la situation, mais qui n'y prend pas part. Il n'y a qu'un statut de spectateur non intentionnel, comme l'*overhearer*, l'oreille indiscrète, malgré elle. On rencontre aussi en anglais l'expression *onlooker.* Mais le *bystander* peut aussi être le badaud d'une scène, là encore, par hasard, à une place de voyeur non participant. À ne pas confondre avec le *passerby*, le passant].

▲ 3. Quand l'individu est subordonné socialement à celui avec qui il est sur le point d'ouvrir une rencontre, il est supposé émettre un signe minimal de telle sorte que le supérieur puisse aisément l'ignorer, ou au contraire lui répondre, selon son gré. Par exemple, *Esquire Etiquette*, New York, Lippincott, 1953, p. 24, en décrivant la liste des habitudes d'une bonne secrétaire, précise qu'elle « attend d'être reconnue, quand elle est entrée pour vous parler, avant d'interrompre ce à quoi vous êtes occupé ». Dans de tels cas, la fiction est maintenue que seul le supérieur peut prendre l'initiative de l'engagement. Le cas classique est la figure mythique du majordome qui toussote discrètement, afin que le maître note sa présence et l'autorise à délivrer son message.

Les regards d'entente, yeux dans les yeux, jouent donc un rôle spécifique dans la vie de communication d'une communauté, en ce qu'ils manifestent rituellement l'ouverture déclarée des participants aux propositions verbales et établissent en droit la pertinence mutuelle de leurs actes[1]. Pour le dire dans le langage de Simmel :

> [93] « Entre tous les organes des sens spécifiques, l'œil a une fonction sociologique singulière. L'union et l'interaction entre les individus sont fondées sur des coups d'œil mutuels. Cette réciprocité est peut-être la plus directe et la plus pure qui existe. La réaction psychique, des plus élevées, par laquelle les coups d'œil réunissent les humains, ne cristallise toutefois en aucune structure objective. L'unité qui émerge momentanément entre deux personnes se présentifie dans l'occasion et elle se dissout sitôt la fonction du coup d'œil accomplie. Si tenace et subtile soit cette union, elle ne peut être maintenue que par la ligne la plus courte et la plus directe entre les yeux, et la plus petite déviation de cette ligne, le plus petit coup d'œil latéral, détruit complètement le caractère singulier de cette union. Cette relation ne laisse aucune trace objective, semblable à celle universellement rencontrée, directement ou indirectement, dans les autres types d'associations entre humains, comme par exemple l'échange de paroles. L'interaction entre les regards meurt au moment même où le caractère direct de sa fonction est perdu. Mais la totalité des relations sociales entre êtres humains, leur affirmation de soi et leur renoncement à soi, leur intimité et leur étrangeté, seraient transformés de façon inimaginable si l'échange des regards n'existait pas. Le coup

▲1. Dans les *engagements* de face, qui incorporent une activité sportive, les mouvements d'ouverture peuvent prendre d'autres formes, comme lorsque les boxeurs touchent leurs gants ou les escrimeurs leurs fleurets, afin d'établir une parenthèse (*bracket*) ou un cadre (*frame*) sportif autour de la rencontre à venir. Là où les participants se connaissent bien l'un l'autre, les signes d'autorisation peuvent aller de soi et l'initiateur peut marquer une pause infime ou modifier de façon infinitésimale son action d'ouverture, par politesse, et procéder ensuite comme si l'autorisation avait été accordée. Point intéressant : certains *engagements* de face sont du type de ceux dans lesquels la coordination de l'activité est typiquement incarnée dans les parenthèses rituelles habituelles de la reconnaissance par le regard et de l'échange de paroles, mais qui, dans des circonstances particulières, sont soigneusement commencés, maintenus et achevés *sans* revêtement verbal ou gestuel. Ainsi, dans de nombreux hôpitaux psychiatriques, les patients s'attendent à pouvoir demander du feu à *n'importe quel* autre patient en train de fumer, sans considération pour l'état de retrait ou de régression dans lequel celui-ci se trouve. La demande par gestes semble être toujours satisfaite, mais le répondant n'accorde d'attention qu'à la seule tâche technique, déclinant toute autre offre de commerce ou de négociation. Un type similaire de rencontre dé-ritualisée se rencontre lorsqu'un homme tient une porte ouverte à une femme qu'il ne connaît pas, dans des circonstances qui pourraient laisser entendre qu'il s'agit d'une ouverture ou qui pourraient conduire à une situation indésirable pour cette femme dans cette région. Dans de telles circonstances, l'homme peut prendre soin de manifester de l'inattention civile, tout en ajustant harmonieusement sa conduite physique aux mouvements de la femme. Cf. Emily Post, *Etiquette*, New York, Funk and Wagnalls, 1937, p. 26, décrit une politesse du même type : « Lever son chapeau est un geste conventionnel de politesse que l'on manifeste aux seuls étrangers. Il ne faut pas le confondre avec saluer en s'inclinant, qui est un geste réservé aux connaissances et aux amis. Pour lever son chapeau, un gentleman ne fait qu'un petit geste au-dessus de son front [93], en tenant son couvre-chef par la bordure s'il est rigide et par le sommet s'il est mou, et en le replaçant aussitôt sur la tête. Il ne sourit pas, ne salue pas, et ne regarde même pas son vis-à-vis, à qui le geste de courtoisie est destiné. Aucun gentleman ne soumet une dame à une inspection détaillée ou à un examen explicite si elle est une étrangère. »

d'œil mutuel entre personnes, à la différence de la simple vision ou de l'observation de l'autre, signifie une union totalement nouvelle et unique entre eux »[1].

Il est dès lors compréhensible qu'un individu qui se sent à juste titre mis à l'écart par ceux qui l'entourent exprime ce sentiment par le regard, particulièrement en détournant les yeux[2]. Et il est aussi compréhensible qu'un individu qui veut contrôler l'accès qu'il accorde aux autres et l'information [94] qu'il reçoit d'eux évite de regarder en direction de la personne qui cherche le contact. Une serveuse, par exemple, peut ignorer un client qui attend et tente de « capter son regard », afin de ne pas avoir à prendre sa commande. De même, une bonne stratégie, pour le piéton qui veut s'assurer le contrôle d'un bout de trottoir à l'encontre d'un autre piéton ou pour l'automobiliste qui veut imposer la priorité de sa ligne d'action sur celle d'un autre conducteur, est d'éviter de croiser le regard de son vis-à-vis et de neutraliser ainsi toute avance de coopération[3]. Mais toutes sortes de possibilités de tracasserie ou d'hostilité peuvent découler du fait que l'initiateur est dans une position sociale qui lui impose d'accorder à l'autre le droit formel de commencer une rencontre. Melville nous en donne un exemple :

« [...] Il arrive parfois que le capitaine n'est pas dans son assiette, ou qu'il est de méchante humeur, ou bien qu'il s'amuse à faire un caprice, à moins qu'il lui prenne la fantaisie de faire montre de sa supériorité omnipotente. Il a pu arriver que le premier lieutenant l'ait par hasard offensé, ou irrité, et il ne lui déplaît pas de donner un petit échantillon de sa supériorité, même en présence de tous les marins. Quoi qu'il en soit, on peut trouver dans l'une de ces suppositions l'explication de la petite scène suivante : on voyait de temps à autre le capitaine Claret arpenter sa dunette de long en large, en faisant exprès d'éviter le regard du premier lieutenant qui continuait à languir en bas, dans le plus grand embarras, guettant anxieusement le premier coup d'œil de son supérieur.

"Cette fois-ci, je le tiens !", devait-il se dire intérieurement, tandis que le capitaine revenait vers lui au cours de sa promenade ; "Voilà le bon moment !", et vite il levait la main à sa casquette. Mais, hélas ! Déjà, le capitaine était reparti, et les matelots à leurs pièces se lançaient de discrètes œillades tandis que le lieutenant, vexé, se mordait les lèvres en réprimant sa contrariété.

▲1. Simmel G., cité *in* Park R. E., Burgess E. W., *Introduction to the Science of Sociology*, Chicago, University of Chicago Press, 1924 (seconde édition), p. 358 [retraduit à partir de la traduction américaine : « Sociology of the Senses: Visual Interaction », 1924, p. 356-361/*Soziologie*, *op. cit.*, 1908, p. 646-651]. Une proposition intéressante à propos de certaines des choses qui passent à travers le seul contact de regard à regard est avancée par Ortega y Gasset J., *Man and People*, New York, Norton, 1957, p. 115-117. Il laisse entendre qu'il existe un vocabulaire des coups d'œil, et en décrit quelques-uns.

▲2. Riemer M. D., « The Averted Gaze », *Psychiatric Quarterly*, 23, 1949, p. 108-115. Il serait très intéressant d'examiner les techniques employées par les aveugles et les sourds pour fournir des substituts fonctionnels aux indices d'autorisation et autres contributions du regard à la structure de la communication en face-à-face.

▲3. Le point général en contrepoint de cet exemple a été fait par T. C. Schelling, dans son analyse du pouvoir de marchander d'un individu qui peut s'engager de façon convaincante dans une ligne d'action, dans ce cas, en communiquant son incapacité de recevoir des messages de demande et de menace. Cf. Schelling T. C., « An Essay on Bargaining », *The American Economic Review*, 46, 1956, p. 281-306, en part. p. 294-295.

Parfois, ce manège se répétait à plusieurs reprises, jusqu'à ce que le capitaine Claret, pensant que son autorité devait être à présent joliment établie dans l'esprit de l'équipage, se décidât finalement à [95] se diriger à pas comptés vers son subordonné, en le regardant bien en face. Sur quoi la main du lieutenant s'élevait immédiatement vers sa visière, et le capitaine, hochant la tête pour acquiescer au compte rendu, redescendait de son perchoir vers le gaillard d'arrière[1]. »

Comme ces différents exemples le suggèrent, les coups d'œil mutuels doivent d'ordinaire être refusés si l'on veut éviter une rencontre. Le contact visuel ouvre à un *engagement* de face. Ajoutons, pour finir, qu'il existe une relation entre les coups d'œil comme moyens de communiquer une proposition de rencontre et les autres pratiques de communication. Plus les individus se refrènent de dévisager ouvertement les autres, plus ils sont à même d'accorder une signification spéciale au regard, dans ce cas, une invitation à un *engagement* de face. La règle de l'inattention civile est donc ce qui rend possible et ce qui régit la fonction d'autorisation donnée au regard droit dans les yeux. Cette règle permet également d'attribuer une fonction spéciale au regard « soutenu » d'un étranger, comme lorsque des personnes qui ne se connaissent pas et qui se sont donné rendez-vous s'efforcent de s'identifier, en fixant et en scrutant du regard les personnes présentes[2].

Une fois qu'un ensemble de participants se sont *engagés* les uns par rapport aux autres de façon déclarée, un petit groupement écologique, réuni par le regard, tend à être soigneusement préservé. Il maximise la chance pour les participants de contrôler les perceptions mutuelles qu'ils ont les uns des autres[3]. Les participants orientent leurs esprits vers le même [96]

▲ 1. Melville H., *White Jacket*, New York, Grove Press, sans date, p. 276 [trad. fr. : J. Villaret, *La vareuse blanche*, Paris, Gallimard, 1967, p. 358-359].

▲ 2. Evelyn Hooker, dans une communication non publiée à Copenhague, 14 août 1961, intitulée « La communauté homosexuelle », écrit : « Les homosexuels disent que si l'un d'entre eux capte et soutient le regard, il n'y a pas besoin d'en savoir davantage à son propos, sinon qu'il est l'un d'entre eux. »

▲ 3. Cette pratique n'est peut-être pas universelle. Si l'on se fie à une description déjà ancienne des Amazones de la Côte du Nord-Ouest : « Quand un Indien parle, il s'assied. Aucune conversation n'est menée tant que les locuteurs se tiennent debout, à moins que la discussion tourne autour d'une sérieuse différence d'opinion. Quand il parle, l'Indien ne regarde pas directement son destinataire, pas plus que ce dernier ne regarde le locuteur. Tous les deux regardent à côté. Cette attitude est aussi celle de l'Indien qui s'adresse à plus d'un auditeur, de telle sorte qu'il apparaît qu'il est en train de parler à quelqu'un qui n'est pas présent et visible. » Cf. Whiffen T., *The North-West Amazons*, Londres, Constable, 1915, p. 254. Dans notre propre société, lorsque des détenus n'ont pas le [96] droit de s'adresser la parole, mais désirent le faire, ils peuvent effectivement masquer leur engagement conjoint en parlant, sans bouger leurs lèvres et sans se regarder. Cf. Phelan J., *The Underworld*, Londres, Harrap, 1953, p. 7-8 et p. 13. Lorsque des considérations techniques empêchent l'accès réciproque des regards, comme dans le cas de l'infirmière qui reçoit des ordres d'un chirurgien, lequel ne doit pas quitter des yeux le champ opératoire, une discipline considérable est requise de la part du récepteur pour que la communication soit maintenue. Enfin, dernier exemple, les aveugles doivent apprendre à agir comme s'ils regardaient le sujet et, dans le cas de la conversation, leurs yeux vers le même locuteur, quoique, bien sûr, ce foyer unique d'attention puisse se déplacer dans certaines limites d'une topique à une autre et d'un locuteur ou d'une cible à une autre[1]. Une définition partagée de la définition vient à prévaloir. Ceci inclut un accord autour de ce qui est ou non pertinent dans le champ perceptif, un « consensus de travail » (*working consensus*) impliquant un certain degré de considération et de sympathie mutuelle et un effort pour passer sous silence des différences d'opinion. Oswald Hall m'a suggéré l'argument suivant. Quand la proximité et la sympathie sont maintenues au minimum, lorsqu'un majordome s'adresse à un invité de la maison ou quand un conscrit est puni par un officier, la communion des regards peut être évitée par le subordonné qui regarde froidement devant lui. Un écho du même facteur se retrouve dans la conversation médiatisée, où les serviteurs sont obligés de répondre au téléphone par la formule : « Ici la résidence de M. ou Mme Untel » plutôt que par un « Allô ». La tendance pour les échanges de regards d'impliquer un accommodement sympathique est également abordée par Trotski, dans sa description des émeutes de rue pendant les « cinq jours » de la Révolution de février 1917 :

> « Malgré les bruits favorables - peut-être largement exagérés - qui ont couru sur la conduite des Cosaques, la foule considère encore la cavalerie avec une certaine inquiétude. Un cavalier domine la foule de haut : entre son âme et celle du manifestant, il y a les quatre jambes du cheval. Un personnage que l'on est obligé de regarder de bas en haut semble toujours plus considérable et plus redoutable. Avec l'infanterie, on se trouve de plain-pied sur la chaussée, elle est plus proche, plus accessible. La masse s'efforce d'aborder le fantassin, de le dévisager franchement, de lui insuffler ses brûlantes haleines. Dans ces rencontres entre soldats et ouvriers, les travailleuses jouent un rôle important. Plus hardiment que les hommes, elles s'avancent vers les rangs de la troupe, s'agrippent aux fusils, supplient et commandent presque : "Enlevez vos baïonnettes, joignez-vous à nous !" Les soldats s'émeuvent, se sentent tout penauds, s'entre-regardent avec anxiété, hésitent encore : l'un deux, enfin, se décide avant les autres et les baïonnettes se relèvent dans un mouvement de repentir au-dessus des épaules des assaillants. Le barrage s'ouvre, l'air retentit de hourras joyeux et reconnaissants, les soldats sont entourés, de toutes parts s'élèvent des discussions, des reproches, des appels : la révolution fait un pas de plus[2]. »

locuteur, alors même qu'ils pourraient orienter leurs yeux dans n'importe quelle direction. Cf. Chevigny H., *My Eyes Have a Cold Nose*, New Haven, Yale University Press, 1962, p. 51.

▲ 1. Cf. Bales R. F. *et al.*, « Channels of Communication in Small Groups », *American Sociological Review*, 16, 1951, p. 461-468, ici p. 461 : « La conversation se poursuit en général de façon qu'une seule personne parle à la fois et que l'ensemble des membres du groupe participent à la même conversation. En ce sens, on peut dire de ces groupes qu'ils n'ont qu'un "foyer unique", c'est-à-dire qu'ils n'abritent pas plusieurs conversations qui se déroulent en même temps, comme dans le hall d'un hôtel ou dans un cocktail. Le foyer unique est probablement une condition restrictive dont l'importance est fondamentale pour les propositions générales ici avancées. » Une précision doit être ici rajoutée : les multiples foyers des interactions non focalisées que l'on rencontre dans des endroits comme les halls d'hôtels adviennent simultanément.

▲ 2. Cf. Trotski L., *The History of the Russian Revolution*, New York, Simon and Schuster, 1936, trad. ang. : M. Eastman, tome I, p. 109 [trad. fr. : M. Parijanine, *Histoire de la Révolution russe* (1929-32), Paris, Seuil, 1950, p. 151].

Une version plus formelle de la même dynamique est décrite chez les Bédouins par A. Musil :

« Une salutation, si elle est rendue, est une garantie de sécurité dans le désert, *as-salâm salâme*. Si un étranger voyage sans être accompagné par un guide à travers le territoire d'une tribu qui lui est inconnue, s'il salue quelqu'un - fût-ce une petite fille - et s'il est salué en retour, il peut avec raison avoir la certitude qu'il ne sera ni attaqué ni volé, parce que toute la famille de la petite fille le défendra. Dans le cas où les membres de la tribu l'attaquent et le volent, *mâḫûd*, il n'a qu'à demander l'aide des parents de cette petite fille, pour qui c'est un devoir d'être de son côté. La fille est le meilleur témoin : "Un voyageur de tel ou tel âge, habillé de telle ou telle manière, montant un chameau femelle - dont elle donne la description -, m'a salué à tel ou tel endroit". Il arrive même qu'un ennemi recoure à ce stratagème quand il est poursuivi au risque de sa vie. Prenant conscience qu'il ne peut s'enfuir, il change soudain de route, prend un chemin détourné pour rejoindre le campement de ses ennemis, salue un enfant, et le tenant par la main, se fait guider jusqu'à la tente de ses parents. Les Bédouins adultes, très prudents, ne répondent jamais dans l'immédiat à un inconnu qui s'adresse à eux. En particulier si deux ou trois hommes voyagent ensemble et approchent nuitamment d'un campement, le gardien les interpelle de la façon suivante : "Vous êtes des hors la loi et je ne vous rendrai pas votre salut : *tarâkom mwaṣṣedîn w-lâ 'alejkom radd as-salâm*" Car un hors la loi, *mwaṣṣed*, est traité comme un ennemi dont le salut n'a de toute façon aucune valeur.

En raison de l'obligation de considération entre les membres d'une situation d'*engagement*, et en particulier entre un locuteur et le membre particulier auquel il adresse ses remarques, les individus peuvent quelquefois "parler dans le vide" ou marmonner, adressant d'un ton plein de sous-entendus leurs remarques à "personne", sinon à un animal ou à un enfant. La personne qui est supposée être la bénéficiaire de ces remarques peut ainsi être à demi contrainte de tendre l'oreille, mais elle se doit d'accorder des libertés bien plus grandes au locuteur que si elle avait été visée par une adresse directe[1]. »

Souvent, une [97] atmosphère de groupe se forme - ce que Bateson appelle un *ethos*[2]. En même temps, [98] un sens accru de la responsabilité morale pour les actes de chacun semble se développer[3]. Une justification en

▲ 1. Musil A., *The Manners and Customs of the Rwala Bedouins*, New York, American Geographical Society, Oriental Explorations and Studies, 6, 1928, p. 455.

▲ 2. Cf. Bateson G., *Naven*, Cambridge, Cambridge University Press, 1936, p. 119-120 [une autre traduction est disponible dans la version française de J.-P. Latouche et N. Safouan, *La cérémonie du Naven*, Paris, Minuit, 1971, p. 129-130, revue par J.-C. Chamboredon et P. Maldidier en 1986] : « Quand un groupe de jeunes intellectuels anglais, hommes ou femmes, discutent et plaisantent ensemble, avec beaucoup d'esprit et une légère touche de cynisme, il s'établit entre eux, pendant le temps de la conversation, une tonalité déterminée de comportement approprié. De telles tonalités de comportement sont dans tous les cas indicatives d'un *ethos*. Elles sont l'expression d'un système standardisé d'attitudes émotionnelles. En ce cas, les participants au groupe adoptent momentanément un ensemble caractérisé de sentiments vis-à-vis du reste du monde, une attitude déterminée vis-à-vis de la réalité. Ils plaisantent à propos de sujets qu'à un autre moment ils auraient traités avec sérieux. Une remarque sincère ou réaliste est accueillie sans enthousiasme - peut-être avec un moment de silence et le sentiment que la personne, si sincère soit-elle, a commis un solécisme. En une autre occasion, le même groupe de personnes pourrait adopter un autre *ethos*, et discuter avec sincérité et réalisme. Si le gaffeur risquait, dans ce cas-là, une plaisanterie désinvolte, elle tomberait à plat et serait perçue comme un solécisme. »

▲ 3. Nous voyons ainsi comment le fait de conduire quelqu'un à un *engagement* de face peut être utilisé par l'initiateur comme une forme de contrôle social. Tel est le cas quand un professeur interrompt un étudiant par des commentaires *sotto voce*, en le regardant droit dans les yeux et en lui demandant : « Qu'avez-vous dit ? » ou quand l'échec à montrer de

termes de « Nous » (*We-rationale*) émerge, focalisée autour de la chose unique que « Nous », les participants, sommes ouvertement en train de faire ensemble, en ce moment. De plus, des cérémonies mineures sont susceptibles d'être accomplies pour marquer la fin de l'engagement ou l'entrée et la sortie des différents participants (si la rencontre abrite plus de deux membres). Ces cérémonies, en même temps que le contrôle social exercé durant la rencontre pour maintenir les participants « en ligne », confèrent une sorte de clôture rituelle à l'activité mutuelle soutenue pendant la rencontre. Un individu tendra alors à être impliqué dans la rencontre en cours ou, au contraire, à en être maintenu totalement à l'écart[1].

Les engagements de type conversationnel semblent respecter, au moins dans notre société, des conventions spatiales. Un ensemble d'individus qui doivent s'asseoir à plus de quelques pieds de distance les uns des autres en raison de l'arrangement spatial des meubles, auront des difficultés à tenir une [99] conversation informelle[2]. Ceux qui doivent se tenir à moins d'un pied et demi les uns des autres éprouveront un malaise à se parler directement et pourront s'adresser l'un à l'autre en se mettant de biais, pour compenser leur trop grande proximité[3].

l'inattention civile est manipulé ainsi que Norman Mailer le décrit dans *The Deer Park*, New York, Signet Books, 1957, p. 212 [trad. fr. : C. Elsen, *Le parc aux cerfs*, Paris, Denoël, 2004] : « Beda [une célébrité] regarda une femme qui le fixait du regard avec curiosité, et quand il cligna de l'œil, elle se détourna, embarrassée : "Mon Dieu, les touristes !" » De façon intéressante, du fait que la participation conjointe à une rencontre permet aux participants de se regarder sans réserve les uns les autres - ou plutôt, rend cela possible jusqu'à un certain point -, une stratégie utilisée par un individu quand il est pris sur le fait par la personne qu'il observait est de faire comme si ce coup d'œil était le premier coup d'ouverture vers un *engagement*, ratifiant et légitimant l'échec à montrer de l'inattention civile.

▲ 1. Une façon bien établie de confirmer une prise de congé est de s'éloigner physiquement des autres participants. Dans des lieux comme les îles Shetland, cela peut poser un problème quand deux personnes font une pause pour un court moment de sociabilité et se rendent alors compte qu'elles vont dans la même direction. Si ces deux personnes marchent à un rythme normal, elles se retrouvent à essayer de clore une rencontre alors qu'elles ont toujours un accès facile l'une à l'autre. Parfois, un individu avance une excuse pour partir à la hâte ; parfois, il choisit un chemin qui diverge fortement de celui pris par son compagnon d'un moment.

▲ 2. Sommer R., « The Distance for Comfortable Conversation: A Further Study », *Sociometry*, 25, 1962, p. 111-116 ; cf. également ses « Studies in Personal Space », *Sociometry*, 22, 1959, p. 247-260.

▲ 3. Hall E. T., *The Silent Language*, New York, Doubleday, 1959, p. 204-206. R. Birdwhistell fait le commentaire suivant, *in* Schaffner B., ed., *Group Processes*, Transactions of the Fourth Conference (1957), New York, Josiah Macy Jr Foundation, 1959 : « Il apparaît que les Américains, quand ils sont debout, face-à-face, se tiennent à la distance d'environ la longueur d'un bras l'un de l'autre. Quand ils se tiennent côte à côte, la distance requise est bien moindre. Quand des "Américains moyens" se font face-à-face en étant trop près l'un de l'autre, ils s'éloignent alors progressivement ou au contraire se rapprochent et se mettent à émettre des signes d'irritation. Cependant, s'ils se retrouvent dans une situation où ils ne sont pas obligés d'interagir - dans un tramway, par exemple - ils peuvent se tenir extrêmement proches, au point de se toucher en un contact total. La taille de ce territoire

En bref, les rencontres sont organisées au moyen d'un ensemble spécifique d'actes et de gestes, y compris la communication à propos de l'acte de communiquer. Comme l'écrit un linguiste :

> « Certains messages servent avant tout à établir, à entretenir ou à interrompre la communication, à vérifier que le canal fonctionne ("Hello, vous m'entendez ?"), à attirer l'attention de l'interlocuteur ou à confirmer le maintien de l'attention ("Tu écoutes ?", ou, pour parler comme Shakespeare, "Prête-moi tes oreilles !" - et à l'autre bout de la ligne, "Hum ! hum !"[1]. »)

[100] Des mots de tous les jours renvoient à différents aspects des rencontres. Les expressions de « cercle de conversation », de petit regroupement (*knot*) ou de petit attroupement (*cluster*) soulignent les aspects physiques d'un groupe de personnes, proches les unes des autres et orientées de face les unes par rapport aux autres, leurs dos tournés vers ceux qui ne participent pas à la rencontre. « *Rencontre personnelle* » désigne l'unité de participation qui procure ou renforce l'opportunité d'une espèce d'intimité sociale. Dans la littérature, le terme « *interaction* » est parfois utilisé pour désigner soit une activité qui advient dans un regroupement à un moment donné, soit l'activité qui se déroule dans son ensemble entre le moment de formation du regroupement et celui de sa dislocation officielle. Et bien entendu, quand des messages sont échangés en parole, particulièrement dans des circonstances informelles, les termes de « conversation », « discussion » (*talk*) ou « bavardage » (*chat*) sont utilisés.

Alors que tous les participants partagent en toute égalité les droits et les obligations décrits ci-dessus, certains de ces droits peuvent être distribués de façon différenciée pendant une rencontre. Ainsi, dans des rencontres verbales, le droit d'écouter est partagé par tous, mais le droit d'être un locuteur peut être drastiquement restreint, comme par exemple, dans les performances théâtrales et les meetings publics. De même, les enfants à table, lors du dîner, sont parfois autorisés à écouter, mais sont interdits de parole[2] ; si le silence ne leur est pas imposé, on peut leur « donner un coup de main » et leur nier la courtoisie communicationnelle d'être autorisés à finir le message par eux-mêmes[3]. Dans d'autres *engagements*, une catégorie

semble varier culturellement. Il existe ainsi des situations où deux ou trois groupes ethniques occupent différents territoires, et donc, des espaces personnels de taille variable. Si l'on met ensemble, par exemple, un Juif d'Europe du Sud-Est, qui occupera la moitié de la zone dédiée à l'espace personnel, et un Américain de classe moyenne, la situation va rapidement s'envenimer, en particulier si l'Américain s'écarte sur le côté pour ne pas être insultant et si le Juif le suit pour essayer coûte que coûte d'engager la relation de face-à-face. En résulte une danse qui, très souvent, peut virer en bagarre. »

▲ 1. Jakobson R., « Closing Statement: Linguistics and Poetics », *in* Sebeok T. A., ed., *Style in Language*, New York, Wiley, 1960, p. 355. Cf. aussi le concept de méta-communication dans Ruesch J., Bateson G., *Communication*, New York, Horton, 1951.

▲ 2. Bossard J. H. S., « Family Modes of Expression », *American Sociological Review*, 10, 1945, p. 226-237, ici p. 229.

▲ 3. *Ibid.*, p. 229.

de participants peut être limitée au droit de dire « *Yes, sir* » ou « *No, sir* », et d'applaudir, avec plus ou moins d'entrain. Les droits spécifiques des joueurs par rapport aux spectateurs qui regardent le jeu par-dessus leurs épaules (*kibitzers*) en sont un autre exemple.

Quand la communion d'un *engagement* de face a été établie entre deux ou plusieurs individus, l'état de *participation mutuelle ratifiée* qui en résulte peut perdurer pendant des périodes variables. Si une tâche clairement définie y est accomplie, l'*engagement* peut s'étendre sur des [101] heures. Si aucun travail apparent ou activité récréative n'y est en jeu, et que les participants ne sont tenus que par la seule sociabilité, d'autres durées semblent être préférées. Le contact peut être très bref, aussi bref, à vrai dire, que la rencontre des regards en ouverture. Dans notre société de classes moyennes, les participants à certains « bavardages » interrompent leurs lignes d'action respectives pour une période de temps dont ils reconnaissent qu'elle se doit d'être brève. Dans les salutations, la communion est établie et maintenue juste assez longtemps pour que les participants puissent accomplir leurs rituels interpersonnels. Le plus court de tous les contacts est le coup d'œil d'amitié ou de reconnaissance. (Ce dernier peut être le premier échange d'une plus longue phase de salutations, et les salutations n'être que la phase d'ouverture d'un moment de bavardage - mais ces extensions de la coparticipation ne sont pas nécessaires.) Si l'on excepte l'inattention civile, le simple échange de coups d'œil est peut-être le plus fréquent des rituels interpersonnels.

Des rencontres à caractère obligatoire sont liées au monde des occasions de convivialité domestique. Dans certains cercles sociaux, un invité qui débarque dans une réception a le droit d'être salué et pris en main par son hôte ou son hôtesse, en contact visible avec la personne qui a qualité de faire les présentations - cette rencontre célébrant, autorisant et légitimant la participation du nouveau venu à l'occasion. Son départ peut être marqué par le même type de cérémonie, qui met officiellement un terme à sa participation[1]. Il perd alors sa place dans l'occasion et s'il devait y revenir, en raison d'un oubli, les autres participants éprouveraient probablement de l'embarras, en particulier si l'*ethos* de l'occasion a changé entre-temps ou si l'attention cérémonielle a été forte au moment de sa prise de congé[2].

▲ 1. Il y a là une intéressante différence entre les coutumes française et anglo-américaine. En France, la ratification de l'arrivée ou du départ d'une personne se fait non seulement par un contact direct avec la personne qui organise l'occasion, mais aussi en serrant la main de plusieurs, sinon de tous les invités présents.

▲ 2. Le même type d'embarras se manifeste lorsqu'un membre d'une institution, pour qui on a organisé une fête de départ et à qui l'on a offert un cadeau, marquant ainsi la fin de sa collaboration en tant que membre et montant la scène où va se déployer la relation avec son remplaçant, se trouve devoir rester ou revenir dans l'institution. Il réalise alors que le groupe a « fait son deuil » de son appartenance de membre. S'il est encore présent physiquement, il n'est déjà plus là socialement.

[102] Les rencontres tendent, bien entendu, à être prises pour l'expression de l'état d'une relation sociale. Et comme on le verra plus loin, dans la mesure où le contact est d'ordre pratique, il se doit d'être pris pour que la relation ne soit pas niée[1]. Plus encore, chaque *engagement* tend à commencer avec une quantité d'agitation, de tralala ou de chichis (*fuss*), appropriée au temps que dure le contact, et à se clore avec une quantité d'agitation, appropriée à la période de séparation anticipée. C'est là une façon de patienter jusqu'à la prochaine rencontre et de compenser les effets à venir de l'éloignement[2]. Dans une réception, une version de la règle établie par Mrs Post tend à prévaloir :

> « Si l'on rencontre la même personne de nombreuses fois dans l'intervalle d'une heure environ, on ne continue pas à la saluer après la deuxième, ou au plus, la troisième fois qu'on la croise. Après cela, chacun fait mine de ne plus voir ou se contente de sourire[3]. »

Le même sourire entre les deux mêmes personnes se retrouvant en contact l'une avec l'autre dans un pays étranger constituerait un grave outrage.

Un *engagement* de face est une unité suffisamment discrète pour qu'un individu doive en général se retrouver soit complètement dedans, soit complètement dehors. Ce point est bien confirmé par le malaise que suscitent les tentatives de certaines personnes de rester à moitié dehors et à moitié dedans. Malgré tout, il existe des arrangements de communication qui semblent se tenir à mi-chemin entre la pure coprésence et la pleine co-participation. Mentionnons-en un. Quand deux personnes marchent ensemble, sans parler, dans la rue ou quand elles somnolent l'une à côté de l'autre, à la plage, elles peuvent être traitées par les autres comme « étant ensemble ». Et il est plausible qu'elles aient le droit de passer [103] d'un seul coup du silence à une communication par gestes ou par mots, quoique l'on puisse difficilement les décrire comme soutenant une activité mutuelle. Ce sentiment d'être ensemble s'éprouve dans une sorte de mise en suspens de

▲ 1. Les *engagements* de face, bien sûr, ne sont pas les seules espèces de contact à fonction cérémonielle. Les cadeaux, les cartes de vœux, les coups de téléphone et les télégrammes de salutation y contribuent. Chaque cercle social semble développer des normes à propos de la fréquence et de l'extension de ces ressources de contact et de la façon dont elles doivent être mises en œuvre pour affirmer des relations entre des personnes séparées géographiquement, en relation aux coûts endossés par chaque groupe recourant à ces divers procédés. De même que des amis qui se retrouvent à une même réception sont obligés de passer au moins quelques moments à bavarder ensemble, de même un mari en déplacement pour son travail peut être considéré « à portée » (*in range*) de téléphone et être tenu d'appeler à la maison tous les soirs.

▲ 2. Goffman E., « On Face-Work », *Psychiatry*, 18, 1955, p. 229.

▲ 3. Post E., *Etiquette*, *op. cit.*, p. 29.

la rencontre verbale. Il fonctionne plus comme un moyen d'exclure les non membres qu'il ne supporte une interaction focalisée entre les participants[1].

Les personnes qui s'accommodent de cette mise en suspens de la rencontre verbale sont dans une position qui leur permet d'éviter le problème des « ressources sûres » - soit, la nécessité de puiser dans une réserve suffisante de choses inoffensives à raconter pendant le laps de temps que dure une situation de discussion. Ainsi, aux îles Shetland, quand trois ou quatre femmes tricotent ensemble, et que l'une d'entre elles dit quelque chose, une minute ou deux peuvent s'écouler avant qu'une seconde lui adresse la parole. De même, une famille assise autour d'un feu de cheminée peut se perdre dans la contemplation des flammes, et entrecouper les réponses aux questions par des phases de méditation silencieuse. Les hommes utilisent ces longues pauses pour curer et bourrer leurs pipes.

À ces commentaires sur la structure des *engagements*, on pourrait ajouter une brève remarque sur les informations que les rencontres apportent dans la situation, prise comme un tout. Dans un paragraphe précédent, nous avons vu qu'une personne divulgue des informations la concernant par sa seule présence dans une situation. Il en va de même dans une rencontre, que les autres la voient ou ne la voient pas. L'engagement dans une interaction focalisée contribue inévitablement à l'interaction non focalisée, en faisant savoir un certain nombre de choses à toutes les personnes présentes dans la situation dans son ensemble.

Dans les lieux publics, ce qui est dévoilé du fait d'être dans les rencontres ou hors d'elles diffère considérablement, selon le sexe et le moment de la semaine. Le matin et à l'heure du déjeuner, une personne peut apparaître où que ce soit sans que cela donne d'indication sur sa conduite dans le monde social. [104] L'heure du dîner et les activités vespérales, par contre, fournissent des informations désobligeantes sur les participants non accompagnés, spécialement préjudiciables pour les femmes. Les soirées du week-end et les occasions cérémonielles comme *Thanksgiving*, Noël et, plus encore, le Jour de l'An, ont un poids particulier de ce point de vue : un individu *non engagé* dans un lieu semi-public pourrait bien s'y sentir tout à fait déplacé.

On peut ajouter, enfin, que les gens portent des jugements d'ordre social sur les autres en fonction de qui ils les voient fréquenter. Être surpris dans un *engagement* avec une autre personne conduit souvent à se voir attribuer le statut social à cette autre personne.

▲ 1. « Être avec » (*be with*) quelqu'un à un moment donné doit être distingué de la relation qui se noue quand on « vient avec » (*come with*) quelqu'un à l'occasion d'une réception : « venir avec » implique un engagement préférentiel vis-à-vis de cette personne - engagement à prendre congé (*leave with*) avec elle, à lui rester loyal, et ainsi de suite.

Accessibilité

Dans chaque situation, les personnes présentes doivent se montrer prêtes pour des *engagements* de face potentiels. Cette faculté de se tenir prêt a déjà été décrite comme l'une des façons d'exprimer sa présence à la situation. L'obligation de répondre à des demandes d'*engagement* de face a de nombreuses raisons. En premier lieu, une personne se doit cela à elle-même parce que c'est souvent à travers une telle communication qu'elle réalisera ses intérêts personnels, comme lorsqu'un étranger l'accoste pour lui dire qu'elle a laissé tomber quelque chose ou que le pont, un peu plus loin, est hors service. Pour des raisons similaires, elle doit se rendre accessible aux autres personnes présentes et à celles, non présentes, vers lesquelles les personnes présentes servent de relais. Le besoin de solidarité collective est du reste accru dans la vie urbaine, qui rapproche et associe des individus séparés d'ordinaire par une grande distance sociale. En outre, la participation à un *engagement* de face peut être le signe d'une proximité sociale et d'une connexion sociale. Lorsqu'une chance de participer est offerte par quelqu'un, elle ne doit pas être refusée : la décliner revient à évincer quelqu'un qui a manifesté le désir de nouer contact. Plus encore, le refus d'une telle offre implique également de rejeter la demande d'autrui à participer, en tant que membre, au rassemblement et à l'occasion sociale que le rassemblement accueille. Il [105] est donc très rare que des personnes ne s'acquittent pas de ces obligations de réponse.

Bien qu'un individu puisse avoir de bonnes raisons de se rendre disponible à des *engagements* de face, il peut aussi en avoir de montrer de la prudence à leur égard.

En autorisant quelqu'un d'autre à s'approcher pour discuter, une personne peut se rendre compte qu'elle a été attirée dans un traquenard et qu'elle se retrouve dans la position d'être attaquée physiquement. Dans les sociétés où la sécurité publique n'est pas fermement garantie, en particulier dans des lieux comme les déserts, où le voyageur reste pendant de longues périodes à l'écart de toute source d'assistance, le risque qu'un *engagement* de face soit le prélude d'une agression est considérable. Des pratiques variées d'évitement ou de salutation à distance tendent à y être employées[1]. Ici, bien sûr, les composantes de la communication et de la « sécurité physique » dans l'ordre civique se chevauchent. Mais hormis cette situation extrême, si un individu s'engage dans une discussion avec quelqu'un d'autre, il prend tout au plus le risque de recevoir des prières, des ordres, des menaces, des insultes, et de fausses informations. La considération

▲ 1. À propos des contacts dans le désert, cf. la très vivante description dans la nouvelle de Paul Bowles, « The Delicate Prey », in *The Delicate Prey and Other Stories*, New York, Random House, 1950, p. 277-289, en part. p. 279-280.

mutuelle, caractéristique des *engagements* de face, renforce ces dangers, en exposant l'individu à un risque d'exploitation de son tact et de sa sympathie. Il se retrouve alors à agir contre ses propres intérêts.

Par ailleurs, les mots peuvent agir comme une « cale pour les relations », un cran d'arrêt et un point d'appui pour des relations à venir. Une fois qu'un individu a accordé suffisamment de considération à un autre pour l'écouter jusqu'au bout, une sorte de lien d'obligation mutuelle est établi, que l'initiateur peut utiliser à son tour comme le fondement d'objectifs ultérieurs. Une fois que ce lien fraîchement étendu est garanti, bon gré mal gré, de nouvelles demandes de faveurs, sociales ou matérielles, peuvent être faites. Un bon exemple est celui d'un homme et d'une femme qui entament une relation comme étrangers et qui, si les choses se passent bien, accomplissent le parcours qui les mène de la rencontre accidentelle au mariage. Il suffit de retracer l'histoire de nombreuses relations de proximité entre adultes pour découvrir qu'elles ont commencé par des *engagements* de face et en ont fait autre chose, qui n'avait rien de nécessaire au départ. [106] Bien sûr, les personnes nouent d'ordinaire des relations « convenables » (*suitable*), et ne permettent pas à des rencontres dues au hasard de devenir des « cales » pour quoi que ce soit d'autre. Mais il y a suffisamment de flottement dans la ségrégation des systèmes de sociabilité pour donner aux mères du souci quant aux fréquentations de leurs filles et pour nourrir en thèmes romantiques les romans à l'eau de rose.

Voilà donc quelques raisons pour lesquelles les individus, tout au moins dans notre société, sont obligés de se rendre disponibles pour des *engagements* de face, s'exposant, du coup, à certains dangers. La contradiction entre ces deux tendances est, semble-t-il, dépassée par une sorte de contrat implicite ou de *gentleman's agreement*, que les personnes respectent. Du fait qu'autrui est soumis à une forme d'obligation de répondre aux ouvertures qui lui sont faites, les initiateurs potentiels sont eux-mêmes tenus de tempérer leurs propres désirs. Une personne peut ainsi se rendre disponible aux autres avec l'espoir que ces derniers limitent leurs appels à sa disponibilité et ne lui fassent pas payer le prix fort de son accessibilité. Leur droit de nouer des contacts est contrebalancé par leur devoir de se mettre à sa place et de ne nouer des contacts que dans des circonstances qui seront aisément justifiables. En bref, ils ne sauraient « abuser » de leurs privilèges.

Ce contrat de communication implicite (et les conséquences qu'il y a à le rompre) a été abondamment traité dans la mythologie, comme dans la fable du « berger et du loup »[1]. De façon compréhensible, les infractions à la règle contre les ouvertures non désirées provoquent de l'angoisse. Le destinataire doit alors accéder à la demande ou montrer, à lui-même et aux autres

▲1. [*Cry wolf tale* : il s'agit de la fable d'Esope, « L'enfant qui criait au loup »].

personnes présentes, que sa disponibilité à des *engagements* de face n'était qu'une fausse attitude, maintenue que pour autant qu'elle n'engageait aucun coût.

Une fois mis en évidence le contrat implicite qui rend des personnes coprésentes accessibles ou inaccessibles les unes aux autres, nous pouvons aller plus loin et noter cette marge élémentaire d'appétit ou de dégoût que l'on rencontre dans les situations sociales. Les raisons pour lesquelles les individus sont obligés de se restreindre de faire des propositions de rencontre sont les mêmes que celles pour lesquelles ils pourraient avoir envie d'en faire. Et l'obligation d'être complètement accessible va souvent de pair avec un désir d'être ponctuellement indisponible. Ainsi, de nombreux lieux publics et semi-publics, [107] comme les bars à cocktail et les wagons bars, acquièrent un statut spécial, une tonalité et un caractère qui leur sont propres, un piquant singulier qui brouille les lignes de communication. Ils semblent donner à chaque participant le désir de marcher sur les plates-bandes des voisins, là où il n'en a pas le droit, tout en entretenant le désir de rester à l'écart de tout *engagement* avec les autres, alors que ceux-ci auraient le droit d'y aspirer. Chaque individu n'est ainsi pas seulement *engagé* dans le maintien d'un contrat de communication élémentaire. Il est aussi impliqué dans des actions, des espoirs et des peurs qui tordent les règles, quand ils ne les brisent pas purement et simplement.

La règle générale est que les personnes sont obligées de se rendre disponibles pour des rencontres, même si elles ont quelque chose à y perdre en s'y engageant et même si elles éprouvent de l'ambivalence vis-à-vis de l'arrangement de la rencontre. Les patients d'hôpitaux psychiatriques nous donnent ici une leçon inverse : ils montrent en effet le prix à payer quand on refuse de se rendre disponible et ils nous forcent à voir les raisons pour lesquelles une personne capable d'être accessible peut préférer payer le prix pour rester inaccessible.

En bref, le patient qui décline les avances d'autrui est déclaré « hors contact ». Cet état est souvent perçu comme la preuve absolue qu'il est effectivement très malade et qu'il est, de fait, déconnecté de tout contact avec le monde autour de lui. Dans le cas de certains patients, « organiques » ou « fonctionnels », cette généralisation à propos de l'inaccessibilité paraît tout à fait valide. Certains patients, par exemple, se sont progressivement repliés sur eux-mêmes avant leur admission, refusant de répondre à la sonnerie de la porte ou du téléphone ; et une fois à l'hôpital, ils ont esquivé toutes les ouvertures d'*engagement* du personnel, ce qui a été interprété comme une preuve du retrait général de leur intérêt pour la vie.

Dans le cas d'autres patients, cependant, le refus de contracter des *engagements* ne peut être pris pour le signe d'un désintérêt (*unconcern*) pour le rassemblement, mais plutôt comme le signe d'un détachement, fondé sur des sentiments actifs comme la peur, la haine ou le mépris, chacun d'entre eux pouvant être compris en fonction des circonstances, et n'empêchant pas, par ailleurs, le patient d'avoir des égards en bonne et due forme pour d'autres propriétés situationnelles.

Il y a ainsi des patients qui contemplent froidement les efforts [108] de les ramener à un état de parole. Ils déclinent toutes les tentatives du personnel, si séductrices, intensives ou taquines soient-elles - un personnel qui s'accommode malgré tout de leurs *engagements* de face, alors qu'ils les commencent et les terminent sans les politesses habituelles. D'autres patients ont coupé le contact avec la plupart des personnes du pavillon, mais acceptent de se commettre dans des rencontres dont ils ont l'initiative avec un petit nombre d'autres partenaires, triés sur le volet, au moyen de messages codés, de langues étrangères, en échangeant des chuchotements ou des communiqués écrits. Certains, désireux de ne pas *s'engager* dans des rencontres verbales avec qui que ce soit, sont prêts à participer à d'autres types de rencontres, comme danser ou jouer aux cartes. Il y avait ainsi un patient qui opposait son air hagard aux salutations que lui adressaient les autres patients dans le parc, mais qui était totalement fiable et n'aurait jamais raté une réplique quand il tenait un rôle dans la production dramatique d'un de ses compagnons.

Comme on pouvait s'y attendre, un patient qui refuse de se conduire convenablement dans certains *engagements* de face peut parfaitement se conduire quand il s'agit d'interactions non focalisées[1]. Un exemple nous en a été donné par une patiente, une jeune femme de trente-deux ans qui, à un stade de sa « maladie », était capable de régir son port et sa tenue avec toute la décence requise par son sexe, alors qu'en parallèle, sa façon de parler était des plus grossières. Pendant une autre phase de sa maladie, cette patiente adorait faire du shopping dans la ville voisine, en compagnie d'une infirmière qui l'avait prise en amitié. Sa gardienne et elle-même tiraient un plaisir ironique du fait qu'elle « passait » pour « normale ». Mais une seule ouverture aurait suffi pour que s'effondre la mascarade, à une époque où elle restait muette dans les interactions verbales et ne parlait, au mieux, que soumise à une très forte pression.

Une illustration touchante de cette différence entre les capacités d'entrer dans des [109] interactions focalisées ou non focalisées nous a été donnée à observer à l'Hôpital central. Des patients, par ailleurs effrayés et angoissés par leur cadre de vie, faisaient néanmoins des efforts d'une grande sophistication pour continuer à paraître les mêmes qu'avant leur internement à l'hôpital et pour montrer un contrôle équilibré et quasi professionnel de la situation. Un homme d'âge moyen marchait, affairé, dans le parc, le journal du matin plié sous un bras, un parapluie fermé accroché à l'autre, avec l'expression de quelqu'un qui est en retard pour son rendez-

▲ 1. Les manuels de civilité contiennent la même proposition. Cf. *Good Manners*, New York, L. M. Garrity and Co, 1929, p. 31 : « Beaucoup de gens ont des bonnes manières d'"agir", mais des lamentables façons de "parler". Ils peuvent être cancaniers ou raconter des histoires indécentes ; ils peuvent dire des choses qui heurtent les sentiments de leurs interlocuteurs, ou jacasser de façon logorrhéique, tant et si bien que personne ne peut placer un mot. »

vous. Un jeune homme, qui avait soigneusement conservé son costume de flanelle grise, usé jusqu'à la corde, s'affairait identiquement entre des lieux de destination imaginaires. Pourtant, les deux hommes faisaient un pas de côté sur le chemin quand s'approchaient des membres du personnel et détournaient douloureusement la tête quand quelqu'un leur proposait un échange ou leur adressait une salutation, de quelque sorte que ce fût : l'un et l'autre avaient adopté la tactique de rester muets avec la plupart des personnes qu'ils croisaient. Le maintien d'une façade de classe moyenne, dans ces circonstances, était si précaire et si difficile qu'elle semblait constituer, pour ces hommes, la principale activité de la journée[1]. Dans d'autres cas, bien entendu, ce n'est pas la peur qui rend compte de l'inaccessibilité de personnes qui se comportent bien par ailleurs, mais plutôt l'hostilité : reconnaître les ouvertures du personnel reviendrait, de leur point de vue, à reconnaître en partie la légitimité des membres du personnel qui leur font ces ouvertures. Être pris au sérieux implique pour les patients avec qui le contact est noué qu'ils sont bel et bien des malades mentaux, confinés pour de bonnes raisons dans un hôpital psychiatrique. Pour qu'un patient renforce son sentiment d'être sain d'esprit, il semble alors raisonnable qu'il dédaigne les rencontres où l'inverse lui est rappelé - et cela alors même que la conséquence en sera un certain type de posture, pour la nommer, l'inaccessibilité, qui confirmera la thèse de l'hôpital selon laquelle ce patient est un malade mental.

Un dernier point doit être mentionné à propos de l'accessibilité. [110] On a avancé plus haut que les *engagements* conversationnels sont souvent subordonnés à d'autres activités en cours, comme engagements latéraux, de même que l'activité de fumer est souvent subordonnée à l'engagement principal qu'est la conversation. La question se pose alors des limites de la coexistence entre ces activités dans une société de classes moyennes. On a, par exemple, des histoires de marins de la *Navy*, qui diffèrent leur visite aux toilettes jusqu'à ce que les autres les aient quittées, afin de ne pas avoir à déféquer tout en étant accessibles pour une discussion. Une informatrice de classe moyenne m'a également raconté qu'elle se sent mal à l'aise quand elle se vernit les ongles en présence de son mari : cette activité lui demande trop de concentration pour se consacrer en parallèle à la discussion.

▲ 1. De même qu'il est évident qu'un individu peut respecter les règles de l'interaction non focalisée tout en échouant à maîtriser celles de l'interaction focalisée, de même rencontre-t-on des cas de patients qui s'habillent de façon spectaculairement inconvenante, mais qui n'en sont pas moins prêts à être accommodants dans l'échange de la conversation. On a ici deux pièces à verser au dossier de la distinction conceptuelle entre interactions focalisées et non focalisées.

Les droits de prendre congé

De même que l'individu est tenu de ne pas exploiter l'accessibilité des autres (sinon le prix à payer serait trop élevé pour l'obligation d'être accessible), de même est-il tenu de libérer ceux avec qui il est *engagé*, s'il apparaît que ceux-ci en expriment le désir (sinon le prix à payer serait trop élevé pour le tact de ne pas prendre ouvertement congé de lui). Un aide-mémoire de ces règles du prendre congé se rencontre dans les classes élémentaires à l'école, quand de telles pratiques ont encore à être apprises. Ainsi, quand le professeur appelle un élève à son bureau afin de corriger son cahier d'exercices, il doit lui faire faire demi-tour et le renvoyer gentiment à sa place une fois que l'entretien est terminé.

La règle du droit au départ (de l'individu qui quitte la situation) et la règle de prendre congé avec tact (pour les participants qui y restent) peuvent entrer en conflit l'une avec l'autre. Ce conflit est souvent résolu dans la vie de communication par l'activité de coopération tacite entre les personnes, en vue de faciliter ce moment critique où elles se quittent. L'étiquette des affaires nous donne ainsi la leçon suivante :

> [111] « *Quand partir* : les signaux du départ sont nombreux. Ils vont des remarques de clôture bien tranchées, d'ordinaire dans la forme du "merci d'être venu", au regard vide et déjà occupé ailleurs. Mais dans tous les cas, ils doivent venir de l'intervieweur. Il n'est pas nécessaire d'attendre qu'il se mette soudain debout. Vous devez être capable de sentir les salutations dans l'air, suffisamment longtemps à l'avance pour rassembler vos affaires, vous déplacer sur l'avant de votre chaise et vous lancer dans un discours de remerciements de votre composition. Poser la question embarrassante : "Je ne vous prends pas trop de votre temps ?", n'est pas non plus nécessaire. Si cette pensée vous traverse l'esprit, c'est qu'il est temps de partir[1]. »

En fait, les personnes peuvent être tellement habituées à recevoir un coup de main de la personne qui crée le besoin d'aide, que lorsque le processus de coopération ne se produit pas, elles se trouvent désemparées. Ainsi, certains malades mentaux peuvent retenir dans une rencontre un membre du personnel, sans prêter attention aux nombreuses allusions par lesquelles celui-ci leur signifie qu'il est l'heure de se quitter. Si cette personne commence à partir, le patient la suit jusqu'à la porte d'entrée et essaie encore de s'accrocher. Dans de tels cas, le membre du personnel peut avoir à se débarrasser de force du patient. Il s'échappe de façon précipitée, laissant le patient le bec dans l'eau, mais démontrant du même coup que la mise en scène de son intérêt pour les patients n'est jamais qu'une mise en scène. Les camelots et les mendiants misent sur un processus similaire : ils se fient au fait que la personne accostée préfèrera donner une pièce ou acheter quelque chose plutôt que de faire face au fait d'être identifiée

▲1. *Esquire Etiquette*, *op. cit.*, p. 59.

comme cette sorte de personne qui se retire d'une rencontre sans avoir été officiellement invitée à le faire.

Chapitre 7

Connaissance et reconnaissance

[112] Dans notre société, comme dans les autres, certaines institutions se rapportent spécifiquement au droit et au devoir de participer à des *engagements* de face. Il y a, en premier lieu, les relations sociales entre « connaissances » (*acquaintanceship*). Leurs pré-conditions sont satisfaites quand chacun des deux individus peut identifier l'autre, moyennant une connaissance personnelle qui distingue cet autre de n'importe quel autre, et une reconnaissance mutuelle de l'existence de cet état d'information. Une fois que cette relation d'information a été établie entre deux personnes, il semble, à quelques exceptions près, qu'elle engendre un lien social, qui place ces deux personnes, l'une en regard de l'autre, dans une nouvelle perspective, à laquelle elles ne peuvent en général se soustraire. (Si l'une oubliait le « visage » de l'autre, cette dernière n'aurait besoin que de rappeler le contexte de formation originale de leur lien de connaissance pour être rétablie dans ses droits à l'*engagement* et avoir également droit à des excuses). Ainsi, le droit de prendre l'initiative d'*engagements* de face est si important qu'il tend à entrer dans la constitution de la relation comme l'un de ses principaux ingrédients.

Nous pouvons commencer à examiner l'institution des « relations de connaissance » en spécifiant deux des usages de sens commun du terme « reconnaissance ».

Le premier, qui peut être qualifié de *reconnaissance cognitive*, [113] est le processus par où un individu « situe » ou identifie un autre individu, liant la vue qu'il en a à un cadre d'information le concernant. Le rituel d'identification quand la police aligne des suspects contre un mur en est un bon exemple. Reconnaître un homme que l'on doit rencontrer à une chose qu'il a promis de vêtir ou de porter en est un autre exemple. En général, la reconnaissance cognitive associe la personne reconnue à des informations qui la concernent exclusivement, comme son nom, une configuration singulière de statuts, une histoire de vie unique - en bref, son « identité personnelle ». Quelquefois, cependant, la reconnaissance sociale implique de situer un individu en relation à une catégorie sociale générale, mais dans un contexte où n'importe quel membre de cette catégorie pourrait jouer un rôle crucial - par exemple, quand des pickpockets repèrent, à certaines de ses caractéristiques, un policier en civil qui leur est pourtant inconnu[1]. La reconnaissance cognitive est ainsi le processus par lequel nous identifions un autre individu, en personne ou comme membre d'une catégorie.

Le deuxième usage du terme est celui de *reconnaissance sociale*. Il s'agit du processus par lequel on accueille ouvertement l'autre ou par où, tout au moins, l'on accepte d'amorcer un *engagement*, comme lorsqu'un sourire ou une salutation sont rendus. Peut-être doit-on ici inclure le fait d'allouer un rôle spécifique dans le cours d'un *engagement*, comme lorsque le président d'un comité reconnaît et satisfait le désir d'un des participants de se voir attribuer un tour de parole à la tribune. La reconnaissance cognitive est un acte privé dans lequel un espion masqué peut *s'engager* ; mais il lui serait difficile de s'y *engager* sans exprimer ce qu'il est en train de faire. La reconnaissance sociale est par exemple un coup d'œil qui opère spécifiquement comme un geste cérémoniel de contact avec quelqu'un.

Il peut être nécessaire, pour réaliser certaines formes de reconnaissance sociale, que les participants se reconnaissent au sens cognitif du terme, ou affectent de se reconnaître, ou s'excusent de ne pas se reconnaître. Comme on pouvait s'y attendre, il [114] devient alors possible, quand deux personnes qui ne se connaissent pas bien se rencontrent, de distinguer deux types d'expression naissante sur leurs visages : l'expression de quelqu'un qui anticipe immédiatement la reconnaissance sociale de l'autre personne ; l'expression de quelqu'un qui opère un rapide travail cognitif de reconnaissance physique, par où il « se remet » ou « resitue » l'autre personne.

Ces deux expressions, bien sûr, adviennent souvent simultanément, de façon appropriée. À d'autres moments, l'expression de reconnaître socialement une personne peut momentanément, en créant de l'embarras, précéder le fait de reconnaître cognitivement à qui on a affaire. Et quelquefois, quand le contexte rend dangereux pour une personne d'admettre qu'elle en connaît une autre, il peut y avoir un acte d'identification qui ne soit pas suivi de reconnaissance sociale - comme cela arrive lorsqu'une personne en croise par hasard une autre dont elle a entendu parler, mais qu'elle n'a jamais eu l'occasion de rencontrer.

▲ 1. Maurer D. W., *Whiz Mob, Publication of the American Dialect Society*, 24, 1955, p. 140-141 : « Tant McCarthy que Wilkerson [deux détectives] avaient la réputation d'être capables de cet acte phénoménal - *make a man on his merits*. C'est-à-dire qu'ils pouvaient repérer un criminel à son habit, son allure, ses manières, ses conduites, et ainsi de suite, même si celui-ci leur était personnellement inconnu. »

Une question doit être posée à propos de ces relations de connaissance : quelle part ont-elles et quelle est leur importance dans l'ensemble des relations sociales ?

En général, la relation de connaissance est un aspect de toutes les relations sociales bâties sur une identification mutuelle entre personnes. On la retrouve dans des relations qui diffèrent beaucoup en nature et en degré. Malgré tout, nous pouvons nous attendre à ce que ce ne soit là qu'un aspect mineur des relations sociales. Avec des exceptions, toutefois. Le sens commun désigne, par l'expression « ce n'est rien qu'une connaissance », une relation dont les droits de reconnaissance sociale sont le principal contenu. De plus, des personnes qui ont été « proches » peuvent voir leur relation se dégrader, jusqu'à un point où « elles ne font plus que s'adresser la parole », et au-delà, après un ultime saut qualitatif, où elles « ne se parlent plus ». Dans chaque cas, les seules pratiques d'*engagement* se voient conférer le pouvoir de caractériser la relation.

La force spécifique de l'obligation d'accorder de la reconnaissance sociale à des personnes qui font partie de nos relations - et donc, l'obligation de leur être immédiatement accessible - se révèle de différentes façons. La plus évidente passe par l'interdiction qui pèse sur les personnes de classes moyennes d'« ignorer » (*cut*) quelqu'un - une pratique qui revient à ostensiblement passer outre à une avance ou à une ouverture de rencontre. Les manuels de civilité contiennent de nombreux avertissements contre cette pratique de communication :

> [115] « En règle générale, il ne faut ignorer personne dans la rue. Même les relations de voyage ou de politique doivent être remarquées, ne serait-ce que par le plus infime mouvement. Si, cependant, ces personnes manifestent l'intention d'avoir une conversation, ou si elles vous arrêtent pour vous présenter leur compagnon ou leur compagne, il est alors temps pour vous de chausser votre monocle et de déclarer : "Je ne crois pas vous connaître"[1]. »

Mrs Post fournit une version sensiblement plus contemporaine :

> « Il peut être agaçant de croiser une connaissance qui "ne vous voit pas", mais il faut être attentif à ne pas confondre la cécité due à l'absence d'esprit et le manque d'égard conscient et intentionnel.
>
> "Ignorer quelqu'un".
>
> Pour une personne, en regarder une autre directement et ne pas renvoyer son salut est une telle faute de civilité que seul un impardonnable écart de conduite peut justifier la mesure de réprimande. Ce ne peut être que pour une cause des plus graves qu'une dame "ignore" un gentleman. Mais il n'y a aucune circonstance qui permette à un gentleman de "feindre d'ignorer" une femme qui, ne serait-ce que par courtoisie, doit être traitée comme une dame.
>
> "Ignorer quelqu'un" est très différent [que d'avoir une vue déficiente ou une pauvre mémoire]. C'est un regard direct, porteur d'un refus absolu, qui n'est pas seulement insultant

▲ 1. *Laws of Etiquette*, *op. cit.*, p. 62.

pour sa victime, mais aussi embarrassant pour tous ses témoins. Heureusement, cette façon de faire est pratiquement inconnue dans la bonne société[1]. »

Il découle de cette règle que lorsqu'une personne ne veut pas *s'engager* dans un échange de salutations avec une autre, elle agira d'ordinaire afin que l'autre croie (ou tout au moins fasse mine de croire) que le manque d'égard est dû à une incapacité involontaire de voir l'ouverture. En retour, la personne qui fait des avances, dans le doute de la réception qui leur sera faite, se gardera de trop appuyer ses salutations afin de maintenir la fiction sociale. Et si le risque est prévisible qu'une personne en ignore une seconde, les deux personnes directement concernées et les tiers coprésents feront tout leur possible pour éviter qu'elles se rencontrent, instaurant ainsi une relation d'évitement. Ce tabou d'« ignorer quelqu'un » n'est pas seulement [116] une affaire d'étiquette officielle. Même si l'animosité mutuelle entre deux personnes est fondée moralement, il est plausible que celles-ci acceptent d'échanger quelques paroles civiles dans le cas où elles sont amenées à se rencontrer, sans échappatoire. Et même si elles ne sont pas en situation de se parler, elles peuvent encore, mises en présence, ressentir un incontrôlable désir d'échanger des signes de reconnaissance. Cette courtoisie minimale a une signification particulière. Un échec à échanger ce type de salutations expose ces personnes à une situation où elles déborderont d'hostilité l'une vis-à-vis de l'autre, plutôt que d'être en phase avec l'état d'esprit de l'occasion sociale. Feindre d'ignorer quelqu'un revient ainsi à exprimer un manque de respect pour le rassemblement dans son ensemble, à manifester un manque flagrant de sensibilité pour la solidarité minimale que le rassemblement exige de la part de tous ses participants.

Les relations de connaissance requièrent donc des individus qu'ils réagissent à leurs *engagements* respectifs, même sous la forme d'un sourire en passant. Cette coutume montre, une fois encore, comment les règles de communication de la communauté tendent à transcender les intérêts particuliers du moment. Mais nous pouvons nous attendre à quelques accommodements, chacun jetant, à sa manière, un surplus de lumière sur les régulations de communication.

Il y a par exemple des circonstances dans lesquelles la considération pour une autre personne impose de lui concéder le droit de décider si, oui ou non, elle accepte d'échanger des salutations. Ainsi, là où le contexte peut avoir des conséquences négatives sur une personne (par exemple si cette personne est une femme dont la présence est remarquée par une connaissance masculine), celle-ci, qui a le plus à perdre, se voit accorder le droit de déterminer si, oui ou non, elle consent à un *engagement* mutuel. Selon certains ouvrages sur l'étiquette, un gentleman n'étant jamais en

▲ 1. Post E., *Etiquette*, *op. cit.*, p. 30.

mesure de savoir si une dame souhaite ou non être identifiée, c'est à elle de faire le premier pas :

> « C'est une marque de savoir-vivre accompli de ne pas parler à une dame dans la rue, jusqu'à ce que vous perceviez qu'elle vous a remarqué par une inclination de la tête[1]. »

[117] D'autres auteurs formulent autrement cette restriction :

> « Dans des circonstances formelles, une dame est supposée saluer un gentleman en premier. Mais les personnes qui se connaissent bien l'une l'autre se saluent spontanément sans observer l'étiquette[2]. »

Dans certaines sociétés, peut-on rajouter, la reconnaissance sociale entre les sexes semble mettre en péril la réputation des femmes. Elle est, pour cette raison, limitée sans exception. La société hindoue nous en donne un exemple :

> « Hors de la maisonnée, les relations entre les sexes sont extrêmement limitées. Les femmes portent de longs voiles et sont supposées regarder sagement le sol quand un homme s'approche. Un corollaire de cette restriction drastique des rencontres entre jeunes hommes et jeunes femmes est que la rencontre la plus insignifiante est interprétée comme devant conduire inéluctablement à un rapport sexuel[3]. »

Il en va de même dans le Paraguay rural :

> « Une femme doit être exceptionnellement prudente en toutes circonstances. Elle doit toujours éviter de donner l'impression d'avoir une conversation privée avec un homme, même dans la rue, en plein jour[4]. »

Le tact, conformément aux règles de la reconnaissance sociale et des *engagements* de face, n'est pas restreint aux relations entre les sexes. On y est confronté chaque fois qu'une partie, dans un échange de reconnaissance, est considérée avoir des droits supplémentaires ou devoir être traitée avec soin[5].

[118] L'hypothèse selon laquelle un individu pourrait intentionnellement reconnaître ou ignorer une connaissance, ou éviter de la remarquer de multiples façons, risque de donner une vision simpliste de ces questions. Ce

▲ 1. *Laws of Etiquette, op. cit.*, p. 60.

▲ 2. Post E., *Etiquette, op. cit.*, p. 29.

▲ 3. Carstairs G. M., « Hinjra and Jiryan: Two Derivatives of Hindu Attitudes to Sexuality », *British Journal of Medical Psychology*, 29, 1956, p. 135-136.

▲ 4. Service E. R., Service H. S., *Tobati: A Paraguayan Town*, Chicago, University of Chicago Press, 1954, p. 207.

▲ 5. Je peux citer un exemple personnel, tiré de la vie sociale informelle dans une université britannique de province [Edinburgh], aux alentours de 1949. Quand un membre junior se trouvait dans la salle des professeurs en même temps qu'un membre senior du corps professoral, s'asseoir loin du senior était perçu comme un acte inamical, tandis que s'asseoir à portée de bavardage pouvait être pris pour un acte présomptueux. Le membre junior installait sa chaise à la frontière entre ces deux distances, plaçant le senior dans la position de déterminer si une interaction verbale était à même de se produire, et si oui, pour quelle durée.

processus n'est pas si facile à contrôler délibérément et le manque de contrôle doit être pris en considération dans la sélection de stratégies d'action. Un sens de la conduite de reconnaissance appropriée semble s'enraciner en profondeur chez la personne une fois qu'il a été appris, de sorte que la ligne d'activité la plus appropriée qu'elle conçoit pourrait bien ne pas être celle que ses tendances spontanées la poussent à suivre. En décidant rationnellement d'un cours d'action, elle pourrait bien avoir à réprimer ces tendances automatiques, en tout cas celles qu'elle a acquises. (Ce facteur est sensible dans toutes les conduites de communication). Si une personne évite d'en regarder une autre vers qui son attention la porte spontanément, cet évitement prend une tournure singulière et devient conscient de lui-même. En faisant cela, cette personne esquisse d'ordinaire un mouvement vers l'autre, qu'elle bloque volontairement. Ceci est particulièrement visible quand quelqu'un envisage d'entrer dans un *engagement* de face, mais n'est pas en position, socialement, de prendre l'initiative de la rencontre.

Le caractère physique de nombreuses scènes d'interaction sociale a une portée sur la divergence entre ce que quelqu'un a l'intention de faire et ce qu'il commence inconsciemment à faire. Beaucoup de barrières à la communication visuelle ou orale se dressent souvent dans la situation - notamment les corps et les activités des autres personnes. Elles fournissent des excuses, si limitées soient-elles, pour le non voyant (*not-seer*), excuses dont le non vu (*not-seen*) peut se saisir et tenir pour valables. En rendant les règles de communication plus flexibles, de telles barrières multiplient les occasions où une personne s'apprête à *s'engager* vis-à-vis d'une autre, mais hésite, faute d'être fixée sur la disponibilité de celle-ci. L'extrait d'un roman nous offre ici un bon exemple :

> « Comme il [Rigault] s'engageait dans la rue Gustave Le Bon, il aperçut, à l'autre bout, la silhouette de Maître [119] Marguet qui marchait sur le trottoir opposé. Il ne le rencontrait jamais sans éprouver quelque angoisse. En effet, tantôt le notaire le reconnaissait, répondant alors à son salut, souvent même le précédant, et tantôt passait sans le voir. C'était peut-être un hasard, mais ce pouvait être aussi un caprice (il ne manquait jamais de reconnaître toutes les personnalités de la ville, quelque chose l'avertissant dans sa distraction, qu'il eût à porter la main à son chapeau). Rigault prenait garde à tenir la tête bien droite, jetant de furtifs regards de côté pour se rendre compte des dispositions du promeneur. Le notaire allait les yeux baissés et paraissait très absorbé. Calculant que son coup de chapeau avait toutes chances de passer inaperçu, Rigault décida qu'il esquisserait le salut au dernier moment, ce qui lui laisserait la faculté d'arrondir son geste ou au contraire, de le réduire en feignant de se gratter l'oreille. Au dernier moment, une crainte irraisonnée, presque religieuse, précipita ses mouvements. Plus de quatre pas le séparaient encore de l'horizontale convenable qu'il avait déjà la main au chef. Sur l'autre trottoir, Me Marguet leva les yeux et répondit d'un ample salut. Rigault, détendu, sentit l'envahir une onde de bien-être. Mieux qu'un plaisir de vanité, c'était la douceur d'un accueil, la satisfaction d'un instinct social[1]. »

▲ 1. Aymé M., *The Secret Stream*, New York, Harper & Bros, 1953, p. 30 [citation de la version originale : *Le moulin de la sourdine*, Paris, Gallimard, 1936, p. 30-31].

À présent que le rôle des relations de connaissance dans la vie sociale est attesté, nous devons nous demander comment ce type de relations peut se développer entre deux individus. Sans doute, se développent-elles « informellement », comme lorsque des personnes dans le même bureau ou la même entreprise en viennent à « être au courant » des affaires des unes et des autres et se reconnaissent progressivement ce savoir (*knowing about*), qui se transforme en connaissance (*knowing*). Un cas particulier est celui des personnes rituellement à part[1], comme les jeunes enfants : il suffit à chacun d'eux de savoir que l'autre fréquente la même école pour que des relations de connaissance semblent automatiquement devoir en découler.

Ces relations de connaissance peuvent encore se créer informellement à travers la participation conjointe à une même rencontre, quoique les différences de statut des participants puissent ici agir comme un facteur restrictif. Ce point peut être illustré par le compte rendu des réactions d'un portier d'hôpital à [120] la façon dont il est traité par un médecin - une histoire racontée au chercheur par un autre portier :

> « Bien sûr, ils ne sont pas tous comme çà. Certains ne diraient même pas bonjour s'ils vous rentraient dedans. Prenez par exemple le docteur Zeigler. Il est descendu ici une fois et a demandé à Al de réparer quelque chose qui lui appartenait. Al a laissé tomber son travail, l'a suivi et lui a fait la réparation. Zeigler était aussi sympa qu'il peut l'être et bavardait pendant qu'Al réparait cette chose. Eh bien, Al m'a dit qu'il l'a croisé dans le hall le jour suivant et que le docteur lui est passé juste à côté comme s'il ne l'avait jamais vu. Al dit qu'il l'a souvent rencontré par la suite et que le docteur n'a jamais laissé paraître qu'il le reconnaissait. Al m'a dit une fois : "C'est quoi son problème, d'après toi ?" Je lui ai dit : "J'en sais rien, Al, peut- être que certains de ces docteurs se croient meilleurs que nous. Arrête de lui prêter attention !"[2] »

Les relations de connaissance peuvent aussi se développer « formellement » dans notre société, comme lorsque deux individus se présentent l'un à l'autre, en général par la médiation d'un tiers, mais parfois, dans certaines circonstances, font eux-mêmes les présentations. Ces présentations, plus encore peut-être que si la relation se développe de façon informelle, doivent avoir un effet permanent, en plaçant à jamais les personnes présentées dans une position particulière d'accessibilité réciproque. La différence est que les relations informelles peuvent émerger sans que les participants connaissent leurs noms respectifs, tandis que les relations formelles impliquent nécessairement l'échange des noms et l'obligation, par la suite, d'en user pour s'adresser à l'autre. Ainsi, entre deux personnes qui ont été présentées formellement ou qui ont eu l'occasion d'utiliser leurs noms dans le cadre d'une relation informelle, l'offense

▲ 1. [*Ritually profane* : pour Goffman, certaines personnes sont tenues à l'écart du commerce rituel du commun des mortels - on ne les traite pas de la même manière que les autres et on n'a pas vis-à-vis d'elles les mêmes attentes normatives. Selon les situations : les enfants, les fous, les Noirs, les Juifs...].

▲ 2. Transcription d'un entretien recueilli par Lentz E., « A Comparison of Medical and Surgical Floors », New York State School of Industrial and Labor Relations, Cornell University, 1954.

d'oublier peut prendre deux formes : ne pas savoir ce que l'on se doit de savoir d'une personne particulière (le plus grand des péchés) ; et savoir que l'on connaît une personne, mais ne plus être capable de se rappeler son nom.

Si les relations de connaissance placent les individus dans un [121] lien de communication privilégié, ou plutôt, si elles *sont* ce lien préférentiel, nous pouvons alors comprendre pourquoi certaines personnes éviteront les lieux et les occasions où des présentations problématiques risquent de se produire. Plus important, la personne qui fait les présentations peut se sentir une obligation d'éviter que ceux dont il a transformé la relation de communication n'en pâtissent pas. Du fait que les dommages de cette espèce semblent être dissymétriques - du pauvre vers le riche, de l'homme vers la femme, du faible vers le puissant -, la personne qui fait les présentations est amenée à vérifier qu'elle n'incommode pas celui qui a le plus à perdre avant de passer à l'acte, en présumant que celui qui a quelque chose à gagner à l'affaire n'y opposera pas d'objection[1]. Dans un contexte de proximité, rendant difficile pour les personnes présentées de renoncer à leurs droits tout en restant polis, celui qui fait les présentations doit y mettre un soin particulier. Comme l'énonce un manuel de civilité :

> « Vous ne devez jamais présenter des personnes l'une à l'autre dans des lieux publics tant que vous n'êtes pas tout à fait certain que cette présentation agréera aux deux parties. Il n'y a pas de plus grand impair que de présenter à une personne notable quelqu'un qu'elle n'a pas envie de connaître, en particulier sur un bateau, dans un hôtel, ou en toute autre communauté publique de petite taille, où les gens sont si comprimés les uns contre les autres qu'il est presque impossible que de supposées connaissances s'abstiennent de se servir du droit que les présentations leur ont concédé[2]. »

L'une des difficultés à comprendre l'institution des [122] présentations dans notre société réside dans notre système de déférence interpersonnelle. Les présentations sont l'une de ses inventions rituelles[3]. Quand on se trouve

▲ 1. Nous trouvons ici des ressemblances frappantes dans l'analyse transculturelle : cf. Dixon J.M., « Japanese Etiquette », *Transactions of the Asiatic Society of Japan*, 13, 1885, p. 1-20, ici p. 2 : « On ne peut présenter des connaissances les unes aux autres si l'on n'est pas sûr que cette présentation sera acceptée par les différentes parties. Supposons deux personnes, cependant, de même rang et de même position sociale. Il est approprié d'accéder à la demande de l'une d'être présentée, sans avoir auparavant demandé l'autorisation de l'autre. Mais ce ne serait pas une bonne chose de présenter une personne de rang inférieur à une personne de rang supérieur sans recevoir d'autorisation expresse de cette dernière. Par contre, la demande d'une personne de rang supérieur d'être mise en relation avec une personne de rang inférieur doit être satisfaite immédiatement. »

▲ 2. Post E., *Etiquette*, *op. cit.*, p. 16.

▲ 3. Les formes des présentations sont bien sûr liées au système de déférence en vigueur, et les différences de rang entre les personnes qui sont présentées y sont clairement ressenties. Ainsi, dans la « bonne société », la coutume est d'introduire la personne inférieure hiérarchiquement (*subordinate*) à la personne qui lui est supérieure (*surordinate*). De même, les façons de nommer peuvent être asymétriques, une personne étant présentée par son nom de famille, l'autre par son titre formel. La sélection de ce couple de termes, qu'il soit symétrique ou asymétrique, peut aller des surnoms aux titres officiels. Elle actualise

« avec » une personne, en rencontrer une seconde suppose que les présentations soient faites par la première, sauf si le contact avec le nouveau-venu doit être bref. Le manquement à l'obligation de faire les présentations, dans une société de classes moyennes, est considéré comme un affront caractérisé par l'une ou par les deux parties concernées. En sous-main de cette convention joue la règle selon laquelle, dans des circonstances appropriées, une personne a le droit de présenter l'une à l'autre deux personnes, quelles qu'elles soient, dès lors qu'elles font partie de son cercle de connaissances. Elle peut alors être mise sous pression ou soumise à l'obligation d'« arranger une rencontre ».

Les problèmes posés par les présentations obligatoires sont pris en charge de différentes façons - outre la règle élémentaire de ne présenter les unes aux autres que des personnes de statut social équivalent, qui n'en éprouveront pas d'embarras, et des personnes fiables, qui n'abuseront pas de la situation. Comme Mrs Post le suggère, il existe une étiquette de la tierce personne :

> « Quand deux personnes - amies ou connaissances - marchent ensemble et que l'une d'entre elles s'arrête pour parler à une tierce personne, sa partenaire continue de marcher lentement et ne se tient pas maladroitement aux côtés des deux autres, en attente d'être présentée. Si cette tierce personne est invitée par celle qu'elle connaît à poursuivre le chemin en leur compagnie, la personne qui continuait à cheminer nonchalamment est alors rattrapée et les présentations sont faites. La tierce personne ne doit en aucun cas se joindre à ce couple à moins d'y être invitée[1]. »

De surcroît, les présentations faites en de telles occasions, ou même fugitivement, en de très grandes occasions, sont souvent traitées par les deux parties [123] comme de simples présentations de « courtoisie ». Elles ne sont pas mises en avant quand les personnes se retrouvent à nouveau dans une situation similaire sauf si, au moyen de quelque signe préliminaire, chacune signifie à l'autre son désir de le faire. En fin de compte, quand il existe une différence de statut marquée entre des personnes qui ne se connaissent pas, une stratégie peut être adoptée pour court-circuiter les présentations :

> « Dans certaines occasions, il arrive qu'en vous adressant à une personne, vous désiriez en inclure une seconde dans la conversation, sans pour autant faire de présentations. Supposez par exemple que vous parlez à votre jardinier et qu'une amie vous rejoigne dans le jardin. Vous saluez votre amie et la faites entrer dans la conversation en disant : "M. Smith suggère que je retire les balisiers et que je plante à la place des dauphinelles". Votre amie, qu'elle donne ou non son opinion sur le changement de couleur de votre parterre de fleurs, se retrouve partie prenante de votre conversation.

différentes places de la hiérarchie des formalités. Pour finir, le droit de choisir ou de modifier l'usage des noms entre deux personnes peut être alloué de façon différentielle.

▲ 1. Post E., *Etiquette*, *op. cit.*, p. 16-17.

On peut avoir recours à la même manœuvre d'évitement quand on n'est pas sûr que ces présentations agréeront aux deux personnes que les circonstances ont mises en présence[1]. »

Le même type de rituel, en demi-teinte, peut être également mis en œuvre pour présenter les domestiques de la maison à des invités[2].

▲ 1. *Ibid.*, p. 17-18.
▲ 2. *Ibid.*, p. 18.

Chapitre 8

Engagements entre inconnus

[124] On pourrait avancer, comme règle générale, que des inconnus[1] dans une situation sociale n'entrent pas sans bonne raison dans un *engagement* de face, tandis que des personnes qui se connaissent ont à l'opposé besoin d'une bonne raison pour ne pas le faire[2]. Le même principe fondamental semble être à l'œuvre dans les deux cas, à savoir que le bien-être de l'individu ne saurait être mis en péril par sa capacité à s'ouvrir à d'autres personnes dans des rencontres. Dans le cas de connaissances, la volonté de signifier une reconnaissance sociale sauve les autres personnes de l'affront d'être ignorées ; dans le cas d'inconnus, la volonté de s'abstenir de rencontres trop envahissantes préserve les autres personnes de l'exploitation d'avances et de demandes inopportunes.

Si l'hypothèse d'un type de contrat tacite qui sous-tend les conduites de communication est correcte, alors il est possible d'imaginer des circonstances dans lesquelles deux personnes inconnues peuvent se joindre en toute correction dans un *engagement* de face. Un inconnu pourra en approcher un autre si le danger inhérent au contact est annulé dans le contexte de la rencontre. [125] Nous allons à présent examiner certaines de ces circonstances dans lesquelles des *engagements* de face entre inconnus

▲ 1. [*Unacquainted* : des personnes qui ne se connaissent pas ou n'ont pas été présentées, soit des inconnus. Il est ici question d'engagement au sens d'*engagement*].

▲ 2. Il semble qu'il y ait ici une différence remarquable entre les traditions latine et anglo-américaine. Dans la première, l'entrée dans une rencontre avec des étrangers est apparemment beaucoup plus facilement acceptée. Pour une intéressante description des deux systèmes d'usages, cf. Fenwick M., *Vogue's Book of Etiquette*, New York, Simon and Schuster, 1948, p. 117-118.

sont acceptables, et même parfois obligatoires, dans notre société américaine de classes moyennes[1].

Positions exposées

Chaque position sociale peut être vue comme un arrangement qui ouvre à son titulaire la possibilité de *s'engager* avec certaines catégories de partenaires. Dans certains cas, la gamme de ces partenaires se limite principalement aux personnes avec qui l'individu entretient déjà des relations de connaissance ou vis-à-vis de qui il vient d'être présenté dans l'*engagement* en cours. Dans d'autres cas, quand l'individu occupe des positions de réceptionniste ou de vendeur, il doit se tenir prêt à être approché par des inconnus, cette tâche lui incombant dans le cadre de son travail quotidien. (Certaines personnes ont du plaisir à accomplir les rôles que requiert une telle activité tandis que d'autres les jugent socialement dégradants). Nous avons ici un exemple intéressant d'*engagement* entre inconnus, qui de surcroît ne trouble pas les distances sociales, parce que des clients aux bonnes manières ont de bonnes raisons de souhaiter avoir de telles rencontres.

Il existe d'autres positions sociales, cependant, qui exposent leur titulaire à des relations d'un autre ordre que professionnel. Ainsi, en ville, les policiers, les prêtres, et souvent les vendeurs de journaux à la criée, sont approchés par un vaste spectre de personnes, à la recherche de types variés d'information ou d'assistance. Cela est dû en partie à la croyance que personne ne chercherait à tirer avantage de ces personnages publics. Le cas des policiers et des prêtres est particulièrement intéressant, du fait qu'ils peuvent être interpellés par des étrangers, juste pour un échange de salutations, sans demande d'information.

De surcroît, il existe des statuts dans notre société, comme [126] ceux des jeunes enfants ou des personnes âgées[2], dont la valeur sacrée paraît si minime que leurs détenteurs semblent n'avoir rien à perdre à des

▲ 1. Il faut ici insister sur le fait qu'il existe beaucoup de variations d'une société à l'autre, que ce soit cet arrangement de communication comme pour ceux qui restent encore à examiner. Pour une illustration et un commentaire : Chaudhuri N. C., *A Passage to England*, Londres, Macmillan, 1959, p. 82-86.

▲ 2. Les enfants, dans certaines villes, peuvent être approchés pour leur demander de rendre de menus services. Par ailleurs, comme on peut s'y attendre, dans certaines villes difficiles à vivre comme Chicago, des adultes qui entreprennent d'avoir un *engagement* de face avec des enfants inconnus sont suspectés d'intentions douteuses. Dans certains cas, ils doivent prendre soin de ne pas nouer de contact sans justification avec des enfants, même en passant. Quand un enfant est « avec » un adulte, les risques de contact inapproprié peuvent être exclus, ce qui rétablit le droit d'aborder de l'adulte inconnu. Il devient alors facile de comprendre pourquoi la remarque faite par un homme à un enfant peut être une façon indirecte de prendre contact avec la femme qui accompagne l'enfant. Quant au contact avec les chiens, qui sont d'un point de vue rituel encore plus insignifiants que les enfants, c'est un autre procédé classique pour aborder les maîtres et les maîtresses.

engagements de face et peuvent être abordés à volonté. Aucune de ces personnes, notons le bien, ne porte d'uniforme spécifique qui pourrait être mis ou ôté ; aucune ne peut prendre ses quartiers libres pendant une partie de la journée. Ici, ce sont donc des *personnes* qui sont exposées, et pas seulement des titulaires de positions sociales. Nous les appelons des « personnes ouvertes (*open*) ».

Il y a encore une autre circonstance générale qui ouvre l'individu à des *engagements* de face : il peut se trouver hors rôle (*out of role*). On peut accepter l'hypothèse que les intérêts de l'individu ne doivent pas subir de préjudice en lui imposant le contact. On peut aussi présumer que si ses intérêts s'expriment à travers l'endossement de rôles sérieux, il y aura moins de raisons d'être attentionné en communiquant avec lui quand il est *engagé* dans des rôles qui ne sont pas les siens. De fait, tel est le cas. Ainsi, quand un individu est en état d'ivresse, vêtu d'un déguisement ou en train de pratiquer un sport en dilettante, on peut l'accoster à volonté et plaisanter avec lui, en supposant qu'il pourra se dissocier facilement du soi projeté dans ces activités et qu'il n'aura donc pas besoin de se montrer trop prudent ou méfiant. De même, quand un individu se trouve dans une position physique momentanément bizarre, lorsqu'il trébuche, glisse, ou agit d'une façon embarrassante ou inconvenante, il s'expose à des commentaires moqueurs. Les personnes coprésentes montrent ainsi qu'à leurs yeux, cette activité ne porte pas préjudice à son soi adulte ; pour cette raison, il est de son intérêt de les autoriser à prendre [127] contact sur le mode de la plaisanterie[1]. Comme c'était prévisible, les premières personnes à conduire des Coccinelles de Volkswagen aux États-Unis se sont exposées à des *engagements* de face avec tout le monde et n'importe qui, parce qu'elles donnaient l'impression de ne pas prendre au sérieux leur rôle de conducteurs, en tout cas de conducteurs de voitures sérieuses[2].

Nous avons examiné dans le langage du rôle et du statut quelques-unes des raisons pour lesquelles le droit ordinaire de l'individu à ne pas être importuné par des ouvertures peut être levé. À d'autres moments, cette autorisation est concédée, mais la terminologie du rôle social n'est pas vraiment adéquate. Ainsi, si un individu est en demande évidente d'aide, et si cette aide a peu d'importance pour le donneur potentiel, alors la satisfaction de ce « besoin libre » donne un point d'appui, sans arrière-pensée, à un contact communicationnel. Si par exemple un inconnu laisse

▲1. Aux îles Shetland, au début des années 1950, le propriétaire foncier du coin était un personnage dont l'autorité était en passe de s'effacer, mais qui disposait encore de quelques droits au maintien de la distance de la part des exploitants agricoles. Cependant, dans certaines occasions, quand il réparait son toit ou bricolait sur son bateau, il était alors perçu par ceux-ci comme relativement accessible à la plaisanterie.

▲2. Cf. le compte rendu d'un voyage de New York en Floride en 1955 : Glueck G. H., « On the Florida Highroads in a Low Car », *The New York Times*, dimanche 30 janvier 1955.

tomber quelque chose dans la rue, il est momentanément susceptible d'être ouvert à un *engagement* de face : n'importe quel passant est en droit de lui faire part de ce qui vient de se passer. Un manuel de civilité écrit ainsi :

> « Les femmes doivent remercier tous ceux, y compris les étrangers, qui leur rendent des petits services. Si un étranger, par exemple, homme ou femme, tient la porte à une femme ou ramasse quelque chose qu'elle a laissé tomber, cette femme ne devrait pas montrer de la timidité ou de la honte et se retenir de dire merci de façon agréable, quoiqu'impersonnelle. Si l'étranger essaie d'engager une conversation malvenue, elle peut, toujours avec politesse, mais une plus grande fermeté, décliner l'invitation. Il est cependant plus séduisant de tenir pour acquis que le geste était motivé par la politesse plutôt que se laisser aller à immédiatement suspecter d'autres motifs[1]. »

Ajoutons que, dans le passé, certains auteurs ont ressenti que la véritable menace pour une dame était d'être accostée dans un lieu public, ou [128] simplement, d'être aperçue seule, non accompagnée. C'était là, parfois, une cause suffisante pour qu'un étranger au cœur pur réagisse plus vite que les autres :

> « Une dame rejoint sa voiture ou se trouve seule en un lieu public, où il est habituel ou convenable pour les dames d'être accompagnées : vous devez offrir votre bras et vous mettre à son service, même si vous ne savez rien d'elle. Le faire dans une pièce privée, comme dans le cas mentionné, serait par contre perçu comme une privauté[2]. »

Une version plus contemporaine de cette courtoisie se retrouve dans la tactique adoptée à l'occasion par un homme qui dépasse une femme inconnue, de nuit, dans un passage étroit et isolé. Au lieu de manifester ostensiblement à cette femme de l'inattention civile, l'homme peut lancer un bref salut, et montrer ainsi, qu'à la différence d'un éventuel agresseur, il ne craint pas d'être identifié.

Une dernière forme d'exposition peut être mentionnée. Les actions d'un individu peuvent créer un besoin chez les autres, qui les expose à l'*engagement*. Par exemple, s'il a déjà buté dans des personnes (ou les a privées d'une façon ou d'une autre de leur droit à ne pas être importunées), il peut revendiquer le droit de les embarquer dans un processus d'aide, d'explication, d'excuse, ou dans tout autre chose - le besoin de réparation de ces personnes étant supposé les amener à surmonter leur répugnance à être abordées par un étranger. La même chose vaut pour les offenses, virtuelles comme effectives. Dans un compartiment de train, un passager peut demander aux personnes coprésentes si elles sont d'accord pour qu'il fume, qu'il ouvre ou qu'il ferme la fenêtre. Ces *engagements* d'ouverture sont faits explicitement dans l'intérêt de ceux qui pourraient subir des désagréments. L'offense à laquelle les envies de ce passager expose ses compagnons de

▲ 1. *Vogue's Book of Etiquette*, *op. cit.*, p. 35.
▲ 2. Anon, *The Canons of Good Breeding*, Philadelphie, Lee and Blanchard, 1839, p. 66.

voyage est neutralisée par les questions pleines de sollicitude qu'il leur pose, par anticipation.

Positions d'ouverture

Après avoir examiné quelques situations dans lesquelles des personnes deviennent disponibles à des inconnus, nous pouvons renverser [129] la question : quand un individu est-il en droit de prendre l'initiative d'ouvertures vis-à-vis de personnes qu'il ne connaît pas ? À l'évidence, une réponse est qu'il peut le faire quand l'autre se trouve dans une position exposée. Une autre réponse est que certaines des personnes qui sont définies comme ouvertes (*open*) tendent aussi à être définies comme des « personnes ouvrantes » (*opening*), qui ont une sorte de droit incorporé d'accoster les autres. De même que les intentions de ceux qui les accostent ne sont pas suspectes, de même, leurs intentions, quand elles accostent les autres, ne peuvent qu'être au-dessus de tout soupçon. Les prêtres et les religieuses en sont un bon exemple. Les policiers, qui doivent être capables de produire des raisons légitimes pour les *engagements* dont ils prennent l'initiative, en sont un autre exemple. Il en va de même pour ceux qui ont la responsabilité d'administrer ou de contrôler l'accès à des occasions sociales, puisqu'ils sont autorisés et même souvent obligés d'adresser des salutations de bienvenue à ceux qui arrivent, qu'ils les connaissent ou non. Dans les sociétés où les boutiques de commerce font plus souvent office que chez nous de scènes des occasions sociales, les vendeurs se trouvent fréquemment dans le rôle de l'hôte, et échangent des salutations avec chaque arrivant et chaque partant. Freya Sark nous en donne une illustration pour l'Arabie :

> « Au Koweït, vous avez tout votre temps pour prêter attention à cette chose charmante que sont les bonnes manières. Quand vous entrez dans des baraques en piteux état, vous saluez le propriétaire par un "La Paix soit sur vous !" et il répond à ces salutations bienveillantes, ainsi que tous ceux qui sont autour de lui, sans exclusion fanatique, en chorus amical. De même enchaînent-ils à votre départ avec un "*Fi aman Allah !*" (Puisse Allah te protéger !). Leurs magasins ressemblent à des petites salles de réception, où le client en visite est un invité. Et assis autour d'un café, parlant de leurs affaires, ils regardent avec un amusement surpris, mais tolérant, cet Occidental mal éduqué qui passe outre les convenances pour examiner des poignards ou des sacs de selle, inconscient des bonnes règles de conduite[1]. »

Dans notre société, l'autorisation d'approcher, comme celle d'être approché, est prise, quand elle ne leur est pas donnée, par des individus qui pour un temps se trouvent hors rôle. Ici, l'autorisation de nouer [130] un contact approprié est partie prenante du syndrome de la permission associée à l'anonymat. L'individu qui projette un soi autre (*alien*) n'est pas

▲1. Stark F., *Baghdad Sketches*, New York, Dutton, 1938, p. 192.

pleinement responsable de la bonne conduite de ce soi. (De la même façon, quand il trébuche et glisse, il projette un soi qu'il peut dissocier de son être intime). Encore une fois, nous constatons la connexion entre les positions exposées et les positions ouvrantes. La forte extériorité d'une personne au soi qu'elle projette autorise les autres à traiter ce soi comme approchable et substituable, tout comme elle autorise cette personne à mal se conduire en son nom. La personne qui se présente sous un faux soi peut, en fait, éprouver un besoin spécifique de proposer et d'obtenir des ouvertures. Dans les deux cas, elle est à même de transmettre l'appréciation que le soi qui est en train de se manifester n'est pas son vrai soi.

Ce n'est pas non plus quand un *engagement* est, de toute évidence, à l'avantage de la personne abordée que l'*engagement* d'urgence avec les étrangers se produit. Dans notre société, et vraisemblablement dans d'autres sociétés, les liens entre personnes inconnues sont ressentis comme suffisamment forts pour assurer la satisfaction de « besoins libres », même si la personne qui bénéficie d'un service est celle qui prend l'initiative de l'*engagement*. Un besoin qui à l'évidence ne représente pas de menace est une garantie suffisante des bonnes intentions de la personne qui demande assistance. Celle-ci a ainsi le droit de demander l'heure, du feu, une adresse ou de la monnaie - quoique, si elle en a le choix, la personne qui accoste[1] soit dans l'obligation de sélectionner une personne accostée qui semble présenter le moins de risques d'être exploitée.

De même, un individu en situation impérative de demander pardon ou de donner des explications a le droit de s'adresser aux autres. La liberté de présenter des excuses pour avoir incidemment dérangé quelqu'un d'autre est aussi une liberté de se présenter dans une lumière appropriée, fût-ce aux dépens des règles de communication. Ainsi, en parallèle à l'exemple précédent, un homme qui sillonne [131] une pelouse, à la recherche de la clef qu'il y a laissé tomber, a le droit de faire des commentaires sur cette situation délicate à un étranger qui passe, afin de montrer qu'il n'est pas impliqué, de manière inappropriée, dans quelque activité occulte. Le même type d'autorisation échoit à un individu qui a le sentiment d'avoir été maltraité, d'une façon ou d'une autre, par une personne inconnue, et qui se lance dans des mises en garde, des plaintes ou des menaces. Quoique la défense de son honneur puisse constituer une épreuve pour la personne contre qui cette action est engagée, celui qui l'engage n'est en aucun cas suspect, en tout cas, de transgresser les règles de communication.

▲ 1. Les attentes mutuelles concernant les demandes d'orientation peuvent être suffisamment fortes pour pousser les Blancs du Sud à répondre poliment à des Noirs qui ont perdu leur chemin. Cf. Griffin J. H., *Black Like Me*, *op. cit.*, p. 85. Harvey Sacks m'a suggéré que, dans ce cas, une petite récompense est automatiquement garantie, à savoir l'imputation, qui peut être positive, que la personne à qui l'on demande son chemin semble être « un natif du coin ».

Ouverture mutuelle

Nous avons examiné quelques-unes des conditions dans lesquelles un individu peut s'ouvrir en toute correction à un *engagement* de face avec des inconnus et prendre l'initiative d'une rencontre avec des étrangers. Examinons à présent les circonstances dans lesquelles deux individus inconnus peuvent néanmoins s'ouvrir mutuellement l'un à l'autre, chacun ayant le droit de proposer et le devoir d'accepter une rencontre avec l'autre.

Un fondement important de l'accessibilité mutuelle réside dans l'informalité et la solidarité qui semblent émerger entre des individus qui peuvent se reconnaître comme les membres d'un groupe spécifique, en particulier, si ce groupe est défavorisé ou rituellement à part. Dans la société américaine, les Noirs aux arrêts de bus saluent souvent d'autres Noirs qui leur sont étrangers, tout comme les Juifs Orthodoxes se saluent entre eux ou encore, les hommes branchés (*in*), porteurs de barbes, quand ils se croisent dans des milieux ringards (*square*)[1]. Les conducteurs de voitures de sport sur la route peuvent également s'envoyer des signes de reconnaissance - en particulier quand les marques se trouvent être les mêmes, rares de surcroît. Et bien sûr, quand des personnes de même nationalité se retrouvent dans un pays étranger, elles peuvent se sentir tenues d'engager la conversation, ou tout au moins, elles se sentent le droit de le faire.

Il y a encore accessibilité mutuelle quand chacune des deux personnes impliquées se retrouve elle-même dans une position d'exposition [132] et d'ouverture. Comme J. Toby l'a suggéré, quand deux personnes se touchent involontairement en se croisant dans la rue, elles peuvent l'une comme l'autre adopter une attitude coupable : s'en suit une autorisation réciproque de *s'engager* dans une rencontre aux fins de s'excuser[2]. Même s'il est clair que seule l'une des parties est à la faute, cette ouverture mutuelle peut se produire. La personne qui a commis l'offense peut se traiter elle-même comme une personne ouvrante, éprouvant le besoin de mettre les choses au clair à propos d'elle-même, tout en traitant l'autre comme quelqu'un qui a besoin de recevoir des garanties, et se plaçant ainsi dans une position exposée. En même temps, la personne offensée peut ressentir le droit d'exiger des excuses ou d'avoir confirmation que la bousculade n'était pas offensive. De même, quand deux piétons se croisent dans un passage étroit, ou quand un piéton et un conducteur sont dans le doute quant à la ligne d'action conjointe à adopter, la rencontre des regards, de part et d'autre, permet de se répartir en douceur chacun des côtés de la rue, de s'accorder

▲1. Cet exemple a été proposé par David Sudnow. [Goffman fait référence à la pilosité de la génération des *hippies* et des *beatniks*].

▲2. Toby J., « Some Variables in Role Conflict Analysis », *Social Forces*, 30, 1952, p. 325.

un droit de passage, ou de ratifier et de consolider la distribution des droits préalablement communiquée.

L'accessibilité mutuelle émerge également dans ce que nous pourrions appeler des « régions ouvertes » - des lieux enclos physiquement, où deux personnes, quelles qu'elles soient, connues ou inconnues, ont le droit d'entrer dans un *engagement* de face l'une avec l'autre et de s'adresser des salutations. Les régions ouvertes diffèrent, selon le type d'*engagement* de face qui y est autorisé, selon que ce droit y est ou non perçu comme une obligation, selon que des présentations résultent ou non de la rencontre et selon le type de participants qui en sont exclus. Décrivons ici brièvement quelques-unes de ces régions ouvertes.

Dans la société anglo-américaine, il existe une espèce de ligne de démarcation en matière de salutations (*nod line*) qui peut être tracée, selon la taille des communautés. Toute communauté en-deçà de ce seuil, inférieure, donc, à une certaine taille, assujettit ses membres adultes, qu'ils se connaissent ou non, à s'adresser des salutations[1]. Toute communauté au-delà de [133] ce seuil libère de cette obligation les paires de personnes qui ne se connaissent pas l'une l'autre. (Le lieu de passage de la ligne varie, bien entendu, selon la région). Mais même dans ce cas, les personnes qui se reconnaissent l'une l'autre, au sens cognitif, comme voisines, et qui savent que cet état d'information est partagé, prennent parfois soin de ne pas

▲ 1. Quand des étrangers se doivent des salutations en se croisant, l'engagement qui en résulte doit être étudié en relation aux phases d'inattention civile qui précèdent et qui suivent la phase d'interaction. Les deux types de comportement sont partie prenante d'un seul complexe d'activité, dans lequel les individus s'identifient l'un l'autre comme approchables en toute sécurité. Un exemple qui témoigne du caractère sérieux que ce type d'activité peut prendre nous vient de la vie des cowboys dans les grandes prairies aux États-Unis [écrit en langue parlée] : « Quand il se rapprochait d'une autre personne sur une piste, l'étiquette exigeait d'un homme qu'il se mette à portée de voix et dise un mot avant de changer de chemin, à moins qu'il ait des raisons de ne pas le faire. Dans l'Ouest, on tenait pour une règle que chaque personne avait le droit d'être mise au courant des intentions des autres personnes à son propos. La violation sans justification de cette règle était d'ordinaire interprétée comme un aveu de culpabilité ou prise comme une insulte flagrante et délibérée. Quand deux hommes s'éloignaient l'un de l'autre après avoir échangé quelques mots, c'était une violation du code de l'Ouest de regarder par-dessus son épaule. Un tel acte était interprété comme une expression de méfiance, comme si l'on craignait que l'autre ne nous tire un coup de feu dans le dos. Quand il s'arrêtait le long de la piste, un cowboy devait descendre de la selle et défaire les sangles pour donner de l'air à sa monture. En saluant un étranger, il devait se garder de lever la main, surtout si l'étranger montait un cheval nerveux. Certaines bestioles pouvaient s'emballer si un homme levait la main à côté d'elles. Il devait se contenter de faire un signe de tête et dire "*Howdy*". Si l'étranger dessellait pour se reposer, l'autre ne devait pas rester en selle pour mener la conversation. La chose polie à faire était de descendre et de parler d'égal à égal, face-à-face. Cela montrait que personne ne cherchait à prendre l'ascendant sur l'autre. » (Adams R. F., *The Old-Time Cowhand*, New York, The Macmillan Company, 1961).

s'engager l'une vis-à-vis de l'autre[1]. Peut-être s'abstiennent-elles, en partant du principe qu'une fois qu'un lien de connaissance a été établi entre personnes vivant à proximité, il devient difficile de maintenir une distance satisfaisante.

Les habitants des villages, des villes et des localités rurales qui tombent en-deçà de ce seuil ne sont pas pour autant des forçats des salutations. Ainsi, aux îles Shetland, le sentiment général était que les marins inconnus, s'ils avaient l'air britannique, devaient être compris dans le cercle de l'humanité, à la différence de ceux qui provenaient de ports étrangers. Ces derniers étaient croisés et regardés comme s'ils n'étaient pas des objets sociaux, mais plutôt, des objets physiques. Ils tendaient à être [134] traités comme des non personnes. En dépit de ces limites, cependant, nous pouvons toujours parler de ces villages ruraux comme de « régions ouvertes », et présumer qu'y séjourner impliquait de se rendre accessible à n'importe qui d'autre dans le voisinage[2].

Si les communautés rurales et les petites villes sont peut-être les plus vastes des régions ouvertes, elles ne sont en aucun cas les seules. Un autre exemple est le terrain de sports pour les Anglais, comme le décrit un rapport sur la vie sociale du personnel militaire de l'armée américaine en Grande-Bretagne :

> « Certains aviateurs [américains] qui ont joué au golf à Davyhulme ont été impressionnés par l'attitude chaleureuse et amicale des autres joueurs. "Eh bien ! Ils nous ont parlé !", dirent-ils. L'explication que la présence d'une personne sur le terrain de sports équivaut pour un Britannique à des présentations, et que tout un chacun peut s'y adresser à des étrangers, est accueillie avec quelque incrédulité par les Américains. D'autres sports produisent des résultats similaires : le jeu de fléchettes, l'athlétisme ou le vol[3]. »

Dans la société américaine, les cafés[4], les bars à cocktails et les wagons bars peuvent être tenus pour des régions ouvertes, en tout cas, entre

▲1. Selon l'expression pertinente, utilisée dans une étude sur le logement, telle personne ne « gratifie même pas d'un regard » (*offer his eyes to*) ses voisins. Cf. Kuper L., « Blueprint for Living Together », in Id., ed., *Living in Towns*, Londres, The Cresset Press, 1953, p. 61.

▲2. Les îles Shetland présentent cependant un tableau plus compliqué. Trois communautés écologiquement séparées cohabitaient sur l'île et, par conséquent, de nombreux résidents s'ignoraient les uns les autres. Les hommes qui se connaissaient tendaient à avoir des échanges de sociabilité quand ils se croisaient sur la route. Les hommes qui ne se connaissaient pas, mais qui s'identifiaient comme résidents de l'île et comme roturiers se saluaient rapidement, par deux ou trois mots extrêmement conventionnels. Une personne originaire de Grande-Bretagne ou qui n'avait pas le statut d'exploitant agricole était saluée de façon différente. En général, la solidarité publique ne s'étendait pas au-delà de l'échange de salutations ou de la satisfaction de « besoins libres ». Quand un homme passait à côté d'un autre, engagé dans une tâche pratique de courte durée, prêter main forte allait de soi, qu'il s'agît ou non d'une connaissance.

▲3. « The Americans in Our Midst », *The Manchester Guardian Weekly*, 5 août 1954.

▲4. Les personnes assises au comptoir d'un café sont d'ordinaire ouvertes à celles qui sont assises juste à leurs côtés – une règle d'usage dont on peut présumer qu'elle s'applique avec d'autant plus de facilité qu'une autre règle interdit aux femmes non accompagnées de

hommes. Quoique les femmes ne soient pas libres d'y entrer en contact avec les hommes, une [135] ouverture d'un homme à une femme n'y est pas vraiment tenue pour un délit social – c'est même là l'un des attributs importants de ces lieux. Il en va de même pour les résidences de vacances et autres sites exclusifs et fermés :

> « Un bateau peut être comparé à un hôtel de campagne. Il est de bon ton d'y saluer les autres passagers sur un mode amical sans, toutefois, s'y risquer à des ouvertures présomptueuses. Vous pouvez parler aux gens qui occupent les chaises longues sur le pont, voisines de la vôtre, mais vous ne devez pas leur imposer votre conversation. Il en va en général de même que dans la maison d'un ami, le partage du toit vaut pour présentation, ce qui ne signifie pas que l'on attende de votre part davantage qu'un petit salut aux autres passagers quand vous les croisez en cours de journée[1]. »

Et comme de bien entendu, les réceptions et les réunions dans des résidences privées font advenir des régions ouvertes où les participants ont le droit non seulement de nouer relation avec toutes les personnes présentes, mais aussi de prendre l'initiative d'*engagements* de face avec présentations de soi, si le rassemblement est trop grand pour que l'hôte ou l'hôtesse s'en occupe. Comme l'exprime un ancien manuel de civilité :

> « Si vous rencontrez quelqu'un dont vous n'avez jamais entendu parler auparavant à la table d'un gentleman, ou dans la salle de réception d'une dame, il est tout à fait approprié de lier conversation. La forme de "présentation" n'est rien de plus que l'affirmation par un ami commun que les deux gentlemen sont, par leur rang et leurs manières, des connaissances appropriées l'un pour l'autre. Tout cela peut être présumé par le fait que tous les deux se rencontrent dans une maison respectable. Telle est la théorie en la matière. La coutume, en revanche, exige que vous saisissiez la première occasion, après coup, pour être présentés dans les règles[2]. »

Une source contemporaine réitère le même thème :

> « Malgré tout, il est encore vrai que dans une maison privée, ou dans une [136] réception, un invité peut parler à tout autre invité sans qu'il soit besoin de présentation d'aucune sorte[3]. »

Une autre illustration de ces régions ouvertes nous est donnée par des occasions conviviales comme le Carnaval. Pendant les festivités, le toit et ses droits sont, par convention sociale, étendus aux rues, mettant les personnes

s'asseoir seules au bar. Les femmes accompagnées ont vraisemblablement quelqu'un qu'elles connaissent à côté de qui s'installer, ce qui limite le risque qu'un étranger assis de l'autre côté puisse leur adresser la parole. En tout cas, dans les cafés où des femmes non accompagnées ont le droit de s'asseoir au bar, leur décision de le faire tend à être prise comme le signe que, même si elles ne sont pas disposées à engager la conversation avec un étranger, elles ne vivront pas comme un affront le fait qu'un homme leur adresse la parole.

▲ 1. Vanderbilt A., *Amy Vanderbilt's Complete Book of Etiquette*, New York, Doubleday, 1958, p. 637.

▲ 2. *Laws of Etiquette, op. cit.*, p. 101.

▲ 3. *Vogue's Book of Etiquette, op. cit.*, p. 60.

en contact les unes avec les autres. Ce contact est facilité par le suspens des rôles habituels des participants qui défilent masqués et déguisés.

Cette bienveillance et cette réciprocité des égards dans les régions ouvertes offrent une garantie contre les risques de malfaisance dont le contact entre inconnus est porteur. Un tel présupposé est nécessaire pour qu'il y ait accessibilité et sociabilité. D'autres fondements sont requis. Dans ces occasions singulières que sont les catastrophes naturelles, les individus se retrouvent soudainement dans une situation difficile et deviennent mutuellement dépendants de l'information et de l'assistance qu'ils peuvent se fournir les uns aux autres. Du coup, les contraintes de la communication ordinaire s'effondrent[1]. Encore une fois, ce qui advient dans la situation garantit que les rencontres n'ont pas été arrangées en vue d'assurer à l'un de ses participants l'obtention inappropriée d'un profit. Dans la mesure où cet état de fait est garanti, les interdictions de contact peuvent être assouplies. (Dans le cas d'une grave catastrophe, il est probable que chacun soit contraint de sortir de son rôle et de jouer le jeu de l'accessibilité mutuelle).

Il nous reste à faire une dernière remarque à propos des rencontres qui reposent sur l'ouverture mutuelle. Nous avons évoqué plus haut le fait que les individus jouissent dans notre société d'un droit à l'inattention civile. Quand des personnes ratifient mutuellement leur participation à une rencontre, la règle qui interdit de regarder ouvertement les autres est mise entre parenthèses. En général, un participant peut légitimement commencer à en regarder un autre, sans retenue, un moment avant le début de la rencontre - la légitimité de cet acte étant rétroactive. Si, ensuite, les personnes découvrent qu'elles doivent se fixer du regard, elles peuvent essayer de résoudre le malaise en s'engageant dans une conversation - cette ouverture [137] étant excusable, quoiqu'embarrassante, en raison des manipulations qu'elle peut occasionner.

Il existe des conditions standard dans lesquelles la règle de ne pas regarder engendre des problèmes. Quand quelques personnes se retrouvent dans un espace exigu, comme un compartiment de train en Europe, ou à l'entrée d'un magasin dont elles attendent l'ouverture, l'inattention civile est difficile à gérer avec tact. Ne pas dévisager implique de regarder ostensiblement dans d'autres directions, ce qui peut rendre les choses beaucoup plus conscientes qu'elles ne devraient l'être, et du coup, exprimer très nettement une incapacité ou une répugnance à *s'engager* avec les autres personnes présentes[2]. Un exemple peut être tiré du très pertinent essai de Cornelia Otis Skinner intitulé « *Where to Look* » :

▲ 1. Un bon exemple fictionnel, à propos d'un incendie dans un hôtel résidentiel, est donné par Thomas Wolfe, dans *You Can't Go Home Again*, New York, Sun Dial Press, 1942, chap. 19, « Unscheduled Climax », en part. p. 297-298.

▲ 2. De ce point de vue, la situation délicate des dîners où les convives sont assis à la même table, dans des restaurants bon marché, dans le Sud de la France, est très bien décrite par

« Par chance, de telles situations "vers-où-regarder" ne se produisent pas souvent. L'une d'entre elles est celle de l'ascenseur… à la fois quand on l'attend et quand on le prend. L'acte d'attendre incline les gens à la suspicion. Vous arrivez devant la porte fermée et appuyez sur le bouton. Une autre personne arrive ensuite et, après un coup d'œil d'appréciation mutuelle, chacun regarde rapidement ailleurs et continue d'attendre, ruminant des pensées peu charitables à propos de son vis-à-vis. Le nouvel arrivant vous soupçonne de n'avoir pas poussé le bouton et vous vous demandez s'il ou si elle va se comporter comme une personne déplaisante et méfiante et le pousser à nouveau… une tension tacite qui ne peut être levée que lorsque l'un ou l'autre s'exécute et rappelle l'ascenseur. Puis, de retour aux positions d'attente, le problème est de décider vers-où-regarder. Regarder l'autre personne dans les yeux est trop direct et d'ordinaire, l'œil ne le supporte pas. Les chaussures sont de bonnes candidates [138] à lorgner - les vôtres ou celles de l'autre - encore que, si c'est fait avec insistance, votre vis-à-vis puisse avoir l'impression que vous êtes un fétichiste[1].

[Le problème de vers-où-regarder] continue de se poser jusque dans l'ascenseur… en particulier dans ces boîtes surpeuplées, sources de claustrophobie, que sont les grands immeubles modernes. Un échange mutuel de coups d'œil de la part des occupants ne ferait qu'ajouter une touche de lubricité à ce contexte déjà trop intime de banc de sardines. Certaines personnes choisissent plutôt de fixer l'arrière du cou du liftier, d'autres contemplent extatiquement les petits éclats de lumière sur le sol, comme si la sécurité de leur trajet dépendait de leur profonde concentration.

Une situation assez semblable se produit dans les wagons-restaurants Pullman, où chacun est obligé de s'asseoir en face d'un inconnu à une table pour deux. Comment meubler le temps d'attente inconfortable entre le moment où l'on passe la commande "Déjeuner n°4, café inclus" et le moment où le repas est servi ? Si l'on n'est pas le type de personne qui, à la moindre occasion, se lance dans un bavardage à bâtons rompus avec un étranger, le risque de se retrouver prisonnier d'un engagement conversationnel avec un interlocuteur trop loquace conduit à adopter le comportement furtif du prisonnier en cavale. Quelquefois, il est cependant apparent que l'autre personne éprouve la même chose… un constat qui produit un petit choc, mais qui ne résout pas le problème. Deux étrangers qui s'asseyent exactement l'un en face de l'autre, à une distance de cinquante centimètres environ[2], et déterminés, poliment mais fermement, à éviter le regard de l'autre, sont condamnés au petit jeu fascinant de "Je ne suis pas en train d'épier". Ils relisent le menu, ils s'amusent avec leurs couverts, ils inspectent leurs ongles comme si c'était la première fois. Vient le moment inévitable où les regards se croisent, mais pour aussitôt dévier vers la fenêtre, avec la prétendue excuse de regarder le paysage[3]. »

Claude Lévi-Strauss dans *Les Structures élémentaires de la parenté*, Paris, PUF, 1949, chap. 5, « Le principe de réciprocité » [lu par Goffman dans la traduction abrégée de R. Coser et G. Fraser, *in* Coser L., Rosenberg B., eds, *Sociological Theory*, New York, The Macmillan Company, 1959, en part. p. 88-91]. Lévi-Strauss propose une analyse des « tensions » créées par le fait de s'asseoir en face de quelqu'un avec qui l'on n'a pas de lien conversationnel. Et il en décrit la solution institutionnalisée : chaque convive verse le vin de son carafon dans le verre de l'autre, et par cet échange de signes d'autorisation, la table est ouverte pour la conversation. Les personnes autour de la table deviennent les coparticipants ratifiés d'une rencontre sociale.

▲ 1. Skinner C. O., « Where to Look », in *Bottoms Up !*, New York, Dodd, Mead, 1955, p. 29-30. Tous les points de suspension sont de l'auteur.

▲ 2. [*One foot and a half* : un pied et demi].

▲ 3. *Ibid.*, p. 30-31. Le même type de difficulté est pointé par Hortense Calisher, « Night Riders of Northville », in *The Absence of Angels*, Boston, Little, Brown, 1951, p. 121 : « Ce peut être gênant de prendre un verre en solitaire au bar. Est-ce que l'homme de l'autre côté du comptoir est totalement un "garçon" à ce moment-là, et rien d'autre, ou faut-il reconnaître le fait que deux êtres humains se retrouvent tous les deux dans une salle qui est vide par ailleurs ? »

En de pareilles situations, si l'individu décide d'éviter le contact, il doit alors trouver quelque activité pour s'occuper, dans laquelle s'immerger afin [139] de donner le change et de fournir à son vis-à-vis qu'il feint d'ignorer une bonne excuse, qui lui sauve la face. Ici encore, nous constatons les fonctions que remplissent dans la situation journaux et magazines, en nous permettant de transporter avec nous un écran qui peut être levé à tout moment, et qui nous serve d'excuse pour ne pas prendre contact avec les autres.

Les voyages en avion ou en bus sur de longues distances prêtent également à réfléchir. Les passagers de sièges voisins, tout en étant probablement des étrangers, ne sont pas seulement trop proches physiquement l'un de l'autre pour que leur *non engagement* soit confortable. Ils sont de surcroît vissés à leurs fauteuils pour une longue période de temps, et la conversation, une fois engagée, peut devenir difficile à soutenir ou à interrompre. Dans de tels cas, la stratégie est d'élaguer la conversation en la rendant impersonnelle, en évitant de se présenter à titre personnel, bref, en s'assurant ainsi qu'elle ne donnera pas lieu à un processus de reconnaissance à l'avenir. Amy Vanderbilt, dans un billet de journal où elle donne des conseils aux lecteurs, illustre ce point :

> « Dans les avions, aujourd'hui, les passagers peuvent ne pas échanger un mot lors d'un voyage à travers le continent. Mais les conversations aériennes ne posent pas de problème si elles sont mutuellement désirées et maintenues dans le registre impersonnel. Comme dans les trains, pas besoin d'échanger les identités. Et pourquoi faudrait-il le faire ? Après tout, il est reposant de parler sans avoir à s'identifier. »

Les relations avec le personnel de service dans notre société, quand la parole est requise, peuvent être réduites de la même manière - une réduction que les serviteurs peuvent à l'occasion contrecarrer en demandant le nom du client et en énonçant le leur.

Esquives et infractions

Nous devons à présent examiner un thème important. Étant donné les bénéfices que peut procurer un engagement impropre dans une rencontre, et les pénalités encourues pour celui qui s'y risque, on peut s'attendre à ce que les personnes emploient des ruses pour se soustraire aux règles et atteindre en toute sécurité ces objectifs interdits. Peut-être que la plus discrète de ces entreprises est celle où quelqu'un [140] se met volontairement dans la position de faciliter les avances qui lui sont faites. L'exemple classique serait, bien sûr, celui de la femme qui laisse tomber son mouchoir afin qu'un homme désigné ait une bonne excuse de venir lui parler[1]. Les patients

▲ 1. Dans une chronique d'Ann Landers, le problème de la fille qui veut rencontrer un garçon, qu'elle sait attiré, mais timide, est posé comme suit : « Votre problème est de forcer l'homme à vous parler en premier : c'est ce qu'il veut. Je ne connais pas de meilleure

d'hôpitaux psychiatriques donnent des cas de manipulation plus flagrante des règles. Une patiente, observée pendant une période de trois mois, ne se contentait pas de les transgresser. Elle recourait de façon flagrante à des excuses valables pour le faire. Elle demandait aux uns et aux autres - connaissances ou inconnus - de lui rendre de menus services, jusqu'à ce que la personne abordée se rende compte, progressivement, que ces faveurs étaient des faux-semblants. La quémandeuse jouait avec les conventions du prendre contact. Elle pouvait encore harceler le personnel de la cuisine en réclamant du « rab ». Elle exploitait les liens avec les employés de l'hôpital afin de les inciter à lui accorder de petites faveurs.

L'une des transgressions les plus significatives des règles de communication a à voir avec l'acte d'accoster quelqu'un dans la rue. Il y a, bien sûr, les restrictions légales qui sont édictées contre certaines de ses variations, comme le colportage, la mendicité et le harcèlement dans les espaces publics. Mais dans l'ensemble, la force qui maintient chacun à sa place communicationnelle semble être la peur d'être perçu comme bizarre, effronté ou arrogant, la peur de forcer à la relation quand elle n'est pas souhaitée, ou la peur d'être, en dernier ressort, ouvertement rejeté, et même ignoré. Nous savons qu'il existe de nombreuses manières pour l'individu d'accepter qu'il est responsable de ce manque d'égards et sujet à ce type de risque, et [141] de capitaliser la liberté que la chute de la grâce peut lui apporter. Les privautés que se permettent les personnes saoules ou déguisées en sont un exemple bénin. D'autres cas sont moins facilement excusables. Le type classique de personne ouvrante est celle qui gagne sa vie régulièrement, en termes psychiques et économiques[1], en jouant de son rôle.

solution que de prendre le bus avec un paquet très lourd et presque aussi grand que vous ! Peu importe quoi - plusieurs douzaines de briques dans une grande boîte, bien enveloppée, feront l'affaire. Les instincts de chevalerie de notre héros ne lui permettront pas de résister à l'image d'une jeune fille en détresse. Il se portera à vos côtés pour proposer ses services. S'il ne le fait pas, laissez tomber le paquet et/ou tordez-vous la cheville. Quand vous arrivez à la maison, laissez-lui porter le paquet, offrez-lui un rafraîchissement et remerciez-le. »

▲ 1. La tendance croissante dans la société occidentale est, sinon de restreindre ces types d'ouverture dans la ville tout entière, en tout cas de les circonscrire à quelques rues. Le contrôle social à Londres, aujourd'hui, peut ainsi être comparé avec les conditions qui prévalaient dans cette même ville, autrefois. Cf. Salusbury G. T., *Street Life in Medieval England*, Oxford, Pen-In-Hand, 1948, p. 172-173 : « La vente à la criée des marchandises, si bien décrite dans *London Lackpenny* de Lydgate, était un art nécessaire, quoique fréquemment tapageur, qui remplissait la fonction de la publicité moderne, et qui pouvait donner des résultats tout à fait satisfaisants sur un public qui connaissait rarement la nature et la qualité des marchandises qu'il voulait acquérir. C'était chose commune pour les marchands, soucieux d'impressionner les clients potentiels, de les saisir par le bras et de chercher à les retenir avec leur bagout. Les cuisiniers londoniens publièrent une ordonnance en 1475 parce que "diverses personnes de la dite profession avaient pris l'habitude d'accrocher avec leurs mains sales et crasseuses des passants, gentilshommes ou gens communs, en les tirant par leurs manches et leurs habits, pour qu'ils achètent leurs victuailles, de sorte que de nombreuses rixes et disputes advinrent de par le temps, au détriment de la paix." »

Le mendiant de rue et le bonimenteur de foire, qui encaissent la mise du ressentiment des membres de leur communauté afin de les accrocher et de les amener à donner ou à acheter, en sont de bons exemples. Les interpellations, les regards et les sourires de la prostituée de rue quand elle approche un homme nous montrent précisément les conduites dont les autres femmes doivent s'abstenir, de crainte que les hommes se sentent le droit de prendre des libertés avec elles.

On peut encore apprendre d'un autre type d'exploitant des règles de communication : l'homosexuel. Les homosexuels, quand ils draguent pour faire des rencontres, recourent à des contacts informels, utilisant des demandes inoffensives ou des remarques aimables comme couvertures. La signification spécifique de ce type d'exploitation de la solidarité publique a à voir avec son pouvoir de gâcher le contact informel entre hommes hétérosexuels. Si un hétérosexuel est abordé par un inconnu sur la foi d'une confusion, il peut s'inquiéter du fait que son apparence ait pu provoquer une telle méprise et du fait que les autres passants, identifiant celui qui l'accoste, lui imputent à tort des pratiques homosexuelles [142]. Plus problématique, quand il est innocemment approché par un membre de son propre sexe, il n'a aucune garantie de cette innocence, de même que lorsqu'il s'approche d'un autre homme, il n'a aucune certitude quant à l'image qu'il donne de lui. C'est ainsi que la solidarité informelle entre hommes inconnus se voit menacée. Un romancier nous donne l'exemple extrême de la situation embarrassante d'un homosexuel qui a besoin d'une allumette, sans arrière-pensées, dans un bar homosexuel :

> « C'est quand je me suis assis près de l'entrée et que j'ai sorti mes cigarettes que j'ai réalisé que je n'avais pas d'allumettes. Il y avait là une dizaine de personnes, quinze peut-être, fumant autour de moi, mais dans un lieu comme ce bar, il était hors de question de demander du feu à moins de connaître quelqu'un. L'expression légitime : "Vous avez du feu ?" était reconnue, dans cet environnement, comme une tactique d'approche, trop évidente, même. Je me suis levé et j'ai acheté une boîte d'allumettes au comptoir[1]. »

▲1. Garland R., *The Heart in Exile*, New York, Lion Library Editions, 1956, p. 47. Comme il a été avancé plus haut, un autre ensemble de relations biaisées est observable dans le Sud entre les Noirs et les femmes qu'ils ne connaissent pas. Cf. Griffin J. H., *Black Like Me, op. cit.*, p. 22, où un Noir se lève à moitié pour céder son siège à une femme blanche et où il est regardé de haut : « Mais mon mouvement a attiré l'attention de la femme blanche. Pendant un instant, nos regards se sont croisés, j'ai éprouvé de la sympathie à son égard et pense avoir décelé de la sympathie dans son coup d'œil. Cet échange a brouillé les barrières raciales (si nouvelles pour moi), assez longtemps pour que je sourie et indique vaguement le siège vide derrière moi, laissant entendre qu'elle était la bienvenue d'accepter. Ses yeux bleus, si clairs auparavant, se sont durcis et elle a craché : "Pourquoi me regardez-vous comme çà ?" Je me suis senti rougir. D'autres passagers blancs ont tendu le cou pour me regarder. Le torrent d'hostilité silencieuse m'a effrayé. "Je suis désolé", ai-je répondu, en regardant mes pieds. "Je ne suis pas d'ici". Le motif de sa jupe a viré brusquement tandis qu'elle se retournait. "Ils sont chaque jour plus insolents !", dit-elle à voix haute. Une autre femme approuva et toutes les deux se mirent à discuter. »

L'homosexualité tend donc à étendre à un monde totalement masculin (et à un moindre degré, à un monde totalement féminin), ce qui se produisait dans les contacts de communication entre les sexes, sinon que, dans le dernier cas, être perçu comme un objet de désir ne constitue pas en soi un affront - ce peut être aussi un compliment attendu.

[142] Les homosexuels abusent du système des contacts. Il en va de même, dans un tout autre registre, avec les « pervers sexuels », qui comptent sur le droit des adultes à approcher les enfants et les adolescents inconnus et qui exploitent le contact ainsi noué de façon qui est perçue comme indigne[1].

Le comportement catégorisé par la psychiatrie comme « exhibitionnisme » est ici intéressant. Que l'acte mis en accusation consiste en paroles énoncées, en gestes communiqués ou en actes accomplis, la structure de communication de l'événement implique souvent un individu qui prend l'initiative d'un *engagement* avec un inconnu du sexe opposé, au moyen d'un message qui n'aurait été approprié qu'entre intimes. Si on laisse de côté les questions de psycho-dynamique, les exhibitionnistes subvertissent souvent de façon spectaculaire le contrôle social qui protège les individus, par le maintien d'une distance interpersonnelle entre eux, même s'ils sont physiquement proches. L'agression n'est ici pas tant directement orientée contre un individu qu'elle ne l'est contre le système de droits et de symboles que les individus emploient pour exprimer leurs liens - ou l'absence de liens - avec ceux qui les entourent. Par exemple, une patiente d'âge moyen, le jour des visites, se promène en peignoir et en sandales de bain, approche un homme et bavarde de façon convenable avec lui, puis, une fois qu'elle se trouve proche de lui, dans une position de participante ratifiée à la conversation, s'exhibe soudain. Le visiteur est alors prisonnier à ce moment-là d'un *engagement* qu'il ne peut fuir sur le champ, mais qu'il ne peut pas davantage poursuivre comme il faut.

Il est nécessaire d'ajouter un commentaire sur la relation entre personnes exposées et personnes qui s'arrogent illégitimement un droit d'ouverture. [144] Les fauteurs de troubles, qui perturbent la ligne de communication et qui rompent systématiquement le *gentleman's agreement* autour du contrat de communication, paient souvent le prix fort pour leurs prises de liberté. Ils en viennent à être vus comme des personnes qui, âpres au gain, ont renoncé

▲ 1. Cf. Lawrence Durrell, in *Bitter Lemons*, New York, Dutton, 1959, p. 215-216 [trad. fr. : R. Giroux, *Citrons acides*, Paris, Buchet-Chastel, 1995] : « Mais le génie du mal du terrorisme est la suspicion : un homme qui s'arrête et demande du feu, une charrette à l'essieu cassé avec un panneau demandant de l'aide, un forestier se tenant seul, debout parmi les arbres, trois jeunes rentrant à pied au village après le coucher de soleil, un berger qui hurle quelque chose d'inaudible au clair de lune, une cloche de porte qui carillonne soudain dans la nuit. La chaîne ténue de la confiance sur laquelle reposent toutes les relations humaines est brisée, et c'est précisément là que le terroriste, qui le sait, aiguise ses griffes… »

au respect qui leur était dû. Une fois qu'un individu a fait ce sacrifice, il n'y a plus guère de raison pour que les autres s'abstiennent de l'approcher, sinon qu'il pourrait les contaminer. Il n'a plus de moyen de tenir les gens à distance. Une personne qui en accoste d'autres deviendra souvent du même coup une personne que les autres peuvent accoster librement. Cette réciprocité vaut pour ceux à qui toute sacralité est refusée, même si ce n'est pas de leur faute, comme les tout petits, qui n'ont pas encore leur quote-part de *mana*, et les plus vieux, qui ont déjà perdu la leur.

Les ouvertures que j'ai mentionnées, à la fois légitimes et illégitimes, marquent l'ouverture d'un *engagement* de face officiel, même si c'est seulement pour un moment, et supportent la prétention de l'individu à être totalement au dedans ou totalement au dehors de la rencontre. Mais bien sûr, une fois que cet arrangement normatif est fermement établi, nous pouvons nous attendre à ce que certains types d'avantages en soient tirés. Par exemple, dans certaines communautés occidentales, il existe une pratique de communication par laquelle les hommes signalent leur attrait pour le pouvoir de séduction d'une femme inconnue, qui passe dans la rue, en la sifflant ou en la saluant par quelque signe expressif. La suite des événements est à la discrétion de la femme. Elle peut choisir d'agir comme si aucun acte de communication significatif n'avait eu lieu. Ou elle peut se retourner et ratifier le compliment par un commentaire amical ou hostile, créant dans tous les cas un *engagement* de face momentané. Apparemment, plus le sifflet semble relever d'une appréciation impersonnelle, c'est-à-dire moins il ressemble à une forme de drague (*pickup*), et plus il a de chances d'être bien reçu par la femme[1]. Mais [145] elle peut aussi sourire, de façon visible (le siffleur sachant ainsi que son message a fait mouche), sans cesser de regarder droit devant elle, afin de prévenir toute tentative de rapprochement et d'interdire toute espèce d'*engagement*. Cette dernière tactique introduit, en effet, une complicité entre les deux individus. Ils se

▲1. Larsen D., « Do You Like to Be Whistled At ? », in « The Question Man », *San Francisco Chronicle*, lundi 3 juillet 1961, relate les remarques de femmes mannequins à la *House of Charm*, San Francisco, selon qui un sifflet peut être reçu de bon cœur. Une informatrice avance : « Toute femme qui met du soin à bien s'habiller aime à sentir que l'on apprécie le trouble qu'elle crée. Un sifflement admiratif est une forme d'expression un peu brute, mais je suppose qu'il est l'équivalent du sifflet mexicain ou du pincement italien. Un étranger ne peut pas se lever et aller parler à une jolie fille, alors il la siffle, comme on fait en Amérique. » Une autre propose : « C'est agréable de savoir que vous êtes sifflable (*whistleable*). Si je sens que je le mérite, je me retourne pour dire merci. Un sifflement est un compliment. En particulier si vous savez que l'homme est seulement en train de commenter votre beauté, sans chercher à vous mettre dans l'embarras. S'il essaie de me harceler, je mets mon masque de pierre et je continue. » Une dernière, enfin : « Un sifflement long et discret est un remontant pour une fille. Il accroche un sourire sur son visage, augmente la cadence de son pas et met un scintillement dans ses yeux. Il peut faire plus encore qu'un nouveau chapeau. Il est peut-être impoli, mais a valeur de compliment. Une partie du jeu est que le siffleur est souvent anonyme. Vous vous retournez et vous essayez de deviner qui il peut bien être. »

risquent à une rupture non ratifiée des barrières de communication. La brèche est infime, cependant, du fait que la femme sifflée s'éloigne de l'homme siffleur et se trouve rapidement hors de portée de l'*engagement*[1].

Contre-contrôle

Les personnes sont maintenues à l'écart d'interactions inappropriées à la fois par des sanctions légales et en raison de règles qu'ils appliquent à eux-mêmes. Mais il existe d'autres modes de contrôle social, conçus moins pour altérer les schémas de mauvaise conduite des offenseurs que pour permettre à une victime particulière d'échapper aux [146] dommages infligés par l'offense. On peut ici mentionner quelques-unes de ces techniques, qui opèrent entre connaissances comme entre inconnus.

Quelques stratégies standard de protection sont détaillées dans les manuels de civilité :

> « Si quelqu'un est approché dans la rue par un mendiant et n'est pas désireux de lui donner de l'argent, l'une des trois lignes de conduite suivantes peut être adoptée. On peut épargner au mendiant l'embarras d'un refus en feignant de ne pas remarquer son interpellation. On peut refuser en disant : "Non, je suis désolé". Ou on peut s'arrêter et offrir de l'aide en indiquant une organisation charitable à laquelle l'infortuné pourra s'adresser. Un bon cœur pourrait étendre cette liste plus avant, mais le point essentiel est que si l'on vous sollicite pour faire la charité, votre refus doit être accompagné d'une excuse. Ces considérations mises à part, tout signe de colère ou d'impatience atteste de façon brutale de mauvaises manières[2]. »

Une autre stratégie pourrait être qualifiée de « dépêtrement ultime ». Ici, le récepteur malgré lui de l'ouverture oriente à contrecœur son attention vers le locuteur, donne une réponse qui ne l'engage à rien, et se détourne ensuite aussi vite que possible, prenant pour acquis que l'autre prendra son attitude comme un « signal de départ ». Dans notre société, cette technique est souvent employée par les parents avec les enfants ou par les infirmiers avec les patients qui les harcèlent.

▲ 1. De la même façon, nous pouvons comprendre pourquoi ce n'est pas une offense et pourquoi il n'y a pas de risque, pour une personne qui se trouve dans un bus, un train ou un bateau en mouvement, à adresser des salutations à une personne qui est à l'arrêt ou qui se meut en sens inverse. Dans notre société, quand un grand nombre d'hommes, de garçons ou de filles se rassemblent, il arrive qu'ils fassent des signes de salutation aux étrangers qui passent. On peut supposer que la menace d'être pris dans un *engagement* à deux personnes est atténuée par le nombre de personnes impliquées : le nombre rend donc l'*engagement* plus facilement supportable. Quand les membres d'un tel groupe sont en uniforme, et par conséquent, jusqu'à un certain point, hors rôle, ils peuvent s'autoriser plus de liberté encore, à moins que le leader du groupe reprenne les choses en main. Quand ils sont, de surcroît, en train de se déplacer à bord d'un véhicule, qu'ils ne sont pas en mesure de s'arrêter et qu'ils s'éloignent de la cible de leurs boutades, une plus grande licence encore semble être prise et tolérée.

▲ 2. *Vogue's Book of Etiquette*, *op. cit.*, p. 13.

Étant donné que les personnes importunées tentent d'éviter celles qui les importunent, nous pouvons nous attendre à ce que ces dernières cherchent à contrer la riposte des premières - et en retour, à ce que les premières contrent cette riposte à leur riposte.

Une riposte à la stratégie d'une personne d'ignorer une ouverture est de la faire sortir de ses gonds, et de la conduire à montrer qu'elle est en fait plus affectée et concernée par ces interpellations qu'elle ne prétend l'être. Dans le langage de tous les jours, c'est ce que l'on appelle parfois « pousser quelqu'un à bout pour le faire réagir ». Ainsi, les enfants jouent au [147] jeu des grimaces et rivalisent pour voir qui l'emportera - qui gardera un visage impassible et qui éclatera de rire. Dans les hôpitaux psychiatriques, ce semble être une occupation commune : les membres les plus jeunes du personnel s'y emploient vis-à-vis de patients inexorablement muets, tandis que d'autres patients font de formidables efforts d'humour pour arracher au personnel un contact communicationnel.

Dans un pavillon de l'Hôpital central, une patiente d'âge moyen usait de techniques expertes pour amener les autres, contre leur gré, à des situations de conversation. Elle se rapprochait progressivement du participant réticent, augmentant peu à peu le volume de ses commentaires, se montrant toujours plus inconvenante dans la relation, grimaçant de façon toujours plus grotesque, jusqu'à un point où le participant ne pouvait plus maintenir la fiction de n'être pas *engagé* : il était contraint de répondre, bon gré mal gré. En plus de cette technique de profanation progressive, elle recourait à des sauts, des danses, des cabrioles, des bouffonneries en présence du récalcitrant, n'arrêtant que lorsqu'elle était assurée de l'avoir embarqué dans un *engagement* de face. Si ces singeries échouaient, elle avait parfois la stratégie de s'arrêter net et de regarder l'autre au fond des yeux, avec l'air de dérision complice du soi qui vient juste de se comporter de façon bizarre. L'autre se trouvait souvent entraîné dans cette complicité, communiant avec quelqu'un qui, selon toute apparence, était soudainement redevenu normal. Si cette stratégie échouait à son tour, elle pouvait alors se montrer offensive, injurieuse, mimant des gestes dans son dos, puis se tournant rapidement vers un second individu, elle jetait un regard espiègle qui disait : « J'essaie juste de charrier cet imbécile (*kid this fool*) ! » La personne à qui ce regard de complicité était adressé se retrouvait souvent elle-même [148] momentanément prisonnière d'un jeu de scène secondaire, perdant ainsi la partie. Fait intéressant, elle était capable de combattre l'inattention civile des infirmières, à l'abri derrière la paroi vitrée - soit en feignant ostensiblement de ne pas les voir, soit en les dévisageant sans retenue. Elle parvenait à se moquer d'elles, à travers cette barrière de verre conçue pour les protéger et au moment même où elles faisaient tous les efforts du monde pour montrer qu'elles ne se laisseraient pas entraîner dans un échange communicationnel, à moins d'être approchées de façon appropriée par une personne appropriée.

Quatrième partie

Engagements accessibles

Chapitre 9

Frontières de communication

[151] Nous avons analysé comment l'initiative de l'*engagement* entre connaissances et entre inconnus est régulée volontairement à la fois par ceux qui cherchent le contact communicationnel et par ceux qui l'évitent. Les règles de la prise de congé et la dispersion d'une rencontre ont également été examinées, quoique brièvement. Nous allons à présent étudier les régulations qui s'appliquent à un *engagement* de face, une fois qu'il est établi en présence de spectateurs, à savoir, de personnes présentes qui ne sont pas des membres ratifiés de l'*engagement*. Cela implique de prendre en compte des questions de délimitation et de clôture. Commençons par passer en revue quelles sont les frontières des situations sociales.

Clôture conventionnelle de la situation

Qu'un individu soit autorisé à entrer dans une région, comme une pièce, ou qu'il en soit exclu, on exigera souvent de lui qu'il prête attention à la frontière physique alentour, quand il y en a une. Bien entendu, en théorie, il est possible que des frontières comme des murs épais isolent physiquement une région de toute communication extérieure. Presque toujours, cependant, quelque forme de communication reste possible à travers ces frontières. Des arrangements sociaux sont alors reconnus qui restreignent cette communication à [152] une zone spécifique de la frontière, des portes, par exemple, ou qui conduisent les personnes, dans la région et hors d'elle, à agir *comme si* la barrière entravait la communication beaucoup plus qu'elle ne le fait. Les murs remplissent leur office en partie parce qu'ils sont honorés et reconnus socialement comme des barrières de communication, donnant la possibilité aux membres de la communauté qui se conduisent de façon appropriée d'une « clôture conventionnelle de la situation », en l'absence de clôture physique effective.

Une de ces conventions est rendue sensible par un fait de socialisation : on enseigne avec sévérité aux enfants des classes moyennes que s'il est possible de s'adresser à un ami en criant à travers les murs, ou d'attirer son attention en cognant à la vitre, la chose n'en est pas moins interdite. Le désir d'entrer en contact avec qui que ce soit doit être ratifié en frappant à la porte comme moyen formel d'avertir que l'on arrive.

Les fenêtres elles-mêmes peuvent offrir des occasions de participation partielle à une situation, bien qu'en général il aille de soi qu'une telle possibilité ne sera pas exploitée. On peut bien entendu recenser des déviances à la règle. Aux îles Shetland, quand on rend visite à des marins norvégiens, tenus par certains habitants pour « une catégorie en bas de l'échelle », on circule entre leurs chaumières et l'on scrute à l'intérieur, directement par la fenêtre. Dickens donne une description similaire dans l'Amérique du siècle dernier :

> « Après dîner, nous sommes descendus à la station de chemin de fer et avons pris des places dans des voitures pour Washington. Comme j'étais plutôt en avance, ces hommes et ces garçons qui n'avaient rien de particulier à faire, et qui avaient de la curiosité pour les étrangers, se sont regroupés (selon l'usage) autour du wagon dans lequel j'étais assis. Ils ont baissé toutes les fenêtres. Ils ont poussé à l'intérieur leurs têtes et leurs épaules. Ils se sont confortablement appuyés sur leurs coudes. Et ils ont commencé à échanger des remarques sur mon apparence personnelle, avec autant d'indifférence que si j'étais un mannequin empaillé. Je n'ai jamais eu accès, comme en cette occasion, à autant d'informations dépourvues de complaisance sur mon nez et mes yeux, à autant de remarques sur les impressions produites sur ces esprits par ma bouche et mon menton, ou sur l'allure de ma tête quand elle est regardée de derrière[1]. »

[153] Dans les nombreux hôpitaux psychiatriques où le poste d'infirmerie est une salle d'observation encerclée de vitres, on doit entraîner les patients à ne pas rôder autour et à ne pas regarder ce qui se passe à l'intérieur. De façon intéressante, aucune règle de l'hôpital n'interdit au personnel d'observer un patient à travers la paroi de verre, entretenant ainsi une façon officielle d'épier et d'écouter aux portes. La mode de creuser des fenêtres dans les murs a engendré de nouvelles tensions sociales, en requérant un grand sens moral des deux côtés de la fenêtre pour garantir une clôture conventionnelle. On a de nombreuses illustrations dans les dessins animés des conséquences qui peuvent s'en suivre. Et l'on peut rajouter (comme le suggère la citation de Dickens) que l'échec à reconnaître la frontière d'une région est souvent lié au fait d'attribuer le statut de non personnes aux personnes qui sont observées sans vergogne.

Quand les murs entre deux régions sont connus pour être très minces, les problèmes de réserve ou de retenue s'accentuent[2]. Quelquefois, des possibilités de communication sont ouvertement reconnues : des personnes

▲ 1. Dickens C., *American Notes*, *op. cit.*, p. 136-137.
▲ 2. Goffman E., *Presentation of Self*, *op. cit.*, p. 119-120.

parlent à travers les murs comme si elles se trouvaient pratiquement dans la même situation sociale, ainsi que le décrit L. Kuper à propos d'un lotissement en Grande-Bretagne :

> « Les remarques orales des résidents montrent qu'il est possible dans ces maisons de divertir la femme du voisin en lui passant ses disques préférés, à haut volume, sur le gramophone, de surveiller ses enfants ou de l'inviter à prendre le thé, le tout à travers le mur mitoyen[1]. »

Ici, bien sûr, nous saisissons quelques fonctions propres à la vision : ceux qui sont de l'autre côté du mur mitoyen peuvent être absents, ou s'ils sont présents, peuvent ne pas répondre, mais il nous est impossible de *voir* si tel est bien le cas.

Engagements accessibles

Quand un *engagement* de face épuise la situation - toutes les personnes présentes étant des participants accrédités à la rencontre - le [154] problème de maintenir une activité ordonnée sera pour une grande part interne à la rencontre : l'allocation des temps de parole (si l'*engagement* est verbal) ; la disponibilité de choses inoffensives à dire ou à faire (le problème des ressources sûres) ; l'inhibition de l'agressivité ; et ainsi de suite.

Même si certaines des personnes présentes ne participent pas à l'*engagement* dans une rencontre, nous savons qu'elles sont inévitablement en position d'apprendre quelque chose sur les participants et d'être affectées par la façon dont se déroule la rencontre dans son ensemble. Un *engagement* de face qui doit être accompli devant des spectateurs sera qualifié d'*accessible.*

Chaque fois qu'un *engagement* de face est accessible à des non participants, la participation peut être pleinement partagée ou non partagée. Toutes les personnes dans le rassemblement seront immergées dans une zone partagée d'interactions non focalisées - chaque personne, par ses seules manières, présence et apparence, transmettant des informations à son propos à toutes les autres, et recevant en retour des informations similaires de leur part, pour autant qu'elle veuille tirer profit de ces opportunités de réception. Ce sont ces possibilités de communication, largement disponibles, et les régulations qui émergent pour les contrôler, qui transforment une région physique en *locus* d'une entité sociologiquement pertinente, *la situation.* Mais au-delà de cette participation commune, les membres ratifiés d'un *engagement* particulier participent *en supplément* à des interactions focalisées. Un message transmis par une personne vise à apporter une contribution spécifique à une affaire en cours.

▲ 1. Kuper L., « Blueprint for Living Together », *in* Kuper L., ed., *Living in Towns*, Londres, The Cresset Press, 1953, p. 14.

Il est d'ordinaire adressé à un récepteur particulier, même si les autres membres de la rencontre, et seulement ceux-ci, sont supposés le recevoir également. Il se forme ainsi une base, totalement partagée, d'interactions non focalisées, qui sous-tend une ou plusieurs bases, partiellement partagées, d'interactions focalisées.

La différence entre la participation à une interaction non focalisée dans la situation en général et la participation à une interaction focalisée dans un *engagement* de face est facile à comprendre, intuitivement, mais difficile à [155] suivre dans le détail. Des problèmes tels que le choix des participants à la rencontre ou le niveau de volume des voix ont une pertinence situationnelle, parce que n'importe qui dans la situation sera capable (et sera tenu pour capable) de rendre compte de ces aspects de l'*engagement* de face, qui sont la part non focalisée du flux de communication. Mais les significations spécifiques d'énoncés *particuliers*, communiqués de façon appropriée dans un *engagement* de face, ne sont pas disponibles dans l'ensemble de la situation - encore que, dans le cas d'efforts spécifiques pour maintenir le secret, cet aspect *général* d'un agir à la dérobée pourrait devenir ouvertement perceptible comme un élément important de l'interaction non focalisée en cours. Cette part de la communication, qui advient dans un *engagement* de face, et qui ne peut emprunter les canaux de médiation, est situationnelle. Mais cet aspect situationnel de la rencontre ne devient une partie de la communication non focalisée dans l'ensemble de la situation que si de grossières incorrections comme crier, chuchoter, ou commettre tout autre geste déplacé se produisent.

Pour comprendre les *engagements* accessibles, il vaut la peine de les décrire depuis un point de vue privilégié. Les personnes présentes dans le rassemblement peuvent, en gros, être réparties entre participants et spectateurs, selon qu'elles sont ou non des membres officiels de l'*engagement* en question. Et les enjeux de l'engagement peuvent être distribués entre les obligations dues à la rencontre et celles dues au rassemblement dans son ensemble (et au-delà du rassemblement, à l'occasion sociale dont elle est l'expression).

Afin de conserver à l'*engagement* ses frontières et son intégrité, et de n'être pas engloutis par le rassemblement, participants et spectateurs doivent réguler leur conduite de façon appropriée. Et même s'ils coopèrent au maintien du caractère privé d'une rencontre donnée, les uns et les autres, participants et spectateurs, se voient obligés de protéger le rassemblement dans son ensemble, en démontrant que, d'une certaine façon, tous ceux qui sont partie prenante de la situation se serrent les coudes et restent indivisés par-delà la différenciation de leur participation.

Clôture conventionnelle de l'*engagement*

[156] Par définition, un *engagement* accessible n'épuise pas la situation. Il n'y a pas de clôture situationnelle, physique ou conventionnelle, qui le mette hors de portée des non participants. Ce que l'on constate, par contre, c'est que participants et spectateurs ont l'obligation d'agir, et accomplissent cet

effort, comme si l'*engagement* était coupé du reste de la situation. En bref, ils érigent une « clôture conventionnelle de la situation ». Nous voudrions à présent examiner quelques-uns des éléments de l'organisation sociale que cette clôture implique.

a. Les spectateurs accordent eux aussi une forme d'inattention civile, mais celle-ci vaut pour les rencontres, et non pour les individus. Les spectateurs doivent se retenir d'exploiter les positions de communication qu'ils occupent. Ils montrent aux participants du rassemblement qu'ils orientent leur attention ailleurs - une politesse qui ne va pas sans complication, du fait qu'un excès d'inattention à ce qui peut être capté du rassemblement peut facilement gâter la parade d'inattention[1].

Il existe de nombreuses raisons pour lesquelles un individu peut vouloir écouter à la dérobée les contenus d'un *engagement* dont il n'est pas membre. À cette fin, il peut simuler l'inattention, donnant l'impression de respecter la clôture conventionnelle de la conversation, alors même qu'il est en train de l'épier furtivement. Jusqu'à quel point et dans quelles situations peut avoir cours cette manière de tendre l'oreille est difficile à évaluer.

L'expression de l'inattention et du *non engagement* que manifestent ceux qui sont physiquement proches d'une rencontre sans y participer peut être observée dans une forme extrême chaque fois qu'un individu pourrait rejoindre une rencontre (pour autant que cela [157] importe aux participants), mais se sent « psychologiquement » incapable de le faire. Ce qui peut en résulter est une espèce de parasitisme conversationnel, que l'on observe souvent dans les hôpitaux psychiatriques. À l'Hôpital central, une jeune femme psychotique pouvait s'asseoir aux côtés de sa mère et regarder droit devant elle pendant que celle-ci était *engagée* dans une conversation avec l'infirmière, arborant ce qui avait l'apparence de l'inattention civile à l'égard d'un *engagement* voisin. Mais tandis qu'elle s'efforçait de se composer un visage de spectatrice désengagée et désintéressée, elle grommelait une suite de commentaires tournant en dérision tout ce qui était dit, prodiguant ses chuchotements à voix haute, en aparté, du coin de la bouche. Le problème psychologique était ici, sans doute, celui de la « dissociation ». Mais l'orientation du flux de comportement dissocié entre les deux lignes de conduite - participation conversationnelle et inattention civile - semblait entièrement déterminée par l'organisation sociale de la communication standard dans une situation sociale. Un individu peut donc

▲ 1. Nous n'insistons pas ici sur les visées rationnelles de la conduite situationnelle. Un individu est supposé être entièrement dans une rencontre ou hors d'une rencontre. Mais même l'individu qui veut suivre cette règle ne peut pas complètement contrôler ce qu'il exprime de l'orientation de son attention. Si son attention est attirée par une rencontre accessible, alors sa tentative de dissimuler a des chances d'être visible, tant à ceux avec qui il devrait être en train de participer qu'à ceux à qui il ne devrait pas prêter attention.

se retrouver écartelé, mais écartelé sur un chevalet standard, dressé sur un mode standard.

Dans certaines circonstances, il est difficile pour les participants d'éprouver de la confiance envers les spectateurs et pour les spectateurs d'accorder de l'inattention civile aux participants : en bref, il arrive que la clôture conventionnelle soit difficile à réaliser.

Revenons, par exemple, à ces petits espaces fermés que sont les ascenseurs, où les individus sont si serrés les uns contre les autres qu'il est vain de prétendre ne pas entendre ce qui s'y dit. Dans de telles situations, en tout cas aux États-Unis, il semblerait que les participants aient tendance à mettre leur communication en veilleuse, lâchant à peine quelques paroles occasionnelles, afin de stabiliser une rencontre à moitié suspendue. Le même type de problème émerge dans les bars pratiquement vides, comme certains romanciers l'ont noté :

> « Nous étions seuls dans le bar, le matin était déjà bien avancé et la présence du barman embarrassante. Il ne pouvait s'empêcher d'écouter à la dérobée. Dans son costume blanc, imperturbable, il représentait une figure à la discrète autorité. Mais il était probablement conscient de cela, lui aussi, et il était [158] assez gentil pour rester la tête baissée, derrière son comptoir, à frotter les verres et les bacs à glaçons. Harry a alors commandé deux verres, pour ainsi dire, à personne, et bientôt les verres sont arrivés[1]. »

Le chauffeur de taxi a des types de problèmes similaires à ceux du garçon de café[2]. De même l'individu qui est momentanément laissé à lui-même pendant que la personne avec qui il était en train de parler répond au téléphone : proche physiquement et manifestement inoccupé, il doit néanmoins témoigner de l'inattention civile à son vis-à-vis[3].

Quand l'inattention civile est difficile, physiquement, à gérer, la scène est dressée pour une espèce particulière de dominance. Les usagers d'un ascenseur, qui continuent d'être totalement *engagés* dans ce qu'ils étaient en train de faire auparavant, peuvent réduire les autres usagers à des rôles de non personnes. Il en va de même si deux couples qui ne se connaissent pas sont obligés de partager le même box au restaurant et choisissent de renoncer à la possibilité qui s'offre à eux d'un *engagement* de face inclusif. L'un des couples peut tacitement céder du terrain devant l'interaction plus animée de l'autre couple. Dans une telle situation, le couple le plus docile peut tenter de montrer de l'indépendance et jouer la carte de l'inattention civile, en entamant une discussion en aparté. Mais si la chose peut paraître crédible aux yeux de l'autre couple, cette discussion, plus faible, a peu de

▲ 1. Sansom W., *The Face of Innocence*, New York, Harcourt, Brace and World, 1951, p. 12.

▲ 2. Davis F., « The Cabdriver and His Fare: Facets of a Fleeting Relationship », *American Journal of Sociology*, 65, 1959, p. 160.

▲ 3. De la même façon, quand dans un *engagement* à trois personnes le principal locuteur s'interrompt pour répondre au téléphone, ses deux interlocuteurs peuvent se lancer dans une conversation tranquille, souvent décontractée.

chances de convaincre ceux qui y participent. Ils reconnaissent non seulement l'un et l'autre qu'ils ont été scéniquement surpassés, mais qu'ils sont, de surcroît, en train de faire comme s'il n'en avait rien été[1]. On pourrait dire que, dans de tels cas, la force provient moins des muscles que de la classe sociale.

b. [159] Étant donné que les participants et les spectateurs sont mis à contribution dans le maintien de l'intégrité de la rencontre, et étant donné que les spectateurs de cette rencontre peuvent aussi être les participants d'une autre rencontre - un état de fait qui complique les choses - nous pouvons nous attendre à quelque coopération tacite en vue d'entretenir la clôture conventionnelle. Premièrement, si les spectateurs sont sur le point de renoncer à exploiter des occasions de communication, alors il revient aux participants de limiter leurs actions et leurs discours afin qu'il ne soit pas trop dur pour les spectateurs de ne plus y assister. Et de fait, le maintien au plus bas du niveau d'excitation est ce qui se produit le plus souvent. Cette tendance va de pair avec une tendance opposée, qui pousse les participants à avoir confiance dans la capacité des spectateurs à ne pas tirer profit de la situation. La pratique du chuchotement ou l'usage de mots de code seront alors souvent perçus comme impolis, en partie parce qu'ils jettent un doute sur le désir d'inattention des spectateurs.

Une conséquence de la combinaison de ces règles de clôture conventionnelle doit être soulignée. C'est une règle de la conversation que les participants doivent se manifester de la considération les uns aux autres. Ils évitent, par exemple, d'aborder des questions qui attisent la susceptibilité de leurs interlocuteurs ou d'exercer des pressions en émettant des critiques. Le dénigrement des personnes absentes est par contre tout à fait acceptable et scelle une solidarité privilégiée entre les membres de la rencontre. De plus, la conversation pourrait bien tourner autour de sujets dont il vaut mieux que la personne absente ne soit pas mise au courant. Il s'ensuit que le cours des commentaires dans une rencontre conversationnelle doit être altéré stratégiquement quand s'approche quelqu'un qui en a été pertinemment exclu, de crainte que le contenu de la discussion ne mette à rude épreuve sa capacité à l'inattention civile. S'il se rapproche davantage, avec l'intention de participer à la rencontre, la chose devient plus délicate encore. L'exemple classique est celui de la personne qui entre dans la pièce, provoquant l'arrêt soudain de la conversation et imposant aux participants de chercher nerveusement un nouveau sujet qui se tienne. Parfois, quand un

▲ 1. Mon sentiment est qu'en Grande Bretagne, quand l'une des unités de participation parle un « bon » anglais, avec une prononciation standard, alors c'est ce groupe qui prendra la parole ouvertement, comme si les autres pouvaient plus facilement interrompre leur propre conversation et jouer le jeu de l'inattention civile. C'est l'une des raisons pour lesquelles le visiteur (qui applique les standards des États-Unis) est frappé par la vulgarité de la classe moyenne supérieure (de Grande-Bretagne).

tiers qui a été exclu s'immisce dans la conversation, celle-ci [160] peut être physiquement altérée afin de ne pas laisser le nouveau-venu entendre quelque chose qui pourrait l'embarrasser (ou ce qu'il pourrait être embarrassant pour les locuteurs qu'il entende), ni même lui donner l'impression que quelque chose d'embarrassant le concernant aurait été passé sous silence. La distance varie, bien entendu, en fonction des capacités sociales des participants. Quelquefois, dans une pièce donnée est ménagée une « région sûre », poste d'observation d'où peuvent être surveillées toutes les allées et venues. Les nouveaux arrivants sont ainsi aperçus à temps, ce qui permet de modifier le cours de la conversation en douceur, sans qu'il y paraisse. Certains locuteurs font preuve d'une grande habileté quand, avec audace et sang-froid, ils poursuivent leur discussion et ne la détournent qu'au dernier moment, sans dommage.

c. Le soin qu'un spectateur est tenu d'avoir dans une rencontre accessible déplace la question de l'inattention civile vers celle de quand et comment se présenter en vue d'une participation officielle. Même dans des réceptions, où toute rencontre est supposée pouvoir être rejointe par n'importe quel invité, on attend du candidat à la participation qu'il montre du tact, et quand il capte certains signaux, qu'il renonce à ses droits. Quand il est admis dans un cercle de conversation, il est supposé en accepter le ton et la topique en cours, réduisant au minimum les perturbations qu'il pourrait provoquer. Ainsi, comme le prescrit l'étiquette américaine :

> « Dans une soirée, si une dame et un gentleman sont en pleine conversation, il est impoli qu'une tierce personne s'immisce et les interrompe en introduisant un nouveau sujet de discussion. Si vous êtes sûr qu'il n'y a pas d'intérêt particulier et privé qui les lie, vous pouvez vous joindre à leur conversation et interrompre le flux de leurs remarques. Mais si vous jugez qu'ils sont trop *engagés* et pris par leur conversation, au point de rendre malvenue toute intervention ou interruption, vous devez vous retirer. Si deux personnes sont absorbées l'une avec l'autre, dans ce que vous devinez être un sujet délicat et réservé, vous devez vous abstenir de chercher leur compagnie[1]. »

[161] Bienvenu ou non, le candidat à une interaction est aujourd'hui tenu de frapper à la porte avant de s'imposer dans une rencontre, envoyant ainsi à l'avance à ses participants des signaux qui les avisent de son intention de participer et qui leur laissent le temps d'arranger les choses avant de l'accueillir.

d. L'une des formes de coopération les plus intéressantes dans le maintien d'une clôture conventionnelle est ce que l'on pourrait appeler l'*espacement*[2]. Les unités de participation à la situation – *les individus pris*

▲ 1. Anonyme, *The Canons of Good Breeding*, Philadelphie, Lee and Blanchard, 1839, p. 68.

▲ 2. Le terme de « distance individuelle » semble avoir été introduit par l'éthologue Hediger pour décrire la tendance des oiseaux, sur une palissade ou sur une grille, à rester à une certaine distance les uns des autres, celle-ci variant selon les espèces. Il utilise aussi l'expression de « distance avant le vol » pour désigner la distance à laquelle une espèce donnée se laisse approcher avant de prendre son vol. Hediger H., *Studies of the Psychology of Captive Animals*

dans des engagements de face ou *non engagés* - ont tendance à coopérer pour se distribuer dans l'espace disponible afin d'en faciliter physiquement la clôture conventionnelle. (Souvent, cela semble impliquer une maximisation de la somme des carrés de la distance physique entre les différentes unités[1]). Bien entendu, si les unités de participation veulent s'exprimer les unes aux autres de la confiance et de la camaraderie, un fort espacement doit être évité[2].

L'espacement garantit bien sûr que les « lignes de parole » restent libres et que les personnes qui s'adressent les unes aux autres dans une rencontre ne se heurtent pas à des obstacles physiques qui obstruent l'échange des regards. Un [162] spectateur qui s'interposera par mégarde, interrompant une ligne de parole, présentera vraisemblablement ses excuses et changera rapidement de position (dans la société américaine, tout au moins).

Si le phénomène de l'espacement est difficile à voir, parce qu'il va de soi, on peut y avoir accès *a contrario* en observant les enfants et les malades mentaux - ces délinquants de la communication qui jouent quelquefois au jeu d'« attaquer la rencontre ». Dans de nombreux hôpitaux, par exemple, un patient suivra un couple de locuteurs autour de la pièce jusqu'à ce qu'ils cessent de se déplacer, puis se faufilera jusqu'à la bordure de la rencontre et se penchera au-dedans, entre les deux participants. Une patiente adolescente interrompait les lignes de parole entre deux personnes en agitant ses aiguilles à tricoter dans l'intervalle les séparant, en balançant ses bras levés, en collant son visage sur celui d'un des interlocuteurs ou en s'asseyant sur ses genoux.

Hormis l'espacement physique, le son peut être contrôlé afin que les différentes unités de participation à la situation puissent vaquer sans gêne à leurs affaires du moment. En de nombreux cas, cela signifie qu'il faut baisser le volume, quoique dans certaines occasions, comme les réceptions, où les

---

in Zoos and Circuses, Londres, Butterworths Scientific Publications, 1955, p. 40et s. et p. 66. On a une application intéressante de ces concepts d'éthologie, parmi d'autres, dans Sommer R., « Studies in Personal Space », *Sociometry*, 22, 1959, p. 247-260.

▲ 1. Hall E. T., « The Anthropology of Manners », *Scientific American*, avril 1955, p. 84-90. Dans cet article utile, Hall nous met en garde contre les généralisations transculturelles en matière d'espacement : « Aux États-Unis, nous nous distribuons plus régulièrement que dans d'autres régions. Nous nous sentons fortement dérangés par le fait de nous toucher les uns les autres ou de nous trouver dans un lieu bondé. Dans l'ascenseur, le tram ou le bus, nous nous replions sur nous-mêmes. Envers une personne qui se détend et qui entre en contact, sans retenue, avec les autres dans un lieu bondé, nous éprouvons des réactions qui ne pourraient être décrites sur cette page. Il nous faut des années pour apprendre à nos enfants à ne pas empiéter sur le territoire des autres et à rester serrés contre nous. En Amérique du Sud, où se toucher est plus habituel et où les unités spatiales de base semblent plus petites, les grosses automobiles *made in USA* posent problème. Les gens ne savent pas où s'asseoir. »

▲ 2. Une analyse éthologique des types de distance physique mutuelle est proposée par Cook J. H., « The Basis of Flock Organization in Birds », *in* Thorpe W.H., Zangwill O.L., eds., *Current Problems in Animal Behaviour*, Cambridge, Cambridge University Press, 1961, p. 138 et s.

personnes de différentes rencontres peuvent se retrouver comprimées les unes contre les autres, un brouhaha de voix fortes puisse continuer de prédominer. Cela permet aux coparticipants de s'entendre, mais retire leurs chances aux oreilles indiscrètes. Ici encore, des délits soigneusement conçus peuvent être observés, comme lorsqu'un adolescent en institution psychiatrique, pour s'amuser, place son visage contre celui de quelqu'un, *engagé* dans une discussion à distance, et crie, l'empêchant d'entendre ou d'être entendu.

L'exigence de préservation de l'ouverture visuelle des lignes de parole et de non interférence du volume du son entre conversations voisines pose une limite à la distance à laquelle les rencontres discursives peuvent normalement se tenir. Si, par exemple, deux personnes échangent quelques mots d'un bout à l'autre d'un tramway bondé, tous les passagers dans l'intervalle devraient rester hors de la ligne de parole et moduler leur propre conversation de façon à ne pas entraver celle qui est tenue à distance. Une telle [163] conversation se rend totalement accessible à n'importe qui se situe entre les deux locuteurs, et peut dès lors susciter de l'embarras - même si l'un des locuteurs est le chauffeur du tramway. Les *engagements* qui doivent être accomplis par-delà une telle distance, densément peuplée, ont ainsi des chances de se limiter à un échange de gestes silencieux, celui-ci n'interférant pas avec les autres rencontres et ne dévoilant pas le contenu qui est communiqué. On peut s'attendre par contre à ce que des personnes sourdes et muettes qui montent ensemble à bord d'un tramway et trouvent des sièges éloignés l'un de l'autre n'aient pas besoin d'interrompre leur « discussion ». Elles peuvent poursuivre celle-ci aussi longtemps que leurs lignes de vision restent dégagées, dans la mesure où elle ne dérange pas celles des autres et où elle ne leur est pas non plus accessible.

Si l'espacement physique et le contrôle du son ont une pertinence pour des occasions comme les réceptions, qui ont cours dans des espaces physiques relativement réduits, ils sont peut-être plus importants encore dans les rues et sur les places publiques ou dans des régions semi-publiques. Dans la société occidentale, l'ascendant croissant des classes moyennes se traduit par le développement d'un usage relativement égalitaire des lieux publics. Aujourd'hui encore, toutefois, les processions, les mariages et les enterrements, et quelques autres cérémonies sont autorisées à marquer momentanément le public de leur esprit. Des unités techniques, comme les ambulances, les fourgons de police et les camions de pompiers, coupent dans le flux des véhicules en projetant un niveau de son qui n'est pas autorisé aux autres unités de circulation. Et les hôtes officiels d'une ville peuvent jouir d'une escorte motorisée. Certaines de ces prérogatives, cependant, sont les vestiges de pratiques qui étaient autrefois plus répandues, comme la suite et l'équipage, le grand train associé à une nombreuse « clientèle[1] », qui permettaient à une personne importante d'afficher son statut, au moyen de la cohorte des obligés à sa charge, qui l'accompagnaient à travers la ville ou au Parlement, lui frayant un chemin partout où elle se rendait. Ces règles ne sont pas uniformes dans la société occidentale, comme le suggère la réaction du roi Edward et de son parti durant la visite de l'Empereur d'Allemagne en 1906 :

> [164] « L'Empereur avait fait accrocher un étendard au capot de sa voiture et un trompettiste sonnait de longs coups de clairon à tous les carrefours. Les habitants n'avaient donc aucune difficulté à savoir où se trouvait l'Empereur, et les automobiles dégageaient le chemin quand leurs conducteurs entendaient la trompette sonner. Le Roi, par contre, détestait ce qu'il appelait des "méthodes théâtrales" et conduisait comme n'importe qui d'autre[2]. »

e. Pour clore cette discussion sur la clôture conventionnelle, il faut mentionner le type de réorganisation qui se produit quand une situation cesse d'être à multiples foyers et se transforme en une situation à un et un seul *engagement*, lequel recouvre toutes les activités. C'est ce qui se passe quand un membre du personnel de l'Hôpital central hurle, dans l'un des pavillons, à l'heure du déjeuner : « À la soupe ! », s'adressant à la totalité des gens présents, où que porte sa voix et qui que ce soit qu'elle atteigne. De même, à une petite réception, l'arrivée d'un couple peut conduire l'hôtesse à suspendre l'état de dispersion des rencontres et à former une assemblée à laquelle elle présente les nouveaux-venus. Ainsi, également, dans des dîners formels, l'hôtesse peut, à un moment donné, signifier à l'ensemble des invités que la conversation se fait générale, ouverte à tous, et lancer un sujet à leur intention. Et dans un discours public, les mots de l'orateur, ainsi que la chaleur avec laquelle il s'exprime, sont supposés affecter la situation en totalité. Dans tous ces cas, les participants comprennent que la situation leur est ouverte, et qu'un simple locuteur, pour peu qu'il le fasse de façon appropriée, peut y prendre la parole. La scène lui est offerte, comme on dit.

La transformation d'une situation à multiples foyers en une situation à un *engagement* de face est un processus intéressant à étudier. Dans certaines fêtes, on peut observer les efforts du chanteur ou du guitariste pour incorporer en un seul auditoire des fractions de plus en plus nombreuses des personnes présentes dans la pièce, jusqu'à ce qu'un point soit atteint où sa performance capte officiellement l'attention de la totalité de l'auditoire. La fête est alors provisoirement convertie en concert[3]. En même [165] temps, si une rencontre particulière en vient à inclure un nombre toujours plus grand de personnes, les engagements latéraux tendent

▲ 1. Neale J. E., *The Elizabethan House of Commons*, New Haven, Yale University Press, 1950, p. 24-26.

▲ 2. Ponsonby Sir Frederick, *Recollections of Three Reigns*, New York, Dutton, 1952, p. 261.

▲ 3. Cet exemple est tiré d'un texte non publié de Robert Martinson sur la transformation des *engagements* informels en performances.

aussi à se multiplier, nourrissant des jeux de scène secondaires, parfois furtifs, dont le volume et le caractère sont modulés afin de laisser au spectacle principal son incontestable primauté.

Dans les hôpitaux psychiatriques, il existe un type spécifique de comportement « symptomatique », où le patient se met à « parler à la situation » dans son ensemble. De nombreux patients parlent à des destinataires, présents ou non, à voix suffisamment haute pour que chacun puisse entendre et être distrait de son occupation du moment. Mais les personnes du service distinguent implicitement ce type d'impropriété situationnelle de ce qui se passe quand un patient « s'adresse à la situation ». Il harangue alors les personnes coprésentes avec un ton et une orientation de la voix qui indiquent qu'il est en train d'ouvrir volontairement une brèche dans les barrières destinées à sécuriser les interactions focalisées des différents regroupements des personnes en train de bavarder ou de jouer. Même si le volume effectif de la voix d'un patient qui déborde le cadre d'une conversation privée est plus élevé que celui d'un patient qui « s'adresse à la situation », il y a de fortes chances que ce dernier suscite un plus grand trouble[1].

▲1. Les attaques contre la situation peuvent être comparées avec les attaques contre les rencontres, mentionnées plus haut, accomplies par des enfants, des patients psychiatriques, et autres délinquants de la communication. Beaucoup de parents de classe moyenne ont fait l'expérience d'interdire à leurs enfants d'interrompre leurs conversations, parfois même d'entrer dans la pièce où se trouvent les adultes. Le résultat en est que les enfants s'introduisent furtivement dans la situation, en mimant ce qu'ils sont en train de faire, et finissent par déranger la réunion de bien pire façon que si leur simple présence avait été tolérée.

Chapitre 10

La régulation de l'engagement mutuel

Restrictions

[166] Plus haut, à propos des interactions non focalisées, nous avons avancé l'idée que l'individu est obligé d'avoir une marge de contrôle sur tous ses engagements, en particulier vis-à-vis de son propre corps. Considérons à présent les restrictions qui pèsent sur la façon dont des individus se rendent disponibles les uns aux autres dans une rencontre accessible, et donc, s'investissent dans des engagements mutuels, exposés à des spectateurs. Ce sera l'occasion d'examiner non pas ce que les spectateurs doivent à la rencontre accessible, mais ce que les participants à la rencontre doivent au rassemblement en général.

Les enquêtes britanniques et américaines sur les cultures exotiques ont commenté de longue date les différences sociales qui existent entre engagements mutuels autorisés en public, en particulier entre des personnes de sexe différent. Dans certains pays latins, nous dit-on, s'embrasser sur les lèvres serait considéré comme un acte obscène[1], de même, apparemment, que dans les lieux publics en Union soviétique ou en Europe de l'Est.

Aux États-Unis, les degrés de tolérance à de tels engagements mutuels, selon les occasions sociales, sont instructifs à étudier. [167] Ces engagements mutuels sont totalement interdits dans un petit nombre d'occasions. Mais dans certaines circonstances, le type d'abîme fusionnel dans lequel se plongent les amoureux est autorisé[2]. Un couple qui s'étreint

▲ 1. Pritchett V. S., *The Spanish Temper*, New York, Knopf, 1954, p. 170.

▲ 2. Les *peep shows* sont des commerces qui vendent l'opportunité d'espionner des acteurs engagés dans une performance sexuelle. Certains analystes défendent l'idée qu'il s'agirait là

ou qui se dispute dans une rue passante est un affront à la situation. Il impose ses affaires privées en un lieu où une orientation publique de la conduite est requise. Dans les parcs et sur les plages, pourtant, de tels engagements sont facilement tolérés, et il n'est pas de rue qui exclue par principe une petite explication entre deux connaissances qui se promènent. Selon l'étiquette, il est autorisé à un couple d'amoureux de s'embrasser langoureusement sur une jetée, face à l'océan, en faisant donc abstraction, à un degré considérable, des autres dimensions de la situation. Mais la même action, accomplie par un couple de banlieue, à 18h45, dans le métro, serait inappropriée. Une bise plus légère collerait davantage avec la situation[1]. De même, dans nos villes, les restaurants du type Howard Johnson[2] ménagent d'ordinaire un espace pour les familles avec de jeunes enfants, et dans ce secteur réservé, un certain exercice [168] de la discipline sur les enfants est toléré, alors qu'il créerait des sentiments de malaise dans le reste du restaurant.

Dans les situations où tous les participants sont obligés de maintenir un engagement principal, non seulement dans le même type d'activité, mais aussi dans la même rencontre, les jeux de scène secondaires et autres occupations mineures sont tenus, par définition, pour des retraits illégitimes de l'engagement dominant. Pourtant, même lorsqu'aucun engagement simple n'épuise la situation, des bornes sont mises aux engagements mutuels. C'est ainsi qu'à l'église, où la manifestation de sentiments pieux est

---

d'une perversion de l'instinct sexuel. Peu d'entre eux semblent sensibles au fait que, dans de tels arrangements, la régulation de l'engagement mutuel exposé au public est également pervertie. Car on peut supposer qu'une part de l'excitation des voyeurs devant ces spectacles provient de ce qu'un couple de personnes est engagé dans la conduite inappropriée de mater des ébats sexuels en présence de plus de deux personnes. Dans beaucoup de sous-cultures, une telle activité est tout autant inappropriée pour deux personnes – raison pour laquelle certains font l'amour dans le noir.

▲1. Une coupure de journal du *San Francisco Chronicle*, 31 juillet 1961, nous donne un exemple intéressant, à des fins de comparaison : « Rome : Un baiser d'amoureux, en plein jour, sur une place animée de Rome peut vous conduire en prison. Mais les bises que les jeunes hommes et femmes se font habituellement sur les joues en Italie sont toujours autorisées. Un procès qui a duré presque une année s'est achevé cette semaine et a décrété que s'embrasser en public est interdit – condamnant à une sentence de deux mois, dans des prisons séparées, les membres d'un couple qui s'y étaient risqué. Les malheureux amoureux, Vittorio Grazini, 20 ans, et sa fiancée, Angelina Rossi, 22 ans, ont commis leur baiser fatal à la fin du mois d'août, à 18h30. Les policiers qui les ont arrêtés ont déclaré que ce long baiser amoureux était une menace à la morale publique. Le juge a approuvé. S'embrasser en public a donc été déclaré illégal à Rome. De jeunes Italiens aventureux risquent la prison chaque soir pour s'embrasser langoureusement à l'ombre des remparts et des monuments. Mais avant que les courageux Vittorio et Angelina en fassent l'expérience, personne n'avait testé la loi en s'embrassant dans une voiture stationnée, au milieu de la foule, au coucher du soleil… »

▲2. [Howard Johnson a commencé par vendre *hot dogs*, glaces et boissons gazeuses avant de créer une chaîne de restaurants et de motels dont l'expansion a été foudroyante à partir des années 1930. Au moment où Goffman écrit, il possède 600 restaurants et une centaine de motels, populaires aux États-Unis et au Canada].

obligatoire, les effusions enthousiastes doivent être mises en sourdine et les salutations qui ne demandent pourtant qu'un signe de la main doivent être totalement supprimées. Comme un manuel de civilité le prescrit :

> « Le premier point est qu'une église n'est pas un lieu de rencontres sociales. Il est déplacé d'y chercher les amis du regard, de s'adresser des hochements de tête, d'échanger des sourires joyeux, de se saluer gaiement, de s'y montrer agité et distrait. S'il arrive de croiser le regard d'un ami, il n'y a sans doute aucune raison de ne pas renvoyer un petit coup d'œil de reconnaissance et un sourire réservé. Mais le respect pour le lieu et la concentration sur la cérémonie doivent être au fondement de la conduite de chacun[1]. »

Des amis qui se sont perdus de vue depuis longtemps se rencontreraient-ils dans de telles circonstances, il leur serait difficile de rendre justice à leur relation sans commettre d'impair. Ce dilemme, notons-le en passant, se produit souvent lors des enterrements. Dans les occasions funèbres, fortement organisées, il y a de fortes chances pour que des personnes, qui se retrouvent après une longue séparation, se doivent des salutations expansives. Une poignée de main chaleureuse est apparemment la solution au problème. Elle permet de maintenir en façade la solennité stricte requise par la situation tout en laissant libre cours, pour les deux protagonistes, à un engagement masqué dont ils sont les seuls à pouvoir éprouver la profondeur - et à mesurer l'éloignement de l'occasion.

De même que les règles d'engagement qui prévalent dans certaines situations [169] peuvent entraver les relations, de même certaines relations font naître chez les participants le sentiment d'une menace qui plane sur le rassemblement et l'occasion sociale. Quand deux personnes sont connues pour être intensément liées l'une à l'autre, leur pure coprésence dans la même salle peut laisser présager entre eux un degré d'absorption mutuelle déraisonnable eu égard à leurs autres obligations d'engagement. Dans le passé, on a pu écrire à ce propos :

> « Il est de mauvais *ton*, pour les partenaires d'un couple récemment marié qui se rend à une réception, d'entrer ensemble dans la pièce. Des personnes plus âgées, ou des parents proches, doivent accompagner la jeune mariée. Il est du meilleur goût que, dans leurs occasions d'apparition en public, le couple ne se présente pas tout à fait comme un couple. La reconnaissance de cette relation devrait autant que possible être confinée au foyer. Il est déplaisant de voir des personnes exhiber leur attachement mutuel aux yeux de la société[2]. »

▲ 1. *Vogue's Book of Etiquette*, *op. cit.*, p. 12.

▲ 2. Anonyme, *The Canons of Good Breeding*, *op. cit.*, p. 87-88. On peut ici remarquer que dans les grands hôtels de luxe, qui accueillent des jeunes mariés en lune de miel, l'engagement mutuel s'affiche dans la conduite de se tenir par la main ou de s'enlacer par le cou, comme si le nouveau statut du couple lui conférait momentanément un droit de parade - une extension du droit de leurs amis de donner du klaxon au cours de la procession automobile qui suit la cérémonie. La contradiction apparente se résout si nous prenons en compte le fait qu'une relation qui engage doit être soit fortement réprimée ou refoulée, soit trouver une forme de ratification publique. Le couple, comme couple, accomplit alors une performance,

De même, les personnes dont on sait qu'elles ont une relation amoureuse peuvent souvent susciter une espèce de malaise dans un rassemblement, même si cette tension est tempérée avec succès par le recours ludique à la plaisanterie. Les personnes qui sont par contre à couteaux tirés peuvent surjouer l'engagement mutuel, même si, pendant l'occasion sociale où elles ont été toutes les deux invitées par inadvertance, elles réussissent à ne jamais se retrouver en face à face ou réduisent à des signes de tête calculés un contact difficile à éviter.

Il y aura donc des tentatives d'empêcher un engagement mutuel qui ne convient pas. Une illustration tirée de la vie quotidienne est fournie par cette règle de bienséance, largement suivie par la classe moyenne, qui exige des membres d'un couple qu'ils se séparent l'un de l'autre à table ou dans les [170] conversations, à des fêtes ou à des soirées. On présume que mari et femme n'ont rien à se dire, ce qui risque de nuire à l'esprit de l'occasion, ou au contraire, qu'ils ont des choses trop intimes à se confier, et vont, au lieu de s'abandonner à la réception, y ramener leur monde domestique.

Engagement mutuel occasionné

La restriction des engagements mutuels en public est quelquefois moins à considérer comme une clause valant contre *tout* engagement mutuel, qu'une clause contre les formes d'implication des participants en retrait du rassemblement. De fait, l'individu est parfois obligé de s'ouvrir à des engagements mutuels, comme le veut la règle d'accessibilité. Il ne doit pas le faire sur le seul fondement d'une relation antérieure, mais en relation à l'occasion actuelle. Ici, nous touchons à une autre dimension du trouble que provoquent les jeunes mariés ou les amoureux éperdus quand, à la différence des personnes plus installées et expérimentées, ils trouvent étrange de renoncer à leur engagement mutuel au nom de la politesse vis-à-vis de tiers, requise par l'occasion sociale. On a, à l'opposé, une espèce singulière de conduite exemplaire en situation quand deux personnes, qui ont une relation exclusive de longue date, parviennent à se traiter l'une l'autre en s'en tenant à la courtoisie de règle dans le cadre de la participation à cette occasion sociale. Deux ennemis consommés doivent ainsi se manifester des égards et se comporter de façon « civile ». Et il en va de même pour un professeur qui s'adresse à sa progéniture en classe de la même manière qu'à n'importe quel autre élève. Ces épreuves ne sont pas seulement descriptibles en termes de ségrégation de rôles, mais aussi comme des gestes d'égard pour l'occasion sociale.

De façon intéressante, dans l'histoire naturelle de certaines réceptions, l'engagement des participants dans des formes de jeu sexuel flottant est le

que se jouent les partenaires l'un à l'autre et qui s'expose, en toute correction, à leurs auditoires.

signe que l'esprit de l'occasion s'est emparé de tout le monde, et non pas que l'événement serait en voie de décomposition. Le fait qu'une interaction à caractère sexuel se produise, entre des personnes qui ne se sont jamais rencontrées qu'à [171] cette occasion et pour cette occasion, indique le degré élevé d'abandon des participants au rassemblement. Le point extrême de cette attitude était par exemple observable dans le type de drague qui avait cours tous les ans au bal des Quat'z'Arts[1] à Paris. Mais ces excès ne signifiaient pas tant l'effondrement des devoirs dus à la situation, comme on pourrait le penser à première vue, qu'une façon de les honorer, par une espèce de vénération profane. Si, par contre, des maris *s'engageaient* de la sorte vis-à-vis de leurs épouses, les obligations dues à l'occasion seraient de fait menacées.

En formulant la règle qui oblige les individus à maintenir un engagement mutuel lors d'une occasion sociale, nous disposons peut-être d'un moyen plus pertinent de rendre compte de nos réactions à des engagements incorrects que de prédire des conduites effectives. Ces subtilités situationnelles sont en effet souvent mal respectées. La résistance à l'esprit de l'occasion, telle qu'elle s'exprime dans le refus de soutenir de tels engagements mutuels, est apparemment un procédé qui permet de communiquer tellement de choses que l'on peut d'ordinaire s'attendre à ce que l'un ou l'autre participant à un rassemblement y recoure. Dans les bals publics de la principale ville des îles Shetland, par exemple, on pouvait fréquemment voir une poignée de couples, de bonne classe moyenne, à l'évidence peu amateurs de plaisirs plébéiens, marquer la distance avec les petits fermiers de seconde génération. Ils exprimaient leur retrait par une danse à mi-temps, totalement captivés, malgré la musique entraînante, par leurs conversations en face-à-face - une conduite qui était de façon criante hors de propos, en contradiction avec le ton et l'*ethos* prévalents de l'occasion sociale.

Dans certaines occasions sociales, comme les réceptions, le succès est donc garanti par la capacité des participants à faire des rencontres agréables dans lesquelles s'absorber. Cette absorption dans l'interaction atteste que les personnes présentes sont des compagnons et des compagnes désirables : chacun considère que l'occasion est suffisamment importante pour s'ouvrir aux autres. Étant donnés ces différents présupposés, il devient compréhensible qu'une personne restée trop longtemps « *désengagée* » entre deux rencontres puisse éprouver une espèce d'angoisse et la communiquer à son hôtesse - cette dernière cherchant à lui trouver un port d'attache, quel qu'il soit. Un individu peut [172] ressentir que ce qu'il doit au

▲ 1. [*Beaux-Arts ball*, soit les Quat'z'Arts : il s'agit du bal annuel organisé par les étudiants de l'École nationale des Beaux-Arts de Paris entre 1892 et 1966, connu pour ses débordements orgiaques, auquel participaient également les carabins de l'École de Médecine].

rassemblement surpasse ce qu'il se doit à lui-même et ce qu'il doit à ses pairs dans la rencontre. Nous avons là une preuve supplémentaire que l'*engagement* de l'individu dans une interaction focalisée est en fait disponible à tous les autres et qu'il constitue ainsi une partie de l'interaction non focalisée dans la situation. C'est là une raison situationnelle pour un certain type de tact, plus précisément l'art de donner l'apparence d'un engagement spontané, quand bien même il ne l'est pas, dans une rencontre occasionnée. Mrs Post donne ainsi des indications amusantes sur certaines indélicatesses qui peuvent être faites dans la conversation, précisément pour ne pas commettre d'impair à l'égard du rassemblement en général et de l'occasion sociale :

> « Si vous êtes placé juste à côté de quelqu'un avec qui vous avez eu une vilaine dispute, la considération pour votre hôtesse, qui serait affligée d'apprendre qu'elle vous a mis à une place désagréable, et la considération due au reste de la table, qui se trouverait sinon "bloquée", vous imposent de ne laisser paraître aucun signe extérieur de répugnance et de faire semblant, au moins pour un petit moment, de parler ensemble.
>
> Lors d'un dîner, Mme Toplofty a été placée à côté d'un homme qu'elle méprisait ouvertement. Elle lui dit avec une placidité apparente : "Je ne vous parlerai pas, parce que je n'en ai cure. Mais par égard pour notre hôtesse, je réciterai mes tables de multiplication. Deux fois un deux, deux fois deux quatre..." et elle continua ainsi, en lui demandant d'alterner avec elle pour donner le change. Aussitôt qu'elle put se tourner poliment vers son autre compagnon de table, elle le fit. »

On peut donner pour autre exemple de l'obligation à soutenir un engagement avec les autres certaines réunions récréatives aux îles Shetland. Lors d'une compétition de whist de vingt tables, la profonde absorption d'un membre de la *gentry* à une table de jeu a été comprise comme la marque du sérieux de sa participation à cette occasion sociale. En étant possédé par l'esprit du jeu à l'une des tables, il manifestait des égards à la salle dans sa totalité. S'il avait dédaigné de s'investir ainsi à une table et insisté pour papillonner d'une table à l'autre, faisant d'aimables compliments [173] aux joueurs alentour, il aurait bien peu touché les gens du peuple. Mais si un fermier ordinaire s'était retrouvé impliqué comme lui dans une manche de whist au point de différer sensiblement le moment de boucler la partie, ce manque d'égards pour la règle obligatoire de changer de table à la fin de chaque partie aurait été pris pour un affront à l'occasion sociale dans son ensemble.

Si les occasions sociales peuvent être évaluées en fonction de leur capacité à amener et à maintenir ensemble les participants aux rencontres dont elles fixent le cadre, on peut alors s'attendre à ce qu'il existe des règles qui contraignent les participants à une rencontre à accepter de nouveaux arrivants. Ce point correspond à ce qui a été dit précédemment sur les obligations des individus de se rendre accessibles - la différence résidant dans le fait que si un individu peut être excusé de n'être pas accessible en raison d'une incapacité physique, une telle excuse peut difficilement être avancée pour des rencontres.

Il existe de nombreuses occasions, comme sur la voie publique, où les participants à une rencontre sont tenus de reconnaître quelques-uns de leurs droits aux entrants. En outre, comme nous l'avons déjà dit, il est caractéristique de certains occasions sociales, telles que les réceptions, de ménager non seulement un droit de commencer de nouveaux *engagements* de face, mais aussi un droit d'accéder à ceux qui ont déjà cours. Ici, les participants, montrant à quel point la réception les a rassemblés et leur a élevé le moral (*lifted up*), devraient se sentir obligés d'accueillir sans difficulté les nouveaux venus dans la conversation. Des sujets de conversation « ouverts » peuvent ainsi être cultivés en prévision de leur inclusion. Une conversation dont le ton interdirait l'entrée de nouveaux membres serait inappropriée. Cela explique la stratégie parfois mise en œuvre par ceux qui veulent avoir une discussion intense, d'ordre privé, dans un lieu public : au lieu de se regrouper avec des airs furtifs de conspiration, ils affectent le style de ceux qui bavardent ouvertement, avec un air, allant de soi, d'ouverture et de transparence.

Dériver

Dans une rencontre accessible en public, les participants, tenus de maintenir leur activité en phase avec l'*ethos* de l'occasion sociale, [174] doivent aussi exhiber un certain degré d'implication et d'émotion, approprié à l'occasion. Mais cette proposition va de pair avec une autre : chaque rencontre accessible en public met ses participants à une certaine distance de la tonalité affective qui prévaut dans la situation. De fait, si cela ne se produisait pas, l'occasion sociale pourrait être accusée de ne pas fournir un cadre dans lequel les individus aient le loisir de s'assembler et de se prendre *spontanément* dans des *engagements* de face. Dans ce cas, la rencontre aurait à recourir aux ressources standards de l'occasion sociale pour se maintenir. De même, on pourrait reprocher à un individu qui échouerait à se laisser aller à son intérêt pour le rassemblement et qui resterait prisonnier de ses *engagements* situés de ne pas vraiment se livrer à l'occasion sociale. Un bon équilibre doit être trouvé entre la marche au pas et la danse endiablée.

De ce point de vue, le phénomène de la *dérive* est particulièrement intéressant. De même qu'une occasion sociale prise comme un tout est susceptible de dessiner un « profil d'engagement » et d'embarquer toutes les rencontres qu'elle abrite dans une direction donnée, de même chaque rencontre particulière doit manifester des propriétés dynamiques qui lui soient propres, non seulement en engendrant un monde pour ses participants, mais en les transportant toujours plus loin en lui. Examinons ce mouvement de dérive des rencontres individuelles à l'écart des rassemblements et des occasions sociales.

Étant donné la présence dans une situation sociale de multiples *engagements* de face - différents regroupements de personnes, *engagées* ensemble dans une tâche unique et exclusive, un jeu ou une conversation - jusqu'où les participants de l'un ou l'autre de ces petits cercles peuvent-ils se laisser emporter par leur engagement mutuel et partir à la dérive des autres personnes coprésentes dans la situation ?

Le problème de la dérive est peut-être plus clairement visible dans ces occasions sociales où un degré d'affect relativement élevé est défini comme approprié. C'est ainsi qu'à un mariage, il n'est pas correct pour un petit groupe d'individus de devenir trop sérieux ou de se quereller : une telle conduite collective serait à l'évidence hors de propos. Si une dispute vient à éclater, elle doit être rapidement maîtrisée, de crainte qu'elle ne déporte [175] la rencontre au-delà du spectre de variations autorisées. De même, dans une assemblée funéraire, des petits groupes qui ne comptent aucune personne directement affectée par la disparition du défunt peuvent entamer un bavardage tranquille, et s'emballer jusqu'à être pris d'euphorie collective. Leur interaction apparaît alors déplacée et il se peut qu'elle doive être ramenée à une tonalité sobre et triste, appropriée aux circonstances de l'enterrement. Cette dérive, bien sûr, s'observe dans d'autres occasions que les cérémonies. Ainsi, lors d'une opération chirurgicale sur laquelle l'auteur a enquêté, les infirmières, tout en se brossant les mains à l'un des quatre éviers, dans un coin de la salle d'opération, se livraient à une discussion légère et enjouée, en attendant l'arrivée du personnel médical. Le ton de leurs voix, cependant, s'est mis à monter, leur discussion se faisant de plus en plus animée, jusqu'à ce que l'infirmière-chef du service vienne les rappeler à l'ordre et leur demande de se taire[1]. À un autre moment, l'anesthésiste et son auxiliaire se sont mis à chuchoter et, tout à leur conversation, ont dérivé toujours plus loin de l'occasion, jusqu'à un point où le chirurgien et son infirmière les ont regardés fixement à travers la barrière du champ opératoire et du matériel d'anesthésie, avec un air mêlé d'amusement, d'étonnement et de réprobation. Ce rappel à l'ordre a été suivi par l'interruption de la conversation à la dérive.

En considérant cette tendance à dériver des rencontres accessibles en public, nous ne devons pas passer outre à d'autres problèmes liés aux mouvements affectifs. Pendant des occasions sociales comme les veillées mortuaires, les réceptions et autres célébrations, un sentiment lugubre ou joyeux, d'hilarité ou de tristesse peut se mettre à grandir, à déborder, et bientôt entraîner toutes les unités de participation loin de leur tonalité affective de départ. Le tracé de ce profil d'engagement est quelquefois assisté par des adjuvants pharmacologiques comme l'alcool. Quand toutes les rencontres dans une situation commencent à dériver en même temps dans la même direction, elles peuvent franchir ensemble un point de non retour, au-delà de la frontière de ce qui est approprié, implicite dans l'occasion sociale. C'est ainsi qu'un manuel de civilité avertit que les alcools

▲ 1. Cette enquête est rapportée en partie dans « Role Distance », in *Encounters, op. cit.*, 1961, p. 110 et s.

proposés à un baptême ne sauraient être du type à le faire tourner en cocktail-party[1].

Second problème à signaler. Quand une occasion sociale tient ses participants sous son [176] emprise et que les *engagements* ont commencé tous ensemble à se mouvoir dans une certaine direction émotionnelle, le dernier arrivé peut se retrouver hors du coup, en déphasage avec la tonalité affective dominante, et avoir du mal à se connecter, à se régler sur la bonne longueur d'onde. Une personne sobre qui débarque dans un rassemblement bien arrosé rencontrera le même problème et risquera d'être à l'origine du même type d'offense qu'une personne ivre débarquant dans une occasion encore non alcoolisée. Le cas des veillées mortuaires est particulièrement éclairant de ce point de vue. Les personnes qui sont arrivées les premières ont eu le temps de commencer leur « travail de deuil » et de maîtriser leurs émotions concernant le défunt, alors même qu'elles sont supposées donner le spectacle du deuil et de l'affliction, étant donné qu'elles en étaient les plus proches. Quelqu'un qui arrivera juste avant la cérémonie d'enterrement pourra avoir le sentiment d'un manque de sensibilité de la part des parents et des amis les plus proches. Ceux-ci devront en retour dissimuler leur état en récapitulant le travail du deuil et en s'en acquittant dans les frontières de l'*engagement* de face, en guise de bienvenue au dernier arrivant.

Faire écran

La difficulté de rester en contact avec l'occasion sociale tout en s'impliquant spontanément dans des *engagements* situés est souvent atténuée par des arts de dissimulation. L'un des écrans d'engagement les plus probants est le cercle conversationnel lui-même. Il semble en fait qu'il y ait peu de regroupements conversationnels où le contrôle de l'expression faciale et corporelle ne soit utilisé pour dissimuler soit le vide de contenu de la rencontre, soit une dérive inavouable de l'esprit, loin de l'occasion. Une conversation qui prend place dans une situation est donc susceptible de ressembler à une collusion contre le rassemblement dans son ensemble. Les tables de multiplication de Mme Toplofty en sont un exemple-limite. Bien entendu, la possibilité de masquer le contenu de la conversation au reste du rassemblement limite la menace que de tels petits cercles représenteraient pour le cercle le plus ample et le plus inclusif, si leur sécession venait à se réaliser. [177] On comprend alors pourquoi certaines réunions « informelles » de sociabilité sont tenues pour des « succès », alors même que chaque petit groupe en a détourné les participants, jusqu'à un point où ils peuvent difficilement faire écran à leur désaffection.

▲ 1. *Vogue's Book of Etiquette*, *op. cit.*, p. 134.

La possibilité de poursuivre une activité cachée à l'intérieur d'une conversation est parfois reconnue et institutionnalisée. Deux phases différentes d'une occasion sociale peuvent se produire simultanément, en un même lieu, parmi les mêmes participants : une phase prend place dans l'interaction non focalisée, l'autre est consacrée à des sujets distribués dans des conversations et dissimulés en elles. Une phase peut donc être qualifiée de dominante, l'autre de subordonnée. Aux îles Shetland, par exemple, il était obligatoire pour les voisins et pour les parents éloignés, de sexe masculin, de respecter l'étiquette des enterrements en s'habillant rigoureusement en noir - au point de porter une casquette noire exclusivement réservée à ce type d'occasions. Il était obligatoire, encore, pour ces hommes en deuil de rester debout, tranquillement, en dehors du *cottage* où le défunt reposait. Pourtant, il leur était tout à fait loisible de se livrer à des bavardages divertissants avec leurs compagnons de deuil. Il est entendu que le niveau sonore de ces discussions et les façons de paraître de leurs participants devaient être modulés respectueusement afin de correspondre aux exigences d'un enterrement. Mais il en allait tout autrement du contenu de ces discussions. Dans certains cas, il serait paru de mauvais goût de quitter le registre des plaisanteries ordinaires entre voisins pour recentrer le propos sur le défunt. La veille et le service funéraires incombaient à la famille en deuil ; le petit bavardage de sociabilité revenait aux autres personnes présentes.

L'écran d'engagement fourni par une conversation est en quelque sorte transportable, du fait que les participants peuvent tous se déplacer d'une pièce à une autre et emporter leur bavardage avec eux. L'automobile est peut-être le plus récent de ces écrans portatifs. La protection qu'assure le siège arrière est déjà passée à l'histoire sociale et les places de devant, dans les cinémas de type *drive-in*, sont devenues une sorte de sanctuaire où l'on rend hommage avec insouciance à l'usage social des arrangements de dissimulation.

Dans cette discussion, nous nous sommes limités au traitement de l'engagement mutuel comme d'une variante d'engagement situé. Les règles qui régulent [178] les engagements situés s'appliquent, en fait, avec une force supplémentaire. Il existe des différences, cependant, entre les engagements mutuels et d'autres types d'engagement. Pour une part, les engagements mutuels que l'individu poursuit, de façon inappropriée, impliquent les autres, directement. De plus, de tous les objets d'engagement, les autres individus semblent les plus attractifs et, du coup, ce sont eux qui appellent le plus de contrôle social. Mais d'autres enjeux peuvent également être mis en évidence. Un individu qui manifeste son *non engagement* peut facilement donner aux autres l'impression qu'il est dans un état pathologique. La même conséquence est cependant plus rare pour des personnes qui s'impliquent *à plusieurs*. Mis à part le phénomène marginal de la *folie à deux* (ou *à trois, à quatre*[1], et ainsi de suite), il semble aller de soi qu'aussi longtemps que deux individus sont en communication l'un avec l'autre - aussi longtemps qu'ils se rassemblent dans une rencontre - ce qu'ils font n'est pas occulte, si opaque et ésotérique que cela puisse paraître. Voilà pourquoi une personne qui se trouve « avec » une autre personne peut se sentir libre de *s'engager* dans toutes sortes d'excentricités : elle présume que son contact avec des partenaires vaut pour garantie de sa bonne santé mentale auprès des spectateurs[2].

▲ 1. [En français dans le texte].

▲ 2. Un phénomène similaire a été observé en connexion avec le cadre de référence qui permet d'imputer à un acte la qualification de « criminel » (par opposition à celle de « irresponsable pour raisons psychiatriques »). Certaines déprédations, qui sont interprétées comme un jeu quand elles sont accomplies par un groupe de jeunes, sont vues comme des crimes quand elles sont commises par un délinquant solitaire.

Chapitre 11

Participation sans contrôle

[179] La participation à un *engagement* accessible ne fait pas qu'exposer directement l'individu à une communication expressive et langagière avec les autres participants à la rencontre. Elle lui fait aussi encourir le risque d'une communication d'informations le concernant aux spectateurs. Alors qu'il recherche un certain degré d'intimité avec ses partenaires potentiels, l'individu peut être éconduit ou maltraité, de façon visible pour les membres d'un auditoire. Pour atténuer les risques potentiels de telles expositions, un certain nombre de régulations visent à protéger les participants. Ces contraintes prennent la forme, dans les *engagements* à deux personnes, de l'expression de considération entre les coparticipants, et dans les *engagements* plus étendus, de l'expression de loyauté pour la rencontre. Dans tous les cas, nous avons affaire à une obligation du participant de se tenir dans les limites de « son » *engagement*.

Détournement de l'attention

Une forme de contrôle passe par l'obligation des participants à ne pas détourner leur attention vers des sujets extérieurs à l'*engagement*. Nous pouvons juger de l'exercice de cette norme en examinant différents contextes dans lesquels elle n'est pas suivie.

[180] Des désaffections tout à fait mineures et momentanées se produisent sans arrêt, comme lorsqu'un individu se tourne un moment pour voir qui a fait son entrée dans la situation ou pour attraper une chaise qui lui convienne, en exprimant par sa manière de faire et son art de dissimuler que, d'une certaine façon, son esprit reste attaché à l'*engagement*. Quand les individus n'ont pas à s'inquiéter des petits affronts subis de la part de l'un ou de l'autre, en raison d'une relation de familiarité et d'intimité de longue date – entre mari et femme, par exemple – un participant peut porter la charge de l'*engagement* tandis que l'autre passe la pièce en revue à la recherche d'informations qui lui soient utiles. Lors du dîner d'un couple

dans ce qu'il juge être un « bon » restaurant, celui qui tourne le dos à l'assemblée des clients peut tirer ombrage du fait que son partenaire accorde plus d'attention aux autres tables qu'à la conversation en cours.

Un tel manque de loyauté peut bien sûr devenir excessif, selon les standards de la classe moyenne, et provoquer un sentiment de perte des repères de moralité (ou tout au moins, altérer la compréhension réciproque) en regard de ce qui est dû d'ordinaire aux autres participants. Les restaurants d'Hollywood sont une source riche en exemples, à en croire Lillian Ross :

> L'entrée de Dore Schary dans le restaurant de Dave Chasen à Beverly Hills a provoqué tout un remue-ménage. Chasen's est dirigé par un ancien comédien dont il porte le nom et il est populaire auprès des professionnels de l'industrie du cinéma... Tous les autres clients ont fixé leur attention sur Schary. Ils semblaient regarder tout autour d'eux, s'intéressant à tout le monde, sauf à la personne avec qui ils passaient la soirée et avec qui ils tentaient d'avoir une conversation.
>
> Schary n'était pas peu conscient de son effet... Il était à peu près le seul homme dans Chasen's qui n'était pas à ce moment-là en train de regarder alentour d'autre personne que celle avec laquelle il discutait[1].

Des formes plus extrêmes de cette espèce de déloyauté se rencontrent communément parmi les malades mentaux. C'est du reste souvent à cause de telles infractions que des personnes sont identifiées comme souffrant de déficience mentale. J'ai par exemple observé une femme psychotique, fortement attachée à sa mère et à son psychiatre, dont l'attention pouvait, au milieu d'une [181] conversation, être happée par le grincement de l'ouverture d'une porte de service ou par un bruit de pas familiers. À l'approche de sa mère ou de son thérapeute, le corps de la patiente restait dans la conversation, mais sa tête vagabondait ailleurs. Après quelques semaines, tandis qu'elle « récupérait » d'un « épisode », cette indélicatesse interactionnelle a disparu progressivement jusqu'à ce qu'il fût possible pour ces deux personnages de marcher côte à côte avec elle sans provoquer de perturbation *visible*. Même si ses partenaires continuaient de capter son attention, elle était capable de ne pas le laisser paraître. La même patiente, alors qu'elle était dans une crise « psychotique », ne pouvait faire une partie de ping-pong sans laisser son attention dériver vers le quatuor de collègues qui jouaient au bridge à proximité. Petit à petit, les semaines passant et la crise s'estompant, elle retrouva cependant de la déférence pour le jeu de ping-pong, concentrant sur lui son attention visuelle et cognitive et manifestant de l'inattention civile, pendant la partie, pour les *engagements* alentour.

▲ 1. Ross L., *Picture*, New York, Rinehart & Winston, 1952, p. 19-20. Cf. aussi p. 22, p. 31, p. 51 et p. 116.

Collusion de frontières

Considérons à présent un type spécifique de manque de loyauté. Pendant une rencontre de trois participants ou plus, il est possible pour un sous-groupe de *s'engager* dans un jeu de scène secondaire - un *engagement* non inclusif qui se déroule simultanément à l'engagement principal, soigneusement mené pour ne pas trop ouvertement interférer avec lui. Ces jeux de scène secondaires peuvent être relativement assumés, quand ils sont conformes aux intérêts de l'entreprise en cours - lorsqu'un orateur pose tranquillement quelques questions au président de séance avant de prendre la parole. Ils peuvent être relativement furtifs, lorsqu'ils ne coïncident pas, à l'évidence, avec les intérêts de l'interaction dominante. Cette sorte de désaffection semble courante pour des *engagements* dans des rassemblements de grande taille, quand la présence de nombreux participants loyaux garantit que l'*engagement* dominant sera de toute façon soutenu. Elle est particulièrement périlleuse dans les petits groupes de trois ou quatre membres, où les [182] participants loyaux peuvent se retrouver en situation de minorité, et vivre la sécession des autres comme une insulte caractérisée[1].

Dans de nombreux cas, cette communication subordonnée implique seulement des membres de la rencontre dominante, de telle sorte que l'acte déloyal qui est en train de se produire n'est pas perceptible à l'ensemble de la société. On n'examinera pas ici ce phénomène, du fait qu'il ne peut être pris en compte que dans les termes de la dynamique de l'*engagement* elle-même[2]. Par contre, dans les jeux de scène secondaires qui vont chercher leurs membres parmi des personnes officiellement exclues de l'*engagement* dominant, la déloyauté est rendue visible aux spectateurs et les activités constitutives de l'*engagement* trahi sont exposées au plein jour, ou tout au moins à quelques-uns des non participants présents.

Une forme extrême de déloyauté se rencontre quand un individu est malicieusement amené à être l'objet de la risée des spectateurs. L'instigateur fait semblant de traiter la victime comme un coparticipant, alors même qu'il est clairement en train de transformer l'interaction en source d'amusement

▲ 1. Comme on pouvait s'y attendre, quand une rencontre doit être soutenue par des personnes incapables d'utiliser leurs yeux pour scruter et évaluer ce qui se passe, les jeux de scène secondaires qui recourent à des actes physiques deviennent difficiles à contrôler et constituent une menace forte pour l'intégrité de la rencontre. Dans un roman sur les aveugles publié par un écrivain aveugle, Sidney Bigman, *Second Sight*, New York, David McKay Co, 1959, p. 50, une scène décrit la consternation éprouvée par le participant, aveugle, à une rencontre de trois hommes et une femme, quand il entend des gloussements réprimés qui ne semblent pas provenir des échanges de ce groupe de compagnons à ce moment-là.

▲ 2. Goffman E., *Presentation of Self, op. cit.*, « Team Collusion », p. 176-190 et *Encounters*, « Fun in Games », *op. cit.*, 1961.

pour lui-même et pour les autres. Le modèle est peut-être ici le numéro de cirque ou de zoo, où les animaux servent d'appât : un individu interagit avec un animal jusqu'à ce que celui-ci réagisse, puis utilise la réaction de l'animal comme une source d'amusement, partagée avec les membres de l'auditoire.

La collusion ouverte est bien entendu un phénomène observé fréquemment dans les services psychiatriques. Une description classique en est donnée en 1787 par William Perfect :

> [183] En l'an 1776, les responsables de la paroisse de Frindsbury m'ont consulté pour avoir mon avis sur le cas d'un patient maniaque enfermé dans leur asile. Ce malheureux objet, très désespéré, avait commis de nombreux actes d'outrage et de violence. Il était de solide complexion, très musclé, et sa maladie le rendait plus puissant encore. Il avait battu presque tout le monde dans l'institution avant qu'on pût le maîtriser correctement, ce qui avait été fait de façon tout à fait extraordinaire. Il avait été menotté et immobilisé au sol au moyen d'un anneau, auquel ses jambes étaient attachées par une paire de fers. Le lieu de son confinement était une pièce grande et basse de plafond, qui à l'occasion servait de cuisine et qui donnait sur la rue. À travers les barres de bois aux fenêtres, des visiteurs ne cessaient de l'observer, de le pointer du doigt, de le tourner en ridicule, d'irriter ce pauvre maniaque qui était devenu un spectacle de divertissement public[1].

D'autres exemples peuvent être tirés de récits plus récents, où des étudiants de sociologie rendent compte de leurs expériences de travail comme surveillants d'hôpital psychiatrique :

> « Quelques gardiens taquinent les patients afin de se moquer de leurs réactions bizarres - une pichenette sur l'oreille ou une tape sur la tête provoquent chez eux un accès de colère. Ce petit jeu peut devenir cruel et ne semble pas limité aux patients les plus agités. Il peut servir à rompre la monotonie, mais peut aussi être imputé aux traits psychologiques des quelques gardiens qui s'y livrent[2]. »

> « Mme Kurt demanda une cigarette à un gardien. Celui-ci répliqua : "Dis 's'il te plaît' !" Mme Kurt dit alors : "S'il te plaît ? ". Mais elle se vit répondre : "Maintenant, dis deux fois : 'Hello, Mme Crandall' ! " Mme Kurt ne dit rien. Le gardien sortit une cigarette du paquet et répéta : "Si tu dis par deux fois : 'Hello, Mme Crandall', tu auras cette cigarette !" Mme Kurt s'exécuta[3]. »

[184] Des interactions similaires ont été observées à l'Hôpital central. Par exemple, un gardien pouvait de temps à autre s'emparer d'un patient faisant office de « chouchou » et danser avec lui tout en adressant des clins d'œil marqués au reste du personnel[4]. La rigolade atteignait son summum quand,

▲ 1. Cité in Walk A., « Some Aspects of the "Moral Treatment" of the Insane up to 1854 », *Journal of Mental Science*, 10, 1954, p. 811.

▲ 2. Willoughby R., « The Attendant in the State Mental Hospital », mémoire de Master, Département de sociologie, Université de Chicago, 1953, p. 90.

▲ 3. Taxel H., « Authority Structure in a Mental Hospital Ward », mémoire de Master, Département de sociologie, Université de Chicago, 1953, p. 68.

▲ 4. Le clin d'œil est un procédé classique pour créer un aparté dans notre société, mais c'est aussi un élément de notre idiome d'engagement qui tend à tomber en désuétude. Cette disparition d'un usage est regrettée dans l'article suivant de *Punch*, 28 mars 1962, p. 505 : « [...] Faire de l'œil ? Aucun doute que cette pratique se perpétue dans la vie privée, dans de lointaines vallées inexplorées du Nord, dans de vieilles farces jouées par des compagnies de

le patient libéré, le gardien retournait vers l'assistance, hilare, de ses collègues. De même, quelques patients pouvaient parfois encercler un de leurs congénères, muet, qui avait pris le pli d'obéir à tous les ordres. Ils ordonnaient à leur souffre-douleur une série d'actes de profanation de soi, en crescendo, jusqu'à ce que le cercle fût pris d'hilarité.

Le même type de traitement est souvent infligé aux jeunes enfants dans notre société. L'enfant est taquiné ou poussé à répondre à une question, et celui qui l'interroge se tourne alors vers les adultes spectateurs et fait de l'enfant inconscient une source d'amusement ou un motif de fierté[1].

[185] D'autres formes extrêmes d'*engagement* déloyal sont mises en œuvre sans que la victime soit nécessairement consciente du traitement qu'elle subit. L'obligation, dans une rencontre à deux personnes, de maintenir avec tact son coparticipant dans l'illusion du désir partagé d'un *engagement* conjoint, peut conduire à une désaffection du premier participant, soigneusement dissimulée à son vis-à-vis, et parfois à lui seul. Ainsi, quand une personne vit comme une expérience qui la rabaisse le fait d'être rejointe en public par une autre personne pour laquelle elle a peu d'estime, elle peut, mécontente, se moquer secrètement de cette autre personne devant la compagnie assemblée ou lui communiquer, d'une façon ou d'une autre, que cette rencontre ne doit pas être prise au sérieux. Aux bals des îles Shetland, il m'est arrivé de voir une fille qui répondait au droit à danser de tout un chacun en acceptant l'invitation d'un homme ivre, d'un handicapé ou d'un marin étranger. Mais une fois dans leurs bras, elle s'empressait de signaler par des gestes de collusion au cercle de spectateurs

théâtre itinérantes, à bout de souffle. Mais comme trait majeur du *British way of life*, le clin d'œil semble être pratiquement en extinction. Le clin d'œil furtif du diplomate, souvent accompagné d'un doigt placé sur le nez, le clin d'œil du complice du comique, celui jovial du jeune curé boute-en-train qui étend les limites de l'autorisé dans des fêtes paroissiales, le clin d'œil intentionnel du parasite qui vit aux crochets du bookmaker, le clin d'œil grivois du noceur à une femme sans protection, celui qui, entre financiers, vaut comme un signe de confirmation... Tous ces clins d'œil ont disparu de la fiction et presque complètement de la vie, qui est du coup devenue moins colorée, moins dangereuse aussi, et beaucoup plus rangée. »

▲1. Ce n'est pas seulement pour captiver l'attention de l'assistance qu'un individu peut en provoquer un autre. On peut encore taquiner un enfant, en l'absence de tierce personne, pour lui apprendre à contrôler son tempérament. Cf. Bateson G., « The Value System of a Steady State », *in* M. Fortes, ed., *Social Structure*, Londres, Clarendon Press, 1949, p. 39 : « Classiquement, la mère commence un petit flirt avec l'enfant en tirant sur son pénis ou en l'entraînant dans une activité interpersonnelle. Cela excite l'enfant et une interaction cumulative va s'enclencher pour quelques instants. Mais alors que l'enfant, approchant d'un petit pic d'excitation, lance les bras autour du cou de sa mère, celle-ci détourne son attention. À ce moment, l'enfant s'engage en général dans la voie alternative d'une autre interaction cumulative, qui monte en puissance jusqu'à l'explosion de colère. La mère, adoptant alors un rôle de spectatrice, s'amuse de la crise de l'enfant, ou si l'enfant l'attaque, le repousse sans manifester de colère à son égard. » [Cf. la planche photographique 47, « Stimulation and Frustration », et la 51, « Boy's Tantrums », in *Balinese Character, op. cit.*, p. 148-149 et 156-157].

dans leur dos que « cet *engagement* dans un tour de danse, ce n'est que pour la rigolade et vous n'avez pas à me juger à son propos ! ». Une des histoires de mise en garde des jeunes filles raconte que, dans une soirée universitaire, un jeune homme, voulant être débarrassé de la fille avec qui il était en train de danser, agitait dans son dos un billet d'un dollar chaque fois que le couple passait devant la file des hommes postulant à la prochaine danse (*stag-line*) - une récompense bruyante, dans son mutisme, à quiconque accepterait de le décharger de sa partenaire. Bien entendu, la possibilité de ce type de commerce est un facteur de contrôle social, qui conduit l'individu à renoncer par avance à des *engagements* dans lesquels ses coparticipants pourraient n'être pas loyaux à son égard.

Scènes

Il est clair que l'échec des participants à contrôler leur activité dans un *engagement* peut non seulement conduire à la trahison de l'un ou de plusieurs d'entre eux, mais aussi à l'épanchement dans la situation dans son ensemble des thèmes et des sentiments qui ont émergé dans l'*engagement*. À un certain point, les spectateurs peuvent être dérangés dans leurs propres activités par ce remue-ménage, ce qui rend très difficile pour eux de rester dans une attitude d'inattention civile vis-à-vis de la rencontre, sortie de ses gonds.

[186] Un exemple de cette déloyauté doublement offensive se rencontre dans ce que l'on appelle parfois des « scènes ». Ici, une personne qui est supposée se maintenir dans le cadre d'un *engagement* peut lancer un appel fortement mobilisateur, à propos d'un problème interne, auprès de personnes extérieures. Un couple de patients psychiatriques qui voyageait en autobus sous la tutelle d'une infirmière a ainsi commencé à se disputer. Il a bientôt « ouvert la rencontre » à tous les passagers du bus, les embarquant dans l'un ou l'autre camp de l'altercation (notes d'infirmière). Une femme dans un quartier populaire, battue par son compagnon, peut également faire appel à ses voisins ou aux témoins, les enrôlant de force dans son histoire. Les sentiments mélangés que crée l'explosion des frontières de l'*engagement* donnent une image claire de ce que les règles de conduite en public travaillent à prévenir. À son point extrême, une scène peut briser toutes les clôtures conventionnelles qui séparent les individus *engagés* des individus *non engagés* dans la situation, donnant lieu à un nouvel *engagement* extrême, où rien n'a été ni attendu, ni désiré.

Le fait que les spectateurs puissent désirer ou se sentir obligés de rester extérieurs à une rencontre accessible en public rend possible une espèce de demi-scène : les personnes y parlent de façon suffisamment forte et lourde de sous-entendus pour se rendre accessibles à des *outsiders*, mais elles tempèrent suffisamment leur discours afin de leur laisser la possibilité de ne pas s'impliquer. Ici, on utilise parfois les termes de marmonner, ronchonner, grommeler ou chuchoter. Deux dames d'un certain âge, assises au comptoir d'un drugstore pour manger un sandwich, peuvent, si elles jugent que la @garniture en est trop mince, soulever ostensiblement l'un des morceaux de pain et s'en plaindre l'une à l'autre, avec un ton de voix que la serveuse est supposée entendre sans entendre. La personne à qui la remarque est adressée peut répliquer. Elle ratifie ce commentaire formulé à demi-mot, comme s'il s'agissait d'un message qui lui était adressé formellement, en recourant à une expression du type : « Vous avez dit quelque chose ? »

En plus de « laisser tomber » une rencontre alors qu'il en est encore membre, un participant peut la quitter en [187] révélant à cœur ouvert ce qu'il ressent à ses coparticipants. Il se peut que ceux qui restent dans la rencontre n'aient pas le temps de se ressaisir pendant cette prise de congé et que le partant refuse d'étouffer et de réprimer les affects qu'il a éprouvés en tant que participant à l'*engagement*. D'ordinaire, bien entendu, une courte cérémonie de départ permet à la personne de prendre congé sans faire d'esclandre.

Les attentes qu'une personne en instance de départ « revienne » à la tonalité et à l'humeur qui prévalent dans le rassemblement deviennent évidentes quand cette personne échoue à se plier à la discipline de la prise de congé. Un moment spécifique de « scène » peut être observé chez les enfants, les divas d'opéra, les malades mentaux et autres personnages qui jouissent d'une espèce de privilège du caprice, quand ils quittent précipitamment un *engagement*, dans un mouvement d'indignation. Ils abandonnent même parfois la situation en laissant dans leur sillage une vague d'affects, matérialisée par des portes claquées et des chaises renversées. La personne qui s'en va est du reste supposée semer dans la situation quelques signes, qui s'estompent lentement, de l'état d'animation que la rencontre a provoqué en elle. Si elle ne le fait pas, ses protagonistes pourront alors en inférer que cette rencontre n'a pas réussi à l'émouvoir[1].

La désorganisation affective est plus que probable quand le partant s'extirpe de ce qui était avant tout un *engagement* à deux personnes. Dans de tels cas, la personne qui reste, profondément impliquée dans une rencontre qui n'existe plus, n'ayant personne d'autre sur qui déverser ses réactions, se retrouve en piètre posture pour étouffer les affects qui la liaient à la situation. Cette possibilité peut, bien sûr, être exploitée. Par exemple, selon les notes d'une infirmière, un patient qui semblait savoir exactement comment attaquer les arrangements sociaux à leurs jointures, quittait les magasins après avoir réglé au vendeur la somme réclamée, mais en omettant de lui payer un ou deux cents, le laissant ainsi dans une position délicate. Le vendeur ne pouvait plus sortir de son engagement dans la rencontre, et pas davantage continuer à y tenir son rôle.

▲1. Cette remarque nous a été suggérée par Harvey Sacks.

Désertion

[188] Nous avons vu qu'un individu peut trahir la rencontre, soit en participant avec des complices à des jeux de scène secondaires, soit en quittant les lieux de façon précipitée. Il y a cependant une autre façon de prendre congé et de conclure l'*engagement*. La prise de congé est un acte physique conçu pour exprimer le rejet de ceux dont on prend congé. Dans le cas d'*engagements* à deux personnes, la personne qui reste n'est pas seulement disponible, comme cible de cet acte physique, mais se retrouve aussi inévitablement *non engagée*. Cet état de choses peut être une menace non seulement pour cette personne *non engagée*, mais aussi pour ceux qui administrent l'occasion sociale où cet épisode prend place.

Peut-être que l'exemple le plus familier de cette situation est l'épreuve associée au fait de « rester coincé » (*get stuck*) avec quelqu'un au cours d'une réception. Une fille qui, à une fête, se retrouve sans partenaire de danse ou de conversation, apparaît aux yeux de tous comme une personne indésirable - et incidemment, fait paraître la fête elle-même comme une entité qui n'incorpore pas ses membres. C'est pourquoi il existe souvent des règles qui interdisent à un homme de laisser tomber une partenaire, quel que soit le temps qu'il ait passé « collé » à elle, si cela la condamne à apparaître seule aux yeux de tous. En principe, un homme « en société » doit attendre le moment autorisé de libération : celui où la femme à qui il tient compagnie pourra être confiée à une autre unité désirable de participation, de préférence un autre homme qui aspire à sa compagnie[1]. Et même ainsi, la tâche sociale vis-à-vis de la personne libérée n'est pas encore terminée :

> « Si vous parlez à une dame avec l'habituelle indifférence que vous avez pour une connaissance de longue date et êtes seulement en train d'attendre que quelqu'un d'autre se montre, afin de saisir l'occasion de la quitter, vous ne devez pas prendre congé au moment même où la tierce personne se présente, car cela pourrait faire prendre le temps passé en sa compagnie pour une ennuyeuse obligation. Vous devez rester quelques instants, encore, avant de vous éloigner[2]. »

[189] Face à cette difficile obligation, la personne qui se retire peut mettre au point des stratégies de réduction du caractère potentiellement offensif de son départ. D'ordinaire, dans des réceptions informelles, une personne qui ne parvient pas à s'extraire d'une rencontre peut mettre en avant son désir d'une boisson fraîche pour prendre congé avec tact.

Une tactique plus générale est de se confier à la coopération tacite de la personne qui est quittée. Elle doit repérer certains indices et signaux et s'en

▲ 1. Dans des bals publics, de classe populaire et petite classe moyenne, l'obligation d'un homme vis-à-vis de sa partenaire féminine peut se limiter à la ramener du côté de la salle réservée à la gent féminine. Il est cependant plus protecteur, de la part de cet homme pour sa partenaire, de le faire avec nonchalance, que de se précipiter avant de la quitter.

▲ 2. Anonyme, *The Canons of Good Breeding*, *op. cit.*, p. 68-69.

saisir. Un manuel de savoir-vivre donne un exemple de protection qu'une fille doit donner à un garçon qui pourrait se retrouver « coincé » avec elle lors d'une danse. Même si elle a envie de rester un peu plus longtemps en sa compagnie qu'il n'en a lui-même envie, elle doit lui venir au secours après un certain temps :

> « Le commencement de la sagesse est d'accepter le fait que quelqu'un qui a dansé suffisamment longtemps avec une partenaire peut avoir envie d'en changer. Une femme qui se cramponne pendant des heures à un homme, si pathétique soit-elle, ne re-dansera pas de sitôt avec lui. S'il lui manque ce refuge que sont une table ou un groupe d'amis, elle devrait proposer de quitter la piste de danse assez rapidement, sitôt que le sentiment d'être "coincés" l'un avec l'autre se fait sentir. La phrase classique à énoncer dans ce cas-là est : "Il fait tellement chaud ! Voudriez-vous prendre un verre !", ou bien, "Asseyons-nous donc pour un instant !" Une fois quittée la piste de danse, les deux partenaires peuvent se joindre à un groupe d'amis - mieux vaut un groupe qu'un couple - jusqu'à ce qu'un autre homme se présente. La femme peut alors changer de partenaire et s'engager dans une autre danse[1]. »

Le travail du tact de la personne qui prend congé et de la personne qui est quittée est parfois facilité par la personne responsable de l'ordre dans l'occasion. Cet officier peut mettre en œuvre des moyens diplomatiques pour que la séparation se fasse avec tact. Ainsi, le fait qu'un invité puisse recourir à la coupe de punch comme à un support pour commuter de partenaire peut être anticipé par l'hôtesse, qui arrange la salle en installant une table éloignée où soient accessibles nourriture et boisson[2]. Mais bien sûr, l'action de l'hôtesse peut être plus directe encore : elle peut elle-même faire intrusion [190] dans les groupements conversationnels dans lesquels elle sent que les personnes sont restées « coincées ». Toujours selon un manuel de civilité :

> « Certains des tête-à-tête se déferont d'eux-mêmes, si les invités ont assez d'expérience et de savoir-faire pour se prendre en charge et circuler par eux-mêmes. Mais très souvent, l'intervention de l'hôtesse sera nécessaire. En fait, à moins qu'un tête-à-tête paraisse particulièrement gai et animé, nourrissant la conviction de l'hôtesse que les invités qui y prennent part sont vraiment en train de s'amuser, celle-ci devra changer les combinaisons de temps à autre[3]. »

Il en va de même pour des partenaires qui seraient trop longtemps restés « collés », à danser l'un avec l'autre. Ici, l'hôtesse doit s'assurer que des hommes, souvent des proches, soient présents, et acceptent la « mission » de *s'engager* dans des danses et autres opérations d'urgence. Le rôle des huissiers [4] formalise cette fonction : ces hommes, dont le signe de

▲1. *Vogue's Book of Etiquette*, *op. cit.*, p. 79.
▲2. Ce point a été suggéré par Susan Irwin.
▲3. *Vogue's Book of Etiquette*, *op. cit.*, p. 441.
▲4. Post E., *Etiquette*, *op. cit.*, p. 322-323 [chap. XVII, « Balls and Dances ». Il s'agit d'huissiers (*ushers*), en service pour un soir, choisis par l'hôtesse parmi des hommes de bonne société, qui portent un bouton de rose blanche en boutonnière. Ils doivent danser avec les dames esseulées et assurer la fluidité et le rythme du bal].

reconnaissance est leur boutonnière blanche, sont investis du droit et du devoir de placer les participants ou de les maintenir « en circulation ».

Cinquième partie

Interprétations

Chapitre 12

Structure et fonction des propriétés situationnelles

[193] Le comportement d'un individu est guidé par des normes sociales qui portent sur son implication dans les situations où il se trouve. Différentes règles s'appliquent à l'intensité de ses engagements, à leur distribution entre activités principales ou secondaires, et, point important, à la tendance qu'ont ces activités à l'*engager*, au sens fort, avec toutes les personnes présentes, avec certaines ou avec aucune. On parlera alors d'*allocation* ou de *distribution* ordonnée de l'engagement de l'individu. En prenant le point de vue de la situation comme un tout, on peut relier cette forme de l'engagement de chaque participant avec celle de chacun des autres participants, et les faire tenir ensemble en les ajointant en un schéma que l'on qualifiera de *structure de l'engagement dans la situation*, et peut-être tout simplement de *structure de la situation*. (Et de même que l'on parle de distribution et de structure *effectives* de l'engagement, on pourra, d'un point de vue normatif, parler de distribution et de structure *prescrites* de l'engagement). En tout cas, en vue de décrire les conduites des personnes dans une arrière-cour, un marché de rue, une partie de bridge, une cérémonie d'investiture politique ou l'assemblée d'une congrégation revivaliste, il semble raisonnable de traiter la structure de l'engagement dans ces situations comme un seul cadre de référence.

[194] Essayons à présent de passer rapidement en revue les types de propriétés situationnelles que nous avons décrites et les fonctions sociales qu'elles paraissent accomplir.

Les règles d'accès à une région délimitée et les règles de bonne conduite à ses frontières sont explicitement des règles de respect pour le rassemblement lui-même. Les régulations à l'encontre des préoccupations externes, des engagements occultes et de certaines formes d'absence garantissent que l'individu ne va pas se laisser aller à des sujets qui sont étrangers à la situation. Les régulations à l'encontre des engagements principaux non occasionnés ou des engagements secondaires trop prenants (en particulier quand les uns ou les autres sont des auto-engagements) semblent garantir que l'individu ne fera pas sécession en se laissant absorber par des sujets qui ne concernent que lui-même. Les régulations à l'encontre d'un intense engagement mutuel fournissent les mêmes assurances à l'encontre des conduites d'un sous-ensemble de personnes présentes. En bref, les intérêts trop larges ou trop étroits par rapport à ceux qui doivent être poursuivis dans le rassemblement sont refrénés. Des limites sont posées à ces types de migration du soi, qui peuvent advenir sans que l'individu quitte sa position physique. Ainsi contraint de canaliser ses engagements - à l'écart de ceux qui le font fuir hors de la situation et de ceux qui lui font faire sécession dans la situation - l'individu démontre nécessairement qu'une partie de lui-même a été réservée pour ce qui reste, à savoir le petit système de vie sociale régulée, qui est conjointement et exclusivement entretenu par les participants à la situation dans son ensemble. La situation couvre à peu près le domaine dans lequel la régulation de l'engagement de l'individu est perceptible. Cependant, nous savons que le rassemblement et la vie conjointe qui y a actuellement cours ne sont que l'expression, la phase visible de l'occasion sociale dans laquelle se produit la situation. Se conduire de façon inappropriée dans la situation revient alors à ne pas s'acquitter de ce que l'on doit à l'occasion sociale.

Des conséquences similaires émergent lorsque nous nous tournons des contraintes qui pèsent sur le choix de l'objet de l'engagement vers celles qui relèvent de la façon dont un individu se prend lui-même en charge. En soutenant une composition de sa face, orientée publiquement, et en organisant convenablement les aspects les plus matériels de son [195] apparence personnelle, l'individu se présente comme une personne apprêtée pour l'interaction sociale dans la situation. En inhibant ses relâchements animaux et en gardant le contrôle sur ses engagements les plus intenses, il garantit qu'il est prêt à affronter n'importe quel événement qui se produira dans la situation. En se gardant de s'absorber trop en profondeur dans une tâche située, il se tient prêt à agir à la surface de la situation. Par tous ces moyens, l'individu montre qu'il est « dans le jeu », sensible au rassemblement qui a cours dans la situation et à même de s'y orienter, ouvert à toutes les possibilités d'interaction qui pourraient s'y déclarer.

Un tableau analogue se donne à nous si nous observons à présent les régulations des *engagements* accessibles, surtout ceux qui ont cours dans des occasions sociales comme les réceptions. On compte, parmi les prohibitions qui pèsent sur les conduites incorrectes, la prise de congé collective du rassemblement et de l'occasion sociale qui l'englobe. D'autres interdictions regardent le manque de loyauté dans la rencontre. Elles préviennent l'intrusion intempestive de spectateurs - des personnes qui sont supposées avoir les égards appropriés pour l'occasion sociale. Les règles qui contraignent quelqu'un à se donner à des engagements mutuels occasionnés, et les règles contre l'exclusion des nouveaux venus qui montrent du respect, sont des règles qui garantissent que l'occasion fixe l'horizon de l'engagement. En ménageant l'accessibilité à toutes les personnes présentes, le rassemblement a suffisamment de sens en soi pour que chaque participant, en vertu de sa seule participation, ait le droit de recevoir de l'attention et l'obligation d'en donner à tous les autres participants. La loyauté, la mise en sourdine, l'espacement, la dérive de la situation : tels sont les thèmes fondamentaux pour l'organisation des *engagements* accessibles ainsi que du cadre de participation des spectateurs. Ces sujets sont difficiles à décrire si aucune référence n'est faite à leur fonction comme supports du rassemblement dans son ensemble et, en arrière-plan, de l'occasion sociale.

Les contraintes qui s'appliquent aux objets de l'engagement, aux modes de gestion des engagements de chacun et (à travers ceux-ci) à la gestion des *engagements* accessibles, [196] sont la preuve de la réalité et du poids de la « situation ». On pourrait de fait être tenté de résumer l'argument en disant que l'individu est obligé de démontrer son engagement *dans* (*in*) la situation à travers la modulation de ses engagements *à l'intérieur de* (*within*) la situation. Mais ce serait une façon imprécise de parler. Premièrement, ce que l'individu doit faire est véhiculé par la modulation appropriée de ses engagements situés. Ce qui est par là communiqué, ce n'est cependant pas de l'« engagement », mais plutôt cette sorte de respect et d'égard que l'on doit à ce à quoi on appartient et à quoi on est attaché. On retrouve au cœur de ces engagements situés l'espèce de concernement que l'on doit manifester pour ce dont on est partie prenante. Deuxièmement, une situation, telle que définie dans cet ouvrage, est un environnement de possibilités de communication, et non pas une chose à laquelle quelqu'un pourrait s'attacher. La petite société en question est celle du rassemblement dans la situation, et le petit système social qui s'y forme se compose de conduites qui se conforment aux propriétés de la situation. Troisièmement, enfin, ce qui est dû au rassemblement est dû à l'occasion sociale : la vie sociale conjointe qui accomplit le rassemblement est une incarnation de l'occasion elle-même.

Les propriétés situationnelles donnent ainsi corps à la vie sociale conjointe portée par un rassemblement, et transforment le rassemblement lui-même de pur agrégat de personnes coprésentes en petit groupe social ou en petite réalité sociale, de plein droit. En arrière-fond de cette fonction sociale, d'autres fonctions peuvent être discernées.

Quand une situation vient à l'existence, l'accessibilité mutuelle des signes corporels n'est pas la seule propriété de la situation à laquelle ont affaire ceux qui y participent. Chaque personne devient potentiellement une victime ou un agresseur dans la potentielle occurrence d'actions interpersonnelles violentes, comme de bloquer le passage, d'attaquer physiquement, de harceler sexuellement, et ainsi de suite. De plus, chaque personne présente se trouve dans une position d'accoster les autres ou d'être accostée à son tour, avec l'intention d'entamer une discussion - de s'engager conjointement dans une conversation. Cet état de fait comporte ses propres dangers, car lorsque les personnes s'assemblent de cette façon, elles peuvent se commander ou s'implorer, s'insulter ou se flatter, s'informer ou se désinformer, [197] être vues par les autres comme étant des connaissances proches, et ainsi de suite. De plus, quand un *engagement* est assumé en présence de spectateurs, les participants s'exposent au risque d'être espionnés ou dérangés par des intrus, de même que les spectateurs deviennent vulnérables à des distractions non désirées.

Quoique ces différents dangers liés à la présence des autres ne s'actualisent pas souvent, en particulier dans une société de classes moyennes, ils se profilent toujours comme des possibilités. C'est à travers des signes corporels que les personnes se signifient les unes les autres qu'on peut leur faire confiance de ne pas exploiter ces menaces potentielles. C'est seulement lorsque ces signes ont été reçus que le participant à la situation se sent suffisamment en sécurité pour lever ses défenses, et pour s'abandonner tout entier aux aspects simplement-situés de ses engagements. Des personnes qui témoignent de leur manque de respect à un rassemblement, en se conduisant de façon inappropriée, peuvent aussi provoquer chez leurs coparticipants, à tort ou à raison, une peur pour leur inviolabilité physique et sociale.

Ici, entre parenthèses, nous touchons à une raison pour laquelle les situations sociales et les rassemblements qui s'y déroulent valent la peine d'être étudiés, indépendamment de l'occasion sociale dont ils sont partie prenante. D'ordinaire, les situations sont pensées comme si elles étaient étroitement imbriquées dans un cadre institutionnel, et les cadres institutionnels sont tenus pour si différents les uns des autres, que le retranchement (*excision*) des situations et de leurs rassemblements en vue d'une étude séparée peut paraître discutable. Pourtant, c'est seulement dans des situations que les individus peuvent être agressés physiquement, abordés pour discuter ou arrachés à leur conversation, dérangés dans leurs engagements par les sollicitations des spectateurs. C'est seulement dans des situations que ces types d'accessibilité doivent être affrontés et administrés. En s'y mesurant et en les prenant en charge, on confère à la vie sociale telle qu'elle est vécue dans ces situations un caractère distinctif et commun, indépendamment des contextes de vie sociale de plus large envergure dans lesquels chaque rassemblement est enraciné et dont il est une expression.

Chapitre 13

Conduites strictes, conduites relâchées

[198] La tentative a été faite de décrire quelques-unes des régulations des engagements soutenus *à l'intérieur d'*une situation, qui conduisent à la manifestation de respect et d'égard *pour* le rassemblement dans la situation. Chacune de ces régulations a été traitée comme un trait générique et structural des rassemblements - les rassemblements étant définis comme une classe naturelle d'unités sociales. La preuve en a été administrée en tenant compte non seulement de la diversité des façons de rendre manifeste l'adhésion à ces régulations, mais aussi de la grande variété des situations auxquelles ces régulations s'appliquent.

Dans certains cas, un continuum a été établi pour une régulation donnée. À un pôle, nous avons mentionné les situations dans lesquelles les régulations contraignent à peine les participants à montrer du respect pour le rassemblement, à l'autre pôle, les situations où, au contraire, une forte dose de respect pour la situation est requise. On peut illustrer ce point par quelques exemples. Soit un parc, un samedi après-midi, en été. Ici, la « présence » situationnelle requise est réduite au minimum. Tel individu peut défaire ostensiblement son nœud de cravate, enlever ses chaussures, et être moins soucieux d'étouffer des renvois. Tel autre peut aussi s'autoriser une petite [199] marge de désengagement, en s'adonnant presque totalement aux rôles de joueur de champ ou de troisième base dans une partie de base-ball. À cette gestion de soi correspond celle des objets de l'engagement. Dans le parc, un individu peut s'impliquer intensément et s'exposer dans des engagements mutuels où il se bagarre, fait l'amour (jusqu'à un certain point) ou interpelle un ami qui s'en vient sur le chemin. Il peut s'immerger dans des auto-engagements comme se curer les oreilles, manger du poulet dans son emballage ou se masser un muscle de la jambe. Il peut se prélasser dans un état d'apparent désengagement, se perdre dans la rêverie, et prendre bien moins de précautions que d'habitude pour ne pas paraître livré à des engagements occultes. Inversement, certaines situations sociales, comme une cérémonie d'investiture, dressent des scènes sur lesquelles peu, s'il en est, de ces activités sans orientation sont autorisées. Ici, chaque participant est tenu d'afficher une concentration intense sur le rassemblement et de montrer son extrême dévotion pour l'esprit de l'occasion.

Il pourrait sembler, alors, qu'il existe un axe, en forme de continuum, le long duquel la vie sociale en situation connaît des variations, en fonction du degré de discipline requis de la part des participants, et de leurs façons d'exprimer du respect pour le rassemblement et l'occasion sociale qu'il incarne. Pour cette raison, on peut imaginer que si la direction d'un restaurant ou l'hôte d'une réception mettent un jeu d'échecs à la disposition des clients ou des invités, autorisant deux joueurs et un cercle d'amateurs à se rassembler en une sorte de fugue conjointe, alors vraisemblablement, d'autres types de licence situationnelle seront accordés.

Dans le discours ordinaire, les termes de « formalité » et d'« informalité » sont parfois employés pour se référer aux deux pôles de cet axe de régulation de la situation. On pourrait mettre ici ces termes à contribution, en gardant à l'esprit le fait qu'ils caractérisent le style de vêtements que l'on porte, le degré de codification préalable de la séquence d'actes d'une occasion sociale, la force de la contrainte qui pèse sur les participants et le spectre des activités qui sont ou non autorisées. Les termes « strict » et « relâché » seraient plus justes d'un point de vue descriptif et donneraient un [200] poids égal aux différentes façons de manifester son attachement à une occasion sociale. Dans tous les cas, une fois que ce continuum a été établi à des fins de récapitulation, nous devons soigneusement éviter la tendance du sens commun à « expliquer » les aspects particuliers d'une situation par référence à un modèle général. Au pire, de telles explications sont tautologiques ; au mieux, elles ne font que déplacer le point qui doit être expliqué - en opérant une translation du cas particulier au modèle dont il est supposé être un cas.

Ce qui a été dit plus haut à propos de chacun des modes de régulation de l'engagement devrait pouvoir être répété le long d'un axe du plus « strict » au plus « relâché ». Ce ne serait là qu'une autre façon de parler de la structure de l'engagement. Le même type de cadre social est ainsi plus ou moins « strict » dans différentes communautés. Les rues publiques de Paris semblent beaucoup plus décontractées que celles de Grande-Bretagne ou des États-Unis. On peut y picorer une baguette de pain tout en se promenant ou en rentrant du travail, être embarqué avec passion dans des conversations itinérantes, prendre son repas à la terrasse d'un café, ne pas se montrer surpris en croisant des personnes bizarrement accoutrées, et ainsi de suite. Dans la société anglo-américaine, il faut aller dans des stations de vacances pour être plongé dans de telles ambiances - les Américains tendent du reste à accorder les mêmes vertus de détente à la France. Les rassemblements publics semblent y réclamer moins d'attachement et de révérence et autoriser chacun à laisser cours, avec plus d'aisance, à ses préoccupations privées ou interpersonnelles. De la même manière, dans les communautés anglo-américaines, un enseignant sera supposé rester assidûment concentré sur la situation scolaire pendant les heures ouvrables, tandis que nous lisons à propos du Mezzogiorno italien :

> « Il n'est pas inhabituel pour un enseignant d'arriver en retard à l'école et de passer la matinée à fumer une cigarette et à regarder oisivement par la fenêtre[1]. »

[201] On attend de nos étudiants à l'université qu'ils montrent un formidable « respect » pour le foyer d'attention principal de l'amphithéâtre qu'est la performance du professeur, ce qui conduit, par contraste, un écrivain à faire le commentaire suivant sur leurs homologues indiens :

> « Les amphithéâtres des étudiants indiens, débutants ou aspirants à la licence et au master, offrent souvent des scènes de désordre. Pas seulement en raison de la propension au saccage organisé qui inquiète le Président de la République, le Premier ministre, les Gouverneurs des États et leurs directeurs de cabinet, les journalistes, la Commission des bourses de l'Université, les présidents d'Université, les travailleurs sociaux de Gandhi, et d'autres encore. Mais en raison du désordre aléatoire et individuel des pieds qui traînent, des conversations à voix haute, des notes qui circulent et des gestes de bravade[2]. »

On peut faire ressortir le même type de contraste entre des rassemblements au sein de la même nation et même dans une certaine région géographique, comme aux États-Unis. Un continuum peut être établi, avec pour variable le degré de formalité exigé de la tenue des hommes qui fréquentent des restaurants dans l'espace public. Certains établissements exigent encore le port du costume de soirée. D'autres imposent *a minima* les vestes et les cravates, et peuvent même en garder en réserve à portée de main, au vestiaire, pour les prêter à des clients éventuels qui se présenteraient habillés de façon informelle. Dans les stations de vacances des mêmes régions géographiques, on peut encore rencontrer des établissements dont les règlements affichés stipulent que des T-shirts doivent être passés par-dessus les maillots de bain. Ce souci de formalité minimale est définitivement oublié sur les plages où manger, boire et danser sont des activités autorisées, même pour des hommes aux pieds nus et en maillot de bain. En passant, remarquons que les sociétés ont leurs propres limites en ce qui concerne le caractère strict ou relâché des conduites, et que ces limites semblent changer au cours du temps. En dépit de certains efforts récents pour réintroduire un peu d'apparat dans la vie américaine, les vêtements de soirée les plus formels tombent de plus en plus en désuétude, et les occasions d'exhiber des ornements comme les diadèmes de pierres précieuses se font de plus en plus rares.

▲ 1. Banfield E.C., *The Moral Basis of a Backward Society*, manuscrit non publié, p. V-7 [ce livre avait en fait été déjà publié par la Free Press of Glencoe en 1958 - Goffman avait sans doute eu accès au manuscrit à Chicago, où Banfield a enseigné jusqu'en 1959].

▲ 2. Shils E., « Indian Students », *Encounter*, 17, septembre 1961, p. 13.

Tous les établissements sociaux présentent des [202] variations instructives, selon le lieu et selon le moment, quant à la rigueur de leurs exigences de formalité. Les surveillants de l'Hôpital central, par exemple, éprouvaient le besoin de porter la cravate et de paraître élégants, mais seulement sur la partie du campus où se trouvait le bâtiment de l'administration. Lors de leur tour de nuit, quand les médecins et les infirmières étaient absents, les mêmes surveillants pouvaient administrer les médicaments aux patients sans se soucier de retirer leur cigarette de la bouche et debout ou assis, se laissaient aller à des postures avachies[1].

Le système du pavillon psychiatrique est une pièce centrale de la structure sociale des hôpitaux psychiatriques. Il peut aussi être décrit en termes de règles d'engagement. Dans les « mauvais » services, le rapport à la situation était extrêmement relâché, dans les « bons », les manifestations de respect pour le rassemblement s'avéraient plus nombreuses [2]. Les institutions communautaires de l'Hôpital central étaient elles-mêmes définies comme strictes, non sans différenciation. Dans l'immense réfectoire de trois cents places, qui nourrissait les neuf cents patients du service des patients chroniques, de sexe masculin, manger en portant son chapeau n'était pas interdit. Le lieu avait quelque chose de l'atmosphère d'un hall de gare. Par contre, à la Maison de la Croix-Rouge, qui abritait un vaste salon de danse, le personnel avait le sentiment que les patients devaient « respecter » le lieu et agir comme s'ils étaient à la maison. Des affiches, des engueulades collectives et d'autres types d'injonctions réitéraient l'interdiction de porter le chapeau, de jeter des détritus par terre, de cracher ou de chahuter[3].

[203] Tout comme les situations souffrent des conduites plus ou moins strictes ou relâchées, il existe de ce point de vue des différences entre les rôles - chacune de ces différences pouvant être maintenue par-delà les

▲ 1. Ce relâchement du tour de nuit est confirmé par plusieurs enquêtes. Cf. par exemple : Lipset S. M., Trow M., Coleman J., *Union Democracy*, New York, The Free Press of Glencoe, 1956, p. 139.

▲ 2. Inversement, les « bons » services sont ceux où d'autres types de privilèges sont accessibles, et les « mauvais » sont ceux qui en sont privés. Quand les membres du personnel recourent à ces catégories, ils désignent souvent des différences en termes de propriétés situationnelles. Les patients, de leur côté, tendent à avoir à l'esprit les composantes simplement-situées des privilèges dans le service. La même étiquette peut ainsi renvoyer au même service, mais connoter des choses différentes. On peut rajouter qu'en général, les hôpitaux psychiatriques tendent à fonctionner sur la base de quotas de privilèges : le patient qui aspire à une licence effrénée dans la situation doit sacrifier les composantes simplement-situées des privilèges. Inversement, dans la mesure où il désire d'avoir accès à ces derniers, il doit être prêt à « bien se comporter. »

▲ 3. En réalisant que certains de ces facteurs de contrôle sont inhérents au contexte de comportement, nous pouvons plus aisément comprendre pourquoi certains patients psychiatriques peuvent connaître une amélioration soudaine en étant simplement transférés vers un « meilleur » service. Mais il reste difficile de déterminer combien de nouveaux matériaux humains un site peut incorporer sans perdre la structure d'engagement qui est la sienne d'ordinaire.

frontières entre situations. À un extrême, nous avons le patient chronique qui n'a pas encore décidé de chercher à sortir de là en se comportant comme il faut. Il peut juger avoir payé pour le droit d'agir de façon relâchée et estime qu'il aurait tort de ne pas exercer ce droit qu'il a conquis. Il joue ainsi le rôle du « dingue ». Comme on l'a déjà avancé, il partage avec les enfants, les personnes âgées, les *hobos* et les bohémiens cette autorisation spéciale d'être souvent négligent vis-à-vis des obligations situationnelles (l'attente étant partagée de le voir se comporter de la sorte). À l'autre extrême, nous avons les dignitaires de haut rang, dans l'armée ou dans l'Église, dont l'uniforme est empreint de solennité, et qui préfèrent les rassemblements suffisamment stricts où ils seront salués.

Ici se laisse repérer la différence omniprésente entre les membres des classes populaires et des classes moyennes dans la société américaine. Ceux qui travaillent sans cravate, et n'ont pas à se soucier de ne pas salir leurs vêtements, peuvent se permettre de toucher et d'être touchés par leur environnement physique. Le caractère « informel » de leur costume fait partie d'un tout complexe, où il est entendu qu'ils n'ont pas besoin d'assurer un strict maintien de soi dans les situations sociales en public. Tandis qu'ils attendent un bus ou discutent avec un ami dans la rue, ils peuvent avoir une espèce de nonchalance, s'appuyer contre un mur d'immeuble, s'asseoir sur n'importe quel substitut de siège, et exprimer, en relation avec le rassemblement en tant que tel, une décontraction conforme au rôle qui leur a été alloué[1]. Leur costume est autant l'effet que la cause de leur orientation situationnelle. (Un cas limite est celui du ramoneur ou du mineur, qui peut salir l'environnement autour de lui et qui s'impose par conséquent un surcroît de prudence). [204] Les personnes de classe moyenne, par contre, sont soumises à l'obligation de garder un port droit et alerte, et d'être prêtes à réagir aux interactions, dans les lieux publics. Là encore, le fait que leurs modèles de vêtement et de propreté soient incompatibles avec une trop grande familiarité avec l'environnement physique de la rue semble être autant la cause que l'effet de leur discipline situationnelle. Des personnes apprêtées de façon stricte peuvent, bien sûr, manifester un faible intérêt pour la situation, mais elles le feront au moyen d'indices probablement plus subtils que les personnes vêtues informellement.

Du fait que les personnes très jeunes et très âgées jouissent d'autorisations spécifiques en matière de règles de l'engagement, on peut se demander si, dans la société américaine, tout au moins, les sexes ont également des prérogatives différentes. Quelques éléments de preuve suggèrent que les femmes ont en général des conduites plus strictes que les

▲ 1. De bonnes photographies illustrent ce type d'usage de l'environnement. Cf. Ruesch J., Kees W., *Nonverbal Communication: Notes On the Visual Perception of Human Relations*, Berkeley, University of California Press, 1956, p. 53, p. 58 et p. 70.

hommes. Si l'on en croit la croyance populaire, leur toilette prend plus de temps : elles sont soumises à une plus forte exigence de présentabilité. L'apparition d'un homme dans l'espace public, la cigarette pendant au bout de ses lèvres, les cheveux ébouriffés et la cravate défaite, sera moins perçue comme une injure au décorum public que celle d'une femme semblablement débraillée[1]. Et pourtant, les femmes sont quelquefois définies comme des créatures dont on n'attend pas qu'elles soient des participantes à part entière dans des réunions publiques, et qui peuvent, du fait qu'elles ne sont pas profondément [205] impliquées par l'engagement principal de l'occasion sociale, se livrer à des activités secondaires comme tricoter. De même, il y a sans doute plus de situations semi-publiques où une jeune femme peut, avec une pointe d'audace, retirer ses chaussures - une conduite qui sera interdite à un homme dans le même cadre. Mais peut-être est-ce là le signe que la tenue stricte de la femme ne se limite pas à ses chaussures[2] : un pied gainé d'un seul bas de nylon est déjà presque assez présentable pour une exhibition publique en toute sécurité.

Parler du niveau général de rigueur ou de relâchement de la conduite propre à un rôle revient à prendre acte du peu de flexibilité de certains arrangements sociaux : un individu peut être d'emblée incapable de s'ajuster à certains rassemblements, les trouvant, pour certains, trop stricts, pour d'autres, trop décontractés. En conséquence, cet individu tendra à montrer une forme de détachement vis-à-vis de ces rassemblements dans lesquels son rôle le condamne à être désajusté et sera même conduit à paraître distant à des moments où il ne le voudrait pas.

Dans ce cadre, il vaut la peine d'examiner la relation entre porter des vêtements et trouver sa place dans des rassemblements, en particulier quand ceux-ci sont liés à des contextes de travail. Certains habits, comme ceux des pompiers ou des pêcheurs en haute mer, sont inextricablement liés à des tâches à réaliser. Ces façades personnelles peuvent difficilement servir

▲ 1. Cette hypothèse que les contraintes qui pèsent sur les femmes sont plus strictes que sur les hommes a été évoquée dans la littérature sur l'alcoolisme. Cf. Lemert E., *Social Pathology*, New York, McGraw Hill, 1951, p. 353 : « L'alcoolisme a une bien plus forte visibilité chez les femmes que chez les hommes. On peut faire remonter cet état de fait aux qualités symboliques de la boisson et de l'ébriété des femmes dans le passé, quand boire était coutumièrement associé à la prostitution et à la paillardise. L'absence d'une longue expérience de l'alcool chez les femmes américaines peut expliquer leur plus grande perte de contrôle quand elles picolent. Une autre possibilité à prendre en compte est que les femmes encourent plus de risques de se retrouver salement désorientées (*maladjusted*) quand elles tombent dans un premier temps dans la boisson excessive, et que dans un deuxième temps, leur comportement visible s'avère manifestement incohérent (*disorganized*). Le rire strident et haut perché des femmes ivres marque leur conduite beaucoup plus vite que les hommes. Les femmes sont supposées être plus nettes, plus propres et plus méticuleuses dans leur tenue que les hommes, de sorte que le désordre (*disarray*) introduit par l'ébriété accroît plus fortement encore leur différence de statut. »

▲ 2. [*shoe-deep* : sans doute un jeu de mots avec *skin-deep* : superficiel].

dans des situations non professionnelles, où leurs porteurs n'ont d'autre alternative que de changer de vêtements. Même pendant la pause-café, porter son costume de travail témoigne d'un certain type de dévouement pour son métier. Dans le cas du travail de bureau, les vêtements transcendent par contre les lieux où ils sont endossés pour des raisons professionnelles. Ils permettent à leurs porteurs de se fondre dans des rassemblements hors travail. Certaines parties de leur personne sont dispensées d'immersion dans le travail, ce qui leur ménage plus de dignité et de propriété de soi. Ceux qui doivent porter un uniforme et ne peuvent pas se changer au vestiaire quand ils quittent les lieux ressentent probablement une contrainte particulière à devoir donner autant d'eux-mêmes au travail et à continuer de transporter celui-ci dans les situations hors travail. Dans l'armée, bien entendu, cette contrainte peut être très explicitement rappelée par les exhortations adressées aux militaires de respecter leur uniforme. Certaines personnes vivent mal ces contraintes : elles se plaignent de ne pouvoir se mêler aisément à des rassemblements informels [206] et ont le sentiment de n'être pas autonomes[1].

En général, un individu évitera les rassemblements où l'on exige de lui plus d'engagement (*commitment*) qu'il n'est en mesure d'en donner à ce moment-là. Il risquerait de se sentir insuffisamment concerné par l'occasion sociale qui se présente. Les manuels de savoir-vivre déconseillent aux membres d'une famille, affectés par la perte de l'un des leurs, d'accepter des invitations à des dîners qui comptent plus de huit convives ou de se montrer dans des restaurants à la mode, aux courses, à l'opéra ou au théâtre. Dans ces différents contextes, les participants sont présumés entretenir un esprit festif et s'abandonner sans retenue à l'occasion. Une personne qui a été touchée par un coup du sort aura probablement du mal à « sortir d'elle-même ». Il vaut mieux pour elle qu'elle reste à la maison[2]. Elle peut même avoir le sentiment, lorsque quelqu'un de proche vient de décéder, qu'elle ne *devrait pas* être capable de satisfaire à un ensemble d'exigences situationnelles. Il se peut qu'elle préfère éviter de se joindre à un rassemblement, alors même qu'elle serait réellement prête à l'affronter.

Considérons à présent la possibilité que, dans la même situation, différentes classes de participants aient des obligations d'engagement tout à fait différentes, ou qu'elles doivent véhiculer le même niveau d'orientation à travers différentes composantes de l'idiome de l'engagement. (Comme on l'a dit plus haut, il peut être difficile de déterminer lequel de ces facteurs - obligation ou idiome - est opérant dans tel ou tel cas). Dans les hôpitaux,

▲ 1. Comme on le soulignera plus loin, certains individus peuvent désirer entretenir un détachement de la société. Ils cherchent à appartenir à des groupes quasi militaires de façon à s'assurer qu'ils seront toujours hors du jeu social.

▲ 2. *Vogue's Book of Etiquette*, *op. cit.*, p. 154-155.

par exemple, il est acceptable que des patients prennent l'ascenseur en peignoir ou en robe de chambre ; mais la chose est interdite aux secrétaires du même établissement. Les médecins de sexe féminin dans le même cadre doivent montrer leur respect de l'institution en paraissant totalement absorbées dans leur travail, en s'abstenant de mettre du vernis à ongles, en arborant une coiffure relativement informelle, en portant des habits sans exubérance de style et des chaussures sans talons hauts. Les secrétaires, moins tenues à un tel respect [207] par l'extrême sérieux de leur engagement principal, peuvent se permettre d'adopter une face personnelle un peu plus stylée. Un processus similaire se rencontre dans des occasions sociales où les invités s'autorisent une large gamme de vêtements et de postures. La solennité du rassemblement peut néanmoins leur être rappelée par la présence de serviteurs, dont les livrées et les manières sont figées dans une dévotion hiératique et implacable à l'occasion sociale. De même, un simple spectateur de cortège de mariage aura le droit de mâcher de la gomme, d'épousseter sa veste, de se moucher discrètement ou de bavarder momentanément avec son voisin. Mais le marié qui descend solennellement l'allée centrale dans la nef aurait une conduite tout à fait déplacée s'il prenait la liberté de se livrer à de tels engagements subordonnés.

Nous pensons d'ordinaire qu'une occasion est stricte si ses participants ont des obligations situationnelles, nombreuses, pesantes et coûteuses et qu'une occasion est décontractée s'ils sont relativement affranchis de telles contraintes. Le droit d'un individu d'être relâché dans un rassemblement va de pair avec le devoir de ses partenaires d'accepter ce relâchement sans engager d'action corrective ou punitive. Ainsi, dans certains services de maladie chronique pour hommes à l'Hôpital central, les patients avaient un accord avec les employés à propos du droit de dormir sur le sol, de baver, d'halluciner et de cracher dans des tasses en papier. La définition du cadre qui prévalait était extrêmement informelle, et elle gratifiait les patients des petits conforts qu'autorise ce mode de vie. Dans un contexte similaire, nous avons observé que lorsqu'un patient urinait contre le radiateur du chauffage central pour ne pas à avoir à aller jusqu'aux toilettes, les autres patients, nimbés d'un nuage d'urine en évaporation, semblaient consentir tacitement à renoncer à leur droit de réagir, sinon par un sourcil froncé ou par un sourire ironique, à ce qui se passait autour d'eux. De même, il est arrivé que des patients regardent passivement, à quelques mètres d'eux, un jeune homme psychotique violer un vieil homme muet et sans défense, dans une partie de la salle de séjour qui échappait momentanément à la surveillance des infirmiers. Les spectateurs pouvaient lancer des regards de désapprobation en toute sécurité, alors que davantage d'interférence les aurait conduits [208] à prendre part à une réalité situationnelle trop inconfortable. En tout cas, une interdépendance significative se fait jour : la tolérance d'engagements intenses - engagements mutuels ou auto-engagements - semble être fonctionnellement corrélée à la norme et à la pratique de se détourner de nombreux stimuli immédiats. Les patients psychiatriques au long cours témoignent de ce lien fonctionnel par leur incroyable capacité à jouer aux cartes à deux ou quatre au milieu de ce qui est en fait un grand bazar. Il semble ici que la non accessibilité du patient psychiatrique fait partie d'un plus vaste système de communication et que la capacité à ne pas être distrait peut être partagée par toutes les tables de bridge.

Les occasions strictes peuvent avoir leurs compensations. On peut en prendre pour exemple une place où parade une armée. Dans cette région où les contraintes situationnelles sont extrêmes, la règle est qu'un officier ne s'adresse pas à un inférieur hiérarchique, sinon sur un mode impersonnel et avec un volume suffisant pour en faire une performance publique. Lorsqu'il hurle : « Garde à vous ! Soldat, dans le rang ! », le récepteur de cet ordre est tenu de se taire ou si une réponse est exigée, de la limiter drastiquement au strict minimum et de parler en regardant droit devant lui, en s'excluant de presque tout engagement mutuel et en s'assurant que son regard reste situationnel. Pourtant, la personne qui parade dans le défilé peut avoir le sentiment que son esprit jouit d'une formidable liberté de voyager. Au contraire, le caractère décontracté de certains cocktails peut contraindre les invités à rester mentalement sur leurs gardes. De plus, dans les situations où un individu est supposé montrer beaucoup de respect pour le rassemblement comme tel, il peut être exempté de toute sorte d'engagement en profondeur avec ceux qui se trouvent à proximité. Quand tous les coups sont permis, par contre, une lutte interpersonnelle, extrêmement prenante et usante, risque de s'ensuivre. On retrouve ici l'argument classique à propos de la ritualisation des occasions de sociabilité, dont un bon résumé est donné par Elizabeth Bowen :

> [209] « Le comportement - le comportement social - est en partie art, en partie instinct. Dans ce que nous appelons la plus grande liberté de la vie moderne, les manières en sont venues à compter beaucoup moins, ce qui rend la conduite elle-même beaucoup plus centrale. Aujourd'hui, s'il est moins vital d'être correct, il devient plus important d'être acceptable. En fait, le déclin des manières dans le sens noble d'autrefois nous rend la tâche plus difficile. Le recours forcé et permanent à l'instinct, au détriment de l'élément artistique, donne à nos amis un air incertain et surmené. La sécurité d'un monde prescrit, dans lequel mille et une règles pouvaient être apprises et où l'on pouvait tracer son chemin avec sérénité, est perdue. Le monde, y compris le grand monde, peut n'avoir pas connu, à l'âge des manières, plus de terreurs que le trafic de Hyde Park Corner, avec sa complexité apparente, pour le conducteur modeste qui a réussi son examen. Pour chacune des occasions en société, l'une ou l'autre des mille et une règles que vous aviez apprises convenait. Vous saviez quoi faire, et vous le faisiez. La société fonctionnait comme une horloge[1]. »
>
> « En dehors de ces observances, qui devenaient instinctives, qui coûtaient peu et avaient la valeur de l'art, on pouvait être libre d'être soi-même, sans avoir à l'exhiber. Il y avait beaucoup plus de "personnalités" à l'âge des manières. Mais la société que l'on dit libre ou intelligente impose une mise à l'épreuve permanente de toutes nos capacités. Il n'y a plus de guide. Pour plaire, et pour se conformer à ce qui est attendu par les autres, on doit constamment tabler sur son génie personnel, lequel devrait être réservé à son propre plaisir ou à l'intimité de

▲ 1. Bowen E., *Collected Impressions*, Londres, Longmans Green, 1950, p. 67.

l'amour. Un sentiment d'épuisement suit pour beaucoup de gens les soupers non conventionnels ou les longueurs[1] d'un week-end décontracté. Vous pouvez vous tromper à n'importe quel moment, et en vous trompant, réveiller une foule d'angoisses. On attend trop de vous. Les manières étaient une protection. Elles stabilisaient les personnes. Observer le rituel rendait beaucoup plus heureux que de traverser des séries d'épreuves décourageantes[2]. »

Nous avons jusqu'à présent tenu pour acquis que les règles d'engagement qui gouvernent la conduite dans une situation particulière restaient constantes tout au long de la situation. Par conséquent, [210] la tendance générale à se conduire de façon stricte ou relâchée à l'intérieur de la situation était quelque chose qui pouvait être clairement évalué, en tout cas en principe. Cependant, quand nous regardons au-delà de la situation, vers l'occasion sociale dont elle est partie prenante, des cycles de changement importants peuvent se produire dans les régulations de l'engagement, en particulier si l'occasion est définie comme formelle. Une occasion peut ainsi commencer par une période de démarrage en douceur, se poursuivre selon des procédures officielles, et s'achever par une autre période de relâchement, dessinant ainsi un type standard de profil d'engagement[3]. De même, l'occasion peut débuter avec une situation à multiples foyers, enchaîner sur des procédures officielles qui épuisent la situation, et se clore à nouveau sur une situation à multiples foyers. Une situation peut donc être la scène d'un cycle de changements routiniers, et alterner entre phases strictes et phases relâchées : une photographie prise à un moment donné risque de conduire à une incompréhension du processus pris comme un tout.

La stabilité normative de la situation - étant donné le niveau général de rigueur ou de relâchement des conduites qui y est requis et les transformations ordonnées qui y sont prescrites pour la rendre conforme - peut être due à la présence de gardiens ou de surveillants, investis, formellement ou informellement, de la tâche spécifique de maintenir l'ordre. Le *silentarius*, esclave romain, avait ainsi pour mission de réguler le niveau de bruit produit par les autres esclaves[4]. De nos jours, ce sont les chaperons, les maîtres de crèche et d'école, les arbitres, les juges et les policiers, les infirmiers en hôpital ou les huissiers de cérémonies qui assurent cette fonction.

Le raisonnement sur le caractère « strict » ou « relâché » des conduites en situation et sur les dimensions de l'idiome qui expriment ce caractère permet d'aller un peu plus loin que les maximes rationalistes au moyen

▲1. [En français dans le texte].

▲2. Bowen E., *Collected Impressions*, *op. cit.*, p. 69.

▲3. Cf. Pike K. L., *Language in Relation to a Unified Theory of the Structure of Human Behavior*, Glendale, CA, Summer Institute of Linguistics, 1954, Part I, « Criteria for Closure », p. 33-34.

▲4. Nicolson H., *Good Behavior*, Londres, Constable, 1955, p. 64.

desquels nous rendons d'ordinaire compte des principales régulations de l'engagement en situation. [211] Prenons pour exemple le méli-mélo de nos attitudes et de nos justifications concernant la présentation du corps. Au lieu de considérer quelles parties du corps sont exposées et dans quelles proportions, il est plus pertinent d'examiner les implications de l'*orientation* du corps. Le déshabillé relatif d'un costume de bain s'inscrit dans la totalité d'un complexe de décontraction - qui comprend la façon dont une personne joue de la voix et du regard comme du reste de son corps - et c'est la totalité de ce complexe qui est tolérée et même encouragée à la plage[1]. Le déshabillé relatif d'un décolleté au bal peut être approprié pour une raison opposée. Cette exposition de soi peut être prise en partie pour une reconnaissance approbatrice du fait que les participants sont tellement en phase avec l'occasion et si confiants dans la bonne conduite des autres membres de leur cercle socialement homogène, qu'ils peuvent résister aux tentations d'engagement mutuel inapproprié. Un point extrême, ici, est donné par la morale théâtrale à Londres, où un acteur peut se présenter nu sur scène pour autant qu'il reste immobile dès que le rideau est levé. On peut supposer que la rigidité de la pose est une marque si forte de dévotion pour l'occasion que la licence de la nudité peut être accordée[2]. Pourtant, dans n'importe quelle situation publique, le spectacle d'une femme habillée de ses seuls sous-vêtements, même si la décence est préservée, est tout à fait déplacé. Une telle tenue laisse à penser que celle qui la porte n'a pas encore endossé son costume situationnel, quel qu'il soit. La nudité sur une plateforme de pose dans un atelier d'artiste, dans une colonie de nudistes ou dans le cabinet d'un médecin, ne pose pas de problème parce que la nudité est le costume approprié eu égard aux exigences de la situation. La logique pourrait nous conduire à penser que l'apparition d'une femme en sous-vêtements dans de telles occasions serait une gaffe. Et de fait, les arrangements sont parfois tels que ceux qui apparaissent nus sans choquer ne se promènent pas dans un premier temps à moitié vêtus, et donc [212] hors rôle. Dans la même logique, on peut comprendre comment un mannequin peut se montrer à moitié nue dans un défilé de sous-vêtements de mode, car c'est pour elle le costume approprié dans cette performance spécifique. Mais le formalisme d'une maison de mode (son « ton » ou la désirabilité de sa localisation, entre autres critères) dépend aussi du soin avec lequel ses mannequins ne se promènent pas en sous-vêtements, une fois le défilé achevé[3].

▲ 1. Les raisons pour lesquelles ce complexe peut être approuvé dans cette situation-là continue d'être une question, mais relativement différente.

▲ 2. Une description de cette pratique est donnée par Hortense Calisher, « Bowlers and Bumbershoots at a Picadilly Peepshow », *The Reporter*, 4 octobre 1956, p. 33-36.

▲ 3. Cette remarque a été faite par Eleanor Carroll.

L'exhibition de soi en déshabillé peut bien sûr être condamnée, dans l'espace domestique, tout au moins dans certaines limites. Le point est ici que des relations proches peuvent se laisser aller dans certaines occasions, quand elles se retrouvent entre elles. Si un visiteur tombait par hasard sur l'un ou l'autre membre de la maisonnée dans une telle situation de laisser-aller, une petite crise se produirait, due à la situation embarrassante, quoique momentanée, du témoin vis-à-vis de la personne surprise. Cette situation pourrait justifier le suspens momentané des civilités entre eux.

Les conduites vestimentaires pendant les catastrophes peuvent être analysées de la même manière. Si un incendie se déclare dans un hôtel, le fait que les clients qui en réchappent soient peu habillés est toléré. La raison n'en est pas tant que les regards des spectateurs sont tournés vers des événements plus importants, mais que les participants sont autorisés à être si profondément occupés par la crise qu'ils traversent que le négligé de leur tenue est pris pour un signe d'absorption. Le déshabillé n'est pas un stimulus suffisant, dans ces circonstances, pour induire un engagement mutuel inapproprié. Quand le feu est enfin sous contrôle et que la crise se calme, et qu'il redevient possible de prendre les distances avec l'événement, le manque de vêtements peut être à nouveau perçu comme une menace dans le rapport à la situation. Les survivants recommencent à éprouver de la honte.

L'argument est ici que la tenue n'est correcte ou incorrecte qu'en relation au type d'orientation et de distribution de l'engagement des personnes dans une occasion sociale et dans les rassemblements qui la caractérisent. Au [213] vêtement échoit une bonne partie du fardeau d'exprimer la bonne orientation à adopter à l'intérieur de la situation. De même, on peut comprendre pourquoi des sujets apparemment mineurs, de « pure » étiquette, prennent autant d'importance. Mais on peut, du coup, s'attendre à de fortes variations en matière de tenue autorisée. Un étudiant de l'université qui entrerait dans la salle de classe mal rasé et en sous-vêtements ou une étudiante qui porterait encore des bigoudis dans ses cheveux montreraient leur peu de respect pour ce contexte de comportement. Mais si tous les étudiants se trouvaient profondément absorbés dans un examen scolaire, après avoir assidûment étudié pendant les deux semaines précédant l'épreuve, le caractère informel de leur apparence passerait au second plan et ne poserait plus de problème. Il ne serait plus pris pour un symbole de détachement. De la même façon, un avocat ou un comptable qui recevraient leurs clients, dans leur bureau en ville, en vieux chandail et sans veste, paraîtraient décalés dans cette situation professionnelle et, plus largement, dans le monde des affaires. Au même homme qui ferait des heures supplémentaires un samedi après-midi, une telle liberté serait cependant accordée : sa présence au bureau, un jour non ouvrable, serait un signe suffisant de dévouement au travail.

Si nous passons du problème d'être nu ou vêtu au problème de faire ou non du bruit, l'analyse de l'engagement est confrontée à un spectre de réactions tout aussi variées. La régulation contre le bruit excessif a parfois le caractère d'une réponse rationnelle à l'obligation de « manifester du respect » aux personnes dans le voisinage, à savoir celles qui risquent d'être dérangées par le simple effet physique du bruit. Pourtant, de très forts volumes de bruit sont parfois tolérés. Ce qui est par contre vécu comme un affront pour le rassemblement est le surinvestissement dans une tâche située. Le bruit, en bref, n'est pas une offense en soi. Il devient une source de trouble quand il manifeste un sur-engagement en situation. Par exemple, dans le grand bureau d'une société commerciale, occupé par des dactylos, le son d'une machine à écrire un petit peu plus bruyante que les autres pourrait paraître inapproprié : non pas parce que ce petit supplément de bruit rendrait les choses insupportables, mais parce qu'il [214] dénoterait une concentration excessive sur le travail ou une déraisonnable négligence à propos de l'insonorisation. Ici, nous pouvons comprendre également que si un jeune se retrouve en hôpital psychiatrique parce qu'il a mis le volume de son phonographe trop fort au YMCA[1], la raison n'en est pas un manque de considération qui aurait offensé les employés, mais plutôt l'incompréhension par ces derniers du monde que le jeune homme habite et qu'il remplit en le saturant de musique.

Si on le lui demandait, cet individu pourrait répondre que le volume de bruit n'a rien à voir avec le degré de respect qu'il éprouve pour les autres. Cependant, en manifestant de la considération pour les personnes dans la situation, il montre qu'il est conscient de leur présence, qu'il est ouvert au rassemblement et qu'il le respecte. Ses partenaires sont plus attachés à une telle preuve de sa « présence » à la situation qu'à la valeur réelle de ce qu'il ressent. Pour cette raison, il serait compréhensible que les personnes présentes tolèrent une énorme quantité de bruit, attendu qu'il a présenté ses excuses à l'avance. Les excuses témoignent de son souci des autres personnes, et donc de sa considération pour leur rassemblement en tant que tel. Il leur donne un substitut effectif à ce témoignage de considération qu'est d'ordinaire la tranquillité. Inversement, on comprendra que le silence d'une personne, dans une situation où les participants sont tenus de s'engager dans des activités ou des discussions, sera ressenti comme extrêmement bruyant. Le silence exprime avec clameur le manque d'implication ou d'ajustement de cette personne vis à vis du rassemblement. Ce type de bruit silencieux peut, autant que le bruit effectif, distraire l'attention.

Le même argument peut être répété à propos des engagements mutuels exposés au public. Encore une fois, le bruit qui en émane n'est pris comme bruit que pour autant qu'il exprime des engagements déphasés par rapport à l'occasion. Deux personnes qui bavardent tranquillement dans une salle de

▲ 1. [YMCA : *Young Men Christian Association* - une des plus importantes associations de loisirs, de travail social et d'éducation populaire en Amérique du Nord].

théâtre, à propos d'un sujet complètement déconnecté de la soirée, risquent de s'enfermer dans leur engagement mutuel et de perdre pied par rapport à l'occasion. En faisant cela, elles susciteront plus de ressentiment que d'autres spectateurs qui célèbrent avec beaucoup plus de bruit leur satisfaction ou leur mécontentement vis-à-vis du spectacle.

[215] En général, les lieux publics comme les parcs peuvent être la scène de vols, de dépôt d'ordures, de sollicitations sexuelles, de vagabondage (de la part de psychotiques en traitement ambulatoire, de clochards ou de soûlards). Cet effondrement de l'ordre public ne nous intéresse pas seulement au sens où il devrait être possible d'éviter l'intervention de la police dans les lieux publics. La structure d'engagement, institutionnalisée dans ces contextes très lâchement organisés, réduit sensiblement le degré de perception de l'impropriété de ces actes malfaisants. Un parc public devrait être un lieu qui maximise l'acceptabilité de ces actes et qui par conséquent minimise le risque d'être pénalisé en les accomplissant.

Chapitre 14

Le sens symptomatique des impropriétés situationnelles

[216] Contrairement à ce que croient certains sociologues, il y a peu de doute sur le fait qu'une conduite inappropriée dans une situation nous dise beaucoup sur l'accueil qui sera fait à l'offenseur dans d'autres situations. Dans une société donnée, des situations différentes seront la scène d'un grand nombre de présuppositions normatives et de régulations situationnelles du même type. Un individu qui se montre négligent dans une situation le sera probablement en d'autres situations. Une personne sénile qui bave gâche ainsi sa participation à toutes les situations, quelles qu'elles soient, de la même façon et pour la même raison. Une personne sourde d'oreille ou malvoyante ne sera pas à même de saisir toutes les subtilités communicationnelles, jusque-là prises en considération : elle sera, malgré elle, très maladroite dans toutes les situations où elle se trouvera[1]. Du coup, une conduite inappropriée dans une situation peut témoigner d'une incapacité générale à prendre part à des interactions en face-à-face. Une telle conduite n'a pas besoin de découler d'un état psychopathologique. Elle peut toutefois en engendrer un, résultant des réactions d'un individu à son excommunication. Certaines offenses nous disent ainsi le prix que [217] l'offenseur doit payer pour avoir enfreint les règles, et le prix à payer pour ce prix.

▲ 1. Pour des exemples de conséquences de ces incapacités communicationnelles, cf. Warfield F., *Cotton in My Ears*, New York, Viking, 1948 ; et Criddle R., *Love Is not Blind*, New York, Norton, 1953.

En reconnaissant le caractère répandu des conduites offensives et offensantes, la démarche générale de cette enquête aura été d'essayer d'apprendre, en premier lieu, ce que ces offenses coûtent au rassemblement où elles se produisent, et non pas ce qu'elles signifient pour l'offenseur ou ce qu'elles nous enseignent à son propos. Dans ce chapitre, nous allons pourtant revenir sur un thème plus traditionnel : quand un individu se conduit, intentionnellement ou non, d'une manière que les autres participants à la situation jugent inappropriée, et quand donc il leur révèle qu'il est soit étranger, soit en porte-à-faux par rapport au rassemblement, quelle autre information peuvent-ils en inférer à son propos (hormis celles liées aux conséquences probables de son incorrection) ?

Le sens que les personnes offensées attribuent à un acte offensif est en partie déterminé par ce qu'elles ressentent du caractère volontaire ou involontaire de l'acte. Cependant, la complexité et l'ambiguïté de cette dichotomie, et la pertinence instable, mais intime, de ce qui la fonde, préviennent toute discussion simple sur le sens effectif ou imputé des offenses situationnelles[1]. Dans le sens courant, la dichotomie ne se rapporte pas tant au facteur physiologique de la volition ou du contrôle - dont on peut rendre compte à partir de la distinction entre les muscles lisses et striés ou les systèmes nerveux cérébro-spinal et autonome - qu'au type de responsabilité imputée à l'individu pour un acte non désiré[2]. Les actes non désirés n'ont pas besoin en eux-mêmes d'être volontaires ou involontaires, du point de vue physiologique. Par exemple, le refus d'une personne d'apparaître à une réception en raison de sa désapprobation de l'hôte est tenu pour un acte intentionnel ; [218] le même manquement, dû à la mort subite d'un parent, peut être considéré comme une raison valable, pleinement justifiée, de n'être pas venu. Dans le premier cas, on dira que l'individu s'est tenu à l'écart volontairement, dans le second cas, qu'il a été retenu ailleurs involontairement.

Sur tout acte offensif et sur tout offenseur, les questions suivantes peuvent être posées : est-ce que l'acteur a la capacité et la formation pour évaluer le sens de son offense ? Si c'est le cas, s'en rend-il vraiment compte ? Est-ce que l'acteur a un contrôle physique sur ses actes ? Dans ce cas, serait-il désireux de changer de comportement, pour peu qu'on le mette au courant de sa signification et qu'on lui en donne la chance ? Et quand il a

▲1. On trouve des commentaires utiles sur cette question dans : Ryle G., « The Distinction Between Voluntary and Involuntary », in *The Concept of Mind*, Londres, Hutchinson's University Library, 1949, p. 69-74 ; Hart H. L. A., « The Ascription of Responsibility and Rights », *in* Flew A. G. N., ed., *Logic and Language (First Series)*, Oxford, Blackwell, 1955, chap. 8, p. 145-166. Cf. également Austin J. L., « A Plea for Excuses », in *Philosophical Papers*, Oxford, Clarendon Press, 1961, chap. 6.

▲2. Il existe, bien entendu, d'autres usages de sens commun de cette dichotomie, par exemple, quant à la question de savoir si un individu peut ou non exécuter à nouveau une performance désirable.

commis cette offense, avait-il des circonstances atténuantes, étrangères aux participants à la situation ?

Ces facteurs peuvent se combiner de différentes manières. Ils offrent tellement de possibilités concrètes qu'on ne peut pas inférer grand-chose de la présence ou de l'absence de l'une ou l'autre forme d'intentionnalité. Quelques-unes des combinaisons les plus familières entre ces facteurs peuvent toutefois être mentionnées.

Il y a tout d'abord une classe d'offenses que l'on qualifie parfois de méchanceté ou de malveillance. Ces actes offensifs impliquent de l'arrogance, du dédain, et une forte hostilité, comme lorsqu'une personne de classe moyenne bâille ouvertement devant les autres, d'une façon lente et calculée. Ils donnent l'impression suivante : ils sont facilement contrôlables ; leur signification peut être consciente et l'est probablement pour l'offenseur ; l'offenseur ne modifierait pas sa conduite même si on lui donnait une seconde chance ; et il semble n'avoir d'autre raison d'agir que celle qu'il communique aux personnes offensées en agissant de la sorte. De façon analogue, les offenses « contingentes » ont les mêmes qualités de malveillance, sinon que l'offenseur a des raisons d'agir qui sont extérieures à l'occasion et à ses participants. Ici, nous avons un individu qui rit inconsidérément de quelque chose qu'il est en train de lire, pas forcément par méchanceté, mais parce qu'il en est véritablement amusé. Plus « légitimes » sont les raisons de l'offenseur, bien sûr, plus ces offenses « contingentes » sont perçues comme pleinement excusables, et moins sont-elles rapportées à une volonté de nuire.

Les actes de méchanceté sont une espèce d'actes que l'on peut classer à l'un des pôles de la conduite intentionnelle. À l'autre pôle, celui de l'absence d'intention, on trouve [219] les transgressions d'un individu, imputables à une lésion organique au cerveau. Ces offenses ne sont pas contrôlables et, par conséquent, l'offenseur ne peut pas se rendre compte de leur signification, ni les corriger. Entre ces deux cas-limites, on peut rassembler toutes les situations où un individu commet des offenses parce qu'il est habitué à un idiome et à une structure de l'engagement autres que ceux qui sont sanctionnés par les participants à la situation. Il contrôle l'acte qui a valeur d'offense ; il pourrait être désireux d'altérer sa conduite s'il prenait conscience de sa signification actuelle ; et il est totalement capable de s'en rendre compte. On pourrait encore mentionner le cas de l'individu sur le retrait qui pourrait, s'il le voulait, se retirer de sa retraite et, qui en ce sens, contrôle son acte. Il peut ne pas avoir conscience de la signification de son acte du point de vue d'autrui, du fait qu'il n'a pas d'intérêt à en prendre conscience et ce, bien qu'il en soit capable ; et il ne peut pas présentement être amené à changer de conduite.

Ensuite, certains individus sont trop soucieux, trop nerveux ou trop conscients d'eux-mêmes pour s'ajuster à la situation - le fondement de ce malaise étant perçu par les autres participants comme naturel, temporaire et compréhensible. De tels individus peuvent être conscients de la difficulté qu'ils créent et, de fait, désireux de corriger leur conduite. Mais ils sont dans l'incapacité de le faire à ce moment donné. Le « relâchement animal » connu comme « tic » en est un bon exemple. Cette faute de comportement suscite de la pitié, sinon du mépris, pour l'incapacité du « tiqueur » à préserver l'image que lui permettraient de revendiquer ses autres moyens de contrôle du soi. Un exemple analogue est celui de l'individu que sa panoplie de vêtements n'autorise à s'habiller que de façon trop formelle ou trop informelle pour l'occasion à laquelle il doit assister, le condamnant dès lors à paraître déplacé. Finalement, évoquons l'exemple de la personne qui fait intrusion de façon accidentelle et atypique dans une situation dans laquelle elle détonne, et commet une offense qu'elle aurait préféré ne pas commettre et qu'elle aurait été parfaitement capable d'éviter, si elle avait su à l'avance ce qui allait se produire.

Dans tous ces exemples, les témoins auraient de bonnes raisons de concevoir l'offenseur comme quelqu'un de détaché du rassemblement et de ses règles, quoiqu'ils réalisent qu'il n'y a pas deux cas pour lesquels les fondements de ce détachement soient les mêmes.

Parce que la signification d'une offense dépend du caractère [220] intentionnel ou non de l'acte et parce qu'il existe toutes sortes d'actes intentionnels ou non intentionnels, une offense *en tant que telle* nous renseigne très peu sur son auteur. Tous ceux qui se montrent détachés du rassemblement pourraient bien ne rien partager de plus que leur détachement. En gardant ce point à l'esprit, on peut alors prudemment tenter de faire une liste des informations qu'une impropriété situationnelle nous communique à propos de celui qui en est l'auteur, hormis le fait de son détachement. Cela revient à constituer une série de types d'unités sociales, autres que les occasions, dont les personnes peuvent également se détacher.

Communauté

C'est un fait que la relation de l'individu aux rassemblements et aux occasions sociales nous informe parfois sur ses relations avec de plus larges unités de la vie sociale. Ainsi, aux îles Shetland, les quelques hommes qui ne se préoccupaient pas de se raser régulièrement étaient aussi ceux qui refusaient d'entretenir le bout de jardin devant chez eux, alors même que leur maison se trouvait bien en vue et que les visiteurs de l'île pouvaient se rendre compte de ce manque de soin. Les mêmes individus s'abstenaient également de participer aux fêtes locales de façon régulière et l'un d'entre eux travaillait même parfois le dimanche[1], témoignant de son manque de

▲ 1. Répétons que le sens symbolique de ce geste était ce qui comptait ici. Il pouvait donc y avoir des occasions où travailler le dimanche était toléré. Ainsi, le coup de main charitable pour aider des voisins à court de personnel à rentrer la récolte était tout à fait acceptable le dimanche, parce que, dans ce contexte-là, le travail dominical devenait l'expression d'un égard pour la communauté, un geste de respect, et non pas de désaffection.

sensibilité civique autant que situationnelle. Une étude sur la vie cérémonielle des classes populaires urbaines en Grande-Bretagne nous apprend ce qu'être « respectable » signifiait aux yeux des membres de la communauté : ne pas emprunter d'argent, ne pas réclamer d'indemnité chômage et ne pas en prendre à son aise avec les voisins. Ce décorum civique avait un écho dans les propriétés situationnelles :

> « L'une des caractéristiques les plus remarquables des gens respectables est qu'ils sont "soigneux", ce qui implique qu'ils travaillent dur à [221] maintenir leur standing en dépit des épreuves et des difficultés [...] Si le chômage ou quelque autre infortune impose une réduction des dépenses, cela n'a pas pour résultat, chez les gens respectables, de renoncer complètement à leur standing de vie, car, comme ils le disent : "Ce qui compte, ce n'est pas combien vous avez, mais ce que vous en faites".
>
> Cette notion d'être "soigneux" s'applique particulièrement aux enfants et à leur propreté. Dans les temps difficiles qui précédaient la guerre, les enfants portaient des vêtements d'occasion, mais comme leurs mères l'exigeaient, ils étaient propres. "Tous les enfants sont vifs et agités durant la journée, mais tu peux être soigneux". Dans un autre contexte, une informatrice remarquait qu'une femme avait essayé de "dissimuler" la condition modeste de son domicile en recouvrant la cheminée d'un journal et en mettant un rideau à la place de la porte manquante du placard. "Les personnes frustes, par contre, ne se préoccupent pas de cacher les choses. Si vous n'avez pas d'autre alternative que de vivre dans une maison misérable ou déglinguée, vous avez au moins les moyens de l'entretenir et de la rendre agréable"[1]. »

Et sans doute, ce lien entre les déviances situationnelles et d'autres formes de déviance se retrouve chez les « pré-patients » psychiatriques. Un individu qui rumine toute la journée à ne rien faire sur son canapé s'avère souvent être un offenseur en puissance, qui, par exemple, ne se rend pas à ses rendez-vous ou néglige de regonfler les pneus de son automobile.

De plus, comme cela a déjà été discuté, un rôle institutionnel, qui a sa place en un lieu donné, peut exiger de celui qui l'accomplit[2] qu'il transporte les marques de son appartenance de membre partout où il va. Il se retrouve dès lors mis au ban du public en général, quoique la faute ne lui en soit souvent pas imputable. T. H. Pear donne des exemples de ce phénomène dans une discussion du symbolisme statutaire de la face personnelle :

> « Une question plus sérieuse était débattue. Selon les comptes rendus des journaux, un congrès de haute volée avait discuté la chose en long et en large : les clercs de l'Église d'Angleterre doivent-ils porter leurs habits de fonction en toute occasion, hormis quand ils pratiquent le tennis sur gazon ou quelque autre sport qui leur est autorisé ? Nous avons ici un exemple de la croyance, tacitement partagée par beaucoup de gens, et récemment explicitée à propos du cas d'un officier de la Royal Air Force, selon laquelle [222] les titulaires de charges officielles doivent être regardés comme étant toujours en service. Le rôle qui leur a été assigné publiquement éclipse tous les autres. Certains échos de cette croyance se retrouvent dans la conviction qu'un écolier qui ne porte pas sa casquette en dehors de l'enceinte de l'école a pris - ou est sur le point de prendre - un mauvais chemin. Dans l'Armée, les grades inférieurs, à

▲ 1. Broady M., « The Organization of Coronation Street Parties », *Sociological Review*, 4, 1956, p. 227.

▲ 2. [*To perform a role* : le rôle est conçu comme une performance, jouée par un acteur (*performer*) ou, tout simplement, comme un accomplissement pratique].

l'exclusion des officiers, ont des tenues spéciales de sortie : l'image de la jolie infirmière qui attend le soldat est délicieusement victorienne et *West end*. Les vêtements civils (*civvies*) de quelques autres grades du service militaire sont soigneusement censurés par les autorités, qui justifient la chose par des rationalisations compréhensibles à propos des *teddy-boys*[1]. »

Quand un individu porte de tels insignes, non par respect d'une réglementation institutionnelle, mais par choix personnel, le lien entre détachement civique et détachement situationnel devient particulièrement évident. Le port des insignes vaut alors comme proclamation de mise à distance du cours ordinaire de la vie sociale, et produit une espèce de distorsion de la relation au public en général. Que l'on pense à l'uniforme que s'imposent les membres de mouvements sociaux en ébullition, comme les groupes fascistes dans l'Europe de l'entre-deux guerres. Quelque chose de similaire se voit chez les marins qui expriment la solidarité de leurs expériences sur mer et leur éloignement de la société des terriens en interposant leurs tatouages entre leur mode de vie et ce qui paraît être convenable dans la culture d'accueil[2]. Il en va de même quand les étudiants d'université, les beatniks (et leurs compagnons de voyage) marquent la distance par rapport à la population des adultes bien rangés par le port d'une barbe épaisse, d'une pilosité de plusieurs jours et de fringues débraillées[3]. Et quoique le modèle de vêtement des consommateurs de drogues, hommes jeunes, noirs et urbains, ne soit pas homogène, leur dégaine semble, elle aussi, liée à l'affirmation d'une prise de distance[4].

[223] Les relâchements animaux, d'ordinaire tabous et témoignant d'un manque de présence à la situation, semblent constituer un idiome privilégié pour exprimer son mépris pour les conventions. Supposés involontaires, ils peuvent rentrer dans la composition d'actes volontaires. Les étudiants d'université se lancent ainsi dans des concours d'éructations, accomplissant des prouesses qui marquent leur distance au monde des adultes. Les garçons préadolescents ont également inventé un jeu singulier autour des flatulences, dont l'enjeu est à la fois de pénaliser l'offenseur et de transgresser les bonnes manières.

▲ 1. Pear T. H., *Personality, Appearance, and Speech*, Londres, Allen and Unwin, 1957, p. 68 [le *West end*, à l'Ouest de la *City of London*, est entendu ici comme le quartier du divertissement ; les *teddy-boys* étaient des adolescents rebelles, de classe populaire, adeptes de rock'n'roll, dans la Grande-Bretagne des années 1950].

▲ 2. Ferguson-Rayport S. M., Griffith R. M., Straus E. W., « The Psychiatric Significance of Tattooes », *Psychiatric Quarterly*, 29, 1955, p. 112-131.

▲ 3. Une bonne description des implications de la barbe en termes de prise de distance par rapport à la société se trouve dans Lipton L., *The Holy Barbarians*, New York, Messner, 1959, p. 25-26.

▲ 4. Finestone H., « Cats, Kicks, and Color », *Social Problems*, 5, 1957, p. 3.

Établissements sociaux

Les impropriétés situationnelles peuvent aussi être utilisées par l'offenseur comme un moyen de signifier son ressentiment contre une cible plus circonscrite qu'une classe ou une communauté, par exemple un établissement ou une institution dans laquelle il se trouve. Ici, l'approche en termes de « milieu » de la psychiatrie institutionnelle nous a livré beaucoup de données, comme l'illustrent les énoncés suivants :

> « Il semble que l'incontinence, comme réaction non conventionnelle dans certaines situations, soit un geste symbolique et obscur de la part de patients qui ont des difficultés à s'exprimer, tout au moins clairement et directement. Cette réaction est une forme de communication qui dit leur insatisfaction vis-à-vis d'un milieu social où certaines de leurs attentes ne sont pas satisfaites, et leur refus d'y participer[1]. »

> « On peut noter ici qu'un examen plus soigneux de la nature et de la signification des actes des patients indique que nombre [224] de conduites gravement perturbées et perturbantes relèvent plus de la réaction à un environnement hospitalier excessivement contraignant et frustrant qu'elles ne sont partie prenante de la psychose. Beaucoup d'explosions émotionnelles semblent être des réponses temporaires et impulsives de suractivité, de peur ou d'angoisse, et sont autolimitées, quand les interventions du personnel ne viennent pas les aggraver[2]. »

Dans les hôpitaux psychiatriques, l'un des exemples les plus spectaculaires de détachement de l'institution est celui du patient qui s'oriente de façon parfaitement appropriée dans les situations auxquelles il participe, mais qui accomplit tranquillement un seul et un seul acte qui l'exclut de la réalité présente. Si l'usage déviant de l'idiome de l'engagement donne les moyens de symboliser cette mise à distance de la situation, ces incongruités isolées semblent fournir des symboles de symboles - une sorte de gestuelle ou de proclamation de l'aliénation. C'est ainsi qu'à l'Hôpital central, j'ai observé un jeune homme muet, à la conduite parfaitement convenable, qui se promenait dans le service, avec un regard pensif et deux pipes accrochées à la bouche. Un autre agissait avec la même justesse situationnelle, sinon qu'il mastiquait du dentifrice. Un troisième avait savonné sa tête rasée, et l'une de ses camarades marchait à l'envers, un torchon soigneusement plié sur sa tête. Un patient arborait une boule de papier, vissée à son œil droit, comme un monocle ; une bande de journal tressé, d'environ trente centimètres, pendait de la poche de l'un de ses compères. Un autre acceptait de bonne grâce du tabac pour bourrer sa pipe, mais enfournait aussitôt ce cadeau dans sa bouche, en signifiant d'un geste rusé sa gratitude pour cette chique. Un autre, encore, entrait tranquillement

▲ 1. Schwartz M. S., *Social Interaction on a Disturbed Ward of a Mental Hospital, op. cit.*, 1951, p. 199. Cf. également Schwartz M. S., Stanton A. H., « A Social Psychological Study of Incontinence », *Psychiatry*, 13, 1950, p. 399-416.

▲ 2. Greenblatt M., York R. H., Brown E. L., *From Custodial to Therapeutic Patient Care in Mental Hospitals*, New York, Russell Sage Foundation, 1955, p. 257.

dans la cafétéria et mangeait son repas sans anicroche, partant quand on le lui demandait, mais agrémentant cette conduite docile de la coquetterie d'un petit pain posé en suspens sur sa tête. Un homme s'approchait d'un membre du personnel, avec l'air de vouloir entamer une conversation intelligente, avant de marmonner quelque chose entre ses dents, en simulant un accent anglais, et de pointer du doigt un mégot de cigarette, enfoncé dans son oreille. Et souvent, des patients s'allongeaient sur des bancs, dans une posture décontractée, [225] tout en gardant quelques doigts (ou un bras) tendus et raides, montrant qu'ils n'étaient pas dans un véritable état de relaxation. Ces démonstrations s'accompagnaient parfois d'un sourire espiègle sur le visage du patient, de sorte qu'il apparaissait plus que conscient des implications de ses actes et les accomplissait en connaissance de cause.

On l'a déjà avancé, le sabotage de soi en situation est souvent assimilable à une conduite de défense. La vie à l'hôpital psychiatrique est si dégradante, si injuste, si inhumaine pour le patient que la seule réaction qui témoigne d'un peu de respect de soi est de la traiter avec mépris, au-delà du réel et au-delà du sérieux. Du coup, le patient projette un soi de fou, qui, pour autant qu'il soit concerné, n'est clairement pas son vrai soi. C'est ainsi qu'il affirme, au moins pour sa propre enseigne, que son vrai soi n'a pas à être jugé en relation au contexte actuel et ne peut être assujetti à celui-ci. À partir des mêmes prémisses, il laisse entendre que la conduite qui est à l'origine de son internement ne donne pas davantage accès à une représentation valable de son vrai soi. En bref, le patient peut ostensiblement agir à l'hôpital comme un fou pour faire comprendre aux personnes convenables qu'il est parfaitement sain d'esprit. Ceci rendrait compte des regards entendus que de tels patients adressent parfois à des *outsiders* sympathiques : « Le monde, par ici, est hideux et ridicule, n'est-ce pas ? »

La visée de ces actes bizarres est, à n'en pas douter, d'afficher une espèce d'isolement et d'éloignement du contexte, et au-delà, de l'institution. Une autre stratégie de prise à parti de l'établissement, moins destructrice de soi, consiste dans la manifestation de dérision et dédain. L'Hôpital central nous livre, là encore, quelques exemples. Ainsi lorsqu'un patient repousse sa chaise et méthodiquement, une narine après l'autre, souffle et expulse de longs filets de morve, à moins qu'il ne crache en parabole, ou encore, que le regard dédaigneux, il ne jette d'une chiquenaude un mégot allumé à l'autre bout de la salle[1]. [226] Dans leurs effets, sinon par leurs intentions, ces offenses « malveillantes » ont le sens de gestes de mépris pour le rassemblement et pour l'organisation sociale qu'il exprime.

▲ 1. On peut ici signaler un curieux engagement secondaire, rapporté par les journaux en 1958 – celui d'un célèbre futur époux qui n'a pas daigné enlever sa cigarette de la bouche lors de la cérémonie de mariage.

Ces proclamations de détachement et ces outrages à la situation sont autant de ressources dont use l'individu pour introduire une distance entre lui et l'établissement dans lequel il se trouve. Ces actes peuvent pourtant, paradoxalement, être les symptômes d'un réel intérêt pour l'institution. Car ce sont des stratégies par lesquelles l'individu résout le conflit entre sa présence dans le rassemblement et les raisons de s'en montrer étranger. Si de telles solutions au conflit n'étaient pas trouvées, l'individu pourrait bien être forcé de commettre des actes encore plus radicalement inappropriés[1]. Autrement dit, il reste soucieux de s'acquitter de ses obligations situationnelles, tout en étant en train, intentionnellement, de faire des choses qui y sont mal perçues. Quand un individu affiche son détachement d'un rassemblement en tournant les pages d'un magazine ou en se versant à boire alors qu'il devrait être en train d'écouter les orateurs, l'acte, si offensant soit-il, lui épargne de quitter purement et simplement la pièce. En un sens, donc, ceux qui contestent activement les propriétés d'un rassemblement montrent plus de respect pour ce rassemblement (et par là, pour l'institution où il prend place) que ceux qui ne lui accordent aucune attention. On peut enfin noter une dernière différence entre ceux qui résistent activement et ceux qui s'ajustent sans renâcler : les conformistes appliquent les règles avec tellement de cohérence qu'ils restent inconscients des obligations situationnelles que supporte leur conduite, tandis que les résistants prennent conscience du rassemblement comme d'un domaine de vie de plein droit.

Un autre exemple de détachement du rassemblement est celui des personnes qui semblent si apeurées par ce qui pourrait leur arriver [227] et si angoissées par ce dont la situation pourrait accoucher qu'elles ne peuvent proprement pas s'immerger dans la situation. Elles ne parviennent pas à s'abandonner au rassemblement de façon appropriée. Cela arrive, bien entendu, dans n'importe quel cercle de personnes qui traversent des moments d'embarras social. Des cas extrêmes ont été cités de patients psychiatriques qui ont des difficultés à se contenir dans l'engagement principal légitime. D'autres exemples peuvent être donnés. Un patient paranoïaque peut développer une telle méfiance vis-à-vis du contexte dans lequel il se trouve qu'il se lance dans une conversation hallucinatoire en murmurant derrière sa main, manquant du minimum de confiance pour parler ouvertement avec quelqu'un qui n'est pas là. Un autre patient ne s'est apparemment senti à l'aise, pendant les huit dernières années, que recroquevillé sur lui-même dans les corridors aux murs épais conduisant des chambres à la salle de séjour. Quand le pavillon était lavé à grande eau,

▲ 1. Les participants à ces rassemblements que sont les mariages ou les enterrements, relativement détachés de la société de tous les jours, jouissent de l'autorisation de perturber l'ordre public – une façon similaire de « surmonter le conflit ».

quotidiennement, cet homme courait se réfugier dans un autre couloir, en gardant une tête d'avance sur le personnel nettoyant, mais sans jamais se risquer dans la salle de séjour. Un autre patient, encore, essayait constamment de se retirer de la situation en cachant avec inquiétude son nez et ses yeux derrière sa main. Tous donnaient l'impression que quelque chose de dangereux, comme la peste ou la guerre des Balkans, allait leur tomber dessus. Si les peurs de ces patients nous semblent irréalistes, leurs réactions nous parlent néanmoins de ce qui se produirait si leurs préoccupations s'avéraient bien fondées. Et ce point, à son tour, nous dit quelque chose du type de relation de confiance que l'on doit avoir avec des personnes coprésentes dans un rassemblement si l'on veut en respecter les propriétés situationnelles.

Relations sociales

Dans les établissements sociaux, un membre peut faire office de gardien de l'ordre de la situation, en contrôlant que tous les membres coprésents assurent une distribution convenable de leurs engagements. Une professeure d'école, par exemple, peut interpréter le bruit et le chahut de ses élèves comme des formes d'engagement intolérable qui défient sa position d'autorité dans la salle de classe. Elle est alors [228] mise en demeure de restaurer, sur le ton du commandement, un ordre analogue à celui que le juge impose au tribunal en frappant son maillet, et sera capable, à sa manière, de condamner les rebelles pour outrage à magistrat.

Du coup, certains types d'engagement, interdits par l'institution, peuvent apparaître comme des actes de défiance interpersonnelle ou être compris comme tels. De telles provocations servent parfois à tester jusqu'à quelles limites le gardien de l'ordre peut être poussé ; d'autres fois, l'offenseur agit de telle sorte qu'il s'assure de la fidélité du gardien à son égard, quoiqu'il entreprenne.

Les impropriétés situationnelles, commises dans la relation d'un individu avec un agent, illustrent un fait plus général, à savoir que les subtilités situationnelles et leurs transgressions reflètent, d'une façon ou d'une autre, la relation que cet individu entretient avec d'autres individus dans la situation[1]. Un lien est fait dans notre société entre le système de déférence et le système d'engagement, entre le degré de respect interpersonnel d'une part et le degré de formalisme de la conduite d'autre part. À la maison, en famille, un Américain de classe moyenne inférieure peut s'allonger sur une

▲ 1. L'étude de la signification de mouvements mineurs du corps pour la relation avec les personnes coprésentes dans une situation a fait un bond récemment avec le travail sur la « kinésique » de Birdwhistell. La sociométrie a également eu son importance. Les données les plus délicates, encore une fois, viennent sans aucun doute des observations par les thérapeutes de leurs interactions avec leurs patients.

chaise, essuyer ses lunettes avec un pan de chemise, traiter ses enfants comme si, sous de nombreux aspects, ceux-ci étaient absents, curer son nez et lâcher des pets - pour ce qui est de la dernière activité, peut-être seulement si son épouse n'est pas là. Le même homme, dans le même cadre, mais en présence de son employeur, sera un représentant modèle de l'étiquette stricte de la classe moyenne.

Si un individu souhaite montrer de l'hostilité à quelqu'un devant qui il se conduit d'ordinaire de façon stricte, il peut recourir à des expressions extrêmes de relâchement. T. E. Lawrence, dans son récit de la vie d'un hangar d'entraînement de la Royal Air Force, nous en donne une illustration :

> [229] « [...] et nos ventres sont tellement bouillants que l'on ne peut rester trois minutes dans cette cabane de cinquante-quatre hommes sans que retentisse un vent sonore. Ils appellent ça : "le cri d'un prisonnier". Cette espèce d'humour romprait en deux minutes jusqu'à la tension d'un Armistice. Les sergents sont secoués de rire quand quelqu'un se lâche carrément : car les pets ne sont pas punissables, à la différence d'autres répliques[1]. »

D'autres variantes sur le même thème, moins institutionnalisées, ont pu être racontées[2]. À l'inverse, si une forme de relâchement informel est déjà de mise dans la relation, le passage à la distance sociale peut être signifié par l'adoption d'une conduite stricte.

Ces procédés agressifs sont particulièrement appropriés quand l'offenseur et la victime ne peuvent pas quitter la scène où ils se trouvent (pour des raisons psychologiques ou sociales). Ils permettent à l'offenseur de rester dans la situation en compagnie de la cible de son offense. Il se peut que l'offenseur offense du même coup toutes les autres personnes qui entrent dans la situation : tel est le prix à payer pour le choix de son arme, qui le conduit parfois à l'internement en hôpital psychiatrique. De la même façon, si une personne choisit d'exploiter certaines propriétés situationnelles pour témoigner des égards à une autre personne - le parfum choisi par la femme amoureuse pour plaire à son amant -, elle doit accepter le fait que toutes les autres personnes présentes sont également touchées. Dans tous les cas, on comprend qu'un mécanisme standard d'organisation de l'engagement se retrouve dans la demande de permissions (*by-your-leave*) de se relâcher et dans leur obtention auprès de la personne présente à qui sont dues les plus fortes marques de déférence. De la sorte, l'acteur peut partiellement démêler ce qui revient à la structure de l'engagement et au système de déférence.

Ici, nous avons affaire à un type intéressant de dominance. L'individu à qui la conduite la plus stricte est due dans la situation (par opposition à

▲ 1. Lawrence T. E., *The Mint*, Londres, Jonathan Cape, 1955, p. 38.

▲ 2. Cf. la courte note de Lorand A. S., « Aggression and Flatus », *International Journal of Psycho-Analysis*, 12, 1931, p. 368.

ceux avec qui une conduite relâchée est appropriée) [230] tend à « gouverner » le rassemblement, indépendamment du nombre de personnes présentes qui entretiennent une relation familière et symétrique les uns avec les autres et qui pourraient, en son absence, se conduire de façon décontractée. Ainsi, le nombre de femmes n'est pas tellement déterminant dans le changement de conduite que les hommes manifestent en leur présence. Souvent, une seule suffit. De même, dans les fêtes des îles Shetland, après la distribution des prix aux vainqueurs des jeux de société, quand la danse prenait le relais, *tous* les adultes de l'aristocratie terrienne tendaient à s'en aller. Ils avaient sans doute le sentiment que la présence d'un seul d'entre eux aurait nui au tempo de l'occasion. Ce type de dominance est analogue à celui qui se produit en présence d'un chaperon.

Dans les situations où seules deux personnes sont présentes, les propriétés situationnelles risquent de convoyer une charge particulièrement lourde d'informations sur les relations, en particulier dans la gestion des engagements secondaires[1]. On a ainsi pu dire des prostituées qu'elles se montrent sans respect vis-à-vis de leurs clients quand elles fument ou se vernissent les ongles pendant la transaction, tandis que les hommes, raconte-t-on, gardent par contrecoup leur chapeau sur la tête dans le feu de l'action.

La relation entre les impropriétés situationnelles et l'engagement émotionnel de l'offenseur est quelque chose sur quoi les psychiatres dans la mouvance de Sullivan[2] ont beaucoup enquêté. Certains psychiatres, de fait, voient dans les impropriétés situationnelles le problème central[3]. Un exemple marquant, qui convient à cette analyse, est celui de la désorganisation des conduites en privé d'un membre de la famille, juste avant que ses proches ne jugent nécessaire de le faire interner. Puisque la difficulté qu'il traverse peut être provoquée par la relation avec ses parents, sa compagne ou son compagnon, l'une des formes d'expression qui s'offrent à lui, s'il ne déserte pas la maison, est [231] de ne plus assumer ses devoirs domestiques. Une telle personne devient alors, dans le langage des histoires de cas, débraillée, paresseuse, sale, absente, inattentive, négligente, grossière. Elle peut être insomniaque ou hypersomniaque. Elle perd tout intérêt pour la bonne éducation de ses enfants, et ainsi de suite. Le « rétablissement » de certains de ces offenseurs, quand ils sont placés à

▲ 1. Goffman E., *Encounters, op. cit.*, p. 40.

▲ 2. [Adeptes de Harry Stack Sullivan, psychiatre et psychanalyste qui débute au St Elizabeths Hospital, fonde le William Alanson White Institute avec Erich Fromm, Frieda Fromm-Reichmann et Clara Thompson, et dirige la *Washington School of Psychiatry* entre 1936 et 1947 où il développe une psychothérapie institutionnelle pour schizophrènes].

▲ 3. Pour une analyse psychiatrique des impropriétés, cf. Feldman S., *Mannerisms of Speech and Gestures in Everyday Life*, New York, International Universities Press, 1959, en particulier la seconde partie, « Gestures and Other Nonverbal Expressions ».

l'hôpital, est moins dû à la thérapie et à la sécurité que revendiquent ces institutions, qu'à un fait tout simple, souligné parfois par les psychiatres : les cibles particulières que vise l'offense ont cessé d'être présentes.

Engagements

Toutes sortes d'impropriétés peuvent donc se produire parce qu'un individu est détaché ou veut apparaître détaché d'un *engagement* en cours. Prenons pour exemple les sessions de psychothérapie de groupe où des patients, contraints de participer, lisent des magazines ou jouent au solitaire, de manière ostensible[1]. Nous avons avancé qu'une impropriété situationnelle peut indiquer à ses témoins, de façon justifiée ou non, que l'acteur est aliéné - moins détaché du rassemblement qu'il ne l'est de sa communauté, de son institution, de ses intimes ou de ses conversations. Cependant, il faut être tout à fait clair sur le fait que, si lointaine ou si étendue soit la cible de l'offense de cette personne, elle s'exprime à travers l'idiome de l'attachement à (ou du détachement de) l'actuel rassemblement. Quoi que cette personne ait à transmettre et si crucial que ce soit, elle doit ainsi le sur-imprimer sur ce sens situationnel. Quelle que soit l'unité sociale à laquelle elle veuille se référer, elle doit avant tout recourir à des signes en langage situationnel. Cette propension à user de l'idiome situationnel [232] comme du langage de la relation le rend à la fois plus et moins important que l'on pourrait le croire au premier abord.

Nous pouvons à présent en venir aux conclusions et au point où le sociologue pourrait trouver des raisons de mordre la main du psychiatre qui l'a nourri en données. Car si la psychiatrie oriente avec force notre attention vers des impropriétés situationnelles, elle le fait en incorporant et en rationalisant des attitudes de sens commun, au lieu de nous permettre de les dépasser.

Le psychiatre qui accomplit un travail clinique considérable dans son cabinet ou à l'hôpital tend à accorder de l'importance à sa réaction spontanée au comportement de la personne en consultation. Et c'est largement dans ces termes que le psychiatre décide si un comportement est approprié ou non dans la situation. S'il le juge inapproprié, il peut décider de le classer dans l'une ou l'autre des catégories non symptomatiques d'impropriété situationnelle[2] ; sinon, il en fait le signe d'une maladie

▲ 1. Cf. Wilmer H. A., *Social Psychiatry in Action*, Springfield, Charles C. Thomas, 1958, p. 262 et s. Le livre de Wilmer, comme d'autres sur la psychothérapie de groupe, livre de précieux matériaux sur la structure et la dynamique des engagements de grands nombres de personnes.

▲ 2. Voici quelques-unes de ces catégories non symptomatiques d'impropriété situationnelle : des accidents - que l'on peut définir comme les conduites inappropriées que l'acteur aurait pu et aurait dû éviter s'il avait su à l'avance qu'il était en train d'agir ainsi ; des états émotionnels temporaires - la fatigue, la nervosité, l'ébriété et ainsi de suite ; des

mentale. En cela, il agit en un certain sens comme un profane, si experte soit son analyse des implications psycho-dynamiques d'une impropriété donnée. Car si tout un chacun dans la société peut faire ce type de distinctions, il n'y a pas de consensus fort sur le sens à accorder aux offenses, en particulier aux plus bénignes. En bref, différencier entre impropriétés symptomatiques et non symptomatiques est un mode de pensée profondément enraciné dans notre société, qui nous conduit à partager en deux sous-ensembles n'importe quel ensemble d'impropriétés, quelle que soit la valeur ou la pertinence de ce partage. [233] La tendance à dichotomiser est, bien sûr, renforcée par nos arrangements institutionnels, car, après tout, la finalité du jugement est de décider si un individu qui se conduit de façon inappropriée doit être ou non placé dans un hôpital psychiatrique. Dans tous les cas, une justification appropriée doit être fournie, en raison de la portée des conséquences pour l'offenseur et pour ses proches.

Comme n'importe qui d'autre, il arrive que le psychiatre interprète certaines conduites comme inappropriées, uniquement parce qu'il n'est pas familiarisé avec l'idiome de l'engagement et avec les règles de l'engagement qui ont cours dans la culture du patient. Un psychiatre, de sexe masculin, de classe moyenne, d'âge mûr, juif et réfugié, produira par exemple, avec un grand aplomb, des jugements détaillés à propos du sens symptomatique des affects d'une patiente femme, de bas statut, adolescente et noire - une prouesse intéressante, du fait qu'il n'y a pas beaucoup d'*engagements* dans lesquels ces deux personnes, en coprésence immédiate, trouveraient la conduite de l'autre naturelle et allant de soi. De même, ceux qui connaissent très peu un patient et ne le côtoient que lors de rencontres fugaces risqueront d'interpréter un ensemble d'actes comme symptomatique d'un état de confusion mentale, tandis que ceux qui vivent avec lui au jour le jour pourront aussi bien les ignorer et se focaliser sur d'autres actes[1]. Les conduites des patients qui se couchent sur le sol ou qui picorent de la nourriture dans l'assiette du voisin seront ainsi perçues comme pathologiques par un *outsider* qui leur appliquera un point de vue normatif. Pourtant, après s'être familiarisé avec ce contexte de comportement, on comprend que le sol soit préféré aux bancs, trop inconfortables ou en nombre insuffisant ; et comme personne n'est propriétaire de la nourriture et qu'il y en assez pour tout le monde, se servir chez le voisin est aussi légitime que retourner faire la queue pour en demander davantage. Les

préoccupations compréhensibles - un futur père, en attente d'un enfant, ne réussit pas à s'immerger convenablement dans la situation ; des conditions organiques non mentales - une personne sourde ne parvient pas à s'orienter correctement dans une situation ; ou des circonstances spécifiques - un individu ignore tout des idiomes rituels des personnes parmi lesquelles il se trouve.

▲ 1. Pour un traitement de ces problèmes, cf. Schwartz C. G., « Perspectives on Deviance: Wives' Definitions of Their Husbands' Mental Illness », *Psychiatry*, 20, 1957, p. 275-291.

psychiatres eux-mêmes nous enseignent que l'acte le plus régressif et le plus « primitif » peut être au bout du compte « intelligible », de sorte que son caractère « insensé » s'efface et que sa qualité humaine d'acte pathétique redevienne évidente.

[234] Mais on pourrait penser que toutes ces réserves n'entament pas la position de fond du psychiatre et du profane, qui reste la bonne. La chose importante à propos de certaines de ces impropriétés n'est pas que des règles aient été transgressées, mais que l'offenseur ait choisi de faire une chose aussi bizarre que d'enfreindre les règles. Quand un individu réagit à un événement déplaisant en tombant dans un état de stupeur catatonique, le problème est de comprendre - c'est en tout cas ce qui est annoncé - ce qui s'est passé dans l'esprit de l'offenseur et non pas ce qui est arrivé dans le rassemblement où s'est déclaré l'état de stupeur. On pourrait encore affirmer que plus grave est la transgression des règles prévalant dans la situation par l'individu, plus sérieux sont les dommages que subit sa personnalité en profondeur : il est déclaré gravement malade, même si cette affirmation relève plus des préjugés d'une psychiatrie bureaucratisée[1] que de la doctrine de la psycho-dynamique freudienne. Un bon exemple serait ici celui d'une personne atteinte de la chorée de Huntington, dont la progressive détérioration sociale est supposée refléter une irréversible dégénérescence de ses capacités organiques d'être un être humain.

Pas de doute qu'il y ait beaucoup de vérité dans cette position, mais un argument sociologique, complémentaire, sinon alternatif, doit néanmoins lui être rajouté.

Un rassemblement particulier, en tant que rassemblement, pourrait bien être en pratique dépourvu de sens (même si les diverses personnes qui le forment ont, bien sûr, une signification humaine de plein droit en tant que personnes). Pris tous ensemble, cependant, les rassemblements ont une importance capitale, puisque c'est dans ces processus de regroupement (*through these comings together*) qu'une bonne part de notre vie sociale est organisée. Un intérêt supplémentaire pour les règles qui gouvernent le comportement dans les situations sociales dérive du fait que les infractions peuvent être prises comme un signe du manque de fiabilité de l'offenseur. Celui-ci serait incapable de se retenir d'exploiter sa position dans la situation à des fins d'accostage, d'interférence ou d'agression - même si, en soi, l'infraction originale peut être éprouvée comme inoffensive. Partant, ceux qui pratiquent un certain type d'idiome d'engagement ont vraisemblablement le sentiment que leurs règles de participation aux

▲ 1. [*Administrative or office psychiatry* : à l'opposé de l'exercice libéral de la psychanalyse ou de la psychothérapie, la psychiatrie qui est pratiquée dans des organisations ou des institutions, par exemple dans les *high schools* que décrivent A. Cicourel et J. Kitsuse, *The Educational Decision-Makers*, Indianapolis, Bobbs-Merrill, 1963].

rassemblements sont [235] cruciales pour le bien-être de la société - le sentiment que ces règles sont naturelles, inviolables et fondamentalement justes. Et ces personnes ont besoin de se défendre elles-mêmes contre le doute jeté sur ces règles par les personnes qui les enfreignent. Plus grave est la violation de la règle, plus grand le besoin d'un mécanisme de défense pour la contrebalancer.

Une façon de corriger les offenses à la situation est de regarder l'offenseur comme quelqu'un qui est tombé hors nature et n'est plus tout à fait un être humain. La transgression devient alors un reflet de sa personne, et non pas de ce qu'il a offensé. À la mesure de la gravité de la transgression des règles d'organisation des rassemblements, le besoin se fera sentir de traiter son infraction par une sérieuse mise en accusation de son soi ou de son être. Le diagnostic et le traitement psychiatriques - en pratique, et quoiqu'ils soient en désaccord avec certaines théories psychologiques - offrent une issue au problème. L'offenseur est accusé de maladie mentale, et non pas de stupidité ou de possession par le démon. Ici, apparemment, le nombre relativement réduit de cas organiques qui soutiennent cette thèse peut être mis au service d'un modèle qui va à peu près de soi[1].

Les psychiatres semblent peu nombreux à se rendre compte qu'ils présupposent et promeuvent une espèce d'harmonie préétablie qui est presque trop belle pour être vraie. Car qu'est-ce qui peut être plus plaisant à l'esprit de quelqu'un que tout va pour le mieux dans le meilleur des mondes, que le type de mauvaise conduite que nous ne pouvons expliquer par nos méthodes scientifiques est simplement dû à la maladie de la personne fautive, et que plus mal elle se conduit, plus malade elle est ? Quoique fasse alors la psychiatrie pour l'offenseur - et cela varie grandement - elle remplit une fonction de protection du caractère sacré de l'occasion sociale et des sentiments de ses participants. Ce service est important. Nous avons *besoin* de penser que les offenses à la situation sont dues à une maladie. Parfois, bien sûr, la démonstration peut en être faite, mais la plupart du temps, nous n'avons même pas besoin de telles preuves pour le penser.

Si nous adoptons l'hypothèse que beaucoup de [236] formes de désordre mental, « non organique », « fonctionnel », ne sont pas du tout une catégorie de maladies, mais une classe d'infractions à la situation, qui sont neutralisées et réprimées par l'imputation de « maladie », alors certaines difficultés qui se posent dans la perspective de la psychiatrie ordinaire peuvent être résolues.

L'une de ces difficultés réside dans la façon dont un patient est classé « en état de régression », comme s'il était totalement et irrévocablement différent des êtres humains ordinaires - un sentiment familier, du reste, aux

▲1. Goffman E., « The Medical Model and Mental Hospitalization », in *Asylums*, New York, Doubleday Anchor, 1961, p. 351-352.

sociologues, dans leurs recherches sur les classes et sur les castes. Ce point de vue est associé au présupposé de la psychiatrie ordinaire selon lequel un niveau approprié d'animation et d'orientation situationnelle est un état naturel pour les humains. L'imperturbabilité de la catatonie doit être causée par un facteur spécifique ou, tout au moins, être un phénomène singulier qu'il faut expliquer. Ainsi, quand le patient « s'en sort », comme il le fait d'habitude, il n'y a pas de façon vraiment satisfaisante d'intégrer l'image qu'il nous donne à présent et celle qu'il nous offrait auparavant. Pas plus que nous ne pouvons rendre compte du fait que certains patients à l'air inaccessible, déconnecté, font soudain un clin d'œil beaucoup trop avisé ou expriment un sentiment un peu trop pertinent pour qu'on puisse les ignorer. Ces écarts doivent être pris en charge sociologiquement, en acceptant que le patient n'est jamais « rentré » dans quoi que ce soit dans un premier temps, et que donc ce n'était pas un problème pour lui d'« en sortir ». Une fois qu'un individu s'est libéré, pour une multitude de raisons possibles, de son respect pour les rassemblements sociaux, la bonne attitude est alors l'immobilité (ou l'excitation motrice). Ce qui mérite d'être expliqué, c'est comment le niveau d'animation, approprié à telle ou telle situation, se maintient, normalement, à de rares exceptions près. Bien sûr, il est nécessaire de savoir ce qui place parfois un individu hors de portée des exigences du rassemblement. Un tel détachement peut du reste être le symptôme d'une profonde perturbation de la personnalité. Mais notre observance religieuse des propriétés situationnelles fait de nous de piètres étudiants des impropriétés. Nous sommes d'accord avec la psychiatrie ordinaire, selon laquelle la personnalité humaine a un fondement organique et ne peut connaître de changement rapide [237] en profondeur. Mais nous devons chercher ailleurs une explication des transformations subites de la « condition » du patient. Et nous découvrons que ce qui peut changer et ce qui change, en un instant, est la correction de sa conduite en situation et le choix de stratégies d'expression de la relation aux autres. Si ces changements peuvent se produire lentement, chaque être humain normal a aussi la capacité de dynamiter, au pied levé, les propriétés d'une situation.

On peut donner un autre exemple de difficultés de la psychiatrie ordinaire. Comme il a été avancé plus haut, l'idée que les « désordres mentaux fonctionnels » sont des maladies analogues aux troubles parétiques[1] est fondée en partie sur le fait que, dans de nombreux cas, il est extrêmement difficile de savoir, au vu du seul comportement, si le patient souffre d'une psychose organique ou fonctionnelle. La présomption semble être que la mauvaise conduite de patients atteints organiquement est totalement symptomatique et que si des personnes sans problème

▲1. [La parésie est une paralysie légère liée à l'affaiblissement de la contractilité musculaire - mais renvoie aussi à des troubles nerveux autrefois imputés à l'hystérie].

fonctionnel présentent de tels comportements, on peut dire qu'ils se conduisent eux aussi de façon symptomatique. Comment un désordre à fondement psychogénétique peut-il donner lieu à un schéma de comportement similaire à celui des cas organiques ? Ce point reste inexpliqué. Mais dans les termes d'une sociologie des situations, cette heureuse coïncidence entre symptômes organiques et fonctionnels ne peut qu'être attendue. Quelles que soient les raisons, organiques ou sociales, de la déviance, il y a d'ordinaire un seul ensemble de règles situationnelles qui s'appliquent dans une situation donnée. Et ces règles doivent être transgressées pour qu'une déviation puisse être perçue, que cette déviation soit qualifiée de symptôme ou non. Prenons par exemple la forme de possession connue comme « *weré* » dans le culte shango de Trinidad :

> « En fin de compte, une forme de possession qualifiée de *weré* est observable avec une certaine fréquence. Les individus dans cet état sont appelés les "messagers des puissances". La possession *weré* est un état à mi-chemin entre la pleine possession et le comportement normal : elle s'accompagne d'un haut degré de conscience. Elle se caractérise par la désobéissance aux règles cérémonielles, par des actes comme fumer, jurer ou se moquer des lieux sacrés [238] en crachant sur les tombes des puissants. Le comportement devient extrêmement enfantin : les possédés peuvent parler avec un zézaiement marqué, se souiller et recourir à un langage et à des gestes vulgaires. Ils sont traités avec tolérance par les observateurs : on peut les traiter comme des enfants désobéissants, mais aimés. Un homme dans cet état soutenait qu'il venait juste d'atterrir de New York "*Thity*" et que son avion stationnait à la sortie du portail. Il invitait cordialement toutes les femmes disponibles à venir visiter l'intérieur de l'avion en sa compagnie (provoquant des bourrasques de rires hystériques de la part de l'assistance)[1]. »

Il est possible de voir dans ce type de conduite une forme de psychose transitoire. Mais plus nous apprenons sur les qualifications requises pour s'engager dans ces rites de possession et sur la sélection des personnes qualifiées par la communauté, et plus nous réalisons qu'il nous faut compter sur le même vocabulaire des impropriétés situationnelles indépendamment des raisons et des significations de la déviation. Cette leçon nous a, bien sûr, déjà été donnée par les psychiatres freudiens eux-mêmes, dans leur théorie, si non dans leur pratique, en relation avec l'idée que le symptôme psychique peut être une défense, et peut être radicalement altéré sans changer la psychopathologie sous-jacente - tandis que des symptômes similaires peuvent être observés chez des personnes souffrant de pathologies d'un tout autre type.

Ici, paradoxalement, l'approche comparée nous a rendu un mauvais service. Les psychiatres qui voyagent dans des contrées lointaines rencontrent souvent des cultures totalement dépaysantes et des langues très difficiles à comprendre. Mais souvent, aussi, ils se rendent compte que le comportement des patients locaux leur est parfaitement familier. Une fois

▲1. Mischel W., Mischel F., « Psychological Aspects of Spirit Possession », *American Anthropologist*, 60, 1958, p. 252-253.

qu'ils ont pris pied dans le contexte indigène, les visiteurs se sentent à la maison. Du fait qu'ils sont en territoire familier quand ils observent une salle d'opération à l'étranger ou examinent chez eux un cas de rougeole, leur tendance est de tenir pour acquis que tous les patients psychiatriques souffrent de la même espèce de désordre, indépendamment de leur culture. Ici, l'hypothèse pourrait être formulée que certaines règles élémentaires de propriété situationnelle pourraient être partagées par les rassemblements sociaux dans différentes cultures. Pour autant qu'il existe des [239] régularités transculturelles, il existe aussi des impropriétés situationnelles reconnues dans toutes les sociétés. Du coup, les psychiatres se retrouvent chez eux n'importe où sur terre.

Un dernier exemple de l'utilité de l'analyse situationnelle peut être avancé. Dans les hôpitaux psychiatriques, nous sommes confrontés à une tolérance vis-à-vis de comportements qui susciteraient une grande angoisse chez des témoins à l'extérieur. En fait, les patients sont souvent employés dans la communauté hospitalière à des tâches extrêmement astreignantes pour des personnes de leur statut socio-économique, et ce même quand leurs conduites sont entachées des impropriétés situationnelles les plus criantes. On rapporte ce type de pratique à un « bon ajustement à l'hôpital » et on attribue souvent l'apparente capacité de ces patients à l'environnement « protecteur » de l'hôpital - une explication qui permet à chacun de continuer à penser que les patients sont malades. À l'examen, cependant, il apparaît que le mode élémentaire d'organisation de la vie sociale à l'intérieur de l'institution diffère de celui de l'extérieur : ceux du dedans sont des personnes dont on a circonscrit la menace qu'ils représentaient pour l'ordre situationnel en leur accordant le statut de malades mentaux, assorti de mesures d'incarcération et d'opérations de stigmatisation. La nécessité de sanctionner négativement chaque infraction est levée étant donné que le cadre dans lequel ces infractions se produisent est en lui-même une sanction négative en continu. Le prix à payer pour l'infraction l'a été à l'avance. Ce qui paraît être à l'extérieur une transgression dangereuse de l'ordre public est une chose sans importance à l'intérieur de l'institution. Pour cette raison, certains patients en viennent à aimer la vie de l'hôpital psychiatrique. D'emblée accusés de maladie mentale, ils n'ont plus à craindre l'humiliation et l'embarras qui découlaient de cette accusation, quand elle était portée par des personnes qui n'entretenaient initialement aucun soupçon à leur égard.

L'analyse situationnelle se présente ainsi comme une alternative à la perspective psychiatrique. Mais ce faisant, elle pointe les fonctions sociales du modèle médical. L'hospitalisation psychiatrique est en partie au service de la thérapie que notre société met en œuvre pour protéger les propriétés situationnelles contre les menaces qui pèsent sur elles. Mais cette cure est hélas coûteuse - une part des dépenses est supportée par l'État, l'autre par l'offenseur.

Reste une dernière question, sérieuse, à poser. [240] Les symptômes du désordre mental sont souvent des cas d'impropriété situationnelle. Mais là ne réside pas la raison pour laquelle la psychiatrie s'y intéresse. Il y a en effet beaucoup d'autres offenses ou entorses aux situations pour lesquelles elle n'a aucune curiosité. L'insolence, le mépris, l'indifférence, la présomption sont toutes des qualités qui se manifestent dans des conduites inappropriées : ce n'est pas pour autant que les personnes qui les expriment sont tenues pour malades. De même, les participants à des congrès peuvent s'autoriser toutes sortes de pitreries : ce n'est pas pour autant qu'on les prend automatiquement pour des fous et qu'on les enferme dans des asiles. Il en va de même pour les quelques aristocrates originaux qui sont restés en mémoire. Toutes ces excentricités sont compréhensibles en relation à la situation où elles prennent place et parfaitement compatibles avec la santé mentale.

Le problème ici est le sens particulier que le mot « situation » prend dans ce contexte. Le rassemblement dans la situation, tel qu'il a été étudié dans ce livre, subit de nombreux affronts. Mais les circonstances sociales sont telles qu'elles immunisent l'offenseur contre la punition. Que nous ayons affaire à un offenseur ou à un groupe d'offenseurs s'autorisant de concert la même pratique de transgression n'est pas la question. La question est de savoir si l'offenseur est dans une position de prévenir l'action qui est engagée contre lui. De nombreuses personnes commettent des offenses situationnelles. La société serait du reste bloquée, sans espoir, si elle n'abritait pas de telles déviations. Un symptôme mental, cependant, est une offense situationnelle sans possibilité d'amendement pour l'offenseur. Il est dans une position où il ne peut forcer les autres à accepter l'affront qu'il leur a fait subir, et où il ne peut non plus les convaincre de prendre en compte d'autres raisons qui en rendraient compte.

Les obligations situationnelles ont un caractère moral : l'individu se doit de les respecter. On attend de lui qu'il désire s'y conformer. Et s'il échoue à le faire, une espèce de connaissance publique est prise de son échec. Mais une fois que ce caractère des obligations situationnelles est reconnu, leur étude peut prendre différentes directions. On peut s'attendre à trouver nombre de motifs différents de s'y plier, de raisons différentes de ne pas s'en acquitter, de façons différentes de dissimuler ou d'excuser des [241] infractions, ou encore de s'arranger avec ceux qui commettent ces offenses. On peut aussi s'attendre à ce que des règles qui sont appliquées ou violées par une personne devant un auditoire ne soient pas prises en charge de la même manière par la même personne devant un auditoire différent. Et bien sûr, on peut prévoir que des règles d'engagement qui sont suivies dans une communauté ne seront pas honorées dans une autre. Un thème de cette recherche est donc que la règle morale ne doit pas être utilisée comme un moyen de faire le partage entre offenseurs et défenseurs. Plus nous rassemblons des informations sur la règle morale, plus il devient difficile d'être affirmatif sur les individus qui ne la respectent pas. En tout cas, nous devrions hésiter à accepter sans preuve supplémentaire la perspective psychiatrique ou celle du sens commun, selon lesquelles il n'y aurait qu'une classe unique d'offenses situationnelles, dont la saisie requiert de se déplacer du plan du social vers les couches les plus profondes de la personnalité.

Si, donc, nous voyons les patients des hôpitaux psychiatriques comme des personnes qui ont transgressé des règles d'engagement, et si nous réussissons à avoir une compréhension plus sophistiquée de ces règles, il sera possible de questionner la conception durement gagnée selon laquelle ces « internés » sont nécessairement des personnes « malades ». Un rassemblement social, même lâchement défini, reste une pièce exiguë : il présente plus de portes permettant d'en sortir et plus de raisons normales, d'un point de vue psychologique, de vouloir les franchir que ne peuvent l'imaginer ceux dont la loyauté à la société situationnelle est inébranlable.

Chapitre 15

Conclusions

[242] Ce livre traite du comportement dans les lieux publics, en particulier de cette dimension de l'ordre public qui relève de la conduite des individus, en vertu de leur présence les uns aux autres. Seul un segment de cette conduite a été examiné. Les régulations de la violence physique ont été à peine abordées, pas plus que les régulations des demandes d'assistance matérielle que les individus peuvent, dans certaines sociétés, adresser à des étrangers coprésents. De plus, notre attention ne s'est fixée que sur un petit nombre de « cercles du soi » que les personnes présentes attirent autour d'elles et vis-à-vis desquels il est obligatoire de manifester diverses formes de respect. L'étude s'est donc centrée sur la régulation des actes de communication, à la fois expressifs et langagiers, principalement les actes dont la signification s'étend au-delà des cercles de conversation, vers la situation dans son ensemble. Pour sûr, la régulation des conduites de communication n'épuise pas ce qui fait l'ordre public, mais elle est suffisamment importante pour qu'on l'examine en elle-même, avec des concepts taillés sur mesure. Un enjeu spécifique de ce livre aura été de montrer que la symptomatologie des « malades mentaux » a souvent plus à voir avec la structure de l'ordre public qu'avec la nature d'esprits déréglés.

Trois unités sociales de base ont été abordées dans ce livre. Ce sont, toutes les trois, des entités interactionnelles. La première est l'*engagement de face* [243] ou *rencontre*, qui prend la forme d'un cercle, en général conversationnel, où un foyer unique d'attention visuelle et cognitive est ratifié comme ce qui lie mutuellement les participants. La deuxième est l'*occasion sociale*, qui consiste en une unité socio-psychologique plus large et qui fournit le cadre de référence dans lequel prend place l'*engagement*. La troisième, la seule traitée en détail, est le *rassemblement social*. Elle était au début définie comme l'ensemble de toutes les personnes coprésentes pendant une période continue de temps, posant les limites d'une *situation sociale* – à savoir un environnement de possibilités de contrôle, qui abrite un rassemblement et dans lequel un entrant est à même de devenir un participant. Mais vers la fin de l'enquête, le concept de « rassemblement » a commencé à se charger d'un supplément de sens. Comme ils se trouvent dans une situation sociale, elle-même logée dans une occasion sociale, les individus modifient leur comportement selon des modalités porteuses d'un sens normatif. Les personnes, en présence l'une de l'autre, ne forment alors plus tant un pur agrégat qu'une petite société, un petit groupe, un petit dépôt de l'organisation sociale. De même, les modifications de leur comportement, subies en raison de leur participation à une situation sociale - cette mise en acte de propriétés situationnelles - constituent, si on les prend ensemble, un petit système social. Du reste, l'expression « situation sociale », quand elle est employée dans la vie quotidienne, renvoie moins à un environnement de possibilités de communication qu'à ce petit système social, cette petite réalité sociale que les personnes coprésentes en viennent à entretenir ou à ces transactions, porteuses de sens subjectif, dont elles sentent qu'elles adviennent entre elles à ce moment-là.

Au risque de me répéter : quand il se trouve en présence des autres, l'individu est guidé par un ensemble spécifique de règles, qui auront été qualifiées dans ce livre de *propriétés situationnelles*. À l'examen, ces règles se sont avérées commander la distribution de l'engagement de l'individu dans la situation. Celle-ci s'exprime à travers un idiome conventionnel d'indices comportementaux. La comprendre implique de faire face à ce que nous avons désigné comme engagements principaux occasionnés, absences, engagements occultes, auto-engagements, engagements [244] mutuels, marges de désengagement, et ainsi de suite. Sous l'autorité de ces règles, l'individu découvre qu'une partie de son engagement est réservée au rassemblement pris comme un tout (et au-delà, à l'occasion sociale), par opposition aux sujets de préoccupation pour une partie des personnes présentes ou pour les absents. Cette expression obligatoire de l'engagement dénote une espèce d'appartenance et d'obéissance au rassemblement. Pour l'individu, chaque participation à une situation sociale livrera un sens de ce que signifie l'attachement personnel. Partis du problème des propriétés situationnelles, nous voilà parvenus au problème de l'attachement.

Dans l'étude sociologique des différentes espèces d'organisation humaine - les familles, les mouvements politiques, les corps professionnels, les communautés locales... - la question de l'attachement personnel approprié s'est toujours avérée utile. De quelles façons un membre est-il tenu de se donner à l'organisation, et de quelles façons attend-on de lui qu'il se tienne à distance ? Cette question nous aide à comprendre comment une personne est connue par les liens sociaux qui la tiennent et comment, à travers ces liens, elle est tenue à quelque chose qui est une entité sociale, avec ses contenus de vie et avec les frontières qui lui sont propres. À force d'observer le comportement dans des situations sociales, on se rend compte que la même question directrice nous aide à faire tenir ensemble de nombreux détails épars sur ce que nous savons de l'activité interactionnelle. On peut alors avec raison voir le rassemblement social comme une petite société, qui donne corps à une occasion sociale, et ressaisir dans les subtilités situationnelles de la conduite sociale les liens institutionnalisés qui nous attachent au rassemblement. On peut encore avec raison se déplacer d'un point de vue interactionniste à un autre qui dérive de l'étude des formes élémentaires de la structure sociale. Un rassemblement social pourrait n'être qu'une infime tête d'épingle de l'organisation sociale, mais si minuscule soit-elle, la sociologie a de bonnes raisons d'en faire un thème d'enquête et d'analyse. Et quand nous voyons le rassemblement comme quelque chose qui doit incarner l'occasion sociale dans laquelle il prend place, nous avons plus de raisons, encore, de lui donner de l'importance.

Les grandes conceptions que la sociologie a développées à propos de l'organisation sociale peuvent être mises à l'épreuve pour penser les occasions, les rassemblements et les rencontres. Il en va de même pour les coordonnées spécifiques [245] élaborées par l'analyse institutionnelle à petite échelle – dans le langage du rôle, de la position, de l'organisation formelle et informelle, du symbole statutaire et de la relation sociale. Une propriété qui régule la conduite d'un individu peut souvent être saisie comme régulant la conduite du titulaire d'une position donnée dans une organisation donnée. Il pourrait sembler, alors, que, pour parler des propriétés situationnelles, la seule chose requise soit d'allonger la liste habituelle de ce qui constitue les attentes de rôle, inhérentes à certaines positions. Et il en a parfois été ainsi, pour traiter par exemple d'obligations institutionnelles bien particulières comme celle de « maintenir l'ordre ».

L'examen rapproché des obligations d'engagement nous a cependant contraint à affiner nos concepts. L'interaction en face-à-face prend place dans un type d'unités qui lui est propre, unités que nous avons qualifiées d'*engagements*, de rassemblements et d'occasions sociales. Un établissement social peut être vu comme un système de ces unités, tout comme il peut être vu comme un système de rôles. Mais quoique la position d'un individu dans une organisation influence, formellement et informellement, ses obligations d'engagement dans les interactions qui ont cours dans cette organisation, il n'est pas besoin de postuler une relation terme à terme entre sa place dans l'interaction et sa place hors de l'interaction. Les personnes qui diffèrent peu en statut dans une organisation peuvent se retrouver avec des obligations d'engagement tout à fait différentes à un moment donné ; et celles qui ont des statuts tout à fait différents peuvent se retrouver à jouer le même rôle interactionnel. De surcroît, s'il est vrai que les obligations de conduite varient de rôle en rôle dans le cadre de l'organisation, il est tout aussi vrai que ces obligations varient d'un ensemble de personnes-coprésentes-jouant-des-rôles-dans-des-lieux-donnés à d'autres ensembles du même type. Et pour certaines de ces obligations, l'ensemble des preneurs-de-rôle-en-interaction est une unité plus naturelle que le rôle de l'individu lui-même. Certaines règles de conduite peuvent être mieux étudiées en observant la conduite du président du Conseil d'administration, d'autres le seront mieux en observant directement les réunions de ce Conseil d'administration. L'étude des obligations liées à la situation est différente de l'étude des obligations liées aux rôles sociaux.

Bien entendu, l'individu peut employer [246] des impropriétés (et des propriétés) situationnelles pour exprimer quelque chose à propos de sa relation avec une communauté, une institution sociale, un réseau de parenté, un lien interpersonnel, ou toute autre unité de l'organisation sociale. Et quelles que soient ses intentions, ceux qui se tiennent en sa présence vont vraisemblablement faire des interprétations de ce type à propos de sa conduite. En fait, si l'individu entre en contact immédiat avec les représentants ou avec les symboles d'une organisation sociale, il ne peut que difficilement éviter de communiquer quelque chose à propos de sa relation avec cette organisation. L'idiome disponible, en premier lieu, pour exprimer cette relation est conçu pour exprimer l'attachement ou le détachement à des rassemblements sociaux, et au-delà, aux occasions sociales qui les englobent. Un homme qui participe à une réception avec une barbe de deux jours pourra être perçu, et parfois à juste titre, comme étant en instance de séparation de sa femme, fâché avec son hôte et son cercle social, ou exclu de la profession dont sont membres les invités au rassemblement. Mais ces significations sont secondes, et doivent être rapportées au fait premier qu'est l'impropriété de son acte, du point de vue des règles de conduite en vigueur dans les situations sociales advenant dans ce type d'occasion sociale. La cible visée par son acte offensif peut être, nominalement, l'une des personnes présentes ou, à l'autre extrême, la communauté dans son ensemble, y compris ses nombreux absents. Mais ce sont les personnes présentes, et seulement elles, qui sont les destinataires *immédiats* de l'offense. Et si les participants peuvent être préparés à comprendre avec bienveillance que l'offense ne vise pas leur rassemblement, cette compréhension n'est pas automatique, elle dépend plutôt de la transmission d'une information spécifique ou d'un effort spécifique d'interprétation.

Pour conclure, avançons un dernier point. Quoique l'individu soit dans une position de montrer de l'attachement ou du détachement au rassemblement dans lequel il se trouve, et quoique l'attachement soit un thème sociologique standard, ce dont il est question ici, l'attachement à des occasions sociales, est quelque chose de bien particulier. Les rassemblements sont des activités conjointes en cours, à cet instant-ci, mais qui durent, moment après moment : [247] les preuves de l'attachement de quelqu'un doivent être immédiates et continues. De plus, l'attachement pris dans ce sens ne concerne pas l'engagement de ressources financières personnelles ou de promesses de travail dans le futur. Il requiert de l'intérêt, de l'orientation et de l'attention - en bref, une capacité à l'engagement.

Le cadre de référence de l'analyse interactionnelle, s'il peut être pris en compte par l'analyse institutionnelle, en est donc analytiquement distinct. Ce point établi, les principales lignes de l'analyse interactionnelle peuvent être déroulées. Nous cherchons dans un acte l'engagement qu'il semble exprimer. Nous cherchons dans l'engagement les régulations qui le lient.

Nous cherchons dans ces régulations ce qui est dû au rassemblement et à l'occasion sociale, comme réalités de plein droit.

On doit donc reconnaître que l'aspect *simplement-situé* de l'activité dans une situation compte souvent beaucoup plus que son aspect *situationnel*. Il est vrai que la composante d'une activité qui est intimement régulée par des obligations d'engagement est souvent dérisoire et insignifiante. C'est pourtant à partir de ces matériaux peu prometteurs que la réalité délicate des occasions sociales a été reconstruite. Nous découvrons que nos petites inhibitions sont soigneusement entrelacées en un réseau (*network*), que les résidus de nos activités sérieuses sont ouvragés en un modèle (*pattern*), et que ce réseau et ce modèle sont destinés à supporter d'importantes fonctions sociales. C'est là, sans doute, le mérite de la minutie avec laquelle nos vies sont mises au service de la société.

Il semble typique de cet usage que la société fait de ses membres que ceux qui négligent de montrer des signes de respect pour les rassemblements soient taxés de manque de « dignité » ou de « respect de soi ». La capacité et la volonté d'un individu de s'ajuster aux propriétés situationnelles sont cruciales quant aux jugements que l'on porte sur lui. S'il refuse de se conduire de façon appropriée, on est en droit de conclure qu'il va à l'encontre de ce qu'il doit sûrement éprouver comme son vrai soi.

On a avancé que ce que l'individu perçoit comme les subtilités de la conduite sociale sont en fait des règles qui le guident dans son attachement aux (et dans son détachement des) rassemblements sociaux. Les propriétés situationnelles lui donnent un idiome dans lequel exprimer ce lien. [248] Il suit souvent ces règles en y pensant à peine, payant ce qu'il ressent n'être qu'un petit tribut aux conventions. Mais qu'il soit surpris en train d'agir de façon inappropriée ou qu'il surprenne les autres dans une telle situation, et l'embarras peut être incroyablement intense. Une personne peut être condamnée par un jugement de classe pour des actes tenus pour grossiers - que l'on pense à la colère que suscite quelqu'un qui renifle ou qui mâche de la gomme bruyamment. Mais en sous-main, ce qui sera éprouvé est que cette personne ne s'est pas donnée comme il le fallait au rassemblement, et au-delà, à l'occasion sociale. Plus qu'à une famille ou à un club, plus qu'à une classe ou à un genre, plus qu'à la nation, l'individu appartient à des rassemblements, et il a tout intérêt à montrer qu'il en est un membre en règle (*in good standing*). La peine encourue, en dernier recours, par les contrevenants est sévère. De même que nos prisons sont remplies de ceux qui transgressent l'ordre légal, de même nos asiles le sont-ils, en partie, de ceux qui agissent de façon incorrecte. Le premier type d'institution est destiné à protéger nos vies et nos propriétés ; le second, à protéger nos rassemblements et nos occasions.

Postface

L'ordre public
Micropolitique de Goffman

Daniel Cefaï[1]

On lit souvent que le premier livre de Goffman, *The Presentation of Self*[2], provient de la réécriture de sa thèse. C'est vrai, en partie : nombre d'exemples sont tirés de son travail d'enquête à Baltasound, soit Dixon, aux îles Shetland, rebaptisées les îles Bergand, entre décembre 1949 et mai 1951 [3]. Mais l'arsenal conceptuel qu'il y déploie - performance, communication, région, équipe, façade, scène, coulisses, mise en scène, alignement d'action, réalisation dramatique, contrôle expressif, définition de soi[4] - est le produit d'un travail original d'écriture et d'analyse, qui était en grande partie absent de *Communication Conduct in an Island Community* (1953)[5]. Si l'on devait repérer un héritage plus direct de la recherche menée pour la thèse de doctorat, sous la férule d'un comité constitué de W. Lloyd Warner, Donald Horton, Anselm Strauss et soutenue en décembre 1953, c'est sans doute du côté de *Behavior in Public Places* (*BPP*[6]) qu'il faudrait aller le chercher. Le matériau en est rassemblé en 1954-57, le livre est écrit autour

---

▲ 1. Merci en premier lieu à Samuel Bordreuil, sans qui cette traduction n'aurait matériellement pas pu se faire, et à Howard Becker, Bernard Conein, Anne Rawls, Rod Watson et Yves Winkin pour leur aide sur certains points de traduction.

▲ 2. Goffman E., *The Presentation of Self in Everyday Life*, Edinburgh, University of Edinburgh, Social Sciences Research Centre, 1956 ; Garden City, Doubleday, 1959.

▲ 3. Winkin Y., « Goffman à Baltasound », *Politix*, 1(3-4), 1988, p. 66-70.

▲ 4. *Performance, communication, region, team, front, stage, backstage, staging, action alignment, dramatic realization, expressive control, definition of Self.* Cf. Goffman E., *La présentation de soi dans la vie quotidienne*, Paris, Minuit, 1973 [1959].

▲ 5. Goffman E., *Communication Conduct in an Island Community*, *op. cit.*

▲ 6. Nous utiliserons régulièrement l'abréviation *BPP* dans cette postface. Les chiffres et nombres mis entre parenthèses après une citation renvoient à la numérotation de l'édition anglaise (indiquée entre crochets dans le corps de la présente traduction).

de 1958-60, nous dit Goffman dans les « Remerciements ». Il est publié en 1963. On peut juger de la fécondité de Goffman qui mène l'enquête et achève l'écriture entre 1953 et 1963 de deux livres qui sont devenus des classiques, *La présentation de soi* et *Asiles*, et qui en 1961, dans les cours sur la déviance dont il est en charge à Berkeley, présente déjà les matériaux de *Stigmate* (1963)[1]. De fait, on peut réinscrire *BPP* dans le corpus de travaux en gestation à l'époque qui traitent de la déviance, pas tant comme objet en tant que tel qu'en relation au problème de l'imposition et de la transgression des règles, du contrôle et de la régulation des conduites, de la répression et de la réparation des offenses. *BPP* est un livre sur les conduites interdites, déconseillées, tolérables, autorisées, recommandées, obligatoires, prescrites ou proscrites dans des lieux publics et semi-publics.

La thèse de doctorat est donc fort présente dans *Behavior in Public Places*. On peut identifier une série de concepts communs aux deux ouvrages - engagement, accessibilité, attachement, éloignement, occasion sociale, ressources sûres, langage corporel, participation ratifiée, organisation de l'attention, profil de l'engagement[2]... En supplément du corpus de données des îles Shetland (1949-51), l'autre grande source d'exemples empiriques de *BPP* est le travail d'observation participante que mène Goffman au Saint Elizabeths Hospital, Washington, D. C. (1955-56), hôpital psychiatrique à peine déguisé sous le nom d'Hôpital central. Les îles Shetland et l'Hôpital central : tels sont les deux sites d'enquête. Mais on reconnaîtra dans *BPP* la façon de procéder de Goffman, cette espèce d'éclectisme qui est le sien : « Je tire sur une cible depuis des positions diverses et nombreuses », aurait-il dit, en restant concentré sur elle, sans se préoccuper de la distance du tir, ni de la nature de l'arme ou des munitions, a rajouté G. Psathas[3]. Sans doute, Goffman engage dans *BPP* une masse de descriptions ethnographiques de première main, dont tous les commentateurs de l'époque s'accordent à reconnaître l'originalité et la virtuosité[4]. Mais il nourrit sa réflexion de

▲ 1. Marx G., « Role Models and Role Distance: A Remembrance of Erving Goffman », *Theory and Society*, 13(5), 1984, p. 649-662.

▲ 2. *Involvement, engagement, accessibility, attachment, alienation, social occasion, safe supplies, body language, ratified participation, organisation of attention, contour of involvement.*

▲ 3. Psathas G., « Theoretical Perspectives on Goffman: Critique and Commentary », *Sociological Perspectives*, 39(3), 1996, p. 383-391.

▲ 4. Cf. les recensions de Louis Schneider (qui remarque dans l'*American Sociological Review* l'interaction avec cette créature profane qu'est un chien, note page 127, que l'on aurait du mal à rencontrer dans un traité de sociologie), Samuel W. Bloom (qui salue dans les *Annals of American Academy of Political and Social Science* son « acuité dans l'observation » et son « habileté dans la description » tout en étant irrité par l'exposition théorique), Arthur L. Stinchcombe (qui regrette dans l'*American Journal of Sociology* le manque d'« engagement explicatif », partagé avec la tradition de recherche sur les rôles et les statuts) et Charles L. Mulford (qui se plaint, au terme d'une recension élogieuse dans *The Sociological Quarterly*, d'avoir cependant le sentiment d'avoir déjà rencontré certaines anecdotes sur les îles et les asiles...).

remarques de seconde main, tirées de textes littéraires (Herman Melville, Charles Dickens, Norman Mailer, Samuel Beckett, Dashiell Hammett, Marcel Aymé, Thomas Wolfe, Saul Bellow...), d'écrits de psychopathologie (Pouillet, Bleuler, Rapaport, Lemert, Sullivan, Ruesch...) ou de récits d'anthropologie, rapprochée (Plainville USA, Yankee City ou Deep South) ou exotique (Bédouins, Irakiens, Chinois, Hindis, Japonais, Trinidadiens, Anglais médiévaux, Indiens du Nord-Ouest ou du Paraguay, Italiens de Rome ou du Mezzogiorno, Juifs d'Europe du Sud-Est...). Goffman a également rassemblé un corpus de recherches en éthologie et en écologie, de publications sur les aveugles, les enfants et les handicapés, de faits divers tirés de la presse, d'études sur les asiles, les prisons et les couvents, de mémoires de religieuses, de criminels ou de journalistes. Sans compter une collection de manuels de savoir-vivre, exposant les canons de politesse ou les règles d'étiquette... Et ici et là, apparaît un exemple soufflé par l'un ou l'autre de ses étudiants (Arthur Stinchcombe, David Sudnow, Harvey Sacks, Susan Irwin, Eleanor Carroll). Goffman présente ses excuses pour la « valeur douteuse » de ces données et le caractère questionnable de ses interprétations, tout en assumant que la « spéculation relâchée » vaut mieux que la « cécité rigoureuse » (4). Il adopte un profil bas, dont il est coutumier[1], et sur lequel certains se sont interrogés : pourquoi surfer entre autant de références et ne pas s'en tenir à un bon corpus de données ethnographiques ?[2]

▲ 1. Le sous-titre de *BPP* commence par « Notes », tout comme le sous-titre de *Stigma*, « Notes on the Management of Spoiled Identity ». Goffman recourt à une tactique rhétorique comparable dans *Encounters* et *Relations in Public*, dont les sous-titres sont « Two Studies in the Sociology of Interaction » et « Microstudies of the Public Order », et dans *Interaction Ritual* et *Frame Analysis*, dont les sous-titres sont « Essays on Face-to-Face Behavior » et « An Essay on the Organization of Experience ».

▲ 2. Pourquoi ne pas proposer des descriptions d'interactions en face à face, prises sur le vif ? R. Collins dans le « Symposium Review on "Relations in Public" », *Sociological Quarterly*, 14(1), 1973, p. 135-143 (interventions de P. K. Manning, R. Collins et J. Aronoff), en particulier p. 137-142, se demande pourquoi aller chercher dans la littérature des manuels de civilité des prescriptions qui n'étaient plus en vigueur depuis longtemps dans les années 1960 afin d'éclairer les normes de comportement des classes moyennes. Collins remarque également que le matériau de *Relations in Public* est « à peu de chose près celui qui a été traité huit ans plus tôt dans *BPP* » (p. 140). Cette critique redouble le reproche des ethnométhodologues à Goffman de ne pas serrer d'assez près « la production endogène de comptes rendus de la situation » par ses membres et de recourir, somme toute, à un matériau assez pauvre d'un point de vue ethnographique, se contentant bien souvent « d'illustrer son propos par le biais d'une citation ». Goffman établit à l'avance « un système de classification » - par exemple, le binôme des échanges confirmatifs et réparateurs, adossé à une théorie du rituel - et aligne des cas, détachés de cours d'activités en contexte, qui servent à exemplifier sa thèse - cf. Psathas G., *Conversation Analysis: The Study of Talk-In-Interaction*, Thousand Oaks, Sage, 1995 p. 42-44. Goffman n'en était pas moins une source d'inspiration forte pour les ethnométhodologues qui pratiquaient l'ethnographie, comme D. L. Wieder le reconnaît au début de *Language and Social Reality*, La Haye, Mouton, 1974.

La cible n'en est pas moins claire. « Je pense que, pour étudier un objet, il faut commencer par l'attaquer frontalement et l'envisager à son niveau comme un système de plein droit. » Dans *BPP*, l'objet de l'analyse est le « système d'activités situées » dont il était question dans *Encounters* (1961), mais transporté à présent dans l'espace public. Cette étude sur l'ordre de l'interaction en public sera reprise et approfondie, d'une certaine façon, avec l'enquête sur le « champ de la vie publique » de *Relations in Public* (1971) et, sous certains aspects, avec l'enquête sur la publicité dans *Gender Advertisements* (1976). *BPP* est l'ouvrage d'un tournant, celui par où Goffman se départit en partie de ses hypothèses sur le Soi, la face et le rituel, s'éloigne de la synthèse qu'il avait inventée entre la sociologie des professions et des organisations de Hughes, l'anthropologie sociale et culturelle au tour durkheimien, apprise auprès de Hart et de Warner, la psychologie sociale de Mead et la vision dramaturgique de Burke. Ce domaine d'expérience et d'activité que Goffman défriche et circonscrit livre après livre, c'est celui de l'*ordre public*.

On ne cédera cependant pas à la tentation téléologique de retrouver dans ce livre les prémisses des livres qui ont suivi ou la réalisation des textes qui ont précédé, même s'il est inévitable de rechercher des continuités dans le développement d'une pensée, sans en perdre de vue la contingence[1]. Goffman, quoiqu'il ait dans chaque publication remis sa pensée en chantier, au point de défier toute tentative d'en tirer une synthèse ou d'en abstraire un système, n'en a pas moins montré une étonnante cohérence thématique et unité stylistique de bout en bout[2]. La lecture que nous allons en proposer est centrée sur *Behavior and Public Places*, mais la ligne directrice qui s'est dégagée, en cours d'écriture, s'est organisée autour de trois points.

Le souci premier a été de contextualiser ce livre par rapport à la pensée de Goffman, prise comme un ensemble d'interrogations en mouvement. Quatre points ont été mis en saillance. a) Une *micro-analyse de l'engagement situé* se substitue progressivement à une sociologie des rôles et des statuts qui prédominait jusque-là dans les perspectives fonctionnaliste ou culturaliste, mais aussi dramaturgique[3]. Ce mouvement, commencé dans *Encounters*, se réalise dans *BPP* et se poursuivra par la suite. b) L'enquête traite de l'ordre social comme un ordre moral. Elle s'éloigne, sans rompre

▲ 1. Les deux meilleures présentations d'ensemble de Goffman, dans sa vie et son œuvre, restent celles de Burns T., *Erving Goffman*, Londres, Routledge, 1992 et de Smith G., *Erving Goffman*, Londres, Routledge, 2006.

▲ 2. Sur le style de Goffman, cf. Lofland J., « Early Goffman: Style, Structure, Substance, Soul », *in* Ditton J., ed., *The View From Goffman*, New York, St Martin's Press, 1980 ou Atkinson P., « Goffman's Poetics », *Human Studies*, 12, 1989, p. 59-76.

▲ 3. Cette perspective dramaturgique se fixe dans les années 1970, par exemple dans les anthologies de Brissett D., Edgley C., *Life as Theater: A Dramaturgical Sourcebook*, Chicago Aldine, 1975 et de Combs J., Mansfield M., eds, *Drama in Life: The Uses of Communication in Society*, New York, Hastings House, 1976.

avec lui, du registre des rites d'interaction qui prédominait dans les premiers textes - et reviendra ultérieurement, investi d'un autre sens, dans *Relations in Public.* Le respect ou le non respect des *propriétés situationnelles* de l'engagement devient dans *BPP* le thème central de l'analyse. c) C'est du coup une vision de l'ordre social comme ordre d'interaction, mais aussi comme *ordre de communication,* qui se dessine. La conclusion de *Communication Conduct* avait déjà pour sous-titre « The Order of Interaction[1] » et *BPP* semble en réaliser le programme. La synthèse reste cependant instable entre une analyse de la communication expressive, une écologie des conduites et une anthropologie des rituels. d) Au bout du compte, le projet d'une *sociologie des situations, des rassemblements et des occasions* que Goffman avait formulé pour la première fois dans sa thèse de doctorat est déployé dans toute son envergure. De ce point de vue, *BPP* peut-être lu comme un essai de morphologie et de dynamique de la vie publique et ouvre un certain nombre de pistes qui se refermeront dans les livres ultérieurs.

L'intrication de ces différentes lignes d'interrogation suffirait à plaider pour l'importance de *Behavior in Public Places.* Mais il nous a semblé utile, dans un deuxième temps, d'en mettre en valeur la portée pour une pensée politique. Il ne s'agit pas là de forcer la lecture de Goffman, dont on a beaucoup répété l'indifférence pour la politique comme institution ou comme protestation, mais bien de partir de ses textes pour y ressaisir ce qu'ils peuvent nous apprendre en la matière. Deux points forts ont retenu notre attention. a) D'une part, nous avons recensé les éléments de réflexion qui parsèment *BPP* sur la *question de la hiérarchie, des inégalités de statut et des rapports de pouvoir.* Goffman fut un temps accusé par une certaine sociologie critique d'être aveugle aux questions, pour aller vite, de stratification et de domination. Pourtant, ses écrits sont parsemés de descriptions et d'analyses sur la question du genre, de la classe et de la race et ont eu un écho important parmi les mouvements de revendication collective contre le harcèlement ou autour du handicap. En nous arrêtant là, cependant, nous aurions pu faire de Goffman un précurseur des microphysiques du pouvoir[2] - quoique moins porté sur la généalogie que sur l'analyse situationnelle et moins soucieux de déconstruction radicale des dispositifs de pouvoir que d'observation ironique d'arrangements interactionnels. b) Pour éviter cette équivoque, il nous a semblé plus important encore de synthétiser le concept d'*ordre public* qui court en filigrane de *BPP.* La dimension de régulation homéostatique de celui-ci pourrait inviter à une lecture conformiste. Mais il engage aussi une conception de la liberté négative, héritée du libéralisme politique, et s'inspire

▲ 1. Goffman E., *Communication Conduct, op. cit.*, p. 343 et s.

▲ 2. Foucault M., *Histoire de la sexualité. La volonté de savoir*, Paris, Gallimard, 1976.

tout autant d'une conception durkheimienne de la solidarité, ressaisie concrètement, depuis les relations de coprésence dans des situations d'interaction. En outre, l'enquête goffmanienne sur la publicité, adossée aux questions de la visibilité et de l'accessibilité, ouvre des possibilités autres que les recherches sur la publicité argumentative. Et elle interdit de rabattre sa pensée sur les axes de l'enfermement et de l'évasion, du contrôle et de la déviance, du stigmate et de la ruse, de la domination et de la résistance.

Cette tension entre deux conceptions du pouvoir nous semble être d'une extrême importance pour la théorie politique - d'autant que Goffman est souvent oublié de la galerie des auteurs classiques. De là, la troisième partie qui ouvre sur des domaines d'enquête et d'analyse empirique pour lesquels l'œuvre de Goffman, et en particulier *BPP*, a été séminale. Nous en avons retenu quatre, et là encore, d'autres découpages auraient été concevables. a) La question de la propriété des conduites en situation est cruciale pour repenser la place des *bonnes manières* dans le maintien de l'ordre social et réhabiliter la littérature, encore tenue pour mineure, sur les civilités. Elle s'avère également utile pour développer une ethnographie morale des *relations de service*, avec leur mixte d'attention, de soin et de contrôle. b) *BPP* ouvre aussi sur une interprétation des *symptômes de la maladie mentale*, dans le droit fil d'*Asiles* et de *Stigmate*. La critique de la psychiatrie s'est emparée dès les années 1960 des notions d'institution totale et de dépossession de soi, mais elle a quelque peu négligé l'approche de la « folie de la place », présentée dans *Psychiatry* en 1969. Cette dimension est présente dans *BPP*. c) Dans un autre registre, Goffman a contribué à renouveler la sociologie du *comportement collectif*, cette longue tradition héritée de Chicago, en substituant à la notion de « foule » ou de « public » celle de « rassemblement » et en forgeant des outils qui permettent de le décrire. Ce chantier reste ouvert, dans la mesure où il n'y a guère eu de reprise systématique de cette science des rassemblements dans les enquêtes sur la mobilisation ou sur la participation politique. d) Enfin, l'intelligence des interactions dans les lieux publics a participé de la formidable avancée des recherches sur l'expérience urbaine : Goffman est l'un des pionniers d'une *écologie des espaces publics*, non seulement d'une écologie territoriale, mais aussi d'une écologie morale et politique de la vie urbaine.

Vers une écologie des interactions

Dans *Behavior in Public Places*, la métaphore écologique prédomine. Mais le mot « écologie » n'apparaît que trois fois dans le livre, tout comme le mot « éthologie » - ce dernier aura par contre de nombreuses occurrences dans *Relations in Public*[1]. C'est pourtant bien de cela qu'il s'agit : reprendre le

▲1. Goffman E., *Relations in Public: Microstudies of the Public Order*, New York, Basic Books, 1971. C'est à la même époque, en 1970, que Goffman organise une conférence à Amsterdam

projet écologique, mais autrement que dans l'héritage de Park et Burgess qui se joue à la même époque à Chicago, autour de Morris Janowitz. Une écologie des interactions à laquelle Goffman va donner son empreinte personnelle.

Au-delà des systèmes de rôles et de statuts : une écologie des engagements situationnels

L'ordre public peut être tout d'abord étudié comme un processus de distribution de places que des participants vont animer ou réaliser. La première impulsion du sociologue ordinaire est d'en répertorier les statuts et les rôles, identifiables et reconnaissables. C'est de cette vision que Goffman se détache progressivement au début des années 1960, glissant de la notion de rôle à celle d'engagement situationnel. Peu utilisée dans la thèse, cette notion de rôle est centrale dans *Asiles* (1961) où Goffman décrit une série de processus d'abandon, dépossession, différenciation, inversion, interférence et conflit de rôles. Elle est également thématisée dans *Stigmate* (1963), où Goffman distingue dans la gestion du stigmate entre « identité de rôle », élément routinisé et standardisé de l'organisation sociale, et « identité personnelle ». Il y parle de « répertoires » et de « profils de rôles » et de « ségrégation de rôle et d'auditoire », reprend la notion de « rôle contrefait » à Edwin Lemert et forge celle de « ménestrélisation » de soi par l'adoption de « rôles clownesques ». Dans ces deux livres, Goffman analyse la complémentarité interactionnelle des rôles du « normal » et du « reclus » ou du « stigmatisé ».

Goffman s'inscrit encore dans le sillage de G. H. Mead à l'époque, tout en puisant à d'autres sources et sans s'interdire des prises de distance. On peut en prendre la mesure dans le syllabus de son cours « *Society and Personality* » (Soc 30, printemps 1960)[1], tout entier centré sur la capacité des individus à participer à des interactions sociales et à des organisations sociales. Articulé autour du recueil de textes d'A. Strauss sur Mead et d'un *reader* d'E. Schuler[2], il passe en revue un certain nombre d'hypothèses meadiennes avant de définir progressivement ce que sont des normes sociales et des rôles sociaux et de finir sur une séance intitulée : « La personne sociale et le problème de l'identité. » La plus grande partie des extraits soumis à lecture proviennent de l'héritage sociologique de Chicago (Blumenthal, Redfield, Wirth, Hughes et Klapp), de la psychologie sociale (Royce, Cooley et Mead), mais aussi de la filière de l'anthropologie culturelle

avec T. Sebeok, après celles de Bloomington, 1962, de Long Island, 1968 et d'Oxford, 1969. Goffman en définit le thème comme celui d'une « éthologie des interactions ».

▲ 1. Ce *syllabus* a été rendu accessible par Sherri Cavan.

▲ 2. Strauss A., *Social Psychology of G. H. Mead*, Chicago, University of Chicago Press, 1956 (Phoenix books) ; et Schuler E. A. *et al.*, *Outside Readings in Sociology*, New York, Crowell, 1952.

(Mead et Benedict, Kluckhohn et Whorf, Linton et Kardiner) ou du lignage harvardien de W. L. Warner (Roethlesberger, Dickson, Warner, David et Gardiner)[1].

Cette notion de rôle est l'enjeu central de l'un des deux essais de *Encounters*, sur la « distance au rôle » (1961)[2]. Goffman y fait le point sur les conceptions lintonienne, parsonienne et mertonienne du rôle qui dominent à l'époque et qu'il déconstruit de fond en comble. « Un statut est une position dans une configuration ou un système de positions, unifié par des liens réciproques, et par des droits et par des devoirs qui incombent à ses membres. Le rôle consiste dans l'activité que le tenant d'une position engagerait s'il devait agir exclusivement en conformité avec les demandes attachées à sa position[3]. » L'accomplissement du rôle est donc distinct du rôle lui-même. Chaque rôle est partie prenante d'un jeu de rôles et se décline en sous-rôles, qui se combinent avec les sous-rôles des autres (docteur/patient, docteur/infirmière...)[4]. Goffman souligne que cette théorie du rôle implique, d'une part, une espèce de « déterminisme social » - un rôle n'étant intelligible que par rapport à un système de rôles - et, d'autre part, par une « doctrine de la socialisation » - un rôle n'étant fonctionnel que moyennant un processus d'apprentissage. L'image de soi qu'une personne a ou donne d'elle-même provient de son titre et de sa capacité à performer les « qualités personnelles appropriées au rôle ». Goffman, ici, ne cite plus guère la psychologie sociale héritée de Mead et développée dans des styles différents par R. Turner, A. Strauss ou T. Shibutani... Il bataille davantage sur le front culturaliste et fonctionnaliste[5].

Il dévie clairement de ce modèle quand il fait entrer en lice une notion d'engagement (*commitment*), qui a des ressemblances avec celle

▲ 1. Bock P. K., « The Importance of Erving Goffman to Psychological Anthropology », *Ethos*, 16(1), 1988, p. 3-20, en part. p. 7-8, montre comment la lecture de Goffman a permis de remettre en cause deux postulats de l'anthropologie culturaliste : l'existence d'une « personnalité modale », plus ou moins commune à tous les membres d'une société et le « présupposé de continuité », rapportant la personnalité des adultes à l'expérience des enfants (une critique que l'on rencontrait déjà chez Lindesmith A., Strauss A., « A Critique of Culture-Personality Writings », *American Sociological Review*, 15, 1950, p. 587-600).

▲ 2. Goffman E., « Role Distance », in *Encounters: Two Studies in the Sociology of Interaction*, Indianapolis, *op. cit.*, p. 85-152 (dont un petit extrait a été traduit et présenté par Y. Winkin comme « La "distance au rôle" en salle d'opération », *Actes de la recherche en sciences sociales*, 3, 2002, p. 80-87).

▲ 3. Goffman E., « Role Distance », *ibid.*, p. 85.

▲ 4. Merton R. K., « The Role-Set », *British Journal of Sociology*, 8, 1957, p. 106-120.

▲ 5. Pour une tentative de discussion d'un certain nombre de conceptions du rôle et du statut, contemporaines de *BPP*, et une critique d'inspiration meadienne et schutzienne de Goffman, qui, pour résumer, coderait trop vite ses matériaux descriptifs en les subsumant sous des catégories abstraites et qui ne maintiendrait pas toujours une claire distinction entre points de vue de l'observateur (*reconstructed logic*) et de l'acteur (*logic-in-use*), cf. Cicourel A., « Basic and Normative Rules in the Negotiation of Status and Role », *in* Sudnow D., ed., *Studies in Social Interaction*, New York, Free Press, 1972, p. 228-258, en part., p. 241-243.

d'engagement (*involvement*) développée dans la thèse de 1953 - la même que l'on retrouvera, transférée de la thèse, dans *BPP*. Les individus s'engagent et sont engagés dans les situations. Cet engagement n'est pas un choix existentiel, pas plus qu'un destin structural. Il ne donne pas autant de liberté que le présupposent les approches interactionnistes : agir dans tel ou tel arrangement interactionnel entraîne irrévocablement vers d'autres lignes d'action et provoque un réalignement des activités des autres participants autour de ces lignes d'action. L'individu « se retrouve enfermé (*locked*) dans une position et contraint (*coerced*) d'être à la hauteur des promesses et des sacrifices incorporés dans cette position[1] ». Et il en subit, de gré ou de force, les conséquences, prévues ou non. Ce caractère d'engagement se combine avec celui d'attachement, qui peut osciller entre un sur-attachement (*overattachment*) et un détachement (*alienation*). En outre, chaque individu ressemble à une « société de portefeuille » : il gère « un ensemble de rôles sans connexion pertinente » - le problème, peut-on rajouter, étant de savoir qui dirige la firme. Goffman rejoint ici E. C. Hughes[2] et le problème des « conflits » et des « dilemmes » entre rôles multiples, qui peut être réglé par la mise en sommeil de certains d'entre eux ou par la ségrégation de leurs auditoires et de leurs accomplissements.

Partant, c'est une autre définition qui est proposée du rôle, « comme la réponse typique des individus dans une position particulière ». Mais la « position » d'un individu est requalifiée en « situation », plus adéquate à une « étude du comportement moment-par-moment[3] ». Le regard se fait microsociologique. Puis Goffman dit vouloir définir le rôle en relation à « l'activité qui prend place dans les murs d'un établissement social singulier », avant de procéder à une nouvelle réduction : « Nous pouvons regarder la participation habituelle de l'individu à un tel établissement comme une séquence habituelle d'activités quotidiennes. » Ces séquences d'activités, qui s'ordonnent progressivement en lignes d'action, sont coordonnées les unes aux autres « dans l'accomplissement d'une seule activité conjointe, un circuit d'actions interdépendantes quelque peu fermé, qui s'auto-entretient et s'auto-interrompt - que nous pourrions appeler un système d'activités situées[4] ». Le rôle n'est plus rapporté à un système de fonctions ou de positions sociales, mais à un « système d'activités situées », soit une action conjointe dans l'espace-temps commun de la situation, ce que Goffman appellera dans *BPP* une rencontre sociale. Quand celle-ci se répète, un processus de différenciation de « rôles situés » tend à se produire, ces rôles situés étant complémentaires les uns des autres et

▲ 1. Goffman E., « Role Distance », in *Encounters, op. cit.*, 1961, p. 89.
▲ 2. Hughes E. C., *Le regard sociologique*, Paris, Éditions de l'EHESS, 1995 [1971] (avec une introduction de J.-M. Chapoulie).
▲ 3. Goffman E., *Encounters, op. cit.*, 1961, p. 93 et p. 95.
▲ 4. *Ibid.*, p. 95.

constituant un système autonome dans la « situation sociale de face à face ». Dans cette perspective, ce n'est pas la personnalité d'un individu dans son ensemble qui est impliquée, mais un « Soi situé[1] ». Suit l'exemple du manège et du « profil d'engagement » qui s'y crée, moyennant une définition partagée de la situation, une orientation mutuelle de ses membres, une attention collective à la même activité et une intensité affective éprouvée de concert. Mais le type d'engagement requis dans cette prise de rôles n'est pas pour autant celui analysé par Durkheim dans les moments d'extase collective où la société se sent prendre. Si absorbés soient-ils dans le rôle qu'ils ont « embrassé », les participants au « système d'activités situées » peuvent néanmoins garder une « distance au rôle[2] » - cette « commande de soi » étant nécessaire pour piloter la situation.

Cette notion de « *commitment* », cousine germaine de la notion d'« *involvement* », est réélaborée dans « Alienation from Interaction » (1957)[3]. S'impliquer dans une interaction c'est « jusqu'à un certain point se couper de toutes les choses qui lui sont extérieures », « se mobiliser dans l'interaction et être emporté par elle[4] ». Les « niveaux d'engagement » varient selon les types de rassemblements et de rôles à y tenir, mais les participants peuvent manifester trop d'intérêt (gêne, affectation) ou pas assez (désinvolture, désaffection). Bien se tenir dans une interaction, c'est y tenir sa place avec aisance (*poise*) et sérénité (*equanimity*), sans être une menace pour son bon déroulement, sans être pointé comme une personne défaillante ou fautive (*faulty*)[5] et se voir remettre à sa place. Cela requiert un travail d'organisation de l'attention[6], qui était déjà décrit en partie dans la thèse. Comment prendre la parole, capter le regard, quand on interpelle un interlocuteur potentiel ? Comment manifester son intérêt, renvoyer une avance, et signaler que l'on accepte la posture de récepteur ? Comment se présenter à un rassemblement, attendre une autorisation d'y intervenir, d'un leader informel ou officiel, puis endosser les obligations et les responsabilités du « participant accrédité[7] » ? Puis une fois que l'interaction est engagée, comment maintenir la tension en envoyant des marques

▲1. *Ibid.*, p. 97.
▲2. *Ibid.*, p. 106 et p. 108. Goffman précise, p. 110, que cette trilogie de concepts sociologiques - « *commitment, attachment and embracement* » - est distincte de la notion d'« *engagement* » « un processus psychobiologique qu'un chat ou un chien peut présenter plus admirablement qu'un humain ». Et il tire sa révérence à Gregory Stone, qui développe une réflexion similaire dans *Clothing and Social Relations: A Context of Appearance in the Context of Community Life*, thèse de doctorat, département de sociologie, Université de Chicago, 1959.
▲3. Goffman E., « Alienation from Interaction », *Human Relations*, 10, 1957, p. 47-59. Dans *BPP*, Goffman joue sur le double sens d'*alienation* en anglais, tantôt d'éloignement au groupe, tantôt d'aliénation au sens psychiatrique.
▲4. Goffman E., *Communication Conduct, op. cit.*, chap. XIX, « Involvement ».
▲5. *Ibid.*, chap. XX, « Faulty Persons ».
▲6. *Ibid*, chap. XIV, « Organization of Attention ».
▲7. *Ibid.*, chap. X, « Accredited Participation and Interplay ».

d'attention, tant du côté de l'expéditeur (*sender*) que du récepteur (*recipient*) - signaux d'autorisation et d'attention agissant comme un « *feedback* informatif » ou comme une « communication sur la communication[1] » ? Et comment « terminer son message avec une inflexion du geste ou de la parole », à moins que soient envoyés des signaux spécifiques - un effet de scène ou de lumière, un chant ou une résolution - qui closent le déroulement du rassemblement ? Goffman examine différents « arrangements écologiques », qu'il appelle encore « arrangements de communication[2] ». Il distingue notamment les petits groupes ou cercles où existe une relative égalité des « positions d'envoi » et où les relations interpersonnelles l'emportent, même s'il faut parfois y « jouer des coudes », et, à l'opposé, les grands groupes qui se forment lors d'événements et qui impliquent une « communication tribune-auditoire », où il faut réclamer la prise de parole et se plier à un ordre de succession. On a là une première esquisse des rassemblements orientés de *BPP*.

Behavior in Public Places reprend et poursuit l'entreprise[3]. Goffman repart de la distinction entre interactions focalisées ou non focalisées[4], qu'il va enrichir en multipliant les cas d'interactions à deux ou à plusieurs, occasionnées ou non, entre connus ou inconnus, dans les lieux privés ou publics... mais il a désormais dynamité la notion de rôle. Sans doute, celle-ci intervient dans *BPP* de manière informelle (113, 125). Goffman y parle de « rôles de communication » (15), de « ségrégation de rôles » (170) ou de « cohabitation de rôles » liés à différentes « définitions de la situation » (21). Il utilise l'expression de « pause dans le rôle », en écho au « relâchement dans le rôle » de Hughes (40), ou encore de « suspens de leurs rôles habituels » (136). On peut prendre un rôle et « sortir de son rôle » (136) ; la « conduite liée à un rôle » (205) peut l'être à un « rôle institutionnel » (221) ; et l'on peut enfin « tenir le rôle de non personnes » (158), comme ces majordomes devant qui les employeurs pouvaient tout dire ou tout faire, ou presque, sans aucun embarras. Mais à deux reprises, Goffman évoque l'insuffisance du langage du rôle et du statut. Quand il décrit comment « se trouver hors rôle » ou « endosser des rôles sérieux », il

▲ 1. *Ibid.*, p. 200-201, qui réapparaît dans *BPP*, p 99. Goffman avait très tôt retenu la leçon de Ruesch J., Bateson G., *Communication: The Social Matrix of Psychiatry*, New York, Horton, 1951 : l'autorégulation du procès de communication s'accomplit à travers son dédoublement réflexif.

▲ 2. Ces deux concepts apparaissent in Goffman E., *Communication Conduct*, *op. cit.*, p. 203-205.

▲ 3. Quoiqu'il semble la précéder chronologiquement. Mais on peut imaginer que Goffman a retravaillé son manuscrit, après l'avoir achevé, en particulier lorsqu'il y a recouru dans ses cours en 1962 et 1963. S. Cavan se souvient y avoir été exposée et avoir converti un certain nombre de propositions dans son enquête sur les bars (courrier personnel, 27 sept. 2011 et « *Final exam paper: Sociology 204* »). Cette empreinte est sensible dans S. Cavan, *Liquor License: An Ethnography of Bar Behavior*, Chicago, Aldine, 1966.

▲ 4. Goffman E., *Encounters*, *op. cit.*, p. 7-8, où il signale le déplacement du couple *routine/eventful* vers celui de *focused/unfocused*.

rajoute que « la terminologie du rôle social n'est pas vraiment adéquate » (126-7) ; et quand il aborde la question de l'institution comme « système de rôles », il explique qu'« il ne suffit pas d'allonger la liste de ce qui constitue les attentes de rôle » « pour parler de propriétés situationnelles » (245). On renoue alors la thèse de *Encounters.* « L'étude des obligations liée à la situation est différente de l'étude des obligations liées aux rôles sociaux » (245). Des personnes ayant le même statut peuvent jouer des rôles différents et, jouant le même rôle, elles peuvent avoir des statuts différents ; et les rôles dans « un ensemble de personnes-coprésentes-jouant-des-rôles-dans-des-lieux-donnés » seront différents de ceux d'un autre ensemble. Finalement, l'unité descriptive et analytique qui s'avère pertinente pour découvrir des règles de conduite semble être celle de « *role-takers-in-interaction* ». Et le « soi situé » est une involution de ce processus d'interaction.

Le pas est franchi. La notion de rôle survivra ultérieurement sous la forme de « rôles de participation », indexés dans *Frame Analysis* (1974) sur des « cadres de participation » ou dans *Forms of Talk* (1981) sur des « formats de production et de réception[1] ». Mais il ne signifie plus rien alors qu'une modalité typique d'engagement situationnel. Ce que développe Goffman dans *BPP*, c'est une *écologie des engagements situationnels.* Il multiplie les concepts empiriques pour disposer d'un arsenal à moyenne portée, permettant la description des situations sociales[2]. L'engagement (*involvement*), au sens d'une implication orientée dans la situation, a une structure d'horizon à l'entour d'un foyer d'attention - on peut ici invoquer les références à W. James, A. Gurwitsch ou A. Schütz, mais plus encore les travaux de psychologie de l'attention perceptive. Et cet engagement se décline en engagements dominants et subordonnés, principaux et latéraux, sur scène, en coulisse ou dans l'auditoire (43-44). Il donne lieu à des « engagements conjoints » (*joint involvement*) (96)[3] des participants et à toutes sortes de tactiques de coopération et de compétition, de présentation et de dissimulation. Goffman est là d'une grande créativité et fourbit des outils inédits d'analyse de situation. Sa typologie sera approfondie par Adam Kendon[4] et articulée à des travaux d'écologie et d'éthologie, de psychologie cognitive ou d'analyse de catégorisations, sera au fondement de multiples modélisations du comportement. Un point important est que « le modèle

▲ 1. Goffman E., « Radio Talk », in *Forms of Talk*, University of Pennsylvania Press, 1981, p. 226 ; cf. aussi « Footing », *ibid.*, p. 133 et p. 144 et s. (trad. fr. : p. 153 et s.).

▲ 2. Ces analyses donnent parfois lieu à des démonstrations *more geometrico* : si *x* et si *y*, étant donné que *v*, alors *z* ; ou encore : comme je l'ai avancé, *x*, et donc *z*, puisque *y*.

▲ 3. Une notion que l'on retrouvera comme *joint engagement* dans Goffman E., *Forms of Talk.*, *op. cit.*, 1981, p. 130.

▲ 4. Kendon A., « Some Context for Context Analysis: A View of the Origins of Structural Studies of Face to Face Interaction », in *Conducting Interaction: Patterns of Behavior in Focused Encounters*, New York, Cambridge University Press, 1990, p. 15-49.

dyadique locuteur-auditeur » commence à être dépassé[1] : les schémas mis en place par les sciences du langage et de la communication sont en passe d'exploser. On voit aussi, cependant, comment Goffman reste plus proche de la perspective d'une *joint action* à la E. C. Hughes, dont le modèle de sociologie des activités professionnelles joue ici en filigrane de la « vie sociale conjointe[2] », que des analyses à venir sur le *framing* et le *footing*[3]. Même si s'enchaînent déjà des moments d'embrayage d'une posture d'engagement à une autre, avec une extrême virtuosité, les distributions de places dans ces « engagements situés » ne sont pas encore spécifiées par les notions de « cadres de participation » et de « formats de production et de réception ». Ce n'est que plus tard que les rôles de *speaker* et *hearer* seront complexifiés, moyennant une déconstruction plus radicale encore de la notion de « rôle ». Stephen C. Levinson décomptera, avec des variations selon les textes, jusqu'à dix rôles de production et sept rôles de réception[4]. Mais dans *BPP*, Goffman s'en tient encore à une exploration des pouvoirs et des capacités des participants, sans toujours examiner comment ces rôles et leurs alignements sont accomplis temporellement, dans la dynamique des interactions.

La règle et l'offense : une sociologie de la moralité des interactions

Comment, dans le cadre fixé par *BPP*, la question morale est-elle alors posée ? Dans l'histoire de la philosophie, le jugement moral est attribué à un sujet. Quand Goffman écrivait « *Face-work*[5] », le travail de la face était encore soutenu par des rituels qui fondaient la coopération, dans les manœuvres d'évitement ou les opérations de correction, afin de sauver la face. Cette notion de « face » avait encore un contenu psychologique, celui d'une image du soi, pour soi et pour autrui, en jeu dans le « contact interpersonnel » et garantissant l'intégrité morale de la personne. Dans *Presentation of Self*, le Soi n'est plus qu'un effet dramatique : il se fait et se donne dans la performance en train de s'accomplir, face à un auditoire, mais semble ne plus avoir d'unité. Dans *Asiles* et *Stigmate*, l'unité biographique de

▲ 1. Goffman E., *Forms of Talk*, *op. cit.*, 1987, p. 153.

▲ 2. On rencontre les expressions de « *joint social life* » (89, 196), « *joint participation* » (98, 119), « *joint fugue* » (199), « *joint line of action* » (132), « *joint leave of the gathering* » (195).

▲ 3. Goffman E., *Les cadres de l'expérience* (1974), Paris, Minuit, 1991 et *Façons de parler* (1981), Paris, Minuit, 1983. La notion de cadre (*frame*) apparaît dans *BPP*, corrélativement à celle de mise entre parenthèses (*bracket*), dans une note page (92), à propos des engagements de face, à valeur de rituels d'ouverture, qui délimitent l'espace-temps de certaines compétitions sportives. Il est sinon utilisé dans le sens de « *frame of reference* » (178, 193, 243), ou comme « *framework of information* » (113).

▲ 4. Levinson S., « Putting Linguistics on a Proper Footing: Explorations in Goffman's Concepts of Participation », *in* Drew P., Wootton A., eds, *Erving Goffman: Exploring the Interaction Order*, Cambridge, Polity, 1988, p. 161-227, en particulier les tableaux récapitulatifs, p. 172-173.

▲ 5. Goffman E., « On Face-Work: An Analysis of Ritual Elements in Social Interaction » (1955), repris in *Interaction Ritual*, New York, Doubleday Anchor, 1967.

l'individu est rétablie, à travers les notions de « carrière » ou d'« identité réelle et virtuelle ». Mais dix ans plus tard, dans *Relations in Public*, le Soi n'est plus saisi temporellement. Il est évidé de toute substance et n'existe plus qu'en tant qu'« unité de circulation ». Goffman ordonne à ses entours des « territoires du soi », protégés par des droits dont la violation est répréhensible. Les infractions à l'ordre de l'interaction, qui contreviennent au déploiement des « apparences normales », sont sanctionnées, mais il n'est plus question de sentiment subjectif de dégradation du soi. La préoccupation de correction porte sur la situation et c'est elle avant tout, que les échanges confirmatifs (*supportive*) ou réparateurs (*remedial*) vont sauver[1]. Le soi n'est que ce qui se joue dans ces échanges.

C'est ce déplacement que commence à opérer *Behavior in Public Places*. Il se dédie à l'étude des « propriétés situationnelles » qui font que certains actes sont aperçus et appréciés comme *appropriés*. Autrement dit, Goffman tente de cerner quelles sont les qualités et les capacités, les règles et les sanctions qui articulent le bon emploi des gestes, des expressions et des émotions, en situation de coprésence. Comment parle-t-on et agit-on de façon qui convient ?[2] La traduction de ce qui est approprié se décline en une constellation de termes en anglais - par exemple les verbes *to match, to fit in, to suit*... ou à côté de *proper*, les adjectifs *convenient, correct, decent, adjusted* : ce qui convient, à la fois dans un sens fonctionnel, et trouve des traductions esthétiques et éthiques. Goffman joue de ce faisceau de significations. Ce qui est approprié est *convenable*, conforme aux usages et recevable en la circonstance, mais aussi ce qui est *convenant*, ajusté à une tâche pratique ou adapté aux exigences de la situation, autrement dit, ce qu'il faut faire, soit parce que c'est ce qui permet de contrôler au mieux la situation et ses conséquences, soit parce que c'est ce qui est le plus acceptable, le plus décent ou bienséant. En outre, dans *BPP*, ce qui est convenant et convenable apparaît souvent *conventionnel*. C'est ce que l'on peut entendre comme coutumier, ce que l'on fait comme tout le monde et comme tout le monde est supposé l'avoir toujours fait, mais aussi ce qui correspond à une convention, et renvoie donc à l'idée d'un accord, moral ou civil, dont découlent des droits et des obligations dans les relations entre les participants à la situation. Le binôme *propre/impropre* ou approprié/inapproprié se redouble alors du binôme *approuvé/réprouvé*. Dans notre monde social, Goffman constate que la faute, réprouvée parce qu'inappropriée, est souvent imputée à une personne. En français, on peut

▲ 1. Sur ce point, cf. Ogien A., « La décomposition du sujet », in *Le parler-frais d'Erving Goffman*, Paris, Minuit, 1989, p. 100-109.

▲ 2. Ce serait intéressant de mettre en regard les notions de *situational proprieties* et de *involvement/engagement* de *BPP* avec le programme de recherche sur l'action qui convient et les régimes d'engagement de L. Thévenot, *L'Action au pluriel. Sociologie des régimes d'engagement*, Paris, La Découverte, 2006.

qualifier un trouble situationnel en disant qu'une personne se comporte « mal » ou que ce qu'elle fait est « moche », ce qui appelle un effort de réparation, parfois une sanction diffuse, dans les cas les plus extrêmes, la mise au ban du coupable. Goffman déplace cette personnalisation de la faute : l'offense porte avant tout contre la rencontre, le rassemblement ou l'occasion qu'ils incarnent. Tous les participants à une situation sont affectés si l'un ou l'autre n'agit pas comme il faut. Le langage de la face à présenter et à sauver n'a pas tout à fait disparu, même si le terme apparaît principalement dans les expressions d'engagement de face et d'interaction en face-à-face. Mais perdre la face ou faire perdre la face, dommageable pour les participants à la situation, qui « feront tout pour éviter une scène[1] », est risqué en premier lieu pour la situation elle-même. La moralité est dans la situation avant d'être une qualité de ses participants. Et la vulnérabilité est d'abord celle de l'ordre social, pris comme ordre de l'interaction.

Un déplacement s'est opéré par rapport aux textes précédents, en particulier en regard de la notion de rites d'interaction. L'idée de la « valeur sacrée, positive ou purifiante, négative ou polluante » des personnes, avec qui nous entretenons un commerce rituel, au cœur de « *Face-work* », n'a pas tout à fait disparu de *BPP*. Rappelons le point de vue de Goffman, dès sa thèse : « Quand nous sommes en présence immédiate d'une idole, nous agissons avec soin rituel, en étant sensibles au fait que les actions pieuses peuvent la disposer favorablement à notre égard, tandis que les actions impies peuvent la mettre en colère et la faire agir en conséquence contre nous. » Bien sûr, les personnes, « à moins qu'elles n'aient une charge élevée, n'ont pas autant de pouvoir sacré ou de *mana* que les idoles, et n'ont donc pas besoin d'être traitées avec autant de cérémonies. Une idole est à une personne ce que le rite est à l'étiquette[2]. » Et Goffman précise en quoi sa position, durkheimienne, celle qu'il a héritée de ses professeurs Hart à Toronto et Warner à Chicago, se distingue de celle de Mead ou de Weber. Le « modèle rituel de l'interaction sociale » a été peu traité parce que l'accent dans l'interaction sociale a été mis sur le fait de « prendre en considération » les actes des autres plutôt que de « donner de la considération » à d'autres personnes[3]. Cette idée de « valeur sacrée » réapparaît dans *BPP* (126) à propos des jeunes enfants ou des personnes âgées que leur statut permet d'aborder sans retenue ; ce sont des « non personnes » qui sont « exposées », qui n'ont pas encore ou qui n'ont déjà plus leur « quote-part de *mana* » (144), et à qui l'on ne doit donc pas les mêmes égards. Mais les « attentes et obligations cérémonielles[4] » se sont

▲ 1. Cette idée-là, présente dans *BPP, op. cit.*, p. 11 et p. 186-187, se rencontrait déjà dans Goffman E., *Communication Conduct, op. cit.*, p. 40.

▲ 2. Goffman E., *Communication Conduct, op. cit.*, p. 104, chap. VII, « Sign situations ».

▲ 3. *Ibid.*, p. 103. « *By "consideration", we have tended to mean calculation, not considerateness.* »

▲ 4. Goffman E., *Interaction Ritual, op. cit.*, 1967, p. 90.

déplacées vers la préservation du « caractère sacré de l'occasion sociale » (235). La notion de « rituel » y perd également sa centralité. Il est encore question de « clôture rituelle » de l'activité mutuelle (98), de personnes ou de groupes « rituellement à part » (*profane* : les enfants, les fous, les Noirs, les Juifs, les *hobos*, les bohémiens...) (119, 131, 203), de « rituels interpersonnels » comme l'inattention civile (101), et de disparition des rituels d'antan (209). Goffman n'avait pas de raison de désavouer son idée que les courtes séquences des rituels interpersonnels se sont substituées aux « agendas cérémoniels qui impliquaient de longs enchaînements de rites obligatoires[1] ». Mais d'une part, ces occurrences de « rituels » sont peu nombreuses dans l'ouvrage, et n'y ont plus la place centrale qu'elles avaient auparavant ; et d'autre part, ces « rituels » ne concernent pas seulement des personnes, mais des rencontres et des rassemblements. On honore les « devoirs dus à la situation » « par une espèce de vénération profane » (171) et à l'organisation sociale qui se manifeste en elles.

Dans *BPP*, cette anthropologie des rituels ne se compose pas beaucoup, encore, avec une éthologie de la ritualisation du comportement, selon laquelle, d'après J. Huxley, K. Lorenz ou N. Tinbergen, des activités répétitives sont détournées de leur fonction originelle, rigidifiées, stéréotypées et exagérées dans leur forme, et changées en signaux ou en déclencheurs dans des processus de communication au sein de l'espèce : les parades de cour, l'offrande d'aliments, les signaux de soumission, le marquage du territoire[2]. Goffman a commencé à lire cette littérature. Il lui emprunte certains des concepts de *BPP*, comme celui d'espacement (J. H. Cook ou H. Hediger sur les oiseaux : 101). Il a probablement lu l'article de J. B. Calhoun sur les problèmes de densité et d'agressivité parmi les rats norvégiens[3], celui de G. McBridge sur les poules[4], et peut-être l'étude de M. R. Chance sur les postures d'ignorer autrui ou de couper le contact (*cut off*)[5]. Mais cette vision, encore émergente, ne prédominera que dans *Relations in Public*. Elle sera le résultat d'un intense programme de lectures, sensible dans la bibliographie de l'automne 1969 destiné au cours sur l'ordre public[6].

▲ 1. Goffman E., *Relations in Public*, *op. cit.*1971, p. 63.

▲ 2. Huxley J., « Introduction », in *Le comportement rituel chez l'homme et l'animal*, Paris, Gallimard, 1971, p. 7-42 (actes du colloque organisé par la *Royal Society*, à Londres, en 1965).

▲ 3. Calhoun J. B., « Population Density and Social Pathology », *Scientific American*, 206(2), 1962, p. 139-148. Les travaux de Calhoun étaient largement diffusés à l'époque.

▲ 4. McBridge G., « Social Forces Determining Spacing and Head Orientation in a Flock of Domestic Hens », *Nature*, 197, 1963, p. 1272-73.

▲ 5. Goffman cite en 1969 : Chance M. R. A., « An Interpretation of Some Agonistic Postures: The Role of Cut Off Acts and Postures », in *Evolutionary Aspects of Animal Communication*, Londres, Zoological Society of London, 8, 1962, p. 71-89, mais il n'est pas sûr que la notion de « *cut off* » qui apparaît dans *BPP*, p. 114, lui soit débitrice.

▲ 6. Ce document est disponible en version électronique dans les *Erving Goffman Archives*, codirigées par Sherri Cavan et Dimitri Shalin. On y voit, à côté des références classiques sur

La question de la compatibilité de ce langage du comportement écologique avec celui de la ritualisation éthologique et du rituel anthropologique et, au bout du compte, avec celui de la convention des philosophes et des sociologues, reste entière[1]. Mais dans *BPP*, c'est avant tout au langage de la règle (*rule*) que recourt Goffman[2]. Il ne thématise guère cette notion, pas plus que dans ses autres livres. Les règles sont clairement distinctes de la régularité statistique, organisent une régularité perceptive et pratique, ont une fonction de régulation normative, sans être formalisées et codifiées dans une réglementation. Ce sont des *règles élémentaires de la vie civile*, pourrait-on dire, par écho à Durkheim. Elles constituent un « code de moralité » (autre que ceux de l'honneur, du droit ou de l'éthique) (24), qui opère en situation - un code qui est moins de l'ordre du jugement moral que de celui de la régulation écologique[3]. Goffman n'utilise pas l'expression d'écologie morale, mais c'est de cela dont il s'agit. « Les exigences situationnelles ont un caractère moral : l'individu est obligé de les respecter » (240). Alors bien sûr, comme toutes les autres « règles morales » (241), celles-ci peuvent être transgressées, avec ou sans excuse, ou instrumentalisées à des fins intéressées. Il n'en est pas moins indéniable que l'ordre social est un ordre moral et qu'il s'impose à travers des contraintes

les expressions et les indications, le corpus de recherches en pleine expansion sur la communication non verbale et une longue liste d'études en psychologie animale et en éthologie, avec un fort accent mis sur la question de la territorialité. On y voit aussi une masse de travaux en anthropologie cognitive ou symbolique et en ethnographie de la communication, avec une dimension transculturelle. Et surtout une rubrique « ordre public », avec des références sur les civilités, les queues et les assemblées, sur les hôpitaux psychiatriques, ainsi qu'une mention aux thèses de S. Cavan et de L. Lofland, de H. Sacks et de E. Schegloff, et aux travaux de J. Jacobs, d'E. T. Hall et de J. Gumperz...

▲ 1. Sur les problèmes de compatibilité des perspectives de la face, du rituel et du territoire, cf. la critique du psychologisme de Goffman par Schegloff E., « Goffman and the Analysis of Conversation », *in* Drew P., Wootton A., eds, *Erving Goffman...*, *op. cit.*, 1988, p. 89-35, ici p. 94 ; la réflexion sur le rituel et la ritualisation de Fornel M. de, « Rituel et sens du rituel dans les échanges conversationnels », *Le parler-frais...*, *op. cit.*, 1989, p. 180-195 ; les remarques de Conein B., « Sociologie et éthologie. La contribution de l'éthologie à la théorie de l'interaction sociale », *Revue française de sociologie*, 33, 1992, p. 87-104 ; et celles sur l'ambiguïté de la notion de face dans les études sur le langage : Conein B., Gadet F., « Une notion mal importée : la face », *Cahiers de lexicologie*, 95(2), 2009, p. 59-69.

▲ 2. Cf. les réflexions de Conein B., « Pourquoi dit-on bonjour ? », in *Le parler-frais, op. cit.*, p. 193-208, qui distingue la salutation comme rituel chez Goffman et comme paire adjacente chez Sacks : le caractère séquentiel des interactions est toujours lié chez Goffman par des « contraintes structurales » rituelles ou syntaxiques, alors que les conversationnalistes font l'économie d'une détermination des actions par des conventions. Et le beau petit papier d'Y. Winkin, « La notion de rituel chez Goffman. De la cérémonie à la séquence », *Hermès*, 43, 2005, p. 69-76.

▲ 3. Cf. les discussions des anthropologues autour d'un article de Hall E. T., « Proxemics », *Current Anthropology*, 9(2-3), 1968, p. 83-108, qui qualifie les « manifestations comportementales » de « pré-linguistiques » et d'« infra-culturelles » et les ressaisir depuis la « relation organisme-biotope », associée à une « série équilibrée de mécanismes cybernétiques moyennant lesquels un feedback positif ou négatif exerce un contrôle subtil, mais continu sur la vie » (85-86).

écologiques.

Ce déplacement de perspective a une dernière conséquence. Les sujets de cet ordre social ne sont plus du tout kantiens, et plus tout à fait durkheimiens. La loi est ramenée dans la société et la société dans la situation. La question de l'appartenance (au sens de *belonging* ou de *membership*) en est bouleversée. Le sens de l'attachement, dans *BPP*, n'est pas tant dirigé vers des nations, des classes ou des organisations que vers des situations - ce qui est cohérent avec la conception du « Soi situé » et des « rôles situés ». Le sens des devoirs et des obligations et le respect des propriétés situationnelles ne sont plus autant liés à des relations interpersonnelles, comme ils l'étaient dans les premiers écrits, et ne le sont pas encore à des territoires, comme ce sera le cas dans *Relations in public*[1]. Le sens de l'attachement va vers la « petite société » qui se fait dans la rencontre ou le rassemblement (195). On pourrait rajouter, en anticipant sur la suite, que l'ordre public n'est plus non plus celui de la République avec un grand R, qui se profilait derrière la société de Durkheim, mais de micro-publics, qui se font et se défont dans des rencontres et des rassemblements, auxquels leurs membres doivent pourtant porter la même dévotion qu'à leurs institutions. L'observance du « code situationnel » est au cœur du maintien de l'ordre social, qui est un ordre moral, mais qui est aussi un ordre public.

Ordre d'interaction, ordre de communication : une réalité **sui generis**

Goffman est déjà engagé, dès ses premiers textes, dans l'effort de décrire et d'analyser ce qu'il présentera comme l'*ordre de l'interaction*, dans la conférence qu'il ne pourra hélas pas lire, en 1982, à la tribune du congrès de l'*American Sociological Association* qui l'avait élu président[2]. « C'est le fonctionnalisme de Durkheim et de Radcliffe-Brown qui a été ma source d'inspiration à ce sujet » - outre la dédicace à *Relations in Public*, voir le titre en clin d'œil du chapitre 12 de *BPP* : « Structure et fonction des propriétés situationnelles. » « C'est à partir d'eux que j'ai essayé, dans ma thèse, d'envisager l'interaction en face à face comme un domaine de plein droit et de sortir le terme "interaction" de l'ornière où les grands psychologues et leurs épigones patentés semblaient prêts à l'abandonner. » L'ordre de

▲1. Encore qu'il faille nuancer ce point. Dès *Communication Conduct*, *op. cit.*, p. 183, Goffman écrit que « les salutations semblent confirmer et symboliser le droit que tous les ilotes ont d'avoir certains types d'accès aux autres ilotes », mais que « dans ces échanges, chaque participant semble symboliser pour l'autre non pas une personne particulière, mais l'île tout entière, et c'est à l'île tout entière, à travers son représentant momentané, que le salut est donné ». Considération et reconnaissance vont donc, là aussi, vers des collectifs d'appartenance.

▲2. Goffman E., « The Interaction Order », *American Sociological Review*, 48(1), 1983, p. 1-17 (trad. fr. : « L'ordre de l'interaction », *in* Winkin Y., *Des moments et leurs hommes*, Paris, Seuil, 1988, p. 186-230).

l'interaction ne relève pas plus de la psychologie sociale que de la psychologie expérimentale sur les petits groupes. C'est une « réalité *sui generis*[1] », avec une structure, des fonctions et des propriétés, qui doivent être étudiées pour elles-mêmes. L'enquête de *BPP* sur ce « domaine de plein droit » (96, 226, 247) est l'une des nombreuses façons dont Goffman aura, tout au long de sa vie, abordé l'« ordre de l'interaction ».

Cet ordre de l'interaction est autonome par rapport à l'ordre social, non pas au sens où la membrane[2] qui semble l'envelopper le rendrait totalement imperméable à ce qui se passe au-delà de la coprésence, mais au sens où, tout débiteur qu'il soit à des occasions sociales, il a ses propres règles du jeu et sa propre dynamique d'auto-organisation, d'autorégulation et d'autodéfinition. Cette idée était présente dès le chapitre II de la thèse : « Je présuppose que l'interaction conversationnelle entre des personnes concrètes qui sont en immédiate présence les unes des autres est une espèce d'ordre social à laquelle on peut appliquer le modèle de l'ordre social[3]. » On ne peut pas déduire de leurs positions dans un espace structural, légal ou institutionnel la façon dont les participants à la situation vont agir et réagir, aligner leurs perceptions de ce qu'ils font et de ce qui leur arrive, s'engager dans des lignes de conduite et valoriser certains enjeux plutôt que d'autres. En particulier, le cours de leurs interactions, tout en étant extrêmement réglé, reste imprévisible. Le maintien de l'engagement mutuel dans la coprésence, par-delà les vicissitudes et les contingences de la rencontre, est autonome. Plusieurs éléments sont maîtrisés simultanément par les participants : la co-définition de la situation, de ce qui est pertinent ou non dans l'environnement et des sujets qu'il vaut la peine et qu'il est licite de discuter ; la dynamique expressive et comportementale qui établit un cadre d'attentes mutuelles quant à ce qui se présente comme des lignes d'action, cohérentes et sensées ; la manutention d'un « esprit de la situation » (11, 19), d'un « ethos distinctif », d'une ambiance affective ou d'une atmosphère collective[4] ; le respect de règles morales, qui ne sont pas explicitées en

▲ 1. Rawls A., « The Interaction Order *Sui Generis*: Goffman's Contribution to Social Theory », *Sociological Theory*, 5(2), 1987, p. 136-149.

▲ 2. Une « membrane » semble filtrer les communications qui pourraient perturber l'ordre de l'interaction : *Encounters, op. cit.*, p. 65 et p. 121.

▲ 3. Goffman E., *Communication Conduct, op. cit.*, p. 33, se réfère à *The Social System* (1951) de Talcott Parsons pour affirmer que « l'interaction sociale est une espèce d'organisation sociale », un *système* d'éléments interdépendants les uns avec les autres, mais dit emprunter les « critères de l'ordre social » à *The Functions of the Executive* (1947) de Chester Barnard. Y. Winkin a commenté cet extrait du chapitre II de la thèse de Goffman in *Anthropologie de la communication. De la théorie au terrain*, Bruxelles, De Boeck, 1996, p. 92 et s..

▲ 4. Dans Goffman E., *Communication Conduct, op. cit.*, chap. XVIII, Goffman opérait une partition entre « *euphoric and dysphoric interplays* ». Le critère de félicité d'une interaction est l'euphorie que procure le fait d'être « engagé dans l'interaction », « impliqué ou immergé de façon spontanée, inconsciente ou irréfléchie dans son déroulement », et donc, de ne pas

totalité dans des conventions, mais qui se jouent dans une concession réciproque de droits et d'obligations entre les participants. Plus tard, Goffman parlera dans *Relations in Public* du « *champ de la vie publique*[1] », comme du « domaine d'activité qui est engendré par l'interaction en face à face et organisé par des normes de mélange social (*co-mingling*) - un domaine qui contient des mariages, des repas de famille, des réunions professionnelles, des interactions de service, des marches forcées, des queues, des foules et des couples ». Et il ajoute qu'il « n'a jamais été traité comme un sujet de plein droit ».

Behavior in Public Places est en quelque sorte une étape sur un arc tendu entre *Communication Conduct* et *Relations in Public.* L'analyse y est écologique - elle l'était déjà en partie dans la thèse - et ne peut plus, en aucun cas, être confondue avec une psychologie sociale de l'estime de soi ou de la présentation de soi. Le système d'interaction entre des corps et leur contexte engendre la définition de la situation, distribue des rôles et des statuts aux personnes coprésentes et dicte le type d'engagements interactionnels qui leur sont autorisés ou refusés[2]. Mais la logique des situations ne rompt pas complètement avec la matrice de *Communication Conduct.* Toutes les conduites sociales ont une fonction instrumentale et une fonction expressive, étroitement emmêlées, y écrivait Goffman, en se référant à Durkheim et Radcliffe-Brown et à une galerie d'auteurs allant de Darwin à Park et à Blumer, à Blondel et à Ryle. Dans les chapitres III et IV de sa thèse, il s'interrogeait sur les comportements expressif et langagier, rassemblés sous le chapeau de la « conduite de communication[3] ». Goffman mettait en garde contre les excès d'une lecture en termes de « conduite rationaliste prenant place dans un schéma volontariste moyens-fin[4] ». Les

se sentir « mal à l'aise », « embarrassé » ou « perplexe », avec le « sentiment d'une fausse note » (p. 243-244).

▲ 1. Goffman E., *Relations in Public, op. cit.*, 1971, p. xi.

▲ 2. Il faudrait ici s'interroger sur le sens de cette écologie et sur la tentation de Goffman d'objectiver l'environnement, perdant ainsi de vue le processus de co-production d'un contexte commun aux participants dans le cours temporel de leurs activités expressives : cf. Gumperz J. J., *Engager la conversation*, Paris, Minuit, 1989. Pour un point sur ces questions : Lechevrel N., *Les approches écologiques en linguistique*, Louvain-la-Neuve, Academia Bruylant, 2010.

▲ 3. Selon A. Rawls, dans « Orders of Interaction and Intelligibility: Intersections Between Goffman and Garfinkel by the Way of Durkheim », *in* Treviño J., ed., *Goffman's Legacy*, Lanham, Rowman & Littlefield, 2003, p. 216-253, Goffman avait lu, au moins en 1952, un manuscrit de Garfinkel datant de 1949, « Prospects for an Exploratory Study of Communicative Effort and the Modes of Understanding in Selected Types of Dyadic Relationship », et Garfinkel avait lu en 1953 une ébauche de *Presentation of Self.* Cette information inédite fait remonter la rencontre intellectuelle entre ces deux hommes au moment de leur formation, quand Garfinkel était encore étudiant à Harvard (PhD 1952) et Goffman à Chicago (PhD 1953). Mais elle ne doit pas occulter la multiplicité des sources d'enquête et de réflexion de Goffman.

▲ 4. Goffman E., *Communication Conduct, op. cit.*, p. 50-51.

marges de manœuvre des personnes ou des individus - les termes sont interchangeables dans *BPP* - ne sont pas à leur discrétion. Leurs choix ne relèvent pas d'une faculté de raisonner et de délibérer sur des paramètres abstraits. S'ils ont parfois la capacité de manipuler les apparences et de contrôler l'information les concernant[1], c'est la plupart du temps en-deçà du langage articulé qu'ils exsudent du sens, à travers des « matériaux comportementaux » qui ont une logique expressive, contrainte par la situation, en dehors de toute intention conscient[2]. « Les individus participant [à l'ordre social] développent des combines et des ruses pour réaliser des fins privées qui sont proscrites par les règles, mais de telle façon qu'ils ne les transgressent pas[3]. » Mais ces stratégies de « gestion des apparences » et plus tard dans l'œuvre de Goffman, de « fabrication des cadres », sont toujours secondes par rapport à l'ordre de l'interaction et sont d'autant plus efficaces qu'elles n'en enfreignent pas le code de moralité. La définition de la situation, chez Goffman, n'est pas réductible à la manipulation cynique de rapports de force - une espèce de *Realpolitik* en modèle réduit. L'ordre d'interaction est un ordre moral.

L'ordre d'interaction est donc aussi un ordre de communication, dont les apparences sont régies par un « idiome corporel », dont Goffman nous dit qu'il est un « idiome d'engagement » (37) ou un « idiome conventionnel d'indices comportementaux » (243). La question reste ouverte de savoir dans quelle mesure cette approche en termes de communication est compatible avec les approches écologique ou éthologique. Les références sont ici intriquées. Entre la thèse et le moment de rédaction de *BPP*, Goffman approfondit ses connaissances sur le concept de « communication », comme en témoigne le syllabus de son cours « Communication and Social Contact » (Soc. 175, printemps 1960), consacré aux « interactions en face à face sur site naturel[4] », où l'on retrouve nombre de références bibliographiques de *BPP*. L'intérêt pour l'anthropologie linguistique de Sapir s'y élargit à l'expérimentation en anthropologie visuelle de M. Mead et G. Bateson, qui mènent une enquête en duo - Margaret à la plume et Gregory à la caméra - et montent 100 planches à partir d'un fonds de 50 000 photographies pour

▲ 1. *Ibid.*, chap. V.

▲ 2. *Ibid.*, p. 69-70.

▲ 3. *Ibid.*, p. 38. Cette dimension de l'interaction stratégique, qui sera étudiée dans les rencontres compétitives ou conflictuelles de *Strategic Interaction*, Philadelphie, University of Pennsylvania Press, 1969, n'est pas absente de *BPP* où Goffman introduit le concept de « coups (*moves*) », cite Thomas Schelling (94), et fait référence à la théorie des jeux (7) et aux jeux de cartes ou de société (90). Certains auteurs se sont à partir de là réclamés d'un « interactionnisme stratégique », le plus cohérent étant John Lofland, *Doing Social Life: The Qualitative Study of Human Interaction in Natural Settings*, New York, Wiley, 1976 et *Interaction in Everyday Life: Social Strategies*, Beverly Hills, Sage, 1978.

▲ 4. Ce *syllabus*, subdivisé en plusieurs parties - les composantes de l'acte de communication, les variables et les modèles de l'analyse des interactions et les unités naturelles de l'interaction - a été rendu disponible par S. Cavan.

analyser le « caractère balinais[1] ». Goffman leur emprunte les concepts d'absence (*away*) et d'ethos (*ethos*). Dans cette bibliographie, il se réfère encore à la pragmatique de C. W. Morris, héritière directe du pragmatisme de Mead, qui faisait partie du bagage de tout étudiant en sociologie de l'Université de Chicago. Il cite la somme psychiatrique de J. Ruesch et G. Bateson, qui avaient renouvelé l'analyse de la schizophrénie à partir des distorsions de la communication intrafamiliale. Il parcourt toutes sortes d'études sur la conversation dans les petits groupes... En outre, quand *BPP* est publié, Goffman a participé un an avant à une conférence qui a marqué l'histoire de la sémiotique, au sens fédérateur que T. Sebeok donnait à ce terme[2]. Et il participe, en novembre 1963, à la grande conférence de l'Association américaine d'anthropologie (AAA) à San Francisco, qui signe la naissance de l'ethnographie de la communication, à l'instigation de ses collègues du département de linguistique de Berkeley, Dell Hymes et John Gumperz[3]. Goffman est alors au cœur de cette révolution du paradigme de la communication. Il accueille ce nouvel intérêt pour le langage avec un enthousiasme, qui ira croissant dans son œuvre, et qui n'ira pas sans friction avec l'analyse conversationnelle que commence à développer son étudiant Harvey Sacks. Il ne manque pas d'indiquer sa réserve vis-à-vis d'une science qui se focaliserait exclusivement sur les matériaux discursifs au détriment des configurations et des contraintes sociales des « états de parole » (*states of talk*)[4]. Les actes de langage sont des événements sociaux. L'ordre de communication est un ordre social. La discussion est « organisée socialement » comme « un petit système d'action en face à face, ratifiée mutuellement et gouvernée rituellement, une rencontre sociale[5] ».

▲ 1. Bateson G., Mead M., *Balinese Character: A Photographic Analysis*, New York, The New York Academy of Science, 1942.

▲ 2. Sebeok T. A., Hayes A. S., Bateson M. C., eds, *Approaches to Semiotics: Cultural Anthropology, Education, Linguistics, Psychiatry, Psychology: Transactions* (Indiana University Conference on Paralinguistics and Kinesics 1962), La Haye, Mouton, 1964.

▲ 3. Hymes D., « Introduction: Toward Ethnographies of Communication », *American Anthropologist*, décembre 6(6), Part 2, 1964, p. 1-34 - Goffman y publie « The Neglected Situation », *ibid.*, p. 133-136. Des douze contributeurs à ce numéro spécial, sept ont l'Université de Californie à Berkeley comme affiliation institutionnelle.

▲ 4. Intervenant dans la discussion, *Approaches to Semiotics, op. cit.*, p. 139-140, Goffman se présente comme « sociologue » et insiste sur les conventions qui encadrent un « *state of talk* ». « Un foyer d'attention ratifié advient non seulement quand des individus soutiennent un état de parole, mais aussi quand ils co-participent en dansant, faisant l'amour, jouant à des jeux, en accomplissant une tâche conjointe. La réelle unité fondamentale (*real basic unit*) n'est donc pas le locuteur et son discours, mais plutôt un état de co-participation autour d'un seul foyer d'attention » [...] « Personnellement, je crois que la kinésique a plus à voir avec l'étude d'états de parole, et au-delà avec l'étude de conduites dans les lieux publics, qu'avec l'étude des phénomènes de langage ». Cf. aussi Hymes D. , « On Erving Goffman », *Theory and Society*, 13(5), 1984, p. 621-631.

▲ 5. Goffman E., « Neglected Situation », art. cité, p. 136.

Il vaut la peine de rappeler le formidable corpus de recherches sur la communication non verbale qui émerge dès les années 1950. Une enquête qui se poursuivait au moment de la parution de *BPP*, et dont Goffman ne pouvait qu'avoir connaissance, a débuté en 1955, au *Center for Advanced Study in the Behavioral Sciences*. Ce séminaire sur la pertinence du comportement langagier pour les différentes sciences du comportement rassemble F. Fromm-Reichmann (psychothérapeute), R. Birdwhistell (*kinesicist*), H. Brosin (psychiatre), G. Bateson, A. Kroeber et D. Schneider (anthropologues), N. McQuown et C. Hockett (linguistes). Ils entreprennent un travail de retranscription fine de l'enregistrement d'un entretien psychiatrique[1]. L'expérience dure entre février 1956 et 1959, avec une équipe restreinte, sur un entretien familial, qui prend en compte son environnement, perçu comme schizogène[2] et qui se centre non seulement sur l'expression discursive, mais aussi corporelle. Dans le document final, l'équipe reconnaît son insatisfaction vis-à-vis des « cadres descriptifs » qu'elle a inventés[3]. Mais cette enquête a été fondamentale dans l'histoire des recherches sur la communication. D'une part, elle a contribué à renforcer les analyses de la psychose en termes de dérèglement de l'ordre d'interaction entre membres de la famille - une thèse en rupture avec les seules imputations biologiques de la folie, dont on devine les affinités avec celle de *BPP* ; d'autre part, elle a fixé l'image d'un « système à multiples canaux du comportement communicationnel », dans lequel les échanges discursifs occupent une place importante, mais en se composant avec d'autres conduites d'interaction : mouvements, expressions, gestes, espacement, toucher et odorat[4]... Cette idée de multiples *channels* ou *tracks* se retrouvera dans de nombreux textes de Goffman.

▲ 1. Ce séminaire a donné lieu à des résultats publiés dans « Linguistic Transcription and Specification of Psychiatric Interview Materials », *Psychiatry*, 20, 1957, p. 79-86.

▲ 2. Fromm-Reichmann F., McQuown N. *et al.*, *The Natural History of an Interview*, Chicago, University of Chicago Library, 1971 (consultable parmi les microfilms de l'*American Indian Cultural Anthropology* à la Joseph Regenstein Library de l'Université de Chicago). Fromm-Reichann meurt en avril 1957, Hockett doit arrêter à partir de 1960, Bateson passe à son étude sur la communication chez les dauphins. Mais l'enquête se poursuit à cheval sur les instituts psychiatriques de Western Pennsylvania State (Brosin *et al.*) et Eastern Pennsylvania State (Birdwhistell et Scheflen) et le département d'anthropologie de l'Université de Chicago (McQuown *et al.*).

▲ 3. R. Birdwhistell continue de perfectionner ses outils de notation jusqu'à la publication de *Kinesics and Context: Essays on Body Motion Communication*, Philadelphie, University of Philadelphia Press, 1970. L'annexe laisse apparaître toute la complexité de sa kinégraphie.

▲ 4. Cf. par exemple Scheflen A., *How Behavior Means*, New York, Jason Aronson, 1974, qui rappelle la place du « *think tank* de Stanford » dans cette révolution et insiste sur le coup de génie de Ruesch et Bateson à propos du concept de métacommunication (pour une explicitation, cf. Bateson G., « The Message "This Is Play" », *in* Schaffner B., ed., *Group Processes*, New York, Macy, 1955, vol. II). Goffman y recourt dès *Communication Conduct*, *op. cit.*, p. 201, à propos des signes d'attention et des signes d'autorisation (*clearance signs*) (cf. aussi *BPP*, p. 92).

D'autres enquêtes ont cours, qui mettent, elles aussi, en évidence la spécificité d'un ordre de communication, et qui insistent sur sa dimension écologique et culturelle. Une méthode de comparaison interculturelle de contextes d'activités est mise en œuvre par des chercheurs comme Bateson ou Birdwhistell. Dans un petit documentaire, Bateson et Mead montrent comment laver les bébés dans trois pays - Bali, Papouasie Nouvelle-Guinée et États-Unis[1] - et analysent la matrice « culturelle » des techniques du corps et leur articulation à l'ordre d'interaction. Dans une enquête filmique, Birdwhistell essaie de repérer des schémas récurrents de comportement des visites de familles au zoo dans sept pays différents[2]. Comment une famille se comporte-t-elle en public ? Comment se promène-t-elle au zoo et communique-t-elle avec les animaux ? Outre la diversité des arrangements écologiques, qui régulent le rapport aux animaux (présence de grilles, proximité inter-corporelle...), c'est la diversité (qualifiée de « culturelle ») des manières de faire, incarnées et situées, qui retient son attention. La communication prend place avec des personnes et avec des animaux, selon certaines grammaires culturelles. Ces enquêtes renvoient à ce que Goffman appelle dans *BPP* l'« ordre de circulation des échanges communicationnels » (24). Les « unités concrètes » de la « communication conversationnelle » ne se confondent pas avec celles de la communication non verbale, lesquelles se forment à notre insu, à travers le « langage corporel » (33)[3]. Une multiplicité de signes expressifs sont transmis par « le vêtement, la posture, le mouvement et la position, le niveau sonore, les gestes physiques comme le signe de la main ou les salutations, les décorations faciales et les expressions émotionnelles » (33). Les interactions de corps à corps mettent en œuvre des « idiomes corporels » (34-37) qui sont conventionnels et qui changent entre les cultures et les subcultures (45, 86). Goffman n'est pas très éloigné de Bateson-Mead et de Birdwhistell quand il présume qu'il existe des « régularités transculturelles » (238). Mais en multipliant les références à des cultures exotiques ou à des subcultures de classe, il montre aussi la grande diversité des « idiomes de l'engagement ». Il dit ainsi que les psychiatres « se retrouvent chez eux n'importe où sur terre », en raison de

▲ 1. Bateson G., *Bathing Babies in Three Cultures* (vidéo 10 mn), University Park, Penn State, 1951. On peut mettre ce film en regard avec l'essai de R. Birdwhistell, « The Age of a Baby », *Kinesics and Context*, *op. cit.*, p. 11-23, où il analyse comment changer les couches d'un enfant.

▲ 2. Birdwhistell R., Van Vlack J. D., *Microcultural Incidents In Ten Zoos: An Illustrated Lecture* (vidéo 34 mn produite par Studies in Human Communication, Eastern Pennsylvania Psychiatric Institute, au congrès de l'American Anthropological Association de Pittsburgh, 1966), University Park, Audio-Visual Services, Pennsylvania State University, 1969.

▲ 3. Il semble que ces différents actes expressifs soient dans un rapport de contextualisation réciproque. Cf., par exemple, sur le lien entre gestes iconiques et expressions verbales : Fornel M. de, « Gestes, processus de contextualisation et interaction verbale », *Cahiers de linguistique française*, 1991, 12, p. 31-52.

l'universalité apparente de certaines impropriétés situationnelles (238-239), mais il met aussi en garde les erreurs interprétatives auxquelles la méconnaissance de l'univers culturel des patients peut les conduire (233). L'autre leçon que l'on peut tirer du bain des enfants ou de la visite au zoo est que les engagements dans un ordre de communication impliquent des arrangements écologiques. Ils ont affaire à des objets, des équipements et des accessoires qui constituent, médiatisent, empêchent ou facilitent la rencontre. Ceux-ci peuvent rendre visible ou accessible, invisible ou inaccessible ; ils organisent la praticabilité et la densité des sites ; ils déterminent les canaux du flux communicationnel ; ils fixent des rapports hiérarchiques dans l'espace et dans le temps ; ils imposent la nature et le style de la participation. Les exemples sont nombreux dans *BPP* : observation à distance avec des longue-vue (15n), espionnage voyeuriste à travers la cloison (16) ou à travers la vitre sans tain des *peep shows* (167n), partage du même lit par des inconnus dans les auberges du XVIe siècle (40n), dissuasion d'entrer en contact par l'usage du transistor portable (49), jeux de séduction au moyen d'éventails et d'ombrelles (85), espacement des places de la conversation par des meubles fixes (98), clôture protectrice des réunions de travail par des murs (151), actions de fumer des cigarettes à l'abri d'un tunnel (39) ou de faire l'amour sur le siège arrière des voitures dans les *drive-in* (177), inférence du type d'interaction à engager à partir du port des habits de pêcheur ou de pompier (205) ou de l'absence de vêtements dans les camps de nudistes (211)... Les arrangements écologiques sont aussi parlants que les manifestations corporelles. La hauteur d'un siège à Bali, la négligence d'une tenue ou la protubérance d'une érection (26-27) envoient des messages d'une grande éloquence, qui se passent de mots.

L'ordre de l'interaction est donc un ordre de communication. Outre qu'il est régi par des règles, qui changent selon le contexte culturel, il est ordonné par des configurations d'objets, qui concentrent ou dispersent, réunissent ou séparent - les barrières physiques redoublant les conventions sociales, leur servant de support et leur donnant une matérialité. Goffman est en phase avec les nombreuses recherches qui se développent à partir des années 1950[1]. Il s'intéresse au plus haut point au travail de Roger G. Barker[1],

▲ 1. Pour se faire une idée du réseau intellectuel de Goffman, on peut se référer à une lettre à D. Hymes, datée du 26 octobre 1967 (*Erving Goffman-Dell Hymes correspondence. 1967-1982*, in *Erving Goffman Archives*, University of Las Vegas, Nevada), où Goffman propose d'inviter à une conférence, outre Hymes et Labov, qui sont déjà à Philadelphie, Birdwhistell et Bateson, Garfinkel et quelqu'un de « l'école de Garfinkel », Schegloff ou Sudnow, Edward « Ned » Hall, Paul Ekman (conduites non verbales, expressions et émotions), Ralph Exline (contact par le regard), Robert Sommer (spatialité et territorialité) et Norman McQuown (langues indigènes d'Amérique centrale, mais aussi éditeur de *The Natural History of an Interview*). Cf. aussi la galerie de portraits que le lecteur français avait découverts avec la sélection de textes d'Y. Winkin, *La nouvelle communication*, Paris, Seuil, 1980, organisée autour des épicentres de Stanford et de Philadelphie. Si D. Jackson, P. Watzlawick et A.

qui dans sa station d'Oskaloosa, Université du Kansas, dénombre avec son acolyte H. F. Wright huit cent cinquante-six contextes de comportement[2]. Dans ces bouts d'environnement, par exemple, le drugstore, les terrains de basket, les cours d'école, le camp de scouts... ils se livrent à un recensement systématique des séquences et des schémas typiques de comportement. Goffman est aussi au fait des recherches sur l'écologie des petits groupes et en particulier sur l'espacement interpersonnel dans des contextes naturels[3]. Il suit de près les avancées en proxémique de E. T. Hall[4] et les tâtonnements en kinésique de R. Birdwhistell - l'un et l'autre sensibles au problème de la communication interculturelle. Il va contribuer activement au développement d'une science des interactions en face à face, qui puiseront dans l'apport de *BPP* et des livres ultérieurs, mais combineront aussi les intuitions goffmaniennes sur l'attention mutuelle et l'engagement conjoint, avec des recherches en psychologie cognitive, éthologie du comportement, écologie de la perception, analyse de conversations ou de catégorisations[5]. Sur ce terrain, trois noms se dégagent. A. Kendon a étudié l'organisation spatiale des rencontres sociales, et leur travail d'accordage des cadres (*frame attunement*) qui passe par la communication non verbale[6]. La coprésence s'accomplit à travers la circulation d'informations sur plusieurs « pistes attentionnelles » (*attentional tracks*). La « ligne narrative » au foyer de l'activité, et à sa marge, le flux directionnel des signes, contribuent à organiser, délimiter, réguler et qualifier les phases de l'activité[7]. Christian Heath, en s'appuyant sur des matériaux vidéo, a décortiqué les formes de

Scheflen ne sont pas cités dans *BPP*, on y trouve en bonne place R. Birdwhistell, G. Bateson et E. T. Hall.

▲ 1. Pour un aperçu de la carrière de R. G. Barker : « Settings of a Professional Lifetime », *Journal of Personality and Social Psychology*, 37(12), 1979, p. 2137-2158. L'autobiographie de E. T. Hall, *An Anthropology of Everyday Life: An Autobiography*, New York, Doubleday, 1992, est également intéressante en ce qu'elle montre comment ces découvertes sont fondées sur l'expérience, et non pas commandées par la théorie.

▲ 2. Barker R., Wright H. F., *Midwest and Its Children: The Psychological Ecology of an American Town*, Evanston, Ill. et White Plains, NY, Row, Peterson and Co, 1956.

▲ 3. Cf. par exemple le petit manuel de Hall E. T., *Handbook for Proxemic Research*, Washington, Society for the Anthropology of Visual Communication, 1974. Et la masse de publications dans les années 1960 par M. Argyle, J. Baxter, D. Efron, R. Sommer...

▲ 4. E. T. Hall avait déjà publié en 1963 l'article qui l'a fait connaître, « Anthropology of Manners », *Scientific American*, 192, 1955, p. 85-89 et *The Silent Language*, New York, Doubleday, 1959.

▲ 5. En France, dans des styles très différents, cf. Winkin Y., *Anthropologie de la communication*, *op. cit.* et Conein B., *Les sens sociaux*, Paris, Economica, 2005.

▲ 6. Kendon A., « Some Functions of Gaze Direction in Social Interaction », *Acta Psychologica*, 26, 1967, p. 22-63 ; « Spatial Organization in Social Encounters: The F-Formation System », in *Conducting Interaction*, *op. cit.*, 1990, p. 209-238 ; « The Negotiation of Context in Face-to-Face interaction », *in* Duranti A., Goodwin C., eds, *Rethinking Context: Language as an Interactive Phenomenon*, Cambridge, Cambridge University Press, 1992, p. 323-334.

▲ 7. Kendon A. « Erving Goffman's Approach to the Study of Face-to-Face Interaction », *in* Drew P., Wootton A., eds, *Erving Goffman...*, *op. cit.*, 1988, p. 14-40.

collaboration par le regard, le geste, l'expression et la parole requises pour que médecin et patient s'entendent, depuis le moment de la prise de contact à celui de l'examen et du diagnostic[1]. Il est l'un des principaux protagonistes des *workplace studies* tout comme Charles Goodwin, qui rend compte de l'organisation des conversations en prenant en compte des orientations réciproques des corps, des alignements sur des indices visuels et sensoriels et des manipulations d'objets par des activités situées, sans oublier les dimensions de l'émotion et de la temporalité[2]. *Behavior in Public Places* peut être lu comme l'un des textes fondateurs de cette constellation de travaux, vis-à-vis de laquelle il a innové en inventant un langage inouï, en 1963, de l'engagement et de la participation.

Le monde social en train de se faire : rencontres, rassemblements, occasions

Beaucoup d'encre a coulé sur l'oubli des structures sociales et des processus historiques par la micro-analyse des situations sociales. Goffman y a souvent répondu en esquivant ou en neutralisant le problème, sans pour autant jamais nier qu'il existât un ordre social ou un ordre institutionnel. Ce n'était tout simplement pas son problème. Ce qui deviendra dans son dernier texte l'énigmatique « couplage flou » (*loose coupling*) entre « ordre de l'interaction » et « ordre social » trouve dans *BPP* des figures bien claires : l'ordre social fournit des « occasions », qui sont le cadre de « rencontres » et de « rassemblements ». Le raisonnement est le suivant. Nombre d'interactions en face à face ne sont pas dues au hasard : elles prennent place dans des rencontres ou des rassemblements, qui étaient des « systèmes d'actions situées » dans *Encounters*, qui sont à présent qualifiées de « petite société » ou de « réalité sociale de plein droit » (196). Au-delà, ce « petit système social » ouvre sur des occasions qu'il manifeste ou qu'il exprime, qu'il réalise ou qu'il incarne - parfois dans un cadre rituel, parfois dans un cadre institutionnel. Cet encastrement des situations dans des occasions sociales est si fort que Goffman se pose la question de la légitimité de sa démarche : « D'ordinaire, les situations apparaissent comme si étroitement imbriquées dans un cadre institutionnel, et les cadres institutionnels sont tenus pour si différents les uns des autres, que le retranchement (*excision*) des situations et de leurs rassemblements en vue d'une étude séparée peut paraître questionnable. » (197). À l'évidence, il

▲ 1. Heath C., *Body Movement and Speech in Medical Interaction*, Cambridge, Cambridge University Press et Paris, Éditions de la MSH, 1986.

▲ 2. Goodwin C., *Conversational Organization: Interaction Between Speakers and Hearers*, New York, Academic Press, 1981 ; « Action and Embodiment within Situated Human Interaction », *Journal of Pragmatics*, 32, 2000, p. 1489-1522 ; et avec Goodwin M. H., « Emotion Within Situated Activity », *in* A. Duranti, ed., *Linguistic Anthropology: A Reader*, Malden, MA et Oxford, Blackwell, 2000, p. 239-257.

aura jugé que cette démarche valait la peine[1]. Quelles sont alors les figures de « petite société » que recense Goffman ?

La « *rencontre* » ou « *engagement de face* » (243) prend en général la forme d'« un cercle, en général conversationnel, où un foyer unique d'attention visuelle et cognitive est ratifié comme ce qui lie mutuellement les participants ». Ces situations se caractérisent par « un venir-ensemble physique », une « ouverture mutuelle » et une « orientation conjointe » entre participants. La rencontre est un processus écologique d'agglomération ou d'agrégation, régi par des règles d'entrée et de sortie et par des règles d'ouverture et de clôture de son cours, où s'exerce un sens des convenances sur comment se conduire vis-à-vis des personnes qui sont incluses dans la rencontre ou qui en sont exclues.

Le « *rassemblement* » (18) désigne tout regroupement de deux personnes ou plus, qui à un moment donné se trouvent en présence les unes des autres. Le seul critère est donc la coprésence physique dans l'espace et la continuité pendant une période de temps. « Un rassemblement social donné peut ne pas contenir de rencontre, juste des participants non engagés, liés par une interaction non focalisée », mais il peut aussi donner lieu à des rencontres – « jeux de cartes, couples dansants dans une salle de bal, équipe chirurgicale en train d'opérer, bagarres de coups de poing sont des exemples de rencontres ».

La « *situation sociale* » est l'horizon d'espace et de temps qui se déploie dans les rencontres et les rassemblements. Goffman la définit comme « un environnement de possibilités de contrôle mutuel », qui se forme dès que se tient un rassemblement. Chaque personne qui y arrive en devient membre. Une situation sociale survient donc dès lors que se crée un espace-temps de coprésence, avec tous les types d'engagement mutuel qu'il peut abriter, et elle se défait « quand s'en va la dernière personne restante »[2]. La sociologie se doit d'être une analyse de situations sociales, répète souvent Goffman.

Une « *occasion sociale* » fournit enfin le contexte plus général « dans lequel de nombreuses situations et leurs rassemblements sont susceptibles de se former, de se dissoudre et de se former à nouveau » (18). Elle a le

▲1. Vingt ans plus tard, Goffman, dans « The Interaction Order », art. cité, p. 2, avance trois bonnes raisons à cette « excision » ou « extraction analytique ». Elle se justifie par le fait que « les éléments contenus dans l'ordre de l'interaction tiennent plus étroitement les uns aux autres qu'ils ne sont solidaires des éléments qui lui sont extérieurs » ; que « l'exploration des relations entre ordres est cruciale et que cette enquête de plein droit requiert en premier lieu une délimitation des multiples ordres sociaux » ; que « l'isolement de l'ordre de l'interaction fournit un moyen et une raison de l'examiner, par la comparaison entre différentes sociétés ou par l'histoire de notre propre société ».

▲2. Ces définitions sont à peu de chose près les mêmes dans « The Neglected Situation », art. cité, 1964, p. 135.

caractère d'un événement, unifié et identifiable[1]. Elle a une existence continue dans les limites spatiales et temporelles qui la circonscrivent. Elle est orientée par une activité principale qui prend souvent place dans un petit nombre de régions, d'ordinaire étroitement connectées. Elle a un profil d'engagement, avec des moments forts et des moments faibles, dans lequel s'entremêlent un nombre variable de lignes d'action. Elle spécifie le type de droits et de devoirs, de sanctions et de récompenses qui suivent l'accomplissement de telle ou telle action par les participants. Elle est parfois aménagée par un équipement matériel (18), programmée par des directives explicites et pilotée par des personnels spécialisés[2]. « L'organisation sociale est le thème central, mais ce qui est organisé est le mélange (*co-mingling*) de personnes les unes avec les autres et les entreprises interactionnelles temporaires qui peuvent en émerger. Une structure stabilisée normativement est en jeu, un "rassemblement social", mais il s'agit là d'une entité changeante, nécessairement évanescente, créée par des arrivées et défaite par des départs[3]. » Comme exemples d'occasions sociales, Goffman cite la réception publique, le pique-nique, le meeting politique, la partie de whist ou de billard, la journée au bureau ou la soirée à l'opéra. Il y a des occasions sérieuses ou récréatives, formelles ou informelles, solennelles ou décontractées, tendues ou relâchées - en général elles alternent des phases des deux types ou combinent des engagements des deux types dans la même phase. Les baptêmes, les mariages, les anniversaires ou les enterrements sont le prototype des occasions régulières, mais toute micro-cérémonie qui agence un certain nombre d'éléments rituels peut valoir comme occasion sociale. On peut encore citer les veillées familiales (52), les compétitions sportives, les cérémonies honorifiques, les cocktail-parties, les inaugurations et les commémorations, et ainsi de suite. Un autre répertoire d'occasions sociales se joue sur des sites professionnels ou organisationnels,

▲ 1. Cette notion d'occasion sociale a très vite été reprise par l'ethnographie de la communication : cf., dès 1964, Gumperz J. J., « Linguistic and Social Interaction in Two Communities », *American Anthropologist*, 66(6), 1964, p. 137-153, ici p. 139.

▲ 2. Nous nous appuyons ici sur Goffman E., *Communication Conduct*, *op. cit.*, chap. IX « Social Occasion », p. 127-135, qui dresse un portrait de l'occasion sociale plus détaillé que dans *BPP*.

▲ 3. Goffman E., *Interaction Ritual*, *op. cit.*, p. 1-2. Il est intéressant de voir comment Goffman introduit en 1967 ce livre qui recueille quatre textes écrits en 1954 et 1957, auxquels ont été rajoutés « Mental Symptoms and Public Order » (1963) et l'inédit « Where the Action Is ». Il défend un projet d'« étude des interactions en face à face en site naturel », qui aille des formes de territorialité, événements expressifs et rituels interpersonnels les plus infimes jusqu'aux « unités naturelles d'interaction » plus étendues dans l'espace et le temps, comme les « congrès long d'une semaine », « mastodontes interactionnels qui poussent à la limite ce qui peut être qualifié d'occasion sociale ». Et Goffman de faire référence à *BPP* et à l'enquête ethnographique pour découvrir l'« ordre normatif » qui prévaut dans et entre ces unités.

et l'on sent là l'héritage direct de Hughes et de Mead[1], plutôt que de Durkheim : c'est le cas de l'opération chirurgicale (90-91) ou de l'enseignement scolaire (89). D'autres occasions, enfin, ne s'insèrent pas dans des séries et ne se reproduisent pas régulièrement, en un lieu identique, avec un rythme récurrent : à Dixon, l'incendie accidentel d'une boutique a créé une occasion, qui, écrit Goffman, n'était pas du même ordre que la projection bimensuelle de cinéma ou que la course annuelle de bateaux[2]. Les rassemblements se font donc « *souvent* sous les auspices d'une plus large instance » et leurs régulations « peuvent être *pour une bonne part* rapportées à l'occasion sociale dont elles relèvent » (19-20). Ce qui signifie qu'il existe des rencontres et des rassemblements qui ne dépendent d'aucune occasion préétablie, mais qui peuvent en faire émerger une, en créant un événement.

Goffman plaide en tout cas pour une analyse de situations, mise au service d'une « sociologie des occasions[3] ». Plusieurs questions se posent alors.

1. Tout d'abord, Goffman est-il irrémédiablement prisonnier d'un « situationnisme rampant[4] » ? Certainement pas. Goffman passe de l'examen de l'engagement situationnel à celui des propriétés situationnelles qui doivent y être respectées ; puis il enquête sur la façon dont ce type de régulation par des propriétés situationnelles donne corps aux activités conjointes qui font une rencontre ou un rassemblement ; enfin, il prend en compte le fait que cette action de regroupement dans une rencontre ou à un rassemblement est souvent liée à une occasion sociale (197). La société de Goffman ne se dissout pas en une myriade de petites situations évanescentes, même si le reproche a pu être fait à ses descriptions de manquer d'amplitude sociologique ou d'épaisseur historique. Le raisonnement de Goffman reste durkheimien jusqu'au bout. On peut le reprendre là où il l'a laissé. La société est l'intégrale de ces multiples occasions sociales, qui résultent tantôt de conduites spontanées, tantôt de programmes institutionnels. Elles ne sont pas totalement isolées, mais s'ordonnent les unes par rapport aux autres. Elles sont partie prenante

▲1. Goffman E., *Behavior in Public Places*, *op. cit.*, p. 90-91, sur la coordination rapprochée dans l'accomplissement d'une tâche, sur l'ancrage de la chaîne de commandement dans l'ordre donné par la situation à ses différents participants et sur leur maîtrise mutuelle de leurs perspectives respectives dans l'accomplissement du procès de travail. Sur les rapports complexes entre Goffman et Hughes, il existe une littérature conséquente, par exemple Jaworsky G. D., « Erving Goffman: The Reluctant Apprentice », *Symbolic Interaction*, 23(3), 2000, p. 299-308. Elle a été récemment relue par Vienne P., « L'énigme de l'institution totale. Revisiter la relation intellectuelle entre Hughes et Goffman », *in* Cefaï D., Perreau L., dir., *Goffman et l'ordre de l'interaction*, Paris, PUF, 2012, p. 109-137.

▲2. Goffman E., *Communication Conduct*, *op. cit.*, p. 134-135.

▲3. Goffman E., *Interaction Ritual*, *op. cit.*, p. 2.

▲4. Goffman E., « Interaction Order », art. cité, 1983, p. 3. Cf. aussi « Microsociologie et histoire » in P. Fritsch, dir., *Le sens de l'ordinaire*, Paris, Éditions du CNRS, 1983.

d'emplois du temps, des moments (parfois obligés) de cycles de vie ou des événements (souvent récurrents) du calendrier. Se rassembler pour une circoncision, pour voter aux élections présidentielles, pour la finale du Super Bowl, pour aller boire un verre avec des amis après une journée de travail ou pour regarder en famille, à la télévision, le couronnement de la reine d'Angleterre, c'est participer à des occasions sociales dont tout le monde sait comment elles s'inscrivent dans des systèmes d'institutions, des registres de normes et des ordres de temporalité. Les occasions sociales, qui transcendent les « petites sociétés » où elles s'incarnent, sont rarement autarciques. Outre qu'elles sont des maillons de chaînes temporelles, elles sont presque toujours connectées à des figures de (plus ou moins) « grande société » (220, 246) : le peuple juif ou l'Umma musulmane, la communauté des amateurs de football américain, le groupe de collègues et d'amis de l'atelier ou du bureau, le corps civique de la nation une et indivisible ou le public commémoratif des événements médiatiques... Ce sont des horizons d'attachement et d'appartenance (195), qui s'actualisent dans l'accomplissement des propriétés situationnelles. Goffman est très clair sur ce point. « Un rassemblement social pourrait n'être qu'une infime tête d'épingle de l'organisation sociale, mais si minuscule soit-elle, la sociologie a de bonnes raisons d'en faire un thème d'enquête et d'analyse » (244). L'analyse interactionnelle révèle que « nos petites inhibitions sont soigneusement entrelacées en un réseau (*network*), que les résidus de nos activités sérieuses sont ouvragés en un modèle (*pattern*), et que ce réseau et ce modèle sont destinés à supporter d'importantes fonctions sociales » (237). Elle complique l'analyse institutionnelle ou l'analyse structurale, tout le problème étant de savoir, et Goffman ne tranche pas clairement, si elle les complète ou si elle s'y substitue.

2. Cette vision des choses a été approfondie par certains auteurs, au premier rang desquels Randall Collins[1], par un retour au Goffman d'avant *BPP*. « Pour que l'humanité s'exprime pleinement, les individus doivent se tenir les mains dans une chaîne cérémonielle (*chain of ceremony*), chacun donnant avec déférence, en bonne tenue, à celui qui se tient à sa droite ce qu'il aura reçu, avec déférence, de celui qui se tient à sa gauche[2]. » La société pourrait bien être ce treillis de « chaînes cérémonielles », que Goffman traite comme des chaînes de transmission de dons rituels, par où circule la déférence dont nous sommes à la fois débiteurs et créditeurs les uns vis-à-vis des autres. Plus tard, Goffman fera explicitement le lien avec l'*Essai sur le don* de Mauss[3]. Il parlera alors du « caractère dialogique » du donner, du

▲ 1. Collins R., *Interaction Ritual Chains*, Princeton, Princeton University Press, 2004.

▲ 2. Goffman E., « The Nature of Deference and Demeanor », *American Anthropologist*, 58(3), 1956, p. 475-499.

▲ 3. Qui était déjà apparu dans Goffman E., *Asiles*, *op. cit.*, p. 329 : voir le commentaire de Bonicco C., « Rigidité et souplesse de l'ordre de l'interaction chez Erving Goffman », *Klesis :*

recevoir et du rendre de l'échange rituel. Ce jeu de prestations et de contre-prestations constitue une petite cérémonie[1]. C'est un moment de focalisation mutuelle et d'attention coopérative, de synchronisation et de syntonisation entre les participants à la situation, qui se retrouvent sur la même longueur d'onde, et éprouvent alors, moyennant une excitation réciproque de leurs énergies affectives, un sentiment d'adhésion, de confiance et d'enthousiasme. C'est aussi un ordre de reconnaissance mutuelle qui s'articule dans le jeu des offrandes rituelles[2]. De cette version, des traces apparaissent dans *BPP*, explicitement avec le concept de « reconnaissance sociale », même si l'analyse du rituel et de ses fonctions sociales de préservation de la face y est en retrait. Nous sommes dans « l'obligation d'accorder de la reconnaissance sociale à des personnes qui font partie de nos relations » et donc, dans « l'obligation de leur être immédiatement accessibles » (114). Bien sûr, ces « chaînes cérémonielles » ne sont pas sans discontinuité, du fait de la ségrégation des auditoires de nos performances[3], de la dispersion sociale, spatiale et temporelle de nos engagements, et du peu de ritualisation des contacts avec les non personnes ou les personnes à part. Mais les échanges rituels sont ce qui garantit à chacun d'« avoir de la fierté, de l'honneur et de la dignité, de la considération, du tact et une certaine dose d'assurance » - ce qui fait tenir l'ordre social. Et ils font vivre des réseaux de moralité et de solidarité, de proche en proche, par la répétition de micro-procédures de rencontre.

3. Le problème est que ces « chaînes cérémonielles » sont absentes de *BPP* et que le langage du rituel n'y est pas central. Goffman y semble avant tout intéressé par l'établissement de règles de fonctionnement qui soient à peu près les mêmes pour toutes les situations : on y retrouve « les mêmes présuppositions normatives à propos de la conduite et les mêmes régulations situationnelles » (216). Une forme d'universalité de la « nature humaine » (238) se dessine dans le recensement de ces contraintes élémentaires qui pèsent sur l'engagement de face (3). Et ces propriétés situationnelles qui caractérisent l'ordre de l'interaction sont tenues par Goffman, par-delà la relativité des « idiomes de l'engagement », pour transculturelles et transhistoriques. Ce qui fait société dans *BPP*, ce ne sont pas des chaînes cérémonielles. C'est le fait que l'autorégulation des situations sociales s'accomplit à l'épreuve de leur hétéronomie : elles sont suspendues à des occasions sociales qui en fixent le cadre ; et inversement,

revue philosophique, 2008, 2, p. 27-45, sur les adaptations secondaires comme moment de restauration d'un cycle de don et de contre-don dans l'institution totale.

▲1. Goffman E., *Relations in Public*, *op. cit.*, p. 63-64.

▲2. Jacobsen M. H., « Recognition as Ritualised Reciprocation: The Interaction Order as a Realm of Recognition », *in* M. H. Jacobsen, ed., *The Contemporary Goffman*, Londres, Routledge, 2010, p. 199-231, ici p. 216.

▲3. Goffman E., *Presentation of Self*, *op. cit.*, 1959, p. 138.

c'est le fait que ces occasions sociales ne peuvent se réaliser qu'*in situ* : elles n'existent donc que dans leur « performance », leur accomplissement dans telle ou telle situation de rencontre ou de rassemblement. Goffman avait écrit dans *Presentation of Self* que le Soi est une « patère (*peg*) à laquelle une espèce de fabrique coopérative s'accroche pour un temps[1] ». Dans *BPP*, il aurait pu reprendre cette phrase en substituant au « Soi » la « situation de rencontre ou de rassemblement ». La manufacture de la société, tout en étant régulée par une grammaire des conduites en public, ne cesse de se faire et se refaire à travers les activités collectives de ses membres - une idée, du reste, compatible avec l'héritage de Chicago : R. E. Park ne l'aurait pas désavouée dans sa propre conception de l'ordre public[2]. La société s'impulse dans les rencontres et les rassemblements qui sont comme des générateurs d'expérience collective, de vie publique, de formes organisationnelles et de cadres institutionnels. Du coup, la topologie et la chronologie de cette société ne sont pas parfaitement intégrées, comme un certain fétichisme du système social peut se les représenter. La société se donne comme un espace d'intervalles et de seuils et un temps d'interruptions et de passages entre situations. Un monde qui n'est ni vide ni plein, tout en connexions et barrières entre flux de circulation et de communication.

4. Le problème du rapport entre ordre de l'interaction et ordre social n'est pas résolu pour autant. Car Goffman va en adopter, à de multiples reprises, une autre stratégie de présentation. Dans *BPP*, il met l'ordre de l'interaction au même plan que l'ordre économique ou que l'ordre juridique (8). Il récidive au début de *Strategic Interaction*, où il parle de « l'étude de l'interaction en face à face comme un champ délimité naturellement, cohérent analytiquement », constituant un « sous-domaine de la sociologie ». Dans *Frame Analysis*, il fait de la société un « composé de sous-ordres[3] » - l'ordre rituel, l'ordre juridique ou l'ordre économique, l'ordre de la circulation routière ou l'ordre des rôles professionnels. Et il réitère l'opération dans « L'ordre de l'interaction »... On peut pourtant se demander si cet ordre de l'interaction a bien le même statut ontologique que les autres ordres sociaux, avec lesquels il cohabiterait, s'il ne faut en faire qu'un foyer de l'analyse ou s'il faut lui accorder une place de fondation[4]. Goffman

▲ 1. *Ibid.*, p. 253.

▲ 2. On trouve des références à la formation de Goffman à Toronto et à Chicago dans Smith G., *Erving Goffman, op. cit.*, p. 2-32 ; Winkin Y., « Erving Goffman : Portrait du sociologue en jeune homme », in *Des moments et des hommes, op. cit.*, 1988, p. 13-92 ; Verhoeven J., « An Interview with Erving Goffman 1980 », *Research on Language and Social Interaction*, 26(3), 1993, p. 317-348.

▲ 3. Goffman E., *Frame Analysis, op. cit.*, 1974, p. 561.

▲ 4. Burns T., *Erving Goffman, op. cit.*, p. 28 ; Joseph I., *Goffman et la microsociologie, op. cit.* ; ou Sharrock W., « The Omnipotence of the Actor: Erving Goffman on "The Definition of the

semble vouloir se réserver le Nouveau Monde qu'est « l'ordre de l'interaction », laissant de l'autre côté de la ligne de partage de ce traité de Tordesillas toutes les autres provinces, déjà peu ou prou explorées, par les sciences sociales. Il y a sans doute une part de calcul diplomatique dans ce choix. Mais est-ce que Goffman ne s'est pas enfermé lui-même dans ce portrait de « découvreur de l'infiniment petit » qu'a dépeint Bourdieu dans son hommage dans *Le Monde*[1] ? N'est-il pas plus intéressant de ressaisir l'ordre de l'interaction comme transversal à tous les autres et d'accepter dès lors que toutes les autres logiques sociales s'y jouent ? Les propriétés situationnelles que Goffman dégage ne concernent en effet pas le même type de règles que celles qui régissent les disputes légales, les échanges économiques, les conflits politiques ou d'autres domaines d'action. Les propriétés situationnelles valent pour tous les types de rencontres et de rassemblements. L'ordre de l'interaction est cet ordre social qui sous-tend tous les autres : le « gouvernement des observances cérémonielles[2] » fonde toutes les autres formes d'ordonnancement, de régulation et de contrôle de la vie des humains[3].

Faut-il entendre par là que l'on a affaire à une région ontologique dans laquelle s'ancrent toutes les autres ? Ou qu'il vaut la peine d'explorer le monde depuis cette perspective descriptive et analytique ? Ce point reste indécis sous la plume de Goffman. « Les situations sociales ont été définies comme des arènes de contrôle mutuel. Il est possible de les prendre très sérieusement comme un point de vue privilégié d'où observer toute la vie sociale. Après tout, c'est dans les situations sociales que les individus peuvent communiquer, au sens fort du terme, et c'est seulement là qu'ils peuvent se contraindre physiquement, s'agresser ou s'importuner par des gestes, interagir sexuellement ou se procurer du réconfort. De surcroît, c'est dans les situations sociales que la plus grande partie du travail du monde (*world's work*) est accompli[4]... » Goffman nous invite, en tout cas, à changer notre manière de penser la société et à reconnaître une forme de préséance - méthodologique ou ontologique ? - de l'ordre de l'interaction sur les

Situation" », *in* Smith G., ed., *Goffman and Social Organization: Studies in a Sociological Legacy*, Londres, Routledge, 1999, p. 119-137.

▲ 1. Bourdieu P., « La mort du sociologue Erving Goffman. Le découvreur de l'infiniment petit », *Le Monde*, 4 décembre 1982.

▲ 2. Cf. la préface à Goffman E., *Relations in Public*, *op. cit.*, 1971.

▲ 3. Rawls A., « Language, Self, and Social Order: A Reformulation of Goffman and Sacks », *Human Studies*, 12(1-2), 1989, p. 147-172, p. 147 pour les deux citations. Cf. aussi « Goffman et l'ordre constitutif de l'interaction », *in* Cefaï D., Perreau L., dir., *Goffman et l'ordre de l'interaction*, *op. cit.*, p. 163-210. Rawls propose une solution de l'opposition entre « interaction et structure » qui essaie de réconcilier Goffman et Garfinkel. Le sens, le Soi et l'interaction sont des « accomplissements dans des ordres produits localement » ; ils sont « contraints, mais ni engendrés, ni ordonnés par des « règles institutionnelles ».

▲ 4. Goffman E., « Gender Display », in *Gender Advertisements*, New York, Harper & Row, 1976, p. 5-6.

produits dérivés que sont l'individu et la collectivité. Ce qui est alors évident, selon nous, c'est que voir la société *dans* l'ordre de l'interaction implique d'éviter sa réification comme un sous-ordre parmi d'autres. Il y a « fondation » au sens où la société trouve là une assise et au sens où elle ne se réalise qu'en situation, et non pas au sens où toutes les logiques sociales dériveraient, sans solution de continuité, de l'ordre de l'interaction.

Le nœud du politique

On a beaucoup parlé de vertus morales, mais y a-t-il une portée politique de ce livre de Goffman, et si oui, laquelle ? En quoi les multiples thèmes d'enquête et de réflexion de *Behavior in Public Places* permettent-il de poser des questions originales sur le pouvoir et de développer de nouveaux domaines de recherche ? On partira de deux sens du mot « pouvoir ». Le sens trivial recouvre, de façon floue, tous les rapports d'inégalité, de hiérarchie ou de contrôle, qui peuvent exister entre des individus ou entre des groupes et les différentes manifestations qu'ils peuvent prendre. *BPP* est d'une richesse comparable aux autres ouvrages de Goffman de ce point de vue - on le montrera à partir de son traitement des relations entre hommes et femmes. Goffman peut être tenu pour un précurseur des politiques de stratification et de domination dans l'ordre de l'interaction, et des politiques du soi corporel et de l'expérience intime[1]. La micropolitique de Goffman anticipe alors sur la microphysique du pouvoir de Foucault - sinon que Goffman n'a pas une démarche généalogique, ne cherche pas à déconstruire des formes politiques de surveillance et de correction et a un regard ironique beaucoup plus que critique sur la discipline moléculaire des corps et des esprits. Ce serait cependant une erreur d'interprétation de rabattre Goffman sur Foucault. Il est un autre sens du pouvoir, hérité d'une tradition libérale de philosophie politique. Il renvoie à l'institution d'un ordre civil ou d'un ordre public. La démocratie et la république ne sont pas seulement des régimes de discipline et de contrôle, elles organisent le vivre-ensemble de leurs membres ; elles ne sont pas seulement des systèmes de législation et de gouvernement, mais des formes de vie en commun. La micropolitique de Goffman prend alors le sens d'une interrogation sur les fondements interactionnels et situationnels de la *res publica*. L'engagement dans les lieux publics se charge alors d'un sens politique.

▲ 1. Parmi les textes fondateurs : Henley N. M., *Body Politics: Power, Sex, and Nonverbal Communication*, Englewood Cliffs, Prentice Hall, 1977.

Inégalités, hiérarchies de statuts et rapports de pouvoir

Le reproche a souvent été fait à Goffman, associé contre son gré à la nébuleuse interactionniste[1], de ne pas prendre en compte les rapports d'inégalité, de hiérarchie et de pouvoir. Alvin Gouldner a été le premier à lancer l'idée d'un « évitement de la stratification sociale et des différences de pouvoir » et d'un « accommodement au pouvoir existant » de Goffman[2]. Enfermé dans l'observation de détails anecdotiques, vécus dans une « circonférence interpersonnelle, a-historique et non institutionnelle », Goffman ignorerait le poids des fonctions sociales dans le jeu des interactions. Il se méprendrait sur la façon dont les « ressources du pouvoir et de la richesse affectent la capacité de projeter un soi avec succès » et prendrait pour argent comptant les stratégies de présentation de soi des « classes moyennes éduquées » dans une « économie tertiarisée » [3]. Bizarrement, pourtant, le fil rouge de l'inégalité et du pouvoir traverse presque toute sa sociologie.

Le premier texte de Goffman traitait, dans la droite ligne des analyses de classe de W. Lloyd Warner, des symboles statutaires[4]. Il s'est intéressé ensuite, plus spécifiquement, au statut des fous, des handicapés et des femmes, chacun de ces groupes subordonnés et discriminés donnant lieu à un livre - *Asylums*, *Stigma* et *Gender Advertisements*. Ses textes sont émaillés de remarques qui témoignent d'une sensibilité aiguë au problème de la stratification en situation[5] et en interaction[6]. Sa démarche n'est pas isolée, mais un point qui singularise Goffman, par rapport à nombre de

▲ 1. Goffman E., « A Reply to Denzin and Keller », *Contemporary Sociology*, 10 (1), 1981, p. 60-68.

▲ 2. Gouldner A., *The Coming Crisis of Western Sociology*, New York, Basic Books, 1970, p. 378-390.

▲ 3. On retrouvera cet argument sous la plume de L. Boltanski, « Erving Goffman et le temps du soupçon. À propos de la publication en français de *La représentation de soi dans la vie quotidienne* », *Information sur les sciences sociales*, 12(3), 1973, p. 127-147 - en référence à *L'ère du soupçon* de Nathalie Sarraute, « porter au jour le même type d'événements invisibles », « la trivialité des lieux communs », en fournissant « un langage à l'expérience spécifique (particulièrement à l'expérience du ressentiment) des membres des classes moyennes » (p 131). Boltanski établit la liste des professions dont les membres figurent dans *La représentation* (p. 142 : 11,5 % de classes populaires, sous-représentées).

▲ 4. Goffman E., « Symbols of Class Status », *British Journal of Sociology*, 2, 1951, p. 294-304 [trad. fr. : L. Perreau et D. Cefaï, « Les symboles du statut de classe », in *Goffman et l'ordre de l'interaction*, *op. cit.*, 2012, p. 15-29]. Winkin en propose une analyse dans son « Portrait », *op. cit.*, p. 69-73.

▲ 5. Collins R., « Situational Stratification: A Micro-Macro Theory of Inequality », *Sociological Theory*, 18(1), 2000, p. 17-43.

▲ 6. Lofland L., « Social Interaction: Continuities and Complexities in the Study of Nonintimate Sociality », *in* K. S. Cook, G. A. Fine, J. S. House, eds, *Sociological Perspectives on Social Psychology*, Needham Heights, Allyn & Bacon, 1995, p. 176-201 ; et Anderson L., Snow D., « Inequality and the Self: Exploring Connections from an Interactionist Perspective », *Symbolic Interaction*, 24(4), 2001, p. 395-406.

travaux de psychologie sociale de type interactionniste, est son attachement rigoureux à une démarche naturaliste. Prenons l'embarras, selon lui, une « preuve de faiblesse, d'infériorité, de statut inférieur, de culpabilité morale, d'échec et d'autres attributs peu enviables[1] ». L'embarras peut porter sur des fautes de goût ou de politesse dans un engagement en face à face. Ces fautes peuvent être imputées à un différentiel entre places d'une hiérarchie sociale et avoir une fonction de marquage des statuts respectifs des membres de l'interaction. La dynamique de la réprobation, de la honte et de la correction de la faute est un puissant mécanisme de maintien de l'ordre social. Mais Goffman ne se livre pas à une phénoménologie de ce qui est ressenti dans une situation d'embarras. Il s'en tient à ce qui est visible pour analyser la transgression d'une règle qui discrédite l'un des participants à la situation dans l'accomplissement de son rôle et qui peut conduire, en cas d'échec de la réparation, à l'interruption de l'interaction. Les participants ne tiennent pas en place ou ne se tiennent pas à leur place. La relation en cours est bousculée par une gaffe ou un impair, descriptible comme tel, qui crée une brèche dans l'ordre local. Dès que l'enchaînement des actes de reconnaissance mutuelle ne s'accomplit pas comme il faut, il en résulte une gêne, palpable dans l'air de la rencontre. Le processus de distribution et de ratification d'un ordre de places, avec leurs pouvoirs, leurs droits et leurs devoirs, est bouleversé. Le sentiment d'embarras ne relève pas tant d'une dynamique intrapsychique qu'il n'est pour Goffman l'indice d'un accroc interactionnel. Ce qui est éprouvé est sensible, adossé à une expérience sociale des statuts de participation que maîtrisent les participants à la situation, et qui leur permet de savoir où ils mettent les pieds, de repérer une faute, de l'ignorer, de s'en excuser ou de la corriger. Autrement dit, l'embarras n'est pas tant traité comme une expérience vécue par des individus, qu'un trouble dans les « relations syntaxiques entre les actes de différentes personnes présentes mutuellement l'une à l'autre [2] ». La prévention et la réparation de l'embarras sont dès lors des opérations cruciales pour la restauration et la reproduction de l'ordre de l'interaction[3].

Les inégalités de statut s'incarnent dans des arrangements interactionnels, mais elles s'expriment et se perçoivent aussi dans des manifestations corporelles. Le soin pour la tenue, par-delà les aléas de la vie, est une des marques distinctives des gens « respectables » aux îles Shetland (221). Un trop grand désordre dans la tenue ou un dérèglement dans la conduite laissent augurer des comportements offensifs. Sans doute, « les

▲ 1. Goffman E., « Embarrassment and Social Organization », *American Journal of Sociology*, 62(3), 1956, p. 364-371.

▲ 2. Goffman E., *Interaction Ritual*, *op. cit.*, 1967, p. 2. Ou l'embarras d'être surpris en tenue d'intérieur ou en déshabillé, sans être apprêté pour le regard du public (*BPP*, p. 40).

▲ 3. Scheff T., *Microsociology: Discourse, Emotion, and Social Structure*, Chicago, University of Chicago Press, 1990.

personnes âgées, les *hobos* et les bohémiens » jouissent d'une espèce d'« autorisation spéciale » de négligence vis-à-vis de leurs « obligations situationnelles » (203) : rituellement à part, ils peuvent plus facilement déroger aux règles, à l'opposé des « dignitaires de haut rang dans l'armée ou dans l'Église » qui sont soumis à des cérémonies hiératiques et solennelles. On peut ici reprendre une hypothèse de R. Collins : les frontières des groupes statutaires se brouillent d'autant plus facilement que la ritualisation de la présentation de soi et de la sociabilité est faible. « Plus les interactions sont d'ordre cérémoniel, accomplies en public, plus les catégories d'appartenance sont réifiées et plus les groupes statutaires sont enclos sur eux-mêmes ; moins les rassemblements sociaux sont programmés à l'avance et exposés au regard du public, plus invisibles et perméables sont les frontières sociales. » Une autre hypothèse de Collins, également intéressante, prolonge les intuitions goffmaniennes : plus les rituels sont informels et improvisés, plus ils ont besoin d'ostentation, d'intensité émotionnelle et de visibilité-audibilité. Les personnes en bas de l'échelle sociale créent ainsi des styles culturels et des cliques statutaires : adolescents en général, mais aussi sapeurs, *breakdancers*, graffiteurs ou rappeurs ont des stratégies vestimentaires, graphiques ou musicales très provocatrices et créent des scènes sur lesquelles ils peuvent s'exhiber et se mesurer - se ménageant ainsi des « occasions de statut situationnel[1] ». Les épreuves de statut se substituent aux épreuves de force. L'ascendant que prend un couple sur un autre couple qui partage son box au restaurant (158) ne doit rien à la force des muscles, mais à une espèce de dominance écologique que Goffman lie dans ce cas à la différence de classe sociale. La classe en impose dans l'interaction.

Goffman fait une remarque dans *Interaction Ritual* sur le « tempo accéléré, par comparaison avec des groupes professionnels, du test des relations [dans les gangs] au coin de la rue ». La raison en serait que « les leaders ne contrôlent pas des quantités importantes de propriété », qu'ils jouissent de « peu de privilèges et d'immunités » et « qu'il n'y a pas de pressions institutionnelles qui contraignent de l'extérieur les membres à accepter la discipline[2] ». Ce point est confirmé par l'ethnographie d'Elijah Anderson[3]. Le statut est en partie affaire de parade située : les exhibitions d'armes, d'argent et de sexe dans l'espace public confèrent un statut envié. Ces cultures de gang sont avant tout masculines. On pourrait les rapprocher de ce que Goffman dit à propos des joueurs au casino de Las Vegas : l'activité de parier, tout comme d'autres conduites de défi risqué, relève d'un

▲ 1. Collins R., « Situational Stratification », art. cité p. 26-28.

▲ 2. Goffman E., « Where the Action Is », *Interaction Ritual, op. cit.*, 1967, p. 212, d'après J. Short, F. Strotbeck, *Group Process and Gang Delinquency*, Chicago, Chicago University Press, 1965.

▲ 3. Anderson E., *Code of the Street: Decency, Violence, and the Moral Life of the Inner City*, New York, W. W. Norton, 1999.

« culte de la masculinité[1] ». Dans les sociétés où l'honneur est une valeur forte, le duel est ce qui procure le plus de reconnaissance entre les hommes. C'est une « épreuve de caractère » (*character contest*) qui démontre « courage, fair-play, intégrité, sang-froid[2] ». De là Goffman passe à la « confirmation de soi » que procure le succès dans la compétition pour séduire, et enchaîne sur une écologie de la drague, dans des lieux publics ou semi-publics, avec des personnes connues ou inconnues. Autour des tables du casino, la scène est propice à affirmer sa masculinité. Une espèce d'ouverture prévaut entre les sexes, qui rend possibles des formes de rapprochement et de coopération ; ceux qui parient gros s'exposent publiquement et se rendent accessibles aux joueurs et aux spectateurs ; et la prise de risque, avec de gros moyens, pour forcer le sort et tirer le gros lot, montre que « l'on en a[3] ».

Ces situations jouent sur le clavier des émotions et des sentiments moraux - le duo de la bienséance et de la déférence, bien sûr, mais on pourrait rajouter la honte et la culpabilité, l'admiration et la condescendance, la méfiance et l'envie[4]. Goffman dit des choses qui peuvent paraître marquées au coin du bon sens, mais qui témoignent de sa capacité à décrire des façons de catégoriser, de juger et de classer qui sont d'ordinaire vues, mais non remarquées. Le symbolisme d'être « propre » ou « soigneux » (221) est crucial dans des mondes où l'on peut être pauvre, mais où l'on doit rester digne. Ce « savoir se tenir » se repère dans les rapports entre voisins de classes populaires (220), qui ne doivent pas s'emprunter de l'argent ou envahir leurs territoires respectifs. Il se repère aussi dans les classes moyennes (228), où le laisser-aller corporel dans la sphère privée est refoulé par le formalisme du décorum public - indice de « respect interpersonnel ». Goffman égrène les différentes règles de préséance, d'usage des noms et des titres et de présentation de l'inférieur au supérieur, qui ont cours dans l'étiquette des rencontres entre personnes de rang hiérarchique différent (121-122). Cette asymétrie est flagrante dans la licence de scruter, sans réserve ou sans retenue, les marins norvégiens tenus pour inférieurs par les habitants des Shetland, ou encore les étrangers et les fous, vus comme des non personnes (152-153) ; ou dans l'autre sens, dans le hiératisme du rapport entre officier et simple soldat, qui ne communiquent ni par la vue ni par la parole, et accomplissent une performance publique,

▲ 1. Goffman E., « Where the Action Is », art. cité, p. 209 et p. 257. *Where the action is* était un programme de rock'n roll sur ABC, créé en 1965, et une chanson de Freddy Boom Boom Cannon.

▲ 2. *Ibid.*, p. 229.

▲ 3. Goffman E., « On Cooling the Mark Out », *Psychiatry: Journal of Interpersonal Relations*, 15(4), 1952, p. 451-463 : « La capacité à se faire du pognon rapidement (*turn a fast buck*) [...] est presque un signe de virilité, une épreuve qui atteste que l'on est un homme. ».

▲ 4. Pour une extrapolation, discutable, à partir des émotions chez Goffman, cf. T. Scheff, *Goffman Unbound*, Boulder, Paradigm Publishers, 2006.

impersonnelle et unilatérale (208). Chacun tient son rang, et le signifie en public[1] - le hobereau, s'attardant à la table de whist des simples paysans, envoie un signe de reconnaissance (172) - ou manque de se tenir à sa place - le regard et le sourire adressés par un homme noir à une femme blanche dans le Sud des États-Unis sont pris pour de l'effronterie (142). On retrouve la sensibilité de Goffman aux offenses territoriales, quand n'est pas respectée la distance entre personnes de caste différente (196), dans l'ethnographie par G. Berreman des jeux d'interactions à Sirkanda, un village de Garhwal himalayen[2]. Ce que l'on appelle la « race », avant de relever de l'inégalité structurale ou de la représentation collective, « se performe » en situation. Et comme la caste, la « race » est une activité collective. La discrimination se fait à travers la répétition de séries de microprocessus interactionnels d'acceptation et d'exclusion, de rapprochement et d'évitement, laissant plus ou moins de jeu à des pratiques de résistance ou de révolte, conduisant parfois à la constitution de communautés statutaires, selon l'adage « Qui se ressemble s'assemble ». Même quand la loi est égalitaire, la fréquentation de circuits de consommation disjoints, les choix différentiels de quartier et d'école, les pratiques préférentielles d'homogamie et d'homophilie conduisent à des processus en boucle (*looping effects*)[3] qui accentuent la partition des populations. Et les interactions localisées dans la rue, dans les bureaux de l'administration, sur les lieux de travail ou de loisir, dans les centres commerciaux confirment des processus d'éloignement, sinon d'isolement, de séparation et de ségrégation, justifiés par les participants par des critères affectifs autant qu'esthétiques et moraux. E. Lemert parlait, à propos de la déviance, de processus de « *in grouping* » et « *out grouping* », qui fixent des frontières matérielles et symboliques entre groupes et renforcent le clivage de leurs réseaux de sociabilité et de leurs univers de significations[4].

Une démonstration similaire pourrait être faite à propos de la thématique du genre chez Goffman, encore que les controverses autour de sa réception de cette partie de son œuvre soient symptomatiques de sa propre ambivalence[5]. Nombre de féministes ont critiqué la présentation de « The

▲1. Da Matta R., « Você sabe com quem está falando ? » (1977), in *Carnavals, bandits, héros*, Paris, Seuil, 1983.

▲2. Berreman G., *Behind Many Masks*, Ithaca, Cornell, 1962 et la tentative d'application d'Oommen T. K., « Erving Goffman and the Study of Everyday Protest », *in* Riggins S. H., ed., *Beyond Goffman: Studies on Communication, Institution, and Social Interaction*, Berlin, Mouton de Gruyter, 1990, p. 389-407.

▲3. Goffman E., *Asylums*, *op. cit.*, p. 35-36.

▲4. Lemert E., *Social Pathology: A Systematic Approach to the Theory of Sociopathic Behavior*, New York, McGraw Hill, 1951, p. 57.

▲5. Winkin Y., « Goffman et les femmes », *Actes de la recherche en sciences sociales*, 83, 1990, p. 57-61.

Arrangement between the Sexes[1] » et de *Gender Advertisements*[2] et ont dressé un portrait de Goffman en conservateur, défenseur du *statu quo*[3]. « *Ladies, we've been framed* ! », « Mesdames, nous avons été cadrées/Nous nous sommes faites avoir ! » - le *frame*-cadre se retournant en *frame*-piège[4]. D'autres, comme Carol Gardner[5] ou Candace West[6], ont par contre insisté sur l'importance que Goffman a eue pour analyser les interactions de genre. Recroisé avec la vue ethnométhodologique que H. Garfinkel a développée dans « Le cas Agnes », la perspective de Goffman a été capitale pour enquêter sur les pratiques de « *doing gender* » et « *doing power* »[7]. Dès la *Présentation de soi*, la distribution des identités sexuelles, tenue pour allant de soi, était vue comme une performance sur scène : « Quand nous observons une jeune fille américaine de classe moyenne qui fait l'idiote (*playing dumb*) au profit de son petit copain, nous sommes prêts à pointer des éléments de ruse et de stratagème dans sa conduite. Mais comme elle et son compagnon, nous acceptons comme un fait non joué (*unperformed*) que cette actrice (*performer*) *est* une jeune fille américaine de classe moyenne[8]. » Garçon et fille forment un couple de rôles sociaux, complémentaires et asymétriques, qui se réalise en situation. Leurs modes d'engagement dans la situation peuvent renvoyer à des tactiques de positionnement dans l'interaction, mais plus fondamentalement, ils s'appuient sur une sorte de sens social des bonnes manières de se conduire, pour un homme ou pour une femme, dans telle ou telle situation, privée ou publique. Curieusement, ce sont les scènes de *Gender Advertisements* qui ont été le plus commentées, alors qu'elles relèvent d'une sémiologie des images plutôt que d'une pragmatique des actes. Goffman, dans l'analyse de ces documents publicitaires, se livre à des considérations sur la taille relative, la *feminine touch*, la symbolisation de la famille, la hiérarchisation des fonctions et la ritualisation de la subordination. Mais il finit par décrire certains traits situationnels : l'autorisation du retrait émotionnel pour les femmes ; les parades corporelles d'aller bras dessus, bras dessous (*arm lock*) et de se tenir par l'épaule (*shoulder hold*) ; et toutes sortes de « signes de liens » (*tie-*

▲ 1. Goffman E., « The Arrangement between the Sexes », *Theory and Society*, 4(3), 1977, p. 301-331.

▲ 2. Goffman E., *Gender Advertisements*, *op. cit.*, 1976.

▲ 3. Rosenblum B., « Review of *Gender Advertisements* », *Sociology and Social Research*, 65, 1980, p. 345-347.

▲ 4. Wedel J. M., « Ladies, We've Been Framed! Observation on Erving Goffman's *The Arrangement Between the Sexes* », *Theory and Society*, 5(1), 1978, p. 113-125.

▲ 5. Gardner C. B., « Analyzing Gender in Public Places: Rethinking Goffman's Vision of Everyday Life », *The American Sociologist*, 20, 1989, p. 42-56.

▲ 6. West C., « Une perspective féministe sur Goffman », *in* Cefaï D., Perreau L., eds, *Goffman et l'ordre de l'interaction*, *op. cit.*, p. 31-53.

▲ 7. West C., Fenstermaker S., « Faire la différence », *Terrains et travaux*, 1(10), 2006, p. 103-136 (avec une présentation de L. de Verdalle et A. Revillard).

▲ 8. Goffman E., *Presentation of Self*, *op. cit.*, 1959, p. 74-75.

signs), qui passent par des gestes de protection et de possession, de direction et de contrainte.

C'est cependant dans *Behavior in Public Places* et dans *Relations in Public* que les descriptions des relations de genre sont les plus nombreuses ; et que, tout en gardant le caractère de performances en situation, elles semblent actualiser une « syntaxe des interactions ». On y voit des femmes dans des sociétés traditionnelles marcher quelques pas derrière leur mari (RP 20) ou se voir barrer l'accès à certains bars quand elles sont non accompagnées (RP 21-22). Goffman insiste sur les tactiques pour faire des avances ou les décliner dans une situation de drague (RP 43n, 206-210), et les multiples façons d'exprimer l'intimité ou la distance, la galanterie ou l'indifférence (RP 200-202). Malgré l'« usage relativement égalitaire des lieux publics » (163), les droits en matière de regard (87) ou de toucher (RP 45), même quand ils ne sont plus fixés par l'étiquette (115), la morale ou le droit coutumier (88n), continuent d'être asymétriques. Quand un homme et une femme se croisent dans un lieu public, il la fixe et la scrute un moment, elle baisse ou détourne les yeux rapidement[1]. L'usage du sifflet sur le passage d'une femme par un groupe de travailleurs du bâtiment (144) peut ainsi être pris comme un compliment qui ne porte pas à conséquence, mais il provoque aussi souvent une forme de gêne ou de désagrément (RP 272). Le droit à l'inattention civile des passants connaît des entorses. Les hommes se sentent habilités à interpeller une jolie femme ou à lui faire des remarques. Les usages de galanterie, quand ils sont reconnus par les femmes, peuvent facilement virer à l'avance sexuelle (92). Les femmes doivent être accompagnées dans certains lieux publics (103), sous peine d'être abordées ; sinon, selon les cas, elles doivent tantôt être aidées (127) par les hommes, tantôt ignorées (116-117), à moins qu'elles ne manifestent leur disponibilité (140). Goffman est très attentif aux petites manifestations de déférence entre sexes : le geste de tirer son chapeau quand un homme entre en contact ou quitte une femme ; l'obligation de silence et de décence quand deux personnes de genre différent se croisent dans un village arabo-musulman (RP 92-93) ; le maintien de la distance et d'une certaine retenue dans les bises sociales en public (RP 74) ; la façon de quitter une partenaire en douceur après avoir dansé avec elle au bal ou dans une fête (188) ; enfin, la transformation de la sociabilité entre hommes dès qu'une femme s'introduit

▲1. Goffman E., *Relations in Public*, *op. cit.*, p. 209, à propos du croisement des passants, réglé par l'inattention civile, moyennant l'allocation de couloirs et un échange de regards : « Ce semble être une règle de la circulation sur les trottoirs et de la coprésence rapprochée de circonstance dans les bureaux ou établissements de services que lorsque des hommes et des femmes se croisent dans des espaces extrêmement confinés, l'homme exercera son droit de regarder pendant une seconde ou deux la femme en train d'approcher, tandis que la femme baissera souvent les yeux ou, tout au moins, prendra soin de ne pas retourner le regard ou de passer l'homme en examen. »

dans leur cercle conversationnel (230). De même, Goffman recense un certain nombre de différences de conduite entre hommes et femmes : les femmes tricotent quand les hommes fument la pipe aux veillées des Shetland (47, 103) ; elles ont un souci bien plus fort de leur attractivité sexuelle, variable selon le statut social (28) ; ce travail de la face, qui relève parfois de la sphère personnelle (110), est de plus en plus accompli en public, indice du relâchement du décorum public (66) ; les femmes ne doivent pas trop boire en public (204), elles peuvent recourir à des suppliques cajoleuses pour amadouer quelqu'un (RP 157n) et elles ont une manière propre de se retourner et de puiser au fond de leur sac une pièce pour faire l'aumône à un mendiant (RP 126). Par la suite, Goffman prendra également en compte l'inscription de la « ségrégation sexuelle » dans des arrangements écologiques, comme la différenciation entre toilettes publiques : cette partition spatiale « est présentée comme la conséquence naturelle de la différence entre les classes de sexe, alors qu'en fait, elle est un moyen de l'honorer, sinon de la produire[1] ». Les rapports de genre se font dans des séquences d'actes qui rendent public le fait d'être un homme ou une femme, et ils sont coproduits par leurs ancrages dans des environnements, avec leurs points d'appui, leurs prises et leurs ressources.

Ces intuitions goffmaniennes connaîtront des développements ethnographiques intéressants chez plusieurs de ses étudiantes. Dorothy Smith[2] sera la première à appliquer à la vie de la famille le concept d'« arrangement spatial », avec ses « frontières physiques » et ses règles d'interaction, ses « équipements fixes » et son « allocation des lieux disponibles à différentes personnes ou fonctions ». Elle y montre une grande acuité au problème de l'accessibilité, de la visibilité ou de l'audibilité réciproques entre les membres, de la distribution spatio-temporelle des événements, des rencontres et des activités à l'intérieur de la maisonnée, et de ses relations avec l'environnement des voisins et des institutions. Un héritage plus connu est celui des enquêtes sur les conduites des femmes et vis-à-vis des femmes en public. C. Gardner a été en pointe dans la description du harcèlement sexuel - une ethnographie très adossée à des dénonciations et à des revendications légales et politiques[3]. Elle montre comment les femmes se prémunissent contre les risques de viol ou d'agression, encaissent les interpellations sexuelles et arborent un certain

▲ 1. Goffman E., « The Arrangement between the Sexes », art. cité, p. 316.

▲ 2. Smith D., « Household Space and Family Organization », *The Pacific Sociological Review*, 14(1), 1971, p. 53-78.

▲ 3. Gardner C. B., *Gender and Public Harassment*, Berkeley, University of California Press, 1995 et « Fine Romances: Two Arrangements Between the Sexes in Public Places », *in* Smith G., ed., *Goffman and Social Organization*, *op. cit.*, p. 42-63.

type de face pour dissuader les ouvertures[1]. D'autres recherches portent sur les silences et les interruptions dans les tours de parole et d'écoute, sur les inégalités dans la répartition des tâches ménagères, sur les distributions de rôles dans la vie de couple ou sur les asymétries dans le témoignage de « déférence interactionnelle[2] ». Arlie Hochschild rappelle la notion de « grammaire des interactions en face à face[3] » que Goffman avait mise en œuvre en 1972 dans une conférence de « Sociologists for Women in Society » (SWS), à San Francisco[4]. Il y analysait des traits comportementaux des relations entre hommes et femmes, mais aussi, dans le registre verbal, des « termes comme "chéri" ou "bébé" » que les femmes peuvent dire aux hommes et aux femmes, les hommes adresser aux femmes, mais que les hommes ne peuvent utiliser entre eux. Goffman mettait en regard la dissymétrie entre hommes et femmes avec celle entre parents et enfants. On retrouve dans *BPP* (121), puis dans *Gender Advertisements* cette hypothèse de l'attribution d'un statut de mineures aux femmes, qu'il faut donc aux hommes surveiller, contrôler et protéger. Hochschild reprend l'idée d'un « mini-gouvernement » dans l'ordre de l'interaction[5], et montre le « travail émotionnel » accompli par les hôtesses de l'air pour arborer une impassibilité et une affabilité de façade, dans l'exercice de leurs fonctions[6]. Cette extension de l'*impression management* de Goffman dans l'analyse stratégique de la commercialisation de la féminité n'épuise toutefois pas la question des émotions. « Ce qui », écrit Collins, « tient une société ensemble - la "colle" de la solidarité - et ce qui mobilise le conflit - l'énergie des

▲ 1. Gardner C. B., « Passing By: Street Remarks, Address Rights, and the Urban Female », *Sociological Inquiry*, 50, 1980, p. 328-356.

▲ 2. Derber C., *The Pursuit of Attention: Power and Individualism in Everyday Life*, New York, Oxford University Press, 1979.

▲ 3. Hochschild A., « A Review of Sex Role Research », *American Journal of Sociology*, 78(4), 1973, p. 1011-1029.

▲ 4. *Sociologists for Women in Society* est une association professionnelle créée en 1971 (après la réunion du caucus des femmes en 1969 et simultanément à la création du *Committee on the Status of Women in Sociology* au sein de l'*American Sociological Association*). Une de ses premières actions a été un *sit-in*, auquel Goffman a participé avec Charlotte Wolf, Jessie Bernard et Peter Berger, dans un restaurant qui refusait de servir les femmes pendant le « *men's lunch hour* ». Le conseil de l'ASA a dû intervenir auprès de la direction de cet établissement pour qu'elle change cette règle.

▲ 5. Hochschild A. R., « Emotion Work, Feeling Rules and Social Structure », *American Journal of Sociology*, 85, 1979, p. 551-575.

▲ 6. Hochschild A., *The Managed Heart: Commercialization of Human Feeling*, Berkeley, University of California Press, 1984. Dans « Inside the Clockwork of Male Careers », in *Gender and the Academic Experience: Berkeley Women Sociologists*, Lincoln, University of Nebraska Press, 1994, p. 125-139, elle écrit à propos de son rapport avec Goffman que « le monde hobbesien, bagarreur et politicien, dans lequel des personnages comme Preedy *(in Presentation of Self*, 1959, p. 4-5*)* se pavanent, semblait décrire un monde masculin, du point de vue d'un critique, sensible et affligé ». Elle oppose ailleurs le personnage de « Preedy à la plage », arrogant et frimeur, à la « petite fille pudique », timide et soumise de *Gender Advertisements*.

groupes qui s'affrontent -, ce sont les émotions. Et il en va de même pour ce qui garantit le maintien de la stratification - sentiments hiérarchiques, qu'ils soient dominateurs, obséquieux ou pleins de ressentiment[1] ».

Goffman a donc ouvert la voie à une ethnographie des inégalités de statut ou des rapports de pouvoir. On peut voir son travail comme un approfondissement de l'entreprise de Warner dans *Yankee City*, dont l'empreinte était déjà sensible dans le Master[2], ou de Hughes, sur les « contacts sociaux » ou les « relations raciales », mais aussi de toute la littérature sur le statut, qui a crû de façon exponentielle dans les années 1950[3]. On retrouve dans *BPP* un catalogue de relations observables entre inférieurs et supérieurs. Le rapport hiérarchique se rend visible quand les marqueurs de déférence sont asymétriques[4], par exemple dans la non réciprocité de l'attention donnée et reçue. Une secrétaire attendra un signal de reconnaissance pour pénétrer dans le bureau d'un supérieur. L'unilatéralité des ordres qu'elle reçoit et l'absence de formulation de mécontentement réalisent et rendent sensible l'infériorité de son statut (92). L'autorité se joue dans cette emprise sur autrui, cette façon de lui faire faire quelque chose sans rencontrer d'opposition, d'obtenir l'obéissance comme une attitude qui va de soi et ne suscite pas d'embarras, d'humiliation ou de ressentiment. Dans une activité conjointe, comme une opération chirurgicale, les actes de commandement et d'exécution s'enchaînent sans heurt (91) - chacun accomplit, sans réclamer, son rôle de participation. Par contre, la dérive d'une discussion bruyante des infirmières, passé un certain seuil, provoque un rappel à l'ordre de la part de l'infirmière-chef ou du chirurgien lui-même (175), qui est suivi d'effet. De même, l'ordre de se taire de la maîtresse à une salle de classe dont le chahut empêche le déroulement de la leçon est analogue, nous dit Goffman, au coup de maillet du juge au tribunal (227-8). Les fautifs s'exécutent. La plupart des commentateurs, l'œil rivé sur le couple commandement-obéissance, ont survolé quelques points de l'analyse de Goffman, importants pour comprendre ce qui fait la légitimité d'une action dans l'ordre public. On peut d'abord recenser différentes manifestations de ce pouvoir (au-delà du pouvoir se maîtriser soi-même) comme capacité à faire ou à faire faire[5], à calculer des options et

▲ 1. Collins R., « Stratification Emotional Energy and the Transient Emotions », *in* Kemper T. D., ed., *Research Agendas in the Sociology of Emotions*, Albany, SUNY Press, 1990, p. 28.

▲ 2. Smith G., Winkin Y., « Lloyd Warner, premier mentor d'Erving Goffman », *in* Cefaï D., Perreau L., dir., *Goffman et l'ordre de l'interaction*, *op. cit*, p. 79-107.

▲ 3. Branaman A., « Interaction and Hierarchy in Everyday Life: Goffman and Beyond », *in* Treviño J., ed., *Goffman's Legacy*, *op. cit.*, p. 86-126.

▲ 4. Goffman E., « The Nature of Deference and Demeanor », *American Anthropologist*, 58(3), 1956, p. 473-502.

▲ 5. Goffman parle d'« incapacité » à propos de la privation de « pouvoir social » des non personnes - enfants ou domestiques - dont la présence ne conduit pas une personne en état de relâchement à se rendre présentable (40).

des risques, à « contrôler » l'accessibilité à soi et aux autres, à faciliter ou à réduire leurs possibilités de s'exprimer ou de circuler, à les « influencer » en fabriquant ou en manipulant le jeu des apparences, et donc à induire une certaine définition de la situation[1]... Mais pour Goffman, le pouvoir est d'abord celui des « obligations situationnelles » (42), et non pas celui d'une personne en particulier - l'ordre de l'interaction pouvant en outre relayer l'ordre d'une organisation ou d'une institution. Certains participants à une interaction ont une capacité approuvée socialement et sanctionnée légalement d'imposer leur pouvoir - le patron qui donne des ordres aux plongeurs de l'hôtel de Dixon-Baltasound (70). D'autres exercent cette capacité sous la coupe des pouvoirs publics, au nom de l'ordre public - le policier, représentant de la force publique et de l'autorité publique, qui préserve la sécurité publique (23). Dans tous ces cas, le pouvoir peut être perçu comme plus ou moins acceptable, supportable ou légitime.

Les différences de statut et de pouvoir dans l'ordre de l'interaction ne sont donc pas toutes de même nature. On pourrait opposer l'ordre public à l'*ordre total* de l'asile. Dans un ordre public, qui ne dit mot consent à la légitimité des interactions en cours. Les excuses ou les justifications, quand elles sont proférées, sanctionnent le respect de l'ordre de l'interaction en tant que tel et le pouvoir du chirurgien ou de l'institutrice, comme agents investis d'une autorité de le faire respecter. En outre, des conduites de « résistance à l'esprit de l'occasion » (171), des manifestations anticonformistes de distance au rôle et de détachement du rassemblement (226) sont tolérées, dans une certaine mesure. Les performances publiques sur scène s'accommodent de partitions cachées (*hidden transcripts*), hors scène et sur scène, visant des auditoires différenciés, selon certains canaux de communication[2]. On est dans un tout autre cas de figure que lorsque les participants sont soumis à l'ordre total de l'hôpital psychiatrique, qui est en quelque sorte l'envers de l'ordre public. L'asile est chez Goffman le lieu par excellence de dépossession de la personne, de restriction de ses libertés et de perte de ses droits, de négation de sa capacité à agir par sa « mise sous tutelle », et au bout du compte de « mortification du soi », sinon de « conversion » au statut de « reclus ». Même si Goffman fait apparaître, ici et là, certaines transactions entre patients et personnels de l'hôpital psychiatrique, l'image qui domine est que les « fous », une fois qu'ils ont été enfermés dans l'Hôpital central, sont mis au ban de l'ordre public. On n'attend même plus d'eux le minimum de tenue et de déférence qui est de règle dans le monde des « normaux »... Les asiles, et sous d'autres modalités, les couvents ou les prisons, sont ainsi des enclaves qui

▲1. Rogers M., « Goffman on Power, Hierarchy, and Status », *in* Ditton J., ed., *The View From Goffman*, *op. cit.*, p. 100-133.

▲2. Scott J., *La domination et les arts de résistance*, Paris, Éditions Amsterdam, 2009 [1990].

permettent *a contrario* de comprendre l'ordre public. L'ordre public est irréductible à un système de rapports d'inégalité ou de hiérarchie, de contrôle ou de domination.

L'ordre public : publicité, visibilité, accessibilité

Qu'en est-il alors de cet ordre public ? Les livres de Goffman, et parmi eux *Behavior in Public Places*, sont une formidable source d'intuitions et d'hypothèses pour développer une microsociologie des régulations et disciplines, prescriptions et proscriptions, stigmatisations et discriminations, minorations et exclusions, enfermements et confinements, dégradations et profanations, qui sont notre lot quotidien. Mais en quoi *BPP* n'est-il pas seulement un livre sur les règles qui régissent les asymétries ou les différentiels de statut et de pouvoir dans des situations de coprésence ? Qu'est-ce que l'ordre public[1] ? L'ordre public gouverne la conduite des personnes qui sont en présence immédiate les unes des autres. Ce n'est autre que l'ordre de l'interaction, mais saisi à travers d'autres lunettes, comme si une *politeia* (Aristote)[2], un esprit des lois (Montesquieu) ou un état des mœurs (Tocqueville) l'habitaient déjà. Un ordre d'interaction qui ouvre un horizon d'attentes réciproques, de droits et de devoirs, d'obligations et de responsabilités, entre ses participants, qui ne sont pas soumis à la loi du plus fort. Un ordre d'interaction se déploie - quelles que soient les mille et une incivilités qui le grèvent - sur fond d'une « espèce de confiance-en-autrui » (78) sans laquelle tous les efforts de coordination seraient irrémédiablement ruinés et tout sens partagé de la réalité simplement impossible[3]. C'est cette confiance que sape le terrorisme (143), laissant place libre à la suspicion et à la rumeur[4].

C'est un tout autre sens de la micropolitique qui est alors à prendre en compte. Pour faire comprendre de quoi il s'agit, on peut commencer par l'explicitation d'une catégorie des plus utiles, quoiqu'inemployée, pour parler de l'expérience des lieux. Les lieux « sociopètes », à l'opposé des lieux « sociofuges »[5], ont pour qualité de favoriser la rencontre plutôt que l'évitement, de se prêter au rassemblement plutôt que de donner envie de

▲ 1. La notion d'ordre civique n'apparaît que deux fois dans *BPP* (47, 105) ; celle d'ordre civil en est absente. Le concept-clef est celui d'« ordre public » (cf. glossaire).

▲ 2. Burns T., *Erving Goffman, op. cit.*, p. 29 et son commentaire de *BPP*, p. 33 et s..

▲ 3. Cottereau A., « "Esprit public" et capacité de juger. La stabilisation d'un espace public en France aux lendemains de la Révolution », *in* Cottereau A., Ladrière P., dir., *Pouvoir et légitimité. Figures de l'espace public*, Paris, Éditions de l'EHESS (coll. « Raisons Pratiques »), 3, 1992, p. 239-272.

▲ 4. Shibutani T., *Improvised News: A Sociological Study of Rumor*, Indianapolis, The Bobbs-Merrill Co, 1966.

▲ 5. Osmond H., « Function as the Basis of Psychiatric Ward Design », *Mental Hospitals*, 8(4), 1957, p. 23-29 ; et Sommer R., « Sociofugal Space », *American Journal of Sociology*, 72, 1967, p. 654-659.

fuir. Ils sont facilement accessibles, procurent un plaisir esthétique et une aise pratique, ne sont ni déserts ni bondés, présentent de bonnes conditions d'éclairage et de son. Ils offrent des équipements pour divers usages et pour diverses populations, ménagent des occasions de retrait pour la conversation privée sans être disloqués par des barrières infranchissables, procurent ce sentiment de voir et d'être vu sans se sentir menacé d'intrusion ou d'espionnage, permettent de lever les défenses en toute sécurité, sans risque d'agression. Un « lieu sociopète » est un générateur d'ordre public. Il crée du sens commun, sans pour autant être approprié sur un mode communautariste, restant ouvert à la circulation de tout un chacun. Sa fréquentation fait appel à des « compétences de rassemblement » plutôt que d'appartenance[1]. Il assure une forme de félicité de la coprésence entre étrangers, qui est liée à un goût pour la pluralité des mondes sociaux, des usages et des mœurs - pour autant que ceux-ci ne deviennent pas une nuisance pour autrui. Ce n'est pas un idéal de fusion, ni même d'hybridation qui commande aux pratiques qui y ont lieu, au mieux, un exercice de l'inattention civile qui assure la coexistence pacifique. Et ce même si des formes de communication plus engageantes que l'observabilité et la disponibilité mutuelles peuvent y prendre pied. Les liens faibles y sont la règle, mais on peut y faire connaissance, nouer des amitiés, se lancer dans des aventures communes avec des personnes de rencontre et, sur cette base, participer à des prises de parole animées avec des inconnus, en tout anonymat, ou affirmer l'existence de collectifs, composés de connaissances et d'inconnus, dans des manifestations publiques[2]. Des situations qui prennent place en ce lieu, les participants se sentent responsables[3]. Tout cela est rendu possible grâce à un certain mode d'organisation du vivre ensemble, qui relève de l'*expérience publique.*

Qu'est-ce qui fait le caractère de publicité de nos conduites ? La publicité semble avoir une triple signification, qui en fait toute la richesse - la *publicité* au sens du droit et de la politique, la *visibilité* de ce qui se donne au regard et aux sens et l'*accessibilité* de ce qui est à tous et à personne.

D'abord, la publicité du domaine public, en contrepoint de la sphère privée. L'interrogation de Goffman sur l'ordre public, tout en donnant la primeur à l'enquête empirique, commence pratiquement comme un exercice de philosophie politique. L'ordre public est ici pris au sens légal et institutionnel. Goffman évoque l'histoire des réglementations urbaines - l'exclusion des cochons des rues et l'interdiction d'y déverser des déchets

▲ 1. Joseph I., « Les compétences de rassemblement. Une ethnographie des lieux publics », in *La ville sans qualités*, La Tour d'Aigues, Éditions de l'Aube, 1998, p. 117-128.

▲ 2. Relieu M., Terzi C., « L'organisation de l'expérience publique de la ville », in *Les sens du public, op. cit.*, p. 373-397.

▲ 3. Goffman E., *Frame Analysis, op. cit.*, 1974, p. 105 : « La responsabilité vis-à-vis de la société est aussi une responsabilité vis-à-vis de l'interaction. »

toxiques, le couvre-feu au Moyen-Âge et l'entretien des trottoirs devant chez soi : le droit institue l'espace public comme bien commun, que l'État, au nom du droit, doit protéger des envahissements ou des dégradations par des personnes privées. Par la « paix royale » (23), la police du monarque garantit la sécurité publique à ses sujets en réduisant les occasions d'agression et en multipliant les contrôles de précaution, des prostituées ou des vagabonds. Goffman précise les excès auxquels l'ordre de l'interaction peut donner lieu et qui sont clairement identifiés et strictement réprimés par la morale et par la loi : « se blesser physiquement, (à) se bloquer le passage, (à) s'agresser sexuellement ou (à) se transmettre des maladies contagieuses » (23). Il semble qu'il y ait un lien entre la régulation en situation des interactions et le déploiement d'un ordre public, qui soit de tout le monde et qui ne soit de personne, qui garantisse la possibilité d'une vie commune sans être la propriété d'une communauté[1]. Un ordre public qui émerge de la perception des conséquences néfastes de certaines actions, individuelles ou collectives, et qui donne lieu, quand les propriétés situationnelles de l'ordre de l'interaction n'y suffisent plus, à des codes et à des institutions - ce que l'on appelle en général les pouvoirs publics[2]. C'est en regard de cette définition de certaines dimensions de la vie des uns avec les autres comme « publiques » que se dessine en creux une dimension de l'« intime » ou du « privé ». Ces catégories sont non seulement des institutions sociales et historiques, mais leur sens change selon leurs contextes d'expérience et d'usage et peut lui-même devenir une source de trouble et de dispute. Quand Goffman parle d'ordre public, il ne faut donc pas croire qu'il désigne, en positif, des bouts de territoire, des champs d'action ou des corpus de lois bien déterminés. L'ordre public se forme avant tout dans le jeu des interactions. Il est régi par le « code » des propriétés situationnelles. Il peut se superposer et parfois entrer en tension avec d'autres codes - de l'honneur, du droit et de l'éthique (24) -, qui eux aussi portent sur les relations interpersonnelles. Mais il a son autonomie. Et l'on pourrait s'interroger, au-delà de Goffman, sur les relations circulaires d'engendrement, l'un par l'autre, de l'ordre de l'interaction et de l'ordre légal-institutionnel : comment les lois ont transformé les mœurs, comment les mœurs ont appelé les lois.

En contrepoint de cette opposition du *public au privé*, la publicité prend un double sens : celui de l'*accessible opposé à l'enclos* et celui du *manifeste opposé au caché.*

▲ 1. Tassin E., « Espace commun ou espace public ? L'antagonisme de la communauté et de la publicité », *Hermès*, 10, 1992, p. 23-38.

▲ 2. On retrouve la perspective de Dewey J., *Le public et ses problèmes*, Paris, Gallimard, 2010 [1927].

Les conduites publiques adviennent dans des lieux publics, « à ciel ouvert et sans clôture » (10). Les lieux publics sont définis comme les « régions d'une communauté qui sont librement accessibles à tous les membres de cette communauté » (9) - et non pas réservées à des membres sélectionnés ou autorisés. Ce critère d'accessibilité, précise Goffman, souffre souvent des restrictions, quand il exclut par exemple les enfants non accompagnés ou quand il est assorti de ségrégation sociale ou raciale. Reste que la coprésence crée un lien, souvent faible et éphémère, qui n'en a pas moins les caractères de l'accessibilité, au sens de la disponibilité réciproque et de la dépendance mutuelle des personnes les unes aux autres (22). Il y a même selon Goffman un devoir de « solidarité collective » qui impose de se rendre accessible et de répondre à des demandes d'engagement dans des lieux publics, étant entendu que les autres ont le devoir de ne pas abuser de la situation et que cette forme d'exploitation du contrat de communication est toujours possible (104). Cette accessibilité devient quasi obligatoire dans des régions ouvertes (un village ou une réception) ou entre membres de groupes rituellement à part (Noirs ou Juifs) (133-134). Le devoir d'accessibilité est bien sûr la source d'un « désir d'être ponctuellement indisponible » (106, 110) et de se mettre partiellement « hors contact », de même que les obligations d'absorption dans la situation rendent parfois délicieuses l'absence et la distraction... Plus qu'un désir, c'est même un droit de se rendre inaccessible. La société ménage « une capacité de suspendre ses engagements », de « maintenir dormants un ou plusieurs rôles qui seront joués dans d'autres occasions. Cette capacité soutient un cycle de vie, un cycle journalier et un cycle calendaire des accomplissements de rôle, une telle programmation impliquant des accords juridictionnels sur ce que l'individu doit être, où et quand[1] ». L'accessibilité a donc une structure spatiale, mais aussi temporelle[2]. Enfin, cette question de l'accessibilité à des lieux, des biens ou des services a pris un sens politique par la suite. Elle a été revendiquée comme un droit par un certain nombre de personnes, privées de la capacité physique ou sociale de participer aux mêmes activités que les autres, souffrant d'un « handicap de situation », s'associant et se mobilisant pour que ce droit leur soit reconnu. Accès des femmes aux mondes de la rue, de l'entreprise et de la politique, accès des Noirs aux bus, aux écoles et aux restaurants, accès des pauvres aux services d'éducation et de santé, accès des personnes en « situation de handicap » aux mêmes lieux de travail et de loisir que les autres... La « culture urbaine de l'accessibilité[3] » ne s'instaure toutefois pas seulement en travaillant sur des

▲1. Goffman E., *Encounters, op. cit.*, p. 90-91.

▲2. Zerubavel E., « Private Time and Public Time: The Temporal Structure of Social Accessibility and Professional Commitments », *Social Forces*, 58(1), 1979, p. 38-58.

▲3. Grafmeyer Y., Joseph I., « La ville-laboratoire et le milieu urbain », *in* Grafmeyer Y., Joseph I., dir., *L'École de Chicago*, Grenoble, Champ urbain, 1979, p. 11. Et Joseph I., *La ville sans*

représentations, elle requiert des arrangements et des équipements qui offrent des soutiens et des prises, fournis, garantis et entretenus par des agents de service. L'espace public est en droit accessible, mais son écologie doit être hospitalière et non discriminatoire, pour assurer à tous ses participants les mêmes chances.

Cette accessibilité se redouble d'une *visibilité*. L'ordre public est l'ordre du voir de concert comme activité collective et l'ordre de la réciprocité de l'être voyant et de l'être vu. Cette écologie de la vision est plus radicalement une écologie de la perception[1], où tous les sens sont engagés[2]. De surcroît, l'expérience de l'espace public est celle d'un espace sensible, et indissociablement d'un monde de mobilités, de disponibilités et de praticabilités[3]. Le voyant et le vu sont des « unités de circulation », des êtres locomoteurs pour qui les lieux sont accessibles. L'ordre public se donne à voir dans la mesure où il se donne à circuler. Cet apparaître n'est pas épiphénoménal : c'est l'élément même de la vie publique[4]. Il ne révèle rien de caché, il organise l'expérience. Cette visibilité n'est cependant pas celle, infinie, à laquelle aspire le voyeur. Pour Goffman, chacun a le droit d'être vu et de n'être pas remarqué, d'échapper au « regard inquisiteur », à « l'envers de l'hospitalité[5], comme le décrivent des personnes au handicap physique (86) ou de petite taille (89) ou, à l'inverse, des personnes à la beauté exceptionnelle. C'est du reste de ce droit à l'invisibilité, qui redouble le droit à l'inaccessibilité, que sont privés les patients psychiatriques ou les prisonniers, qui sont en permanence, jusque dans l'accomplissement de leurs fonctions organiques les plus intimes, soumis au regard inquisiteur de leurs gardiens. L'espace public n'est donc vivable que s'il autorise un « cloisonnement de l'attention[6] », s'il ménage des positions de retrait ou de repli, si ses participants ont un souci de retenue ou de réserve. C'est ainsi que l'on peut comprendre l'art de gérer les « clôtures conventionnelles » (151) de la rencontre, en recourant à des procédures d'espacement (161) et à

qualités, op. cit., 1998, p. 56 ou p. 94 ; et *L'Athlète moral et l'enquêteur modeste*, Paris, Economica, 2007 (sur le handicap : p. 181 et avec P. Grosbois, « Habiter une ville accessible », p. 283-294 ; sur la folie : p. 199 ; sur la migration : p. 214 ou p. 217).

▲ 1. Au sens de Gibson J.-J., *The Ecological Approach to Visual Perception*, New York, Lawrence Erlbaum, 1986.

▲ 2. Cf. le beau texte de Breviglieri M., Stavo-Debauge J., « L'hypertrophie de l'œil. Pour une anthropologie du "passant singulier qui s'aventure à découvert" », *in* Cefaï D., Saturno C., dir., *Itinéraires d'un pragmatiste. Autour d'Isaac Joseph*, Paris, Economica, 2007, p. 79-98.

▲ 3. Thibaud J.-P., Chelkoff G., « L'espace public, modes sensibles », *Les annales de la recherche urbaine*, 57-58, 1993, p. 7-16 ; Joseph I., « Espace public, monde sensible », in *L'Athlète moral, op. cit.*, p. 309-316.

▲ 4. Il y a ici une tonalité arendtienne, au sens de ce que dit H. Arendt sur l'espace de l'apparaître dans *Human Condition*, New York, Anchor Books, 1959. Cf. aussi Carnevali B., *Le Apparenzi sociali. Una filosofia del prestigio*, Bologne, Il Mulino, 2012.

▲ 5. Joseph I., *La ville sans qualités, op. cit.*, p. 99.

▲ 6. Joseph I., *Le passant considérable, op. cit.*, p. 25.

des écrans de l'engagement (39). Les barrières du regard et les filtres du son ne sont pas seulement des ressources stratégiques destinées à mieux séparer, éloigner, contrôler ou exclure. Elles relèvent d'un art du tact. C'est aussi ainsi qu'il faut entendre le problème de l'inattention civile et de la reconnaissance « cognitive » et « sociale » : dans quelles situations doit-on ouvrir ou fermer les yeux, au sens métaphorique ? Comment administrer le contact par le regard ? Quand adresser un signe expressif de reconnaissance à une connaissance ? Et quand doit-on l'ignorer, ne faire qu'un petit sourire ou ne jeter qu'un petit regard sans s'arrêter, s'en tenir aux cérémonies de politesse ou engager une interaction un peu plus effusive ? La visibilité ne se confond pas avec la transparence. La publicité n'est pas de nature panoramique. Elle est tout entière faite de la réversibilité des scènes et des coulisses, du confinement et de la porosité des territoires, de la ségrégation et du chevauchement des auditoires, de la commutation des codes et des langues. Et elle s'invagine autour de replis, elle expose en même temps qu'elle protège, elle éclaire des perspectives tout en projetant des zones d'ombre. C'est une publicité de contiguïtés et de coexistences[1], dispersée en archipels autour de foyers de rencontre et de rassemblement, bien différente des représentations qui ont pu être données de la publicité comme principe de discussion rationnelle.

Publicité, visibilité et accessibilité. Il n'est pas question d'idées, de normes ou de valeurs dans *BPP*, mais de « régulation des conduites de communication » (242), verbale ou non verbale, dans les lieux publics (Goffman nous dit n'y traiter qu'en passant les problèmes de la violence physique ou de la demande d'aide). Sous certains aspects, Goffman - on le lui a reproché[2] - semble prendre pour allant de soi une anthropologie utilitaire et libérale. De fait, le jeu des droits et des devoirs, des obligations et des responsabilités est souvent centré sur l'individu, et plus encore, un individu calculateur de la balance de ses plaisirs et de ses peines, soucieux de défendre les intérêts de son Soi, préoccupé de circuler sans encombre parmi ses pairs, jaloux de l'inviolabilité de son espace personnel, attaché à la défense de ses libertés négatives. « La préoccupation pour l'ordre public ne naît que de la gêne qu'un rassemblement privé cause aux voisins » (9). Tel

▲ 1. Joseph I., « Pluralisme et contiguïtés », *in* Cefaï D., Joseph I., dir., *L'Héritage du pragmatisme. Conflits d'urbanité et épreuves de civisme*, La Tour d'Aigues, Éditions de l'Aube, 2002, p. 83-105.

▲ 2. C'est une critique que l'on retrouve chez Gayet-Viaud C., *L'Égard et la règle. Déboires et bonheurs de la civilité urbaine*, à paraître, pour qui Goffman est un sociologue de la « conjuration de la rencontre ». On pourrait se demander cependant si l'expérience urbaine de Goffman n'est pas avant tout celle des grandes villes américaines, sensiblement différente de celle des citadins parisiens. Et pour éviter tout ethnocentrisme, on devrait engager une ethnographie comparée des civilités urbaines. Cela n'empêcherait pas de s'interroger sur le spectre des expériences de « rencontre » que Goffman retient ou écarte dans ses analyses.

est le sens de la liberté négative : ma liberté commence là où s'arrête celle du voisin. On a là une lecture minimaliste de ce qui se passerait selon Goffman dans un ordre public, en termes de pacte de non agression mutuelle et de non appropriation de l'espace commun[1]. Les tactiques d'évitement et les procédures de réparation semblent l'emporter sur le désir d'être et d'agir avec autrui. L'obligation de s'exposer en répondant à des ouvertures va de pair avec la tempérance des impulsions de ceux qui font les ouvertures pour qu'ils n'en abusent pas ; et l'envahissement des lieux publics et leur détournement à des usages personnels sont limités parce qu'ils finiraient par nuire à tout un chacun. Un équilibre s'établit entre intérêts privés, autour d'un *gentleman's agreement* (144). Mais cette lecture n'est pas suffisante. Un consensus de travail (*working consensus*)[2], d'ordre pratique, se fait au cœur des activités et des interactions. Il comprend aussi bien une « *compréhension partagée* » et un « *accord mutuel* »[3] sur ce qui est en train de se passer dans la situation qu'une forme de *reconnaissance mutuelle*, dans des attitudes réciproques de tenue et de déférence, une attitude pacifique et respectueuse de la *privacy* d'autrui et la mise en sourdine des différences d'opinion (96).

Goffman parle encore à plusieurs reprises d'un « *contrat de communication* » (107, 144), « contrat implicite » (106) ou « contrat tacite » (124) qui semble régir les relations dans les lieux publics et sceller la confiance que se manifestent les participants à une rencontre. Il ne faut bien sûr pas prendre ce contrat au pied de la lettre. Personne ne fait de serment ou ne signe de papier et quand tel est le cas, une grande part du sens du contrat dépend de clauses qui ne sont pas spécifiées dans le texte - c'est plutôt à cette frange de bien-entendus non explicités, implicites ou tacites, que se réfère ici Goffman[4]. On pourrait reprendre les mots de Durkheim, commentant Rousseau, pour dire que Goffman veut « trouver une forme de

▲1. Stavo-Debauge J., *Venir à la communauté. Une sociologie de l'hospitalité et de l'appartenance*, thèse de doctorat, Paris, EHESS, 2009, p. 403 et s. : « Entre paix des regards et courtoisie visuelle, la dimension hospitalière de l'inattention civile ».

▲2. Goffman E., *Presentation of Self*, p. 9-10, en parlait déjà comme d'« [...] une espèce de *modus vivendi* interactionnel. Les participants contribuent ensemble à une définition unique de la situation dans son ensemble, ce qui n'implique pas tant un accord réel sur l'existant qu'un accord sur les demandes et les sujets à honorer temporairement et sur l'évitement d'un conflit ouvert entre leurs définitions de la situation. Je le désignerai par "*consensus de travail*" ». Dans sa thèse, *Communication Conduct, op. cit.*, p. 139, Goffman recourait à l'expression de « *working acceptance or surface consensus* ».

▲3. Au sens non pas d'un contrat formel, mais des *shared understandings* ou des *shared agreements* de Garfinkel.

▲4. Goffman E., « The Underlife of a Public Institution », *Asylums, op. cit.*, p. 174, où est déjà posée la question des liens à des « entités sociales » et des obligations dont ces liens sont assortis : « Chaque contrat implique des présupposés non contractuels sur le caractère des participants. En s'entendant sur qui elles sont et sur ce qu'elles se doivent et ne se doivent pas les unes aux autres, les parties s'accordent tacitement (*tacitly agree*) sur la validité générale des droits et des obligations fixés par le contrat. »

gouvernement qui mette la loi au-dessus de l'homme », sans que cette « supériorité » soit fictive, mais qu'elle paraisse « dériver de la nature des choses », tout en étant « fondée en raison »[1]. Chez Rousseau, l'« état civil » ne fait pas que se superposer à un « état de nature » où les désirs et les intérêts se donneraient libre cours. Il les distord en les régulant et de cette distorsion émerge ce que Goffman appelle un ordre public, qui n'est pas encore celui du droit et du gouvernement, « une forme d'association qui défende et protège de toute la force commune la personne et les biens de chaque associé, et par laquelle chacun, s'unissant à tous, n'obéisse pourtant qu'à lui-même et reste aussi libre qu'auparavant[2] ». Dans cet ordre public, comme dans l'état civil, la justice peut se substituer à l'instinct, le droit au seul appétit, la voix du devoir à l'impulsion physique, la liberté morale aux penchants naturels[3]. Bien entendu, Goffman, pas plus que Durkheim, ne reprend à son compte l'édifice conduisant de l'état de nature à l'état civil et à l'état politique - les concepts restent chez lui avant tout opératoires, ne sont guère thématisés pour eux-mêmes et ne sont pas ordonnés en une construction systématique. Surtout, il ne raisonne pas à l'échelle du corps social ou politique tout entier : il semble retrouver dans chaque situation de coprésence, où se jouent des engagements de face, une « petite société », au sens durkheimien, qui s'autorégule en engendrant un ordre public. *Les propriétés situationnelles ne sont ainsi pas seulement des invariants anthropologiques, mais des gonds civils qui articulent l'ordre public.* Cet ordre public donne accès à la propriété de soi et au respect d'autrui, dans une tension entre exercice de la liberté et obligation de solidarité ; et il permet d'apercevoir le *collectif dans son ensemble* (*at large, as a whole*) et de lui manifester de la considération, à travers les égards dus à ses participants et à leurs interactions - la sacralité du Soi redoublant la sacralité de la société. Ce sont tous ces éléments qui nous permettent de tracer ce lien entre l'ordre public de Goffman et l'organisation morale selon Durkheim, et au-delà, de façon plus spéculative, avec l'état civil selon Rousseau.

Mais Goffman ne repose pas pour autant la question de la fusion des conduites individuelles dans une volonté générale, cette conscience collective ou cette force transcendante qui hantait les pionniers de la sociologie. Pourtant, à l'échelle de la rencontre ou du rassemblement, l'absorption par un foyer d'attention commun peut donner lieu à la formation d'une « atmosphère de groupe », un accroissement du « sens de la responsabilité » pour les actes de chacun et parfois même, « une justification en termes de Nous »... moyennant une espèce de contrôle

▲1. Cf. le commentaire de Durkheim sur « Le *Contrat social* de Rousseau », *Revue de métaphysique et de morale*, XXV, 1918, p. 1-23 et p. 129-161.

▲2. Rousseau, *Du contrat social ; ou Principes du droit politique*, Amsterdam, Marc Michel Rey, 1762, livre I, chap. 6.

▲3. *Ibid.*, chap. 7.

mutuel et de clôture rituelle des relations entre les participants (99). Le contrat de communication ne peut plus être alors entendu en un sens minimaliste. La « petite société » peut donner lieu à une effervescence collective, analogue à celle décrite par Durkheim dans les *Formes élémentaires de la vie religieuse* (1912). Ce point sera du reste repris par certains des chercheurs goffmaniens, comme J. Lofland, dans son analyse de la liesse de la foule[1]. Mais ces situations restent rares. La plupart des situations de la vie publique sont marquées par des conflits de définition, notamment quand la coprésence dans le même espace physique de personnes qui se réfèrent à différentes occasions sociales engendre des formes de « désorganisation normative » (21). Goffman prend pour exemples l'agacement des habitants d'un site touristique vis-à-vis des visiteurs, accusés de ne pas respecter les règles de bienséance qui ont cours dans l'ordre public, ou la tension entre les personnels de bureau d'une bibliothèque et les ouvriers de maintenance, qui courent ou parlent fort, faute d'en maîtriser les contraintes d'usage (21). Un autre exemple intéressant est celui de la « scène », quand une dispute dans le bus d'un quartier populaire déborde le petit cercle des deux personnes directement concernées, qui interpellent l'auditoire en lui demandant de se faire témoin et juge (186). Dans un cas pareil, la dispute peut s'éteindre par elle-même, quand les passagers en colère descendent du véhicule, parfois à la demande du chauffeur, garant de l'ordre public sur ce territoire ambulant, à moins qu'il ne soit fait appel à ce « remédiateur »[2] qu'est le policier, gardien de la paix, investi publiquement de la tâche de réparer ce type de problèmes.

Ici, on touche à un degré supplémentaire d'élaboration de la conception de l'ordre public. D'ordinaire, le contrôle social s'exerce de façon diffuse, grâce à un travail de pilotage mutuel, et souvent, de « lectures correctrices », lesquelles réassurent que « l'offenseur entretient une relation droite avec les règles » et acceptent avec bienveillance de fermer les yeux sur un acte inapproprié. La logique n'est pas celle de l'obéissance ou de la désobéissance, du procès et de la punition. L'ordre public serait irrémédiablement grippé, son fonctionnement engorgé ou obstrué s'il devait prendre « en charge l'examen et le jugement des offenses territoriales[3] ». Cela est encore plus vrai dans un monde où Goffman diagnostique un procès de « dé-ritualisation des transactions ». « Une bonne dose de consensus et de compréhension mutuelle » se substitue au rituel dans

▲ 1. Lofland J., « Crowd Joys », *Urban Life and Culture*, 10, 1982, p. 355-381.

▲ 2. Le remédiateur est un *trouble-shooter*, qui rétablit l'ordre public en prenant en charge les fauteurs de troubles, les *trouble-makers* : Emerson R. M., Messinger S. L., « The Micro-Politics of Trouble », *Social Problems*, 25, 1977, p. 121-135 [trad. fr. : D. Cefaï et C. Terzi, « Micropolitique du trouble », in *L'Expérience des problèmes publics*, Paris, Éditions de l'EHESS, coll. « Raisons pratiques », 22, 2011, p. 57-80].

▲ 3. Goffman E., *Relations in Public*, *op. cit.*, 1971, p. 108.

l'ajustement entre personnes. Le « contact en face à face, ratifié rituellement », n'advient qu'en cas de sortie de l'interaction de ses rails ordinaires. Et Goffman insiste : il n'y a plus guère aujourd'hui de « rituels accomplis pour des doublures d'entités supranaturelles », ni de « longues chaînes (*strips*) de rites obligatoires », à peine de brefs « rituels interpersonnels » « qu'un individu, attestant de sa civilité et de sa bonne volonté adresse à un récepteur, détenteur d'un petit patrimoine de sacralité[1] ». Une sorte de « confiance mutuelle » que se portent des individus, qui sont pour la plupart des inconnus et des anonymes les uns pour les autres, est ainsi présupposée pour parer la « vulnérabilité de la vie publique[2] ». Bien sûr, Goffman n'est pas naïf et il est sensible, *a contrario*, aux situations dans lesquelles les « apparences normales » ne sont pas sauves et où à l'inattention civile se substitue des épreuves d'alarme. La fuite ou le combat sont des possibles dans les « rassemblements publics » marqués par des antagonismes entre « segments de la population[3] ». Mais le point important à retenir, que ce soit dans *Behavior in Public Places* ou dans *Relations in Public*, est le fait de l'autorégulation de l'ordre public.

Cet ordre public gagne en complexité quand les risques de débordement sont anticipés par les organisateurs d'un échange ou d'un événement et quand des agents spécialisés sont investis du pouvoir de maintenir, d'entretenir ou de restaurer l'ordre public. Un serviteur régulait ainsi le volume sonore et réduisait au silence la troupe d'esclaves dans les maisons patriciennes de la Rome antique (210) ; dans certaines réceptions mondaines, un invité, investi du rôle d'huissier, est chargé d'attribuer une place aux invités ou de rendre fluide leur circulation (190). Ces « gardiens de l'ordre de la situation » (227) peuvent du reste être défiés ou testés par ceux dont ils contrôlent les formes d'engagement. Le respect leur est dû comme à tout représentant de l'ordre public, mais ils peuvent être chahutés ou parfois contestés. On monte d'un cran dans le degré d'institutionnalisation avec les « systèmes de service », « l'un des procédés organisationnels de base de l'ordre public » : la distribution des rôles de « superviseur, serveur, servi, suivant, membre de la queue[4] » y est bien établie. Là aussi, la distribution du pouvoir garantit le maintien de l'ordre. L'asymétrie des statuts de participation est une façon de tempérer ou de verrouiller les attitudes de mécontentement et de réclamation[5]. Le respect des attentes cognitives et normatives sur la bonne manière de se conduire dans tel ou tel contexte est

▲ 1. *Ibid.*, p. 63 ; cf. aussi *Interaction Ritual*, *op. cit.*, p. 47.

▲ 2. *Ibid.*, 1971, p. 331.

▲ 3. *Ibid.*, p. 332.

▲ 4. *Ibid.*, p. 37.

▲ 5. Cette asymétrie se retrouve entre acheteurs ou vendeurs, entre clients et réceptionnistes (125), entre prêtres et fidèles à confesse (15), entre médecins et portiers d'hôpital (120), entre consommatrices et barman (186)…

renforcé par l'autorité ou le prestige de l'agent en fonction. Dans l'exemple cité plus haut de l'appel à des agents de la force publique pour contrôler une rixe dans les transports publics, nous avons affaire à encore un autre cas de figure. Certains troubles de la vie quotidienne échappent à la prise de leurs protagonistes immédiats. Faute d'être maîtrisés dans le cadre de relations dyadiques, ils appellent la prise en charge par des tiers, les « remédiateurs », qui remédient aux troubles et médiatisent les relations. Ils sont investis d'une fonction par le public et par l'État, développent des intérêts spécifiques en tant que membres d'une corporation et disposent d'une relative liberté dans leur relation aux fauteurs de troubles[1]. L'ordre public devient alors l'enjeu d'une « micropolitique du trouble ». Il s'agit de garantir une forme de vivre-ensemble, moyennant des procédures qui sans doute mettent à l'index des personnes, qui parfois les brisent entre les murs des institutions totales, mais qui peuvent aussi s'efforcer de les écouter, de les soigner ou de réinsérer. La micropolitique du trouble n'est pas interprétable exclusivement en termes de pratiques de gestion, de contrôle et de domination, mais aussi et avant tout de rétablissement du lien civil, de la paix et de la sécurité. Les modes d'organisation, de régulation et de réparation de l'ordre de l'interaction sont au fondement de cette association d'associations qu'est la communauté civile et politique (*koinônia politikê, societas civilis*).

Tous ces éléments interdisent, selon nous, de tirer simplement Goffman du côté d'une microphysique du pouvoir, comme certaines lectures informées par Foucault[2], ont tenté de le faire, ou, au-delà des dynamiques d'endiguement du trouble, du côté d'une philosophie de la transgression et du maintien de l'ordre[3], du contrôle et du blocage du territoire, de la rétention ou de la dissimulation de l'information[4]. D'autres ont à l'opposé dérivé de Goffman une micro-analyse des formes de « citoyenneté interactionnelle[5] » : au lieu d'énoncer une charte de droits et de devoirs formels et abstraits, tels qu'ils sont reconnus par la loi, on observerait en situation la façon dont des droits sont pris et concédés, des devoirs observés ou prescrits, des obligations imposées ou acquittées, des responsabilités imputées et assumées. Du même coup, sans s'arroger une position d'extériorité et de survol, mais du cœur même des perspectives en

▲ 1. Katz J., « Essences as Moral Identities: Verifiability and Responsibility in Imputations of Deviance and Charisma », *American Journal of Sociology*, 80(6), 1975, p. 1369-1390.

▲ 2. Hacking I., « Between Michel Foucault and Erving Goffman: Between Discourse in the Abstract and Face-to-Face Interaction », *Economy and Society*, 33(3), 2004, p. 277-302.

▲ 3. Hancock B. H., Garner R., « Towards a Philosophy of Containment: Reading Goffman in the 21st Century », *The American Sociologist*, 42, 2011, p. 316-340.

▲ 4. Jenkins R., « Erving Goffman: A Major Theorist of Power ? », *Journal of Power*, 1(2), 2008, p. 157-168.

▲ 5. Colomy J., Brown D., « Goffman and Interactional Citizenship », *Sociological Perspectives*, 39, 1996, p. 371-381.

acte, s'interpénétrant les unes les autres au gré de leurs procès de coordination, une micro-analyse des engagements situés serait éclairante pour l'enquête sur le politique, l'éthique et le droit. L'entreprise est intéressante si l'on a conscience qu'elle n'est plus tout à fait celle de Goffman. On peut d'abord s'interroger sur les raisons de partir de Goffman et non de Simmel, de Mead ou de Hughes pour un tel programme. On peut encore s'inquiéter du caractère massif du concept de « citoyenneté », qui en dit déjà beaucoup trop en regard du « *civil* » ou du « *civic* » de Goffman. Et l'on peut aussi se demander ce qu'il faut mettre dans le mot « interactionnel », pour que le terme, rabattu sur « l'interpersonnel », ne court-circuite pas l'écologie des équipements et des accessoires matériels de *Behavior in Public Places* - l'écologie morale, civile et politique de l'ordre public, ancré dans une culture matérielle. Le point fort chez Goffman est, en-deçà de la question de la « citoyenneté interactionnelle », par ailleurs importante, la mise en évidence, bien repérée par Lyn Lofland[1] et Isaac Joseph[2], d'un sens « politique » de la notion d'ordre public, avec ses caractères d'accessibilité et de visibilité. Comment la dynamique de l'offense, de la réprobation et de la réparation, que Goffman coule si souvent dans le langage des droits et des devoirs, exprime-t-elle une espèce de légalité tacite de l'ordre de l'interaction ? En quoi la responsabilité qui incombe à tout un chacun de préserver, sinon de vénérer les rencontres, les rassemblements et les occasions, ceux qui y participent et ce pour quoi ils y participent, a-t-elle une portée dans la vie de la cité ? Et en quoi la description des épreuves affectives et morales nous donne-t-elle des éléments d'analyse des formes du vivre-ensemble et nous renseigne-t-elle, au-delà, sur la nature des régimes politiques ou historiques ?

Quatre domaines d'enquête sur l'ordre public

Cette lecture « politique » de Goffman n'est pas la plus commune. Comment les contemporains de Goffman ont-ils lu *Behavior in Public Places* ? On pourrait se reporter cinquante ans en arrière, et s'imaginer à Berkeley, dans l'une des salles où Goffman donnait cours[3]. Si l'on recoupe les souvenirs des uns et des autres, au printemps 1964, quelques mois après l'assassinat de Kennedy[4], on y rencontre Gary Marx, qui deviendra un spécialiste des mouvements sociaux, John Lofland qui étudie alors les

▲ 1. Lofland L., *The Public Realm: Exploring the City's Quintessential Social Territory*, New York, Aldine de Gruyter, 1998.

▲ 2. Joseph I., *L'Athlète moral, op. cit.*, 2007.

▲ 3. Sur les parcours des femmes, on pourra se reporter à K. P. Meadow Orlans, R. A. Wallace, eds, *Gender and the Academic Experience : Berkeley Women Sociologists, op. cit.*, 1994.

▲ 4. Pour la petite histoire, la présentation de la conférence de Goffman, « The Neglected Situation », au congrès de San Francisco, au Fairmont Hotel, le 22 novembre 1963, a été interrompue par l'annonce de la mort de Kennedy.

phénomènes de conversion dans la secte Moon, encore à l'état de gestation et Lyn Lofland, étudiante d'Anselm Strauss, qui se consacrera à l'étude des espaces publics urbains. Sherri Cavan est là, aussi, qui écume les bars de San Francisco pour un projet de la *School of Public Health* sur l'alcoolisme. Elle est amie avec Marvin Scott, qui a entrepris une thèse originale sur le monde hippique et qui, après avoir trempé dans l'ethnométhodologie naissante, écrira quelques articles mémorables en duo avec Stanford Lyman. Ann Neel, Deborah Nichols, George Scott, étudiant d'anthropologie, Travis Hirschi, futur criminologue de renom, Sethard Fisher, spécialiste de la communauté noire, Kathryn Meadow Orlans, auteure de très beaux livres sur les enfants sourds, assistent au cours, eux-aussi. Le groupe des ethnométhodologues[1] - Harvey Sacks, David Sudnow, Emanuel Schegloff, Roy Turner et Carl Werthman - font l'aller-retour entre Berkeley et Los Angeles, où ils suivent également l'enseignement de Garfinkel. Ils redoublent le cours de Goffman par leur séminaire informel au domicile de Sacks[2]. Ils constituent aux yeux de Lofland une mini-secte de prosélytes qui font circuler sous le manteau, à destination de potentiels initiés, les manuscrits non publiés de Garfinkel - Schegloff ayant bien entendu une autre « définition de la situation » : tout en saluant l'apport du maître, il donne une lecture œdipienne de la tentative d'infanticide de Sacks et de lui-même par Goffman[3]. Et puis peut-être que Thomas Scheff, qui a fini sa thèse depuis 1960, sous la direction de Shibutani, et qui déménage de l'Université du Wisconsin à Santa Barbara, s'est arrêté en chemin. On aperçoit un peu plus loin deux jeunes femmes,

▲ 1. On les retrouve, avec S. Cavan, dans un numéro spécial du *Berkeley Journal of Sociology*, 1964, vol. 8.

▲ 2. La meilleure mise au point sur le rapport des ethnométhodologues à Goffman est celle de Smith G. W. H., « Ethnomethodological Readings of Goffman », in Treviño J., ed., *Goffman's Legacy*, *op. cit.*, p. 254-283. Garfinkel propose une première critique de Goffman dans les *Studies in Ethnomethodology*, Englewood Cliffs, Prentice Hall, 1967, p. 173-175 (trad. fr. : M. Barthélémy, L. Quéré, B. Dupret, J.-M. de Queiroz, *Recherches en ethnométhodologie*, Paris, PUF, 2007, p. 276-277), en imaginant comment le cas d'Agnes, la transsexuelle, aurait été traité à travers la thèse de la gestion des impressions. Une autre critique récurrente est celle du recours au raisonnement métaphorique sur le mode du « comme si » : cf. Watson R., « Le travail de l'incongruité », in I. Joseph *et al.*, *Le parler-frais d'Erving Goffman*, *op. cit.*, p. 83-89, retravaillé dans « Reading Goffman on Interaction », in Smith G., ed., *Goffman and Social Organization*, *op. cit.*, p. 138-155. Comment comprendre la délibération d'un jury d'assises si on la décrit à travers les lunettes du jeu théâtral, de l'échange stratégique, de l'interaction rituelle, du système cybernétique, de l'équilibre territorial ou des propriétés situationnelles de BPP ? De telles descriptions ne manquent-elles pas l'accomplissement pratique des événements et des arrangements de la vie quotidienne, tels qu'ils se donnent dans l'expérience du faire et du dire ordinaires ? Et n'abolissent-elles pas le sens de la vérité, du droit et de la justice qui se joue, à ce moment-là, entre les participants à la situation ?

▲ 3. C'est ainsi que Schegloff lit la séquence de publications conduisant à « Replies and Responses » et à « Felicity's condition », un « combat » en forme de « dialogue » dont une partie restait muette, jusqu'à sa riposte dans « Goffman and the Analysis of Conversation », in P. Drew, A. Wootton, *op. cit.*, 1988, p. 89-135, en particulier p. 91-92, pour la mention à l'infanticide.

qui viennent à peine de soutenir leur doctorat : Joan Emerson, qui a enquêté sur l'humour en milieu hospitalier, et Dorothy Smith, sur le pouvoir en hôpital psychiatrique. Cette dernière, nommée *lecturer* à Berkeley cette année-là, deviendra un nom important de la sociologie féministe. Plus proches de Goffman, encore, John Irwin, ancien prisonnier de Soledad converti à la criminologie, militant pour les droits des prisonniers et la légalisation de la marijuana, prépare son Master sur les « scènes » du surf et Jacqueline Wiseman, qui a quitté l'équipe de Kingsley Davis, se déguise en « non personne » pour aller ethnographier des parcours d'alcooliques dans les *skid rows*. L'un et l'autre font leur thèse avec David Matza, et sont des amis personnels de Goffman. À cette époque-là, Audrey Wipper, après avoir été son assistante pour le cours de psychologie sociale, est partie au Kenya, embrassant une carrière d'africaniste. Ruth A. Wallace, encore religieuse sous le nom de Sister John Baptist, vient à peine d'arriver de Notre-Dame à la fin de 1963 - elle reprendra l'habit séculier en 1966... Arlie Hochschild est à Berkeley depuis 1962 tandis que Randall Collins n'arrivera à Berkeley que pendant l'été 1964[1]...

On pourrait encore faire un recensement des lectures et des usages de ce livre dans les revues de l'époque, juste après sa publication. *BPP* est autant cité par les anthropologues que par les sociologues - et parmi ces derniers, par un bon nombre de chercheurs formés en Californie. On en trouve des extensions en psychologie, à propos de la transformation par les enfants des poupées en objets sociaux et de leur absorption dans le jeu (Ball, 1967), et parfois, de leurs absences, quand ils sont perdus dans leurs rêveries ou digressent dans des engagements latéraux et secondaires (Stebbins, 1971). La théorie de l'inattention civile a des implications dans des enquêtes sur l'embarras (Gross et Stone, 1964), sur le filtrage des informations, le respect du « territoire personnel » et la tolérance à la déviance (Schwartz, 1968), sur la focalisation de l'attention visuelle des hommes sur les seins des femmes

▲1. Voici les titres des thèses et les dates de soutenance de ces jeunes et moins jeunes chercheurs, tels qu'accessibles dans le fichier des thèses de Berkeley (suivis entre parenthèses du nom du directeur, quand il a été identifié) : Thomas Scheff, *Staff Resistance to Change in a Mental Hospital*, 1960 (Shibutani) ; Dorothy Smith, *Power and the Front Line: Social Controls in a State Mental Hospital*, 1963 ; Joan Emerson, *Social Functions of Humor in a Hospital Setting*, 1963 ; John Lofland, *The World-Savers: A Field Study of Cult Processes*, 1964 ; Sethard Fisher, *Social Organization in a Correctional Residence*, 1964 ; Sherri Cavan, *Social Interaction in Public Drinking Places*, 1965 ; David Sudnow, *Passing On: The Social Organization of Dying in the County Hospital*, 1966 ; Harvey Sacks, *The Search for Help: No One To Turn To*, 1966 (Goffman a refusé de participer au jury de soutenance) ; Marvin Scott, *The Social Organization of Horse Racing*, 1966 ; Gary Marx, *Protest and Prejudice: The Climate of Opinion in the Negro American Community*, 1966 ; Emanuel Schegloff, *The First Five Seconds: The Order of Conversational Opening*, 1967 ; John Irwin, *The Career of the Felon*, 1968 (Matza) ; Roy Turner, *Talk and Troubles: Contact Problems of Former Mental Patients*, 1968 ; Jackie Wiseman, *Making the Loop: The Institutional Cycle of Alcoholism Rehabilitation*, 1968 (Matza) ; Travis Hirschi, *Infraction as Action: A Study of the Antecedent of Illegal Acts*, 1968 (Charles Glock).

dans des interactions anonymes (Jesser, 1971), sur les schémas de comportement interpersonnel dans ce lieu public spécifique qu'est le camp de nudistes (Weinberg, 1965) ou sur la connexion entre les usages des catégories de caste ou de religion et les conduites interactionnelles de citadins d'une ville indienne (Berreman, 1972). Une étude très originale voit le sommeil comme un état de « rémission périodique » de la pression normative, combinant « immobilité expressive », « écran aux engagements » et « relâchement des rôles », sommeil qui, en parallèle, lève le « contrôle de l'information » de l'individu et le conduit à des relâchements animaux qui, au réveil, peuvent lui faire perdre la face (Schwarz, 1970). Enfin, un lien est accompli avec les *performance studies*. L'événement théâtral est traité comme un générateur de relations, qui crée un « réseau d'attentes et d'obligations » : la performance devant un public par le *street theater* est ainsi un geste politique, celui de reprendre la rue, de la transformer en « arène publique », où les « spect-acteurs » jouent en rendant publique (*act out*) leur réalité (Schechner, 1968)[1].

La descendance de Goffman aura été nombreuse et féconde. Chacun de ces chercheurs a ouvert sa propre ligne d'enquête et d'analyse. Faute de pouvoir les suivre toutes, limitons-nous ici à repérer quatre domaines de recherche, qui ont trait à l'expérience du politique, pour lesquels la conception de l'ordre public de *BPP* a été et reste encore importante.

Relations en face à face : l'analyse des civilités

La première thématique qui s'impose est celle de la civilité, aussi bien celle des arts de table que des rencontres dans la rue. Dès sa thèse, Goffman s'intéresse aux « échanges polis[2] ». À Dixon, on se tient au chevet des personnes malades, on manifeste des égards par des cadeaux d'anniversaire et de mariage, on rend un dernier hommage aux morts lors des funérailles. Goffman a de longues descriptions des salutations dans les champs et sur le port, lors de rencontres programmées ou dues au hasard, en voiture ou dans des fêtes... salutations entre connus et inconnus, entre roturiers et entre aristocrates, avec des Shetlanders ou avec des étrangers... À Dixon, on observe les rites de passage et on affirme le soutien de la communauté, on souligne un degré de proximité par les actes et on exprime des sentiments d'affection à ses proches, on montre son souci de l'étiquette ou l'on fait des avances propitiatoires, à toutes fins utiles...

▲ 1. Richard Schechner, qui a fondé les *performance studies* en dialogue avec Victor Turner, fait référence à *BPP* de Goffman et à Mead-Bateson dans « 6 Axioms for Environmental Theater », *The Drama Review: TDR*, 12(3), 1968, p. 41-61, en part. p. 2 et p. 49, où il décrit différents dispositifs scéniques et déplace l'attention du texte vers les modes de production et de réception de la performance.

▲ 2. Goffman E., *Communication Conduct*, *op. cit.*, chap. XIII, « Polite Interchanges ».

Goffman n'est pas tant intéressé par une vision grand angle des civilités qu'une sociologie historique, inspirée de Tocqueville et d'Elias, a rapportées aux progrès de l'égalisation des conditions ou de la pacification des mœurs[1]. Ce qui le retient avant tout, ce sont des formes éphémères de sociabilité, entre corps coprésents[2], entre connaissances ou entre inconnus, dans des espaces apprêtés pour la vie publique. Les civilités ne sont pas seulement des outils stratégiques, qui permettent à un participant de donner le change, de faire croire qu'il est bien engagé dans la situation et de s'assurer que l'intégrité de son « territoire personnel » ne sera pas atteinte. Elles ne sont pas seulement ces atours mensongers des bonnes manières, sous lesquels cyniques et escrocs avanceraient masqués[3] - même si ce type de perversion leur est inhérent, dans un monde où l'interconnaissance n'est plus garante de la moralité des rencontres. I. Joseph avait fixé comme suit l'ambivalence indépassable, dans le jeu des civilités, entre moralité et hypocrisie : la « sincérité pragmatique », vertu dans l'art de maîtriser les intervalles, au sens arendtien, aux antipodes des moralismes de l'authenticité ou de la fraternité, va de pair avec une « habileté pragmatique », vertu dans l'art de la gestion des impressions, au sens goffmanien, pour des affaires de transaction mercantile ou de calcul stratégique, mais aussi, tout simplement, de cohabitation dans un espace public[4]. C'est pour cette raison que la question de la fausse nouvelle (*hoax*), de l'arnaque ou de la rumeur devient centrale sur le marché et dans la cité : avec la fin de l'économie centrée sur le village ou sur le bazar et de la politique circonscrite à la petite communauté, la communication au sens des relations publiques et de la publicité commerciale devient un mécanisme crucial de diffusion et de régulation de l'information, concernant les biens et les personnes.

On ne peut donc s'en tenir à une conception de l'espace vital (*Lebensraum*) qui soutiendrait la perspective de Goffman. Chacun défend sans doute son bout d'« espace personnel », dans le sens d'une lutte écologique, repris par Robert Sommer[5], mais le respect des « territoires du soi » se doit d'être réciproque (moyennant une vision du droit à l'intégrité de soi) et il passe par l'épreuve de la publicité (comme visibilité et

▲ 1. Encore qu'une thématique du déclin de la complexité et du formalisme des civilités ne soit pas absente de *BPP* (208-210). Cf. aussi Manning P. K., « The Decline of Civility: A Comment on Erving Goffman's Sociology », *Canadian Review of Sociology and Anthropology*, 13(1), 1976, p. 13-25.

▲ 2. Simmel G., « La sociabilité. Le domaine de la sociologie » et « Essai sur la sociologie des sens », in *Sociologie et épistémologie*, Paris, PUF, 1981. Goffman avait dû lire Simmel dans l'une des multiples traductions, publiées par l'*American Journal of Sociology*, conservées à la *Harper memorial library* à l'Université de Chicago, puis après 1956, dans l'édition de K. H. Wolff.

▲ 3. Pizzorno A., « Saggio sulla maschera », in *Il velo della diversità. Studi su razionalità e riconoscimento*, Milan, Feltrinelli, 2007, p. 341-370.

▲ 4. Joseph I., *Le passant considérable*, Paris, Librairie des Méridiens, 1984, p. 83-84.

▲ 5. Sommer R., « Studies in Personal Space », *Sociometry*, 22(3), 1959, p. 247-260.

accessibilité). L'écologie des contextes de comportement est indissociable d'une analyse de l'expérience de la vie publique, avec ses mélanges de proximité spatiale et de distance sociale, de diversité culturelle et de densité relationnelle. Goffman s'en tient cependant trop souvent au pointage de règles, dont le non respect aurait pour conséquence un déséquilibre interactionnel, appelant des rituels de réparation : la séquence temporelle standard court de la transgression de la règle, à la réaction de réprobation, à la sanction contre l'offenseur, au rétablissement de l'ordre. Du coup, les différentes situations décrites dans *BPP* sont aplaties sur un même plan. P. M. Strong[1] parle d'un « micro-fonctionnalisme des apparences », qui fait de la situation un système homéostatique, qui reviendrait à l'équilibre moyennant l'opération de mécanismes de régulation et de contrôle social. Dans ce cadre, les termes de faute, sanction, offense, transgression, infraction, impropriété... sont souvent interchangeables. Il leur manque l'épaisseur de l'expérience. Les passants les plus ordinaires se manifestent pourtant des égards[2] qui ne sont pas simplement l'application d'une convention, afin de rétablir un équilibre interactionnel. Ils sont capables de réflexivité dans leur gestion des accrocs du flux d'interaction. Ils prennent en compte la singularité de la situation qu'ils sont en train de co-définir et de co-maîtriser. Ils sont même capables, parfois, de sens moral, au-delà de la défense du territoire ou du respect de l'étiquette[3], et pas seulement meurtris ou honteux d'avoir commis un impair ou perdu la face. On peinerait, cependant, à déjà qualifier de formes ordinaires du droit[4], d'éthique ou de politique, au sens fort, ces civilités. Elles sont une condition de possibilité de l'ordre public, mais elles relèvent d'une écologie des interactions plus que de l'application d'un système de normes.

Même avec ces limites, c'est une véritable anthropologie morale qui se dessine dans ce livre - dont on ne saurait amoindrir le caractère novateur en 1963. *Behavior in Public Places* manque parfois de densité ethnographique, Goffman se contentant de présenter des vignettes, aux statuts très divers, pour illustrer son propos. Mais il analyse le degré zéro de la normativité du

▲ 1. Strong P. M., « Two Types of Ceremonial Order », *in* A. Murcott, ed., *Sociology and Medicine: Selected Essays by P. M. Strong*, Aldershot, Ashgate, 2006.

▲ 2. Gayet-Viaud C., *L'Égard et la règle*, *op. cit.* : « Se défendre de dire ou de faire quelque chose "par politesse", c'est marquer l'égard, dans et par sa distance à la règle. [...] L'égard correspond bien, sous ce rapport, à ce modèle de règle "qui commande d'agir de telle sorte qu'on n'agisse pas seulement par conformité à la règle". »

▲ 3. Bovone L., « Ethics as Etiquette: The Emblematic Contribution of Erving Goffman », *Theory, Culture, and Society*, 10(4), 1993, p. 25-39, montre que ce sens moral se réduit souvent chez Goffman à un sens de l'étiquette et ne prend pas en compte des questions d'éthique ou de droit qui pourraient se poser dans l'ordre de l'interaction. Mais elle tend un peu trop à tirer l'étiquette du côté des « pratiques de communication », à des fins d'« autopromotion », d'un « marchand de moralité » ou d'un « fabricant d'impressions » (Goffman E., *The Presentation of Self in Everyday Life*, *op. cit.*, p. 252).

▲ 4. Pharo P., *Le civisme ordinaire*, Paris, Méridiens-Klincksieck, 1985.

vivre-ensemble, qui se joue dans des engagements infinitésimaux, et qui sont pourtant ceux dont la transgression laisse les blessures les plus vives. Les multiples accommodements et arrangements que décrit Goffman témoignent d'une responsabilité due à soi, aux autres et aux situations : être civil, ce n'est pas seulement se soucier d'autrui, mais se tenir prêt à répondre aux exigences de la situation (104). Des notions comme l'inattention civile - faire comme si l'on ne voyait pas l'autre alors qu'on l'a vu, que souvent l'autre a vu qu'on l'a vu, que l'on sait que l'autre nous a vu le voyant et que l'autre sait qu'on a vu qu'il nous a vu le voyant - ou comme les ressources sûres (103, 154)[1] - réussir à meubler les vides d'une conversation pour éviter que les anges passent - ont acquis une pertinence centrale dans la manutention de l'ordre d'interaction. La civilité n'est pas seulement le savoir-vivre des traités de civilité puérile et honnête ou des codes de bonnes manières en société. Celui-ci a sa place, bien sûr, dans les interactions, avec sa double face de politesse et de bienséance : comment bien s'adresser à autrui et comment bien se tenir soi-même ? Mais ce que Goffman nous invite à observer, ce sont les modes de régulation de situations, allant du privé au semi-public et au public, et où varient les degrés d'interconnaissance entre interactants, de l'intimité, à l'interconnaissance visuelle et à l'anonymat entre inconnus.

Plusieurs enquêtes ont recouru, directement ou indirectement, à *BPP*, en recroisant l'enseignement de Goffman avec d'autres sources. Joan Emerson[2], dans ce qui est un domaine de recherche en soi en langue anglaise, les interactions en milieu médical, s'est penchée sur l'examen gynécologique et le type de coopération qui s'engage dans la définition de l'état de la patiente à travers les pratiques routinisées, les échanges conversationnels et, parfois, les disputes ouvertes avec le médecin. Jack Katz[3] analyse les interactions entre étrangers au volant de leurs automobiles à Los Angeles - « unités de circulation » traversant toutes sortes d'états émotionnels et recourant à l'invective, au coup de klaxon et à la queue de poisson comme à des moyens de communiquer. En passant de longues heures à naviguer sur leur système autoroutier, les conducteurs de LA en font un ordre public, régi par un code de moralité autre que le code de la route. Robert M. Emerson[4] montre

▲ 1. Goffman E., *Communication Conduct*, chap XV, « Safe supplies », p. 206-216 (trad. fr. in *Les moments et leurs hommes*, p. 104-113).

▲ 2. Emerson J., « Behavior in Private Places: Sustaining Definition of Reality in Gynecological Exams », *in* H. Dreitzel, ed., *Recent Sociology*, New York, Macmillan, 1972, vol. 2, p. 74-97 ; et « Nothing Unusual is Happening », *in* Shibutani T., ed., *Human Nature and Collective Behavior: Papers in Honor of Herbert Blumer*, Englewood Cliffs, Prentice Hall, 1970, p. 208-222.

▲ 3. Katz J., « Pissed Off in LA », in *How Emotions Work*, *op. cit.*, chap. 1. Goffman évoque les étrangers dans la circulation routière dans *Relations in Public*, *op. cit.*, p. 7.

▲ 4. Emerson R. M., *Judging Delinquents: Context an Process in Juvenile Court*, Chicago, Aldine, 1969, p. 192 et s, et note p. 202.

comment les adolescents mis en examen devant le tribunal pour mineurs doivent accomplir une performance cohérente, reconnaître leur culpabilité et manifester des remords, prendre une attitude repentante, avoir l'air solennel approprié à l'occasion, donner l'impression de la sincérité et respecter l'ordre cérémoniel en vue d'incliner le juge à une « définition favorable de leur caractère moral ». Telle est la condition pour ne pas se voir attribuer des « problèmes psychologiques » ou imputer une « déficience morale ». Ce déchiffrage du « caractère moral[1] » sur la base du respect des propriétés situationnelles de la rencontre, également mis en œuvre par les policiers qui interpellent un passant pour un contrôle, a pour contrepartie la performance de « faire "être comme tout le monde"[2] ». Dans une étude récente, D. Cefaï et É. Gardella[3] ont réinterrogé la place des civilités dans les interactions entre passants, personnes sans domicile personnel et spécialistes de l'urgence sociale - le problème de la prise de contact étant pour ces derniers de surmonter avec tact la maxime de l'inattention civile pour pouvoir intervenir auprès des habitants de la rue. Quelle est alors la succession d'opérations nécessaires pour reconnaître un « SDF potentiel », l'accrocher par une série de signaux verbaux, symboliques et comportementaux, l'embarquer dans une chaîne d'interactions relevant de l'écoute, du soin ou de l'hébergement, et le projeter vers d'autres ordres d'interaction où lui seront attribuées des places de patient et d'usager ? Il faut à partir de là un tout petit tour de clef interprétative pour que la matrice conceptuelle de *BPP* soit applicable à la description des métiers du soin social ou infirmier. L'éthique pratique qu'ils mettent en œuvre est inhérente au pilotage de séries d'engagements situationnels en coprésence. C'est du cœur de cette dynamique que l'on peut avoir une compréhension écologique de ce que signifie avoir du souci pour autrui, être attentif et donner de l'attention, être présent et non pas absent à la situation, se rendre disponible. Ou encore, ce que signifie « accessibiliser » des interactions, entrer en contact et s'absorber dans des situations, assurer et assumer ses engagements de face, s'attacher à une rencontre et s'en détacher, avoir de la reconnaissance et de la considération... Le sens des obligations et des responsabilités n'est pas

▲ 1. Sacks H., « Notes On Police Assessment of Moral Character », *in* D. Sudnow, ed., *Studies in Social Interaction*, *op. cit.*, p. 280-293.

▲ 2. Sacks H., « On "Doing Being Ordinary" » (1970-71), *in* P. Atkinson, J. Heritage, eds, *Structures of Social Action: Studies in Conversation Analysis*, Cambridge, Cambridge University Press, 1984, p. 413-429 [trad. fr. : « Faire "être comme tout le monde" », *in* Thibaud J. P., dir., *Regards en action. Ethnométhodologie des espaces publics*, Bernin, À la croisée, 2002, p. 201-209], demande quels sont les critères d'inférence pratique qui font le « suspect » ? Quels sont les indices d'un trouble de l'ordre public, qui dérange les « apparences normales » ? En contrepoint, quels sont les critères d'expérience que les policiers ont des « crimes normaux » ? Et comment de son côté, le délinquant qui veut passer inaperçu compose-t-il un « profil d'engagement » de sa performance, qui en fait un être ordinaire ?

▲ 3. Cefaï D., Gardella É., *L'Urgence sociale en action. Ethnographie du Samusocial de Paris*, Paris, La Découverte, 2011.

une notion abstraite, ni la manifestation d'une transcendance dans le sujet. Il s'éprouve dans le cours des interactions. Et le contrat de communication qui se noue entre patient et soignant ne se réduit pas à sa dimension dyadique, mais renvoie à une dimension verticale, la tierce instance des institutions ou des dispositifs de l'État.

On aurait donc tort de prendre pour futiles ou anecdotiques les remarques de Goffman sur les façons d'aborder un(e) inconnu(e) dans une *garden party*[1]. Ce qu'il nous dit de l'ordre de l'interaction a une portée morale et politique forte. L'expérience du pluralisme est sans doute liée à la constitution d'un régime politique - l'existence d'un État de droit, la séparation des pouvoirs, le multipartisme et le multi-confessionnalisme, la liberté d'opinion et d'expression... Mais elle se joue tout autant dans la vie quotidienne. Le problème des civilités n'est autre que celui des formes de cohabitation « ethnique », de « classe » ou de « race », ou de coexistence entre personnes de statut, d'âge ou de genre différent. Plus radicalement, vivre ensemble, en commun, requiert de ménager les interfaces et de trouver un *modus vivendi* entre une multiplicité d'usages et d'expériences. Le problème de la visibilité et de l'accessibilité dans les espaces publics s'est par exemple avéré crucial pour les personnes dites « handicapées ». Elles ont renversé la charge du « handicap » présumé de leur corps ou de leur esprit sur l'environnement « handicapant » dans lequel elles se trouvent. La réflexion de Goffman sur le handicap - pas seulement sur les opérations de stigmatisation, mais sur le droit d'apparaître, de circuler et d'accéder dans les lieux publics - a trouvé des résonances fortes dans les mouvements de revendication de droits des personnes « en situation de handicap » et dans les efforts de législation et de réglementation qui se sont imposés à partir des années 1970. Mais cette avancée sur le front des droits n'a pas réglé le problème des embarras et des impairs qui se produisent dans les interactions en face à face entre personnes « normales » et « handicapées ». Fred Davis[2] a décrit les paradoxes du processus de « normalisation » de la relation qui se met en place autour du handicap visible. Le « déni du handicap » - faire comme si on ne voyait pas - doit souffrir des « clauses dérogatoires » - voir malgré tout - pour que soient prises en compte les difficultés pratiques rencontrées par la personne en situation de handicap. L'ordre de l'interaction est pensé par F. Davis par référence à la « fiction polie » de l'« acceptation en apparence », qui est le

▲ 1. Goffman cite aussi une enquête de D. Riesman, R. Potter, J. Watson, « The Vanishing Host », *Human Organization*, 19, 1960, p. 17-27, qui avait déjà inspecté le rôle de l'hôte(sse) dans la réussite des réceptions, et que l'on pourra comparer avec l'enquête de Kendon A., Ferber A., « A Description of Some Human Greetings », *in* Michael R. P., Crook J. H., eds, *Comparative Ecology and Behaviour of Primates*, Londres et New York, Academic Press, 1973, p. 591-668.

▲ 2. Davis F., « Deviance Disavowal: The Management of Strained Interaction by the Visibly Handicapped », *Social Problems*, 9(2), 1961, p. 120-132.

propre de la « sociabilité démocratique ». Mais cette « fiction polie » n'abolit pas le travail continu de « correction » et de « réparation » de la part des partenaires de l'interaction. La promulgation de lois doit se poursuivre par l'apprentissage de la coexistence.

Impropriétés situationnelles : la critique de l'institution psychiatrique

La phrase conclusive de *Behavior in Public Places* met en parallèle l'ordre pénitentiaire et l'ordre psychiatrique. « De même que nous remplissons nos prisons de ceux qui ont transgressé l'ordre légal - écrit Goffman -, de même remplissons-nous nos asiles de ceux qui agissent de façon incorrecte. Le premier type d'institution est destiné à protéger nos vies et nos propriétés ; le second, à protéger nos rassemblements et nos occasions. » (248) Tout le raisonnement de *BPP* est centré sur la mise en évidence d'un ordre de l'interaction, qui a ses propres règles normatives, même si celles-ci ne sont pas gravées dans le marbre. L'enfermement en milieu psychiatrique ne semble pas tant destiné à diagnostiquer et à soigner des maladies mentales - une vision des choses vis-à-vis de laquelle Goffman montre beaucoup de scepticisme - qu'à sauvegarder nos rencontres et nos rassemblements sociaux[1]. La thèse est forte : l'ordre asilaire a pour fonction de protéger le « caractère sacré de l'occasion sociale et des sentiments de ses participants » (235). Cette réduction de la psychiatrie et de ses institutions à une science de la préservation des conventions les plus élémentaires de l'ordre de l'interaction suscitera beaucoup de critiques. Mais elle est en phase avec les critiques du traitement des déviances qui se font jour à la fin des années 1950 aux États-Unis et avec la remise en cause de l'institution psychiatrique en Europe. Robert Castel, qui est à l'origine de la traduction d'*Asiles* dans la collection « Le sens commun » aux Éditions de Minuit, recadre Goffman dans cette perspective : « Pour rompre avec la confusion du psychologique et du sociologique, du privé et du public, il faut opérer une coupure théorique qui substitue à la constellation sémantique de l'aliénation mentale celle de l'aliénation sociale : l'*interné* remplace le fou comme le premier terme de la série interné-hospitalisé-asilisé-incarcéré-encaserné-cloîtré-reclus, etc. [2] »

Le dialogue avec la psychiatrie n'est pas nouveau dans l'œuvre de Goffman, qui a publié, deux ans avant, *Asiles*. Il y reprenait « On the Characteristics of Total Institutions » (1957) et « The Moral Career of the

▲ 1. Wilkinson G. S., « Psychiatric Disorder Dramaturgically Considered », *The Sociological Quarterly*, 15(1), 1974, p. 143-158.

▲ 2. Castel R., « Présentation » d'*Asiles*, Paris, Minuit, 1968, p. 7-35. Notons un autre glissement sémantique, dans la traduction française, de l'institution totale à l'institution *totalitaire*, présentée comme « un modèle réduit, une épure et une caricature de la société globale » (30). Sur la substitution de la figure de l'« interné » (*inmate*) à celle du « malade » (*sick person*) : *BPP*, p. 241.

Mental Patient » (1959) et incluait deux nouveaux textes, « The Medical Model and Mental Hospitalisation » (1961) et « The Underlife of a Public Institution » (1961). Goffman parlait déjà de folie dans « The Nature of Deference and Demeanor » (1956) et « On Convergences of Sociology and Psychiatry »[1] (1957). Il avait lu le travail de thèse de Morris Schwartz[2], qu'il avait côtoyé comme étudiant à Chicago, et avait écrit la recension d'un livre d'Ivan Belknap[3]. Il reviendra encore sur le sujet avec « Mental Symptoms and Public Order »[4] (1964) et « The Insanity of Place »[5] (1969). La folie n'est pas dans la tête des gens. Elle résulte de distorsions de la communication, comme Bateson, Jackson, Haley et Weakland l'avaient écrit pour la première fois en 1952 dans un article resté célèbre sur la schizophrénie[6]. Tout l'effort de Goffman porte sur la dénaturalisation de la folie comme maladie et sa recontextualisation dans des sites familial, professionnel et psychiatrique. Il lui faut montrer « comment on devient fou » et comment l'on est désigné et traité comme tel dans certains « arrangements sociaux », moyennant des complexes d'activités et d'interactions dont il devient impossible, pour la personne internée, de se dépêtrer[7].

La thèse qui compare les définitions du trouble par l'expertise psychiatrique et par les profanes, proches du malade (232), joue en sous-main de *BPP*. Goffman rejoint les réflexions qui se sont multipliées dans les années 1950 sur ce qui fait la « normalité » d'un comportement. La division scientifique et institutionnelle entre le « normal » et le « pathologique » est ressaisie comme une activité collective d'identification d'« actes problématiques », « bizarres » ou « inhabituels ». Mais d'une part, les

▲ 1. Goffman publie quatre de ses premiers articles dans la revue *Psychiatry: Journal of the Biology and Pathology of Interpersonal Relations* – « On Cooling the Mark Out » (15(4), 1952, p. 451-463), « On Face-Work » (18(2), 1955, p. 213-231), « On Some Convergences of Sociology and Psychiatry » (20(2), 1957, p. 201-203) et « The Moral Career of the Mental Patient » (22(2), 1959, p. 123-142). Cette revue, à vocation interdisciplinaire, avait été fondée et dirigée, pour ses douze premiers numéros, par Harry Stack Sullivan, en coopération avec des chercheurs comme Edward Sapir ou Harold Lasswell. L'entreprise avait une forte ligne de basse pragmatiste : cf. Sullivan H. S., *The Interpersonal Theory of Psychiatry*, New York, Norton, 1953.

▲ 2. Schwartz M. S., *Social Interaction on a Disturbed Ward of a Mental Hospital*, thèse de doctorat, département de sociologie, Université de Chicago, 1951 (cité in *BPP*, p. 41).

▲ 3. Goffman E., « Review of *Human Problems of a State Mental Hospital* by Ivan Belknap », *Administrative Science Quarterly*, 2(1), 1957, p. 120-121.

▲ 4. Goffman E., « Mental Symptoms and Public Order » (1964), in *Interaction Ritual, op cit.*, p. 137-148 (pour le *Walter Reed Army Institute of Research*, non traduit dans la version française des *Rites d'interaction*).

▲ 5. Goffman E., « The Insanity of Place », *Psychiatry*, 32(4), 1969, p. 357-388 [trad. fr. : A. Kihm, « La folie dans la place » (1969), in *Les relations en public, op. cit.*, p. 311-361].

▲ 6. Bateson G., Jackson D., Haley J., Weakland J. « Toward a Theory of Schizophrenia », *Behavioral Science*, 1(4), 1956, p. 251-264.

▲ 7. Cf. Joseph I., Proust J., dir., *La folie dans la place. Pathologies de l'interaction*, Paris, Éditions de l'EHSS, coll. « Raisons pratiques », 7, 1996. Et sur la « folie » à la rue des personnes sans domicile, les travaux de Kim Hopper, Robert Desjarlais, Anne Lovell…

proches tendent à fermer les yeux et à encaisser les conduites dérangeantes sans les étiqueter comme relevant de névroses ou de psychoses : ils opèrent un travail de normalisation de la situation[1]. D'autre part, est tenu pour « normal » ce qui se conforme à des « normes sociales », soit ce qui apparaît « habituel, juste et approprié dans le cercle social » de la famille, par exemple[2]. Les « offenses sociales » à l'ordre d'interaction peuvent être vues comme les traits idiosyncrasiques d'un caractère personnel ou d'une relation interpersonnelle, et tolérées comme telles. Passées un certain seuil, elles peuvent être en porte-à-faux avec les appréciations des proches, devenir trop pénibles, passer pour déraisonnables ou immorales, être perçues comme dangereuses, voire insupportables, eu égard à des standards de vie en commun[3]. Goffman a la dent dure contre les psychiatres, qui requalifient comme « symptômes mentaux », dans l'héritage de la psychanalyse, ce qui relève des impropriétés des conduites en situation, adressées directement à des personnes coprésentes ou indirectement à des personnages de substitution[4]. Au lieu de subsumer des indices de comportement sous des catégories nosologiques, il propose à la fois une *description des situations de communication* dans lesquelles une personne se conduit étrangement et une *analyse de la carrière de déviation* qui l'amène à s'enfermer et à être enfermée dans un statut de « malade mental »[5].

C'est en combinant analyse situationnelle et histoire naturelle que Goffman propose une autre lecture de la folie. Une attention aiguë est portée à ce qui fait qu'un paria est vu comme un paria ou fait le paria, avant que cette expérience du discrédit ne soit recouverte par sa codification par des savoirs établis et son traitement par des professions et des institutions. Goffman nous apprend à voir les « accrocs de la vie sociale », qui « font tourbillon comme autant d'alertes réflexives, qui amorcent les cycles réparateurs, les corrections que ces accrocs et leurs offenses suscitent[6] », et parfois, l'échec récurrent de ces procédures de réparation qui conduit à l'explosion du cercle social ou à l'appel à des services spécialisés. Ce

▲ 1. Garfinkel H., « Research Note on Inter- and Intra- Racial Homicides », *Social Forces*, 27, 1949, p. 369-381.

▲ 2. Bott E., « Urban Families: The Norms of Conjugal Roles », *Human Relations*, 9, 1956, p. 325-342.

▲ 3. Schwartz C. G., « Perspectives on Deviance – Wives' Definitions of Their Husbands' Mental Illness », *Psychiatry*, 20, 1957, p. 275-291. Ou la description par Goffman lui-même des conduites maniaco-dépressives et des bouleversements qu'elles induisent dans la famille dans « The Insanity of Place ».

▲ 4. Goffman E., *Interaction Ritual*, *op. cit.*, p. 139.

▲ 5. On remarquera que Goffman oscille entre une présentation du patient psychiatrique tantôt « converti » à son statut d'interné, tantôt encore capable de réflexivité. Cf. la critique de Killian L. M., « The Sociologists Look at the Cuckoo's Nest: The Misuse of Ideal Types », *The American Sociologist*, 16, 1981, p. 230-239.

▲ 6. Bordreuil S., « Isaac Joseph : la politique depuis Goffman », *in* D. Cefaï, C. Saturno, dir., *Itinéraires d'un pragmatiste*, *op. cit.*, p. 101-134.

programme d'enquête trouve un prolongement dans l'étude de la « micropolitique du trouble[1] ». Avant d'être désigné et traité comme « fou », le « fou » a subi un certain nombre d'épreuves, qui ont conduit à percevoir le trouble qu'il ressent ou qu'il induit chez les autres comme un « état pathologique » et à consulter psychologues ou psychiatres pour le qualifier et y remédier, en décidant de la bonne conduite à adopter. Goffman ne perd pas de vue le fait que les « états pathologiques » le sont vis-à-vis d'un auditoire, d'abord de proches, troublés par une conduite, puis de spécialistes, dotés de compétences et de pouvoirs spécifiques. Nombre de conduites excentriques - la folie à deux ou à plusieurs - sont supportées ou tolérées par l'entourage (178) sans être prises pour les « impropriétés symptomatiques » d'une maladie mentale (232). C'est passé un certain seuil qu'une tierce personne, accréditée pour sauvegarder l'ordre public, est interpellée pour prendre en charge ce qu'elle va définir comme une situation problématique. Goffman ne s'attaque pas tant à une idéologie psychiatrique de la folie qu'il s'efforce de pister les enchaînements d'activités qui catégorisent une personne « en état de régression » et lui attribuent un statut « totalement et irrévocablement différent des êtres humains ordinaires - un sentiment familier, du reste, aux sociologues, dans leurs recherches sur les classes et sur les castes » (236).

L'hôpital psychiatrique est le maillon fort de ce processus de prise en charge. La perspective de *BPP* n'a pas changé depuis *Asiles*[2]. Goffman justifiait à l'époque le recours à l'observation participante pour comprendre comment ce « groupe de personnes » que sont les patients « développent une vie qui leur est propre, et qui apparaît sensée, raisonnable et normale, pour peu que l'on se tienne proche d'elle[3] ». Et plusieurs de ses étudiants analyseront plus en détail certains des problèmes de division du travail et de distribution du pouvoir au sein de l'institution, Thomas Scheff et Dorothy Smith[4], en particulier, qui feront leur thèse sur les résistances au changement du personnel psychiatrique. Goffman ne revient cependant pas sur les caractéristiques de l'institution totale dans *BPP*. On y retrouve en filigrane les descriptions du mode de régulation écologique des interactions,

▲ 1. Emerson R. M., Messinger S. L., « Micropolitique du trouble », art. cité.

▲ 2. Elle pose les mêmes problèmes d'extrapolation d'un discours sur l'hôpital à partir d'une étude de cas spécifique : le St Elizabeths incarcérait des prisonniers politiques et avait des liens étroits avec le gouvernement fédéral et le *National Institute of Mental Health* - cf. Lemert E. M., « Issues in the Study of Deviance », *Sociological Quarterly*, 22, 1981, p. 285-305. On pourrait également comparer la vision de l'hôpital psychiatrique de Goffman avec celle de M. Schwartz, de I. Belknap ou de S. Weinberg, ou avec l'enquête interactionniste d'Anselm Strauss, avec Schatzman L., Bucher R., Ehrlich D., Sabshin M., *Psychiatric Ideologies and Institutions*, New York, Free Press, 1964.

▲ 3. Goffman E., *Asylums, op. cit.*, 1961, p. ix.

▲ 4. Scheff T., « Control over Policy by Attendants in a Mental Hospital », *Journal of Health and Human Behavior*, 2, 1961, p. 93-105 et Smith D., « Front-Line Organization of the State Mental Hospital », *Administrative Science Quarterly*, 10(3), 1965, p. 381-399.

du contrôle réciproque entre patients et surveillants, des modes d'accommodement et des tactiques de transgression et, parfois, des pratiques de dérision du personnel vis-à-vis des internés. Goffman y est par contre très sensible aux conduites des patients, en présence et hors présence de tiers : l'asile engendre son propre ordre d'interaction. Il semble que l'on ait affaire à deux microsociétés qui cohabitent ensemble, et qui s'engagent dans des jeux d'interactions plus ou moins stratégiques, sinon que les membres de l'une des microsociétés disposent d'un pouvoir quasi discrétionnaire sur les membres de la microsociété d'en face. Cette situation met en présence des « étrangers proches[1] » : les patients sont tout le temps sous le regard les uns des autres et de leurs surveillants, balançant entre un désir de retrait et un désir de contact, sans jamais pouvoir se retrancher des circuits de circulation de signes expressifs.

Goffman accomplit plusieurs opérations descriptives et analytiques dans *BPP*, qui sont très intéressantes pour comprendre ce que l'on appelle la folie. Il pointe tous les types de conduite qui témoignent d'un désajustement à la situation d'interaction, mais insiste sur le fait que la folie est rarement totale : elle concerne seulement certains registres d'expérience (71-72), elle peut toucher la parole sans entraver la conduite, elle peut concerner les interactions focalisées sans empêcher les non focalisées (107-108). Goffman est extrêmement attentif à ce qui se défait en matière de contrôle du soi, de dressage des corps et du gouvernement des conduites - répression du désir de se masturber (68) ou de s'exhiber (142), « discipline des membres » (27) et « conduite des yeux » (48)[2]. Il montre comment les absences, les auto-engagements, les engagements occultes et les engagements de diversion rendent difficile pour les patients psychiatriques la mise en ordre de leur « façade personnelle » (72-78). Être réceptif (207), faire confiance (227), se rendre accessible (107) ou prendre congé (111), ces façons de se lier aux autres deviennent très problématiques[3]. Et souvent, les règles de clôture conventionnelle d'une rencontre (165) et de *privacy* ou de publicité des apparences corporelles (202) sont battues en brèche.

▲ 1. Album D., « Close Strangers: Patient-Patient Interaction Rituals in Acute Care Hospitals », *in* Jacobsen M. H., ed., *The Contemporary Goffman, op. cit.*, p. 352-372.

▲ 2. On comprend comment en France la réception de Goffman s'est faite avec les lunettes de Foucault, en partie en termes de critique de l'hôpital psychiatrique. Puis elle a été poursuivie à l'enseigne de la critique de la vie quotidienne, de la discipline des corps ou des pratiques de stigmatisation. Au prix de demi-malentendus - mais c'est ainsi que vont les transferts transnationaux de la recherche - qui seront levés avec la tenue du colloque de Cerisy de 1987 et la publication de *Le parler-frais d'Erving Goffman* en 1989. Pour une bonne remise en perspective : S. Bordreuil, « Isaac Joseph : la politique depuis Goffman », *in* D. Cefaï, C. Saturno, dir., *Itinéraires d'un pragmatiste, op. cit.*, en part. p. 101-108.

▲ 3. Même si Goffman, *BPP*, p. 153, ne semble pas saisir la fonction de surveillance du poste d'observation vitré des infirmières, à la façon du *Panopticon* de Bentham, analysé par Foucault.

Goffman, se démarquant des thèses sur le fondement organique de la psychose (232-237), qui naturalisent la folie, propose un diagnostic en termes de transgression des propriétés situationnelles (224-225). Ce n'est pas une personne seule qui est mise en question, mais tout son environnement, les dispositifs qui la soutiennent et les interactions qu'elle entretient quand elle s'engage dans des rencontres et qu'elle les offense. Cela commence avec les troubles d'interaction avant le diagnostic de « symptômes de maladie mentale » et continue au cœur de l'asile. Goffman décrit dans quels nœuds de paradoxes les patients psychiatriques se trouvent pris : tous leurs efforts de conduite pour ne pas paraître fous et pour le signaler les conduisent à adopter des attitudes et à accomplir des actes qui confirment le diagnostic de folie aux yeux du personnel (109). *BPP*, de ce point de vue, fournit un bel exemple d'« étude de modèles, de pathologies et de paradoxes interactionnels »[1].

Rassemblements orientés : le renouvellement de la science des foules et des publics

Longtemps, la psychopathologie a aussi porté sur les foules. La notion de rassemblement (*gathering*) que Goffman développe dans *BPP* rompt avec les approximations des recherches sur le comportement collectif et rend compte des processus d'assemblée ou de regroupement dans des lieux publics (4)[2]. « Les sociologues ont traditionnellement inclus les recherches sur les interactions en face à face dans le domaine du comportement collectif. Les unités d'organisation sociale concernées sont celles qui se forment en vertu d'une perturbation du cours ordinaire des relations sociales : foules, paniques, émeutes ». Mais les formes les plus courantes de rassemblement ont été négligées, « en dépit de quelques travaux sur les interactions en salle de classe, sur les sujets de conversation, les réunions organisées et les assemblées publiques [3] ». Le fantasme de la foule irrationnelle, sans ordre et sans mesure, débordée par ses impulsions criminelles et aimantée par la figure du chef, avait déjà été entamé par les progrès de la recherche. Le dispositif d'enquête mis en place par Kurt et Gladys Lang et un groupe d'étudiants lors du triomphe du Général MacArthur dans les rues de Chicago en 1951 avait révélé un public de spectateurs pacifiques, bonhommes, au pire ironiques [4]. L'« illusion d'unanimité » n'avait plus cours et il était déjà clair pour Ralph Turner et

▲1. Pour reprendre le sous-titre de Watzlawick P., Beavin Bavelas J., Jackson D., *Pragmatics of Human Communication*, New York, Norton & Co, 1967.

▲2. Cefaï D., « Le legs d'Erving Goffman à la sociologie de l'action collective », in *Pourquoi se mobilise-t-on ?*, Paris, La Découverte, 2007, 4e partie, p. 549-701.

▲3. Goffman E., *Encounters, op. cit.*, p. 7-14.

▲4. Lang K., Lang G., « The Unique Perspective of Television and Its Effects: A Pilot Study », *American Sociological Review*, 18(1), 1953, p. 3-12.

Lewis Killian, quand ils écrivaient *Collective Behavior*, que les membres d'une foule ont des modes et des degrés d'engagement hétérogènes[1], qui de surcroît peuvent changer au cours d'une même manifestation. Loin de régresser à un état primitif, les rassemblements sont au contraire liés par des « normes » qui, selon Turner et Killian, émergent dans le cours temporel de leurs situations, qui, selon Goffman, les régulent comme des propriétés structurales et fonctionnelles.

Un rassemblement, focalisé ou non, n'est pas un petit groupe, tels que ceux étudiés par R. F. Bales ou G. C. Homans. Goffman rompt avec la sociométrie de l'époque[2] et insiste sur la spécificité des actions réciproques (*interplay*) dans un collectif en train de se constituer en public. Il fournit un répertoire de concepts empiriques qui pourraient être facilement mis à l'épreuve dans les enquêtes sur les manifestations ou sur les réunions publiques. Plutôt que d'analyser, par exemple, le contenu des échanges argumentatifs dans des assemblées délibératives, l'enquête porterait sur les modes d'engagement dans les activités de rassemblement - transférant le concept goffmanien de « participation[3] » vers des terrains plus politiques. Goffman rebaptise les foules spontanées ou conventionnelles en « rassemblements organisés formellement ou informellement », selon que l'occasion est ou non ordonnée par des « directives explicites et préétablies » et selon que des participants ont été « désignés comme représentants (*officers*) qui ont le droit et l'obligation de diriger les opérations » ou que « le leadership se développe spontanément comme conséquence de l'interaction[4] ». À la faveur d'une telle programmation du déroulement, de la division du travail et de la distribution du pouvoir, des capacités spécifiques, en termes d'expérience ou de formation, peuvent être exigées des participants ; des dispositifs matériels plus ou moins imposants sont engagés dans la machinerie de l'événement ; des procédures de promotion et d'exclusion, de récompense et de punition sont établies ; des campagnes d'invitation, de réclame et de recrutement en font des occasions plus ou moins ouvertes ou réservées à des auditoires plus ou moins accrédités. Ces rassemblements peuvent être routiniers, bien encadrés par

▲ 1. Turner R. H., Killian L. M., *Collective Behavior*, Englewood Cliffs, NJ, Prentice Hall, 1957, p. 22.

▲ 2. Sinon que Goffman se réfère à un petit article de E. F. Borbatta, L. S. Cottrell, « On the Classification of Groups », *Sociometry*, 18, 1955, p. 409-422, qui décline, à la suite de R. F. Bales, un certain nombre de facteurs constitutifs d'un groupe : la neutralité émotionnelle, l'activité d'implication, l'identification avec le groupe, la structure du leadership, le degré de discussion (plus ou moins intellectuelle ou émotionnelle), l'intérêt pour une tâche (la concentration de l'attention collective) et la maturité (de l'expérience collective). Les ruptures se font toujours au revers de continuités.

▲ 3. Goodwin C., Goodwin M. H., « Participation », *in* A. Duranti, ed., *A Companion to Linguistic Anthropology*, Oxford, Blackwell, 2004, p. 222-244.

▲ 4. Goffman E., *Communication Conduct*, *op. cit.*, p. 131.

leurs concepteurs (*designers*) et administrateurs (*managers*). Mais ils n'en restent pas moins vulnérables à des perturbations ou à des interruptions imprévues, provenant de la capacité de réaction et d'intervention du public - comme en attestent les modes d'aménagement par les citoyens ordinaires du dispositif institutionnel mis en place par les officiels, élus et experts, dans des assemblées de concertation urbaine[1]. L'ordre de l'interaction reste en partie incontrôlable par les technologies de communication, de programmation et de gestion des réunions publiques.

BPP insiste sur le caractère public et scénique de la vie sociale[2]. En constituant un « ensemble co-sensitif[3] », les participants ouvrent un champ de coprésence, de perception mutuelle et d'action réciproque, de co-perception d'un environnement et de co-action vers des objectifs. Le rassemblement orienté est ainsi fait du tenir-ensemble des corps, des visages et des regards, « qui manifestent un contact attentionnel partagé ». Il se déploie en un flux de séquences d'activités focalisées vers un objectif commun, bornées dans le temps par des opérations quasi rituelles d'ouverture et de clôture (98) et dans l'espace par des opérations de contrôle de la circulation et de filtrage de la participation des membres. Clark McPhail[4] a décrit les indices de coprésence et d'alignement corporel et langagier entre participants : activités d'orientation (déplacement du regard et de la face), de locomotion (marches, sauts, courses), de gesticulation (bras levés, saluts romains, poings tendus ; applaudissements, inclinations, agenouillements ou allongements), de vocalisation (expressions, rires, sifflets, hurlements, rumeurs, chahuts, huées, silences), de verbalisation (cris, chants, prières, serments, toasts, professions de foi et discours à la tribune) ou de manipulation d'artefacts (tambours, bannières, pancartes, foulards, pavés, barricades)… C'est tout un art de manifester qui s'exprime dans la constitution de colonnes, de rangs, d'arcs ou d'anneaux par les auditoires, de chant collectif, de fanfare ou de prière, de cérémonies

▲ 1. Berger M., « Micro-écologie de la résistance. Les appuis sensibles de la parole citoyenne dans une assemblée d'urbanisme participatif à Bruxelles », *in* Berger M., Cefaï D., Gayet-Viaud C., dir., *Du civil au politique. Ethnographies du vivre-ensemble*, Bruxelles, Peter Lang, 2011, p. 101-130 ; et « Mettre les pieds dans une discussion publique. La théorie goffmanienne des rôles communicationnels appliquée aux assemblées de démocratie participative », *in* Cefaï D., Perreau L., dir., *Goffman et l'ordre de l'interaction*, *op. cit.*, 2012, p. 391-425, qui contourne les théories de la démocratie délibérative en s'appuyant davantage sur le dernier Goffman pour développer une ethnopragmatique des activités d'assemblée.

▲ 2. Quéré L., « La vie sociale est une scène », *Le parler-frais d'Erving Goffman*, *op. cit.*, 1989, p. 47-82.

▲ 3. Mead G. H., « Genèse du soi et contrôle social » (1925), trad. fr. : L. Quéré, in *L'Esprit, le soi et la société* (1934), Paris, PUF, 2006, p. 406-428.

▲ 4. McPhail C., Miller D. L., « The Assembling Process: A Theoretical and Empirical Examination », *American Sociological Review*, 38, 1973, p. 721-735 ; McPhail C., Wohlstein R. T., « Collective Locomotion as Collective Behavior », *American Sociological Review*, 51(4), 1986, p. 447-463.

commémoratives et de chorégraphies pictographiques, plus ou moins synchronisées par des organisations.

Le public se rend donc sensible dans ce type d'occasions sociales que sont les manifestations publiques. Celles-ci doivent assurer le maintien d'un foyer d'attention conjointe, qui ordonne l'espace-temps des pertinences des participants et qui attribue une place de réception à un public de récepteurs, sous peine de voir la foule se débander. Les catégories de *BPP* sont alors d'une grande utilité. Elles fixent un programme d'enquête, sur les tolérances aux absences et aux dérives, sur les idiomes corporels qui sont de mise, sur les jeux de scène, principaux et secondaires, et les écrans qui les ménagent, sur les règles d'allocation des engagements et d'accessibilité des réunions... Elles fournissent des outils descriptifs et analytiques qui n'ont pas été pleinement exploités par J. Lofland quand il enquêtait sur les « foules stratégiques[1] » ou C. Tilly sur les « rassemblements conflictuels[2] ». W. Gamson [3] a proposé d'enquêter sur les réunions à l'intérieur des organisations de mouvements sociaux, ou sur les réunions de leurs représentants avec des alliés ou avec des adversaires, avec les médias ou avec les autorités. On pourrait encore explorer les « espaces libres et sûrs[4] », ces enclaves spatio-temporelles dans des régimes autoritaires ou totalitaires, où des personnes se rassemblent, ménageant des écrans vis-à-vis des forces de répression, usant de signes de reconnaissance et retrouvant une parole libre. Elles s'ouvrent et s'exposent mutuellement les unes aux autres (131), en se rendant visibles et accessibles dans la rencontre et en faisant advenir le lieu d'exercice d'un pouvoir populaire, là où le droit d'attroupement, d'expression et de manifestation - et donc le droit à l'ordre public - est réprimé. Elles recréent un lien de confiance et de solidarité à la place de l'atomisation qui prédominait et se forgent une expérience collective - elles font renaître le sens du public. Plus tard, les analyses de *Frame Analysis* et de *Forms of Talk* permettraient à Goffman d'analyser les complexes échafaudages de rôles de production et de réception qui articulent les assemblées publiques. Et elles rendraient possible une analyse des processus de discussion et de communication ou des stratégies de défi symbolique et de remise en cause du consensus - lesquels peuvent susciter des engagements en chaîne sur la voie de la désobéissance ou de la résistance.

Cette analyse des micro-mobilisations collectives - meetings, *sit-ins*, manifestations, émeutes... - est capitale pour l'étude des mouvements

▲ 1. Lofland J., *Crowd Lobbying*, Davis, University of California at Davis, Institute of Governmental Affairs, 1982 ; et avec Fink M., *Symbolic Sit-Ins*, Washington, University Press of America, 1982.

▲ 2. Tilly C., *From Mobilization to Revolution*, Reading, Addison-Wesley, 1978.

▲ 3. Gamson W., « Le legs de Goffman à la sociologie politique » (1985), *in* Cefaï D., Perreau L., dir., *Goffman et l'ordre de l'interaction*, *op. cit.*, 2012, p. 55-75.

▲ 4. Polletta F., « Free Spaces in Collective Action », *Theory and Society*, 28(1), 1999, p. 1-38.

sociaux. Les scènes de rassemblement public les plus élémentaires se combinent en « événements de protestation » (qui ont le statut d'occasions qui spécifient le sens des rassemblements) ; et ces événements de protestation peuvent s'insérer dans ces séries organisées et planifiées d'action que sont des « campagnes » (qui ont un statut d'occasions plus englobantes encore). En outre, ces différentes situations de rassemblement prennent place dans des « vagues » et des « cycles » de protestation dans la moyenne et la longue durée, qui organisent rétrospectivement, dans la mémoire collective, une ligne narrative qui les relie les unes aux autres[1]. Et là encore se pose la question de savoir s'il s'agit de faire de l'ordre de l'interaction une « brique élémentaire » du comportement collectif ou s'il n'est qu'un foyer de perspective depuis lequel observer, écrire et analyser de tels phénomènes ?

Interaction et publicité : l'enquête sur les espaces urbains

Les rassemblements dans les lieux publics sont avant tout des phénomènes urbains. Goffman fournit des clefs à l'observation de cette catégorie d'espaces que sont les rues et les places, les cimetières, les cafés, les restaurants et les hôtels, les transports en commun, les centres commerciaux ou les bâtiments administratifs, qui jusque-là avaient été en grande partie négligés par les sciences sociales. À l'époque même où il écrit *BPP*, Jane Jacobs[2] réfléchit sur la visibilité, la sécurité ou la solidarité entre habitants d'un quartier de Greenwich Village et William H. Whyte[3] a entamé son enquête rigoureuse sur les petits espaces, qui contribuera au développement du *Project for Public Places* à New York City. Lyn Lofland, une ancienne étudiante de Strauss, est aux États-Unis celle qui a le mieux tirer parti de l'enseignement de Goffman. Elle a d'abord mené une réflexion historique sur ce qui fait l'expérience urbaine en prise sur un monde d'étrangers[4]. Sa définition du « domaine public » semble tirée de *BPP* : « Ces établissements urbains, zones ou secteurs non privés, dans lesquels les individus en coprésence tendent à être personnellement des inconnus les uns pour les autres ou ne se connaissent que par la médiation de catégories

▲1. Lofland J., *Protest: Studies of Collective Behavior and Social Movements*, New Brunswick, Transaction Books, 1985.

▲2. Jacobs J., *The Death and Life of Great American Cities*, New York, Random House, 1961 (trad. fr. : C. Parin-Senemaud, *Déclin et survie des grandes villes américaines*, Liège, Architecture + Recherches/Pierre Mardaga, 1991).

▲3. Whyte W. H., *The Social Life of Small Urban Spaces*, New York, Project for Public Places Inc., 1980 ; et *City: Rediscovering the Center*, Philadelphie, University of Pennsylvania Press, 1988.

▲4. Lofland L., *A World of Strangers: Order and Action in Urban Public Space*, New York, Basic Books 1973.

[fonctionnelles ou professionnelles][1]. » *BPP* a fourni les éléments de son programme de recherche sur les espaces publics urbains : comment des personnes anonymes ou étrangères se rencontrent-elles dans des lieux publics ou semi-publics ? Cela peut paraître évident, mais il fallait inventer les façons de décrire et d'analyser ce registre de phénomènes collectifs.

Bien sûr, le langage écologique n'est pas nouveau dans les études sur la ville. Il est hérité de McKenzie, Park et Burgess qui ont développé un programme de recherche, au sein du *Local Community Research Committee*, sur la ville de Chicago[2]. Mais Goffman va plus loin. L'espace public urbain est traité comme un type spécifique de territoire[3], aux barrières tant physiques que conventionnelles (152), traversé par des systèmes de communication proxémique[4], dont les participants, qui entretiennent des relations non personnelles, flottantes et segmentées, obéissent à des règles de conduite spécifique. Outre l'« inattention civile [5] », plusieurs « propriétés situationnelles », que l'on pourrait toutes lier à l'enseignement de *BPP*, sont avancées par L. Lofland[6] : la « mobilité coopérative » (naviguer sans cogner les objets ni bousculer les passants), la « serviabilité limitée » (donner des coups de main sans s'engager au-delà de l'interaction immédiate), la « prévalence du rôle de spectateur » (s'impliquer à titre de membre des publics de la vie urbaine) et la « civilité vis-à-vis de la diversité » (s'abstenir de stigmatiser et de discriminer selon les catégories de la race, de l'ethnicité, de l'âge, du genre, du handicap...).

Ces espaces publics, dans les faits, ne sont pas totalement fluides. Ils comportent toutes sortes de barrières écologiques, de niches réservées, de chausse-trappes et de passe-droits, de murs physiques qui les bornent et les entravent et de frontières invisibles, parfois tout aussi infranchissables. Ils abritent les bases territoriales (*home territories*)[7] de certains groupes qui se l'approprient et lui surimposent des usages exclusifs : l'exemple initial de S.

▲ 1. Lofland L., « Social Life in the Public Realm », *Journal of Contemporary Ethnography*, 17(4), 1989, p. 452-482, ici p. 454 ; « Erving Goffman's *Sociological* Legacies », *Urban Life and Culture*, 13, 1984, p. 7-34.

▲ 2. Outre le classique *The City*, Chicago, University of Chicago Press, 1925, cf. l'intéressante mise au point de Quinn J. A., « Human Ecology and Interactional Ecology », *American Sociological Review*, 5(5), 1940, p. 713-722 et son projet d'écologie interactionnelle, p. 719 et s.

▲ 3. Indice de la centralité de Goffman dans la redécouverte de la territorialité comme forme d'expérience : Lyman S. Scott M., « Territoriality: A Neglected Sociological Dimension », *Social Problems*, 15(2), 1967, p. 236-248.

▲ 4. Hall E. T., « A System for the Notation of Proxemic Behavior », *American Anthropologist*, 65(5), 1963, p. 1003-1026, passe en revue les indicateurs sensoriels, proxémiques et kinésiques qui font le « matériau des rencontres » (*stuff of encounters*).

▲ 5. Quéré L., Bretzger D., « L'étrangeté mutuelle des passants », *Les annales de la recherche urbaine* 57-58, 1992, p. 89-100, n° spécial « Espaces publics en ville ».

▲ 6. Lofland L., *The Public Realm*, *op. cit.*, 1998 est un livre dédié à Gregory Stone, Jane Jacobs, Erving Goffman et William Hollingsworth Whyte...

▲ 7. Cavan S., « Interaction in Home Territories », *Berkeley Journal of Sociology*, 8, 1963, p. 17-32.

Cavan était celui des bars d'habitués de San Francisco, mais on peut aussi bien penser aux retraités qui jouent à la pétanque dans un jardin public, aux adolescents qui squattent un hall d'immeuble, aux familles de même nationalité qui se regroupent sur une place pour le pique-nique du week-end, aux homosexuels qui transforment un quai de rivière ou un bout de forêt en lieu de drague... On pourrait encore affiner le regard et mener l'enquête sur de courtes séquences d'interaction, en tirant profit de la minutie d'enregistrements vidéo. L. Mondada [1] concentre l'observation sur ces moments de transition de la coprésence non focalisée à la coparticipation focalisée, où s'opère une redistribution de la configuration spatiale, où le croisement des coups d'œil crée une relation, où un processus d'identification et de reconnaissance mutuelle s'engage, où les flux des expressions, des postures, des gestes et des mobilités se coordonnent en une « unité de participation ». L'art du mendiant ou du camelot est ainsi de prendre les passants dans une nasse et de retenir, canaliser et captiver leur attention (111, 141), en général en les intriquant dans une histoire ou une démonstration, et au bout du compte, en leur assignant une place dans un ordre d'interaction, dont ils ne pourront se retirer qu'en s'acquittant d'un droit de sortie. L'espace public ne cesse d'être entravé par de tels dispositifs pour dévier, ralentir ou arrêter les flux de circulation et « exploiter les règles de la communication » dans un but lucratif - ce qui requiert la constitution momentanée de poches d'interaction, par un travail de repérage des passants, leur conversion en participants, leur coordination autour d'un foyer d'attention et leur empêtrement dans un jeu de dettes réciproques.

Autre risque qui pèse sur l'espace public, les pratiques de violence peuvent y faire régner un climat de peur, provoquer des situations de panique, détruire le minimum de confiance entre étrangers, et renverser la tolérance en haine de la différence. Un espace public se définit par la paix civile[2], par le libre droit de circuler et par le respect du pluralisme - *a contrario*, il implose dès lors qu'un certain degré de sécurité publique n'y est pas garanti, que le passage est bloqué par des postes de douane et qu'une norme unanimiste en exclut certains signes, personnes ou pratiques[3]. Cette garantie d'une pluralité d'usages et de styles, en toute sécurité, a pour condition l'institution politique, urbanistique et pédagogique de formes de *modus vivendi*. Elle se fait soit à l'abri de boucliers d'engagement, qui

▲ 1. Mondada L., « Emergent Focused Interactions in Public Places: A Systematic Analysis of the Multimodal Achievement of a Common Interactional Space », *Journal of Pragmatics*, 41, 2009, p. 1977-1997.

▲ 2. Joseph I., *Le passant considérable*, *op. cit.*, p. 14.

▲ 3. Garcia P., *Formes et conflits d'urbanité à Caracas. Enquête sur l'écologie de l'ordre public*, thèse de doctorat, Paris, EHESS, 2002, dont ont été tirés « Urbanité et ordre public. Une écologie de l'usage des places à Caracas », *Espaces et sociétés*, 126, 2006, p. 103-118 ; et avec S. Gonzalez, « Ségrégation, communauté et mitoyenneté : les épreuves de la contiguïté à Caracas », *Les annales de la recherche urbaine*, 105, 2008, p. 7-15.

permettent de cultiver des petits territoires de *privacy*[1], soit sur le mode de l'ignorance mutuelle, qui peut basculer parfois dans la conduite d'irresponsabilité du passant non concerné[2]. Elle peut aussi s'accommoder de revendications identitaires, sexuelles ou ethniques [3] performées et proclamées en public, appelant à la reconnaissance d'une différence ou à la réparation d'une injustice. Le « contrat de communication », pour parler comme Goffman, impose aux participants comme aux spectateurs de s'accommoder de situations qui pourraient les offenser[4]. Politiquement, cela pose des questions de tolérance au crachat (46), au baiser des amoureux (167) ou à la fumée de cigarette (48), de circulation en paix des personnes de petite taille (88), des flâneurs désœuvrés et des touristes dénudés... On pourrait rajouter d'acceptation de l'odeur des personnes sans abri ou de la vision de signes ethniques ou confessionnels, et allonger ainsi la liste, indéfiniment.

L'espace public est un espace de cohabitation où la vie en commun devient possible. Il est autre que l'« espace abstrait de la délibération intersubjective ». En cela, comme I. Joseph le soulignera en lançant en France les programmes de recherche sur les espaces publics urbains, ceux-ci doivent être conçus à partir « du mouvement, du rassemblement, de la dispersion, et du passage[5] ». L'« unité de circulation » qu'est le passant ordinaire supplante les champions de rhétorique ou de civisme. L'écologie de l'expérience démocratique est très éloignée d'une pragmatique formelle de la communication. La communication y est examinée dans des sites concrets, exprimée par des corps et médiatisée par des objets. Elle requiert toutes sortes d'opérations de traduction, aux points critiques que sont frontières et obstacles, seuils et intervalles, mitoyennetés et anfractuosités. Elle n'est plus habitée par un fantasme de consensus rationnel, mais distribuée sur une pluralité de croyances qui doivent composer les uns avec les autres. Elle n'est du reste pas tant faite d'interactions focalisées ou de conversations en face à face, que d'engagements latéraux, labiles et vulnérables. Liberté, égalité, solidarité y prennent un autre sens. Ce qui se joue dans le monde social de *BPP* est à l'opposé des opérations de confinement et de stigmatisation. L'étranger n'y est pas remarqué, rejeté ou

▲ 1. Schwartz B., « The Social Psychology of Privacy », *American Journal of Sociology*, 73(6), 1968, p. 741-752.

▲ 2. Latané B., Darley J. M., *The Unresponsive Bystander: Why Doesn't He Help ?*, New York, Appleton-Century-Crofts, Meredith Corporation, 1970.

▲ 3. Lyman S., Douglass M., « Ethnicity: Strategies of Collective and Individual Impression Management », *Social Research*, 40(2), 1973, p. 343-365.

▲ 4. « Dans l'interaction conversationnelle, opposée à beaucoup d'autres espèces d'ordre social, l'offense est tout à fait courante ; et ainsi, la tolérance (*forbearance*) est une nécessité presque constante [...] on peut faire confiance aux personnes pour s'efforcer, autant que possible, d'éviter une scène. » (*Communication Conduct*, p. 40).

▲ 5. Joseph I., *La ville sans qualités*, *op. cit.*, 1998, p. 48.

enfermé comme un intrus, pas plus que l'on n'exige de lui de s'assimiler au plus grand nombre : le droit de visite, corrélat d'un devoir d'hospitalité, va de pair avec un droit d'être accessible, sans encourir pour autant les pires vexations et un droit d'être visible, tout en pouvant choisir d'être ignoré[1]. Les descriptions minutieuses de Goffman pointent vers une normativité de la vie publique, que l'on retrouvera dans un livre comme *Sidewalk* de M. Duneier[2], sur la place que les sans-abri, ces « personnages publics », au sens de Jacobs, tiennent dans l'ordre de la rue new-yorkaise ou *The Cosmopolitan Canopy* d'E. Anderson[3], sur les modalités de neutralisation de la discrimination, qui fait le pluralisme de la cohabitation raciale à Philadelphie.

Conclusion

Behavior in Public Places est un livre central dans l'œuvre de Goffman, tant par le fait qu'il reprend de nombreuses hypothèses jusque-là en sommeil de sa thèse, *Communication Conduct in an Island Community*, qu'en raison de la virtuosité avec laquelle il y forge les concepts d'une écologie des interactions. C'est aussi un livre-charnière, encore pris dans la perspective des rôles et rites qui prévalait depuis *The Presentation of Self*, mais où déjà se dessinent certaines des lignes de recherche à venir, comme l'éthologie des conduites que l'on retrouvera dans *Relations in Public*. Mais notre choix de lecture a été de mettre l'accent sur le concept d'*ordre public* qui court en filigrane de BPP. Goffman est lu en général à partir d'une problématique de l'enfermement et de l'évasion, du contrôle et de la déviance, du stigmate et de la ruse, de la domination et de la résistance. De fait, son importance pour la compréhension des relations hiérarchiques, des inégalités de statut ou des rapports de pouvoir *en situation* a ici été montrée. Mais en contrepoint de cette microphysique du pouvoir, une autre lecture s'est imposée à nous, par où nous avons rejoint des auteurs aussi différents qu'Isaac Joseph et Ann Rawls : Goffman hérite autant d'un sens de la liberté négative que d'un sens durkheimien de la solidarité - liberté et solidarité qu'il ressaisit au cœur des relations de coprésence, dans l'ordre de l'interaction. La question posée par l'analyse situationnelle de l'engagement (*involvement*), au sens de l'implication dans des situations où l'on occupe

▲ 1. Tonnelat S., « The Sociology of Urban Public Spaces », *in* Wang H., Savy M., Zhai G., eds, *Territorial Evolution and Planning Solution: Experiences from China and France*, Paris, Atlantis Press, 2010. On pourrait encore citer les travaux de Ray Oldenburg, Don Mitchell ou Setha Low...

▲ 2. Duneier M., *Sidewalk*, New York, Farrar, Straus and Giroux, 1999. Goffman parle de « *public figures* », *in* BPP, p. 125.

▲ 3. Anderson E., *The Cosmopolitan Canopy: Race and Civility in Everyday Life*, New York, W. W. Norton, 2001 - avec de temps à autre des moments de repli ethnocentrique ou de rupture de cette civilité interraciale.

une place et dont on respecte les usages, est ici augmentée par celle de l'engagement (*engagement*), avec sa dimension de dévouement, de loyauté et même de piété pour l'ordre de l'interaction et d'endossement des droits et des devoirs qui incombent à ses participants. Ce sont ces multiples obligations et responsabilités, éprouvées par tout un chacun dans son commerce avec les autres, qui tissent le lien civil, dans sa texture sensible et pratique la plus ordinaire. On pourrait dire que les multiples architectures délibératives, juridiques, institutionnelles et politiques qui font tenir debout l'ordre public s'ancrent dans l'ordre de l'interaction. Cet ordre public est le plus souvent entendu au sens de la sphère publique : de Dewey à Habermas, c'est dans des processus d'enquête et d'expérimentation, de conflit et de controverse que se forment des publics et que la politique peut espérer accéder à des formes de rationalité autres qu'instrumentale ou stratégique. Cet ordre public est également entendu au sens de l'espace public de la ville : cette conception se laisse lire de façon patente dans les passages de BPP où la publicité est ressaisie historiquement à l'épreuve de la limitation des encombrements et des dangers de la voie publique et de la garantie de sécurité publique pour les personnes et pour leurs biens. Mais la publicité ne se réduit pas aux règles de législation qui régissent le fonctionnement des espaces publics ou des services publics ou aux contraintes argumentatives qui pèsent sur la formation de l'opinion publique. Goffman nous invite à une enquête sur la publicité comme visibilité et accessibilité dans des écologies morales et civiles qui sont celles de la coprésence. Cette enquête a eu une postérité. Une postérité scientifique : quatre domaines de recherche ont été pointés - sur les échanges civils, les institutions psychiatriques, les rassemblements orientés et les espaces urbains - sur lesquels Goffman a laissé son empreinte. Une postérité politique, enfin : l'ordre de l'interaction est devenu un enjeu stratégique, un thème d'analyse, un terrain de bataille et un objet de revendication à partir des années 1960. Nombre de mouvements de protestation et de revendication qui se battent pour la reconnaissance et contre la stigmatisation des minorités visibles, contre le harcèlement sexuel subi par les femmes, pour le droit à l'accessibilité des personnes en situation de handicap, contre certains traitements de patients en milieu psychiatrique et, plus généralement, pour la démédicalisation et la dépénalisation de conduites tenues pour « déviantes » ont ainsi fait référence à *Asiles* et à *Stigmate*. Et ils ont trouvé dans *Behavior in Public Places* de nouveaux et puissants arguments. La microsociologie ne fait pas que découvrir l'infiniment petit - ce qui est une façon de lui assigner un domaine de petites choses, mineures et miniatures. Elle est une sociologie à part entière. Sa différence réside dans le fait qu'elle décrit de près des situations sociales avec une minutie et une précision sans égales dans les sciences sociales et qu'elle ne prétend par les expliquer ou les interpréter avant de les avoir décrites. Quant à la micropolitique, elle n'a pas un statut second par rapport à la grande politique. De l'ordre de l'interaction dépendent la fabrique des nouvelles médiatiques, la mise en place des actions publiques, la genèse des mœurs et des lois, le maintien des croyances idéologiques, le déploiement des mobilisations collectives, la légitimation des institutions étatiques... La micropolitique, entre *engagement* et *involvement*, est une politique, à part entière.

Glossaire

L'édition originale du livre de Goffman n'avait pas d'index. Une liste de mots a d'abord été constituée afin de stabiliser le travail de traduction - liste qui est rapidement devenue une carte d'orientation dans le paysage de pensée de *Behavior in Public Places.* La forme du glossaire a été retenue, pour que le lecteur ait accès aux notions et aux concepts originaux, en anglais. Ce glossaire s'est fait analytique, en présentant pour les principales notions le spectre de leurs usages tout au long du livre. La pagination des occurrences est celle de l'édition américaine de The Free Press de 1963, indiquée entre crochets dans la version française. Pour information, les mots dont l'utilisation est la plus fréquente (en comptant le nombre approximatif de leurs occurrences et de leurs dérivés) sont les suivants : situation (508), engager/*to involve* (≈420), propriété (247), occasion (231), rencontre (210), *engager/to engage* (≈205), rassemblement (174), communication (123), interaction (101), offense (101) [NdE].

Accessibility : accessibilité. Et ordre public : 22 ; 104-110 ; et prendre congé : 110 ; et présentations : 120 ; ouverture mutuelle : 131-133 ; et regard mutuel : 136 ; règle d'accessibilité : 170 ; et rassemblement : 195 ; signes corporels : 196 ; non accessibilité du fou : 208

Accessible : accessible. Lieux publics : 9 ; personnes : 22 ; entre relations : 114 ; dans régions ouvertes : 134 ; engagements accessibles : quatrième partie, définition : 154-155 ; *accessible encounter*/rencontre accessible et inattention civile : 160, 166, 173 ; rencontre accessible et dérive : 174-175 ; et scène : 186

Accreditation : accréditation (d'un participant) : 89, 90, 153

Acknowledge : reconnaître. Et ouverture : 92 ; et légitimité : 109 ; et droits : 173

Acknowledgement : *appreciative acknowledgement*/reconnaissance approbatrice : 211 ; *know, know about, knowing* et *acknowledge* : savoir, être au courant, connaissance et reconnaître : 119

Acquaintances : les connaissances ou les relations et *acquaintanceship* : relations de connaissance : 112-123 ; *unacquainted* : inconnus : 124-148 ; *mere acquaintanceship*/rien qu'une connaissance : 114

Addressee : destinataire

Affront : affront : 73, 121, 124, 141, 167 ; affront à la situation : 173 ; affront au décorum : 204 ; affront au rassemblement : 212 ; provocation : 228 ; et folie : 240 (ou *slight* : manque d'égard, parfois affront : 180)

Aggressor : agresseur (opp. *victim* : 196) (cf. aussi le couple *offender-victim* : 229)

Agreement : accord (35, 106, 144)

Alienation : détachement (d'une situation ou d'un rassemblement, d'une organisation ou de la société, opp.

attachment). Du rassemblement (de ses règles et de ses officiels) : 25, 107, 205, 219, 231, 236 ; extranéité à la situation : 51, à l'institution : 224 ; aliénation aux activités qui ont cours dans la situation : 77 ; *alienation from his projected self*/extériorité au soi projeté : 130 ; vêtements comme symboles de détachement : 213 ; types d'unité sociale, objets de détachement : 220 ; lien entre détachement civique et détachement situationnel : 222 ; conduite déviante comme proclamation de l'aliénation : 224 ; détachement de l'institution des patients psychiatriques : 225. (Goffman joue sur le double sens de détachement et d'aliénation quand il parle des patients psychiatriques)

Alienated : détaché, étranger : 78. cf. aussi *disaffection* : écran à la désaffection : 177 ; désaffections mineures : 181 ; dans engagements de grande et petite taille : 181, 185.

Allocation : distribution, parfois, allocation. Règles à propos de la distribution de l'engagement : chap. 4, 36, 43, 55, 212, 228 243 ; et idiome corporel : 37 ; et écrans de l'engagement : 39 ; et engagements subordonnés : 47 et principaux occasionnés : 50 ; et repas : 52 ; *actual* ou *prescribed*/effective ou prescrite : 193 (le terme de « distribution entre activités principale et secondaire » est là aussi utilisé) ; 225 : et aliénation à l'institution : 225 ; 227 et 243 (Goffman parle aussi d'*apportionment* : répartition de l'engagement : 64)

Analysis : analyse. Institutionnelle : 245, 247 ; interactionnelle : 247 ; *situational analysis*/analyse situationnelle : 239

Approve : approuver (opp. *disapprove* : réprouver) (avec l'idée d'agréer ou d'acquiescer à une manifestation qui apparaît normale aux yeux du public - conforme aux règles)

Arrangement : arrangement social : 13, 151, 187, asymétrique : 15, spatial des meubles : 99, arrangement de communication : 85, 102, arrangement de la rencontre : 108, position sociale comme arrangement : 125, normatif : 144, *shielding*/de dissimulation : 177, et nudité : 212, arrangement institutionnel : 234.

Attachment : être attaché, au sens d'être lié par des connexions, et d'avoir de l'affection, de tenir à. Pour les participants à la situation : 25 ; et sens de l'appartenance : 196, 244 ; en relation à l'*involvement*/engagement : 36n ; aux rassemblements publics en France : 200 ; *dutiful attachment to the gathering*/attachement chargé de devoir pour le rassemblement : 244 ; attachement personnel : 244 ; attachement/détachement au rassemblement ou à l'occasion : 246-247

Attention : attention

Audit : vérifier (14)

Available : disponible

Aware : être au courant, avoir une conscience marginale de quelque chose (diff. *conscious* : avoir une conscience thématique de quelque chose)

Away/awayness : absence. Référence à Bateson : 69 ; rêverie et autisme : 70 ; engagements latéraux (à la façon d'une fugue) et activité méditative : 70 ; dans l'activité professionnelle : 70 ; dans couvents et asiles : 71 ; insensibilisation aux absences en milieu psychiatrique : 72 ; miroirs dans restaurants : 72 ; « absence silencieuse » de la rêverie : 72 ; « se parler à soi-même » : 72-73 ; activités de fantaisie, ludiques et imaginatives : 74 ; jouer avec un enfant ou avec le chat : 74 ; et *toy-involvements*, et *creature release* : 74-75

Barriers : barrières. Corps : 17 ; barrières perceptives comme écrans de l'engagement : 39 ; à la communication visuelle ou orale : 118, 145 ; murs et clôture conventionnelle : 152 ; de sécurisation des interactions : 165, conventionnelle : 185 ; barrière de verre : 148 ou matériel d'anesthésie : 175 ; barrière raciale : 142

Behavior : comportement *Behavior setting* : contexte (de comportement) : au sens de R. Barker et H. Wright : 19, 19n ; chevauchement entre plusieurs contextes de comportement : 21 ; et facteurs de contrôle : 202-3n ; l'université : 213 ; l'asile et son réfectoire : 233

Being together : être ensemble (102)

Belongingness : sens de l'appartenance à des rassemblements : 248 (propriété non partagée par les *non members*/non membres d'une rencontre : 103)

Boundaries : frontières du groupe : 5 ; du soi : 10 ; de la situation : 151, 203 ; frontières physiques de la situation : 21 ; de l'engagement : 156, 176 ; collusion de frontières : 181 : d'une région : 194 ; d'une organisation comme entité sociale : 244

Byplay : jeu de scène secondaire : 148, 168, 181-182

Bystander : spectateur. Définition : 91 (*onlooker* : 207)

Catch up, get in with : se connecter et se mettre sur la même longueur d'onde qu'un rassemblement (176)

Circles : cercles : 174, 176. *Circles of the self*/cercles du soi : 242 ; *conversational circle*/cercle de conversation: 100, 176, 242 ; cercles sociaux : 4, 101, 102, figure qui provient sans doute de la traduction de Simmel (les autres termes utilisés par Goffman pour désigner des groupes sont ceux de *huddle* : 95, 173, de *cluster* : 100, 174, 176, 177, 181, 189 et de *knot* : 100, 175)

Civil inattention : inattention civile [autre traduction possible : indifférence civile] chap. 6 : 83-96 ; ustensiles d'évasion (lunettes de soleil, éventail...) : 85 ; infractions : 86-88 ; et stratégies de séduction : 128 ; droit à l'inattention civile : 136-137 ; infirmières et patients : 148 ; 156-165 - manifester de l'inattention civile : 157 ; et dominance entre usagers d'un ascenseur et couples au restaurant : 158 ; et stratégies de dissimulation ou de diversion : 159 ; ligne de conduite parallèle à la participation conversationnelle : 185

Civility : *civil practices*/pratiques de civilité : 74 ; *breach of civility/faute de civilité* : 115 ; conduite civile entre ennemis : 170 ; *civilian standards*/standards de civilité : 223 [cette rubrique est à mettre en regard des entrées *courtesy, deference, etiquette, manners, regard, respect*]

Civic order : ordre civique (47, 105). Goffman parle encore de décorum civique et de manque de sensibilité civique : 220 ; il fait un lien entre détachement civique et détachement situationnel : 222

Class : classes. Classes moyennes, politesse et manuels de civilité : 5 ; et tenue dans les lieux publics : 25 ; et présentabilité/attractivité des femmes : 28 ; protection entre hommes ivres dans milieu populaire : 38n ; classes et engagements subordonnés à l'hôpital psychiatrique : 47 ; maintien d'un engagement principal minimal : 51 ; marge de contrôle de soi : 60 ; frigidité : 62 ; classe, genre et masturbation : 67 ; subcultures de classe et schémas de civilité : 86 ; classes moyennes et inattention civile en Angleterre : 86 ; sanctions en cas de dérogation à la règle d'inattention civile : 87 ; masse des soldats et ouvriers pendant la Révolution d'Octobre selon Trotski : 96n ; participation à bavardages : 101 ; maintien d'une façade de classe moyenne à l'Hôpital central : 109 ; coexistence entre engagements principal et subordonnés : 110 ; interdiction d'ignorer une ouverture : 114 ; manquement à l'obligation de faire les présentations : 122 ; engagement entre inconnus : 125 ; peur d'être perçu comme bizarre, rejeté et ignoré : 140 ; enseignement aux enfants du respect des clôtures : 152 ; tenue dans les ascenseurs : 157 ; ascendant de classe : 158 ; usages égalitaires dans les lieux publics : 163 ; séparation des couples dans les situations publiques : 169 ; aristocrates et agriculteurs aux Shetland : 171-173, 230 ; usages du bal populaire : 188n ; menaces potentielles des engagements de face : 197 ; vêtement et propreté dans classes populaires et moyennes : 203 ; actes offensifs : 218 ; respectabilité dans les classes populaires britanniques : 220 ; excentricités des fous et des aristocrates : 240

Clearance sign : signe d'autorisation (92)

Closeness : proximité

Closure : clôture rituelle de l'activité mutuelle : 98 ; *conventional situational closure* : 151-156 ; *conventional engagement closure* : 156 s. et 186

Collective behavior : comportement collectif (4)

Collusion : collusion (un concept qui court dans l'œuvre de Goffman, de la collusion au sein de l'équipe (*team collusion*), qui requiert de partager des secrets et de montrer de la loyauté à l'équipe, dans la *Présentation de soi* à la collusion dans « Footing », *Façons de parler*, p. 144, qui vise à dissimuler la communication subordonnée de l'aparté (*byplay*), la cantonade (*crossplay*), la messe basse (*sideplay*)) (181 s.). Collusion contre le rassemblement : 177 ; de frontières : 182 ; ouverte : 183 et 185.

Commitment : engagement, impliquant à la fois attachement, respect des promesses et obligation vis-à-vis des autres (206) ; et *involvement*/engagement : 36, 90, 213 (mais aussi *commitment proceedings*/procédures d'internement psychiatrique : 76)

Communication : communication. *Properties* : propriétés (13) ; *conditions* : conditions (14-16) ; *traffic order* : ordre de circulation des échanges communicationnels (24) ; *behavior/conduct* : conduites de (interactions comme « espèce de communication ») (24 et 34, 124, 242) ; *arrangements* : arrangements (85, 102) ; *rights* : droits à (89) ; *life of the community* : vie de communication d'une communauté (92 + 110) ; *about communicating* : communication à propos de l'acte de communiquer (99) ; *courtesy* : courtoisie (100) ; *spoken or gestured* : par gestes ou par mots (103) ; *security* : sécurité (105) ; *contract*/contrat implicite : 106 et tacite : 124 ; *cut as practice* : feindre d'ignorer comme pratique de communication (114) ; *role* : rôle (115) ; *line* : ligne (106, 144) ; *barriers*/barrières (118, 145, 152) ; *rules and regulations* : règles et régulations de (116, 118, 130, 131, 140, 145) ; *preferential relationship* : relation préférentielle (121) ; *contact* : contact (127, contact entre sexes : 141, 147, 151) ; *constraints* : contraintes

(136) ; *place* : place (140) ; *boundaries* : frontières (chap. 9 : 151 s.) ; *possibilities* : possibilités (153, 154, environnement de possibilités : 196, 243) ; *flowing* : flux (155) ; *position* : position (156) ; *social organization of* : organisation sociale de (157) ; *opportunities* : opportunités (159) ; *delinquents* : délinquants (162) ; *linguistic and expressive* : expressive et langagière (180, 242) ; *system* : système (208) ; *niceties* : subtilités de la communication (216) ; incontinence : incontinence (comme forme de : 223)

Concerned : être concerné et *concern* : « concernement » (196)

Conduct : conduite (*misconduct* : inconduite)

Contact : contact. Organisation des contacts sociaux : 4 ; normes de l'ordre public et non contact : 9 ; contacts entre enfants : 90 ; « Le contact visuel ouvre à un engagement de face » : 95 ; coup d'œil d'amitié ou de reconnaissance : 101 ; réceptions : 102 ; droit à nouer des contacts et devoir de ne nouer que des contacts sans abuser : 106 ; patients psychiatriques *out of contact*/hors contact : 107, 108, geste cérémoniel de contact : 113 ; contact avec le nouveau-venu : 122 ; danger du contact : 124 ; engager le contact sur le mode de la plaisanterie : 127 ; nouer un contact communicationnel : 127, 147, 151 ; contact approprié et permission associée à l'anonymat : 130 ; Carnaval et contact facilité par le suspens de leurs rôles habituels : 136 ; catastrophe et *contact prohibitions*/interdictions de contact assouplies : 136 ; éviter le contact : 138 ; contacts informels : 141 ; contacts de communication entre les sexes : 141 ; « Les homosexuels abusent du système des contacts » : 142 ; signes de tête dans réception : 169 ; contact avec l'occasion sociale : 176 ; contact avec des partenaires et folie : 178 ; contact immédiat avec les représentants ou avec les symboles d'une organisation sociale : 246

Contain : contrôler. *Uncontained participation* : participation sans contrôle : 179 s.

Contract : *implicit contract*/contrat implicite et *gentleman's agreement* : 106 ; *gentleman's agreement* et contrat de communication : 144 ; *tacit contract*/contrat tacite : 124 (Goffman parle encore de : *agreement*/accord : 35, qui porte jusque sur les pertinences perceptives : 96 ; ou de *understanding*/entente ou accord tacite entre personnel des bibliothèques et clochards : 55 ; accord entre gardiens et patients psychiatriques : 207)

Convenient : convenant ou convenable

Conventional closure : clôture conventionnelle (de la situation ou de l'engagement). De la situation : 152 ; et fenêtres : 153 ; de la conversation : 156-157 ; et coopération tacite : 159 ; et réserve des participants et des spectateurs : 159, 161 ; et espacement : 161 ; conversion d'une fête à multiples foyers en un concert à foyer d'attention unique : 164

Conversation : conversation, ou encore *talk*, discussion, *small talk* : conversation à bâtons rompus ou *chat* : bavardage – page 100, des enfants à table, 175, dans la salle d'opération, ou 177, lors des enterrements

Coopération : coopération. Et jeux à somme nulle : 9n ; équipe chirurgicale : 90-91n ; entre piétons et piétons et automobilistes : 94 ; pour prendre congé : 111, 189 ; coopération tacite dans l'entretien de la clôture conventionnelle : 159, 161

Copresence : coprésence 9, 17, 34, 83, 106, 174 ; et ordre public : 22 ; et interaction non focalisée : 24 ; et travail de bureau : 63 ; et folie, 76 ; et inattention civile : 84, 88 ; engagement de face, coprésence et coparticipation : 102 ; et politesse par anticipation : 128 ; et absorption mutuelle : 169 ; et relations de confiance : 227 ; entre étrangers : 242 ; rassemblement et relation mutuelle de coprésence : 243

Courtesy : courtoisie, politesse : 6, 115, 116, 123, 128 ; et inattention civile : 84, 86 ; courtoisie communicationnelle : 101 ; courtoisie entre ennemis : 170

Creature release : relâchements animaux. Classe d'auto-engagements par où se manifeste, par effraction, la bête qui sommeille en nous : 68 ; hiérarchie du discrédit et brièveté : 69 ; et absence : 75 ; inhibition et contrôle : 195 ; et tic : 219 ; comme idiome du mépris pour les conventions : 223 ; citation de N. Elias : 39

Culture : culture. Impolitesse et extranéité culturelle : 29 ; idiome conventionnel à cheval sur plusieurs cultures ou subcultures : 37 ; difficulté d'interprétation d'une différence de conduite dans deux cultures ou dans la même culture à deux périodes distinctes : 38 ; idiome des engagements subordonnés et groupe culturel : 45 ; schémas de civilité, subculture ethnique et subculture de classe : 86 ; variations culturelles de l'espace personnel : 99n, 163n ; analyse transculturelle de l'étiquette : 121n ; engagements mutuels autorisés en public dans les cultures exotiques : 166 ; sous-cultures, voyeurisme et amour dans le noir : 167n ; marins, tatouages et cultures d'accueil : 222 ; diagnostic psychiatrique et culture du patient : 233 ; psychiatres et cultures dépaysantes : 238 ; régularités transculturelles de certaines propriétés situationnelles : 238-239

Cut (somebody dead) : ignorer quelqu'un (114-115)

Damp : atténuer, amortir, mettre en sourdine (168, 195)

Decorum : décorum des affaires quotidiennes : 21 ; étiquette stricte des classes moyennes : 228 ; étiquette des enterrements : 177 ; décorum public : 21 et 204

Deference : déférence. Pour une activité officielle : 44 ; système de déférence interpersonnelle : 122 ; et attention pour le jeu de ping-pong : 181 ; système de déférence et *system of involvement*/système d'engagement : 228-229 ; et marques de déférence : 229

Delict : petite infraction (dans le sens littéral, petite transgression à la loi, équivalent de *misdemeanor*) (3, 62, 180, 219, 220)

Deviation/deviance : déviation/déviance

Devotion : dévotion, ou simplement attachement (pour une occasion sociale)

Discipline : discipline des apparences : 24-25 ; *limb discipline*/discipline des membres : 27 ; voir aussi discipline des yeux : 48

Distance : distance (161)

Dominance : dominance. Entre deux couples au restaurant : 158 ; et devoir de conduite stricte : 229 : et aristocrates terriens dans fêtes : 230

Dressing : tenue, vêtement

Drift : dérive (partir à la dérive dans la situation) : 173-176, 195

Eavesdrop : écouter aux portes (152) ; *eavesdropper* : oreille indiscrète (162)

Embarrassment : embarras. Et surprise d'une personne dévêtue : 40, 212 ; situation de relâchement en public : 41 ; engagement secondaire : 61 ; et observation illicite : 81 ; lieutenant du capitaine Claret : 94 ; et clin d'œil à une femme : 98n ; retour dans une fête après avoir pris congé : 101-101n ; prendre congé : 111 ; ignorer quelqu'un : 115 ; présentations mondaines : 122 ; et conduite bizarre : 126 ; et ouverture mutuelle : 137 ; siffler une femme : 145n ; refus à un mendiant : 146 ; écoute à la dérobée : 157 ; conversation et immixtion d'un tiers : 160 ; conversation à distance dans le tramway : 163 ; accusation de maladie mentale : 239 ; manque de respect des subtilités de la situation : 248

Embodiment : incarnation de l'information : 14 ; messages : 15-18 ; signes expressifs : 34 ; rassemblement comme incarnation de l'occasion : 196, 199, 244

Emigration : migration. *Inward*/intérieure : 29, 69 ; du soi : 194

Encounter : rencontre [cf. *face engagement*]. Définition : 89 et 243 ; et porteurs de handicap : 87 ; et activité mutuelle à visée utilitaire : 89 ; conversation modèle de rencontre : 90 ; accréditation conjointe non verbale de : 90 ; et rassemblement totalement focalisé : 91 ; plusieurs rencontres dans rassemblement multi-focalisé : 91 ; unité de participation : rencontres et participants non engagés : 91 ; et spectateurs : 91 ; description de la dynamique de la rencontre : 91-92 ; droit formel de commencer une : 95 ; contrôle « en ligne » et clôture rituelle : 98 ; matériaux de la rencontre : actes et gestes : 99 ; rencontre personnelle : 100 ; échange de mots et de regards : 101 ; présentations : 101, 102 ; *lapsed encounter*/rencontre mise en suspens : 103 ; rencontres verbales et ressources sûres : 103 ; rencontre, sexe et moment : 103 ; *wedges*/cales de la rencontre : 105-106 ; arrangement de : 107 ; se sentir sain d'esprit : 109 ; règles du prendre congé : 110 ; déni d'une avance ou ouverture de : 114 ; relations de sexe : 117 ; liens de connaissance : 119 ; présentations obligatoires, rencontres arrangées : 122 ; rencontre et invasion : 124 ; avec des inconnus : 131 ; *mutually initiated meeting of the eyes*/rencontre des regards, engagée mutuellement : 132 ; gratuité des rencontres : 136 ; règles, gains et coûts : 139 ; drague homosexuelle : 142 ; frontières vis-à-vis des spectateurs : 151 ; procédures d'ordonnancement internes à la rencontre : 154 ; rencontres focalisées/non focalisées : 154 s. ; aspect situationnel de : 155 ; obligations dues à la rencontre/dues au rassemblement : 155 ; maintien du caractère privé : 155 ; inattention civile : 156 ; dissociation psychique et *conversational parasitism*/parasitisme conversationnel : 157 ; coopération autour du maintien de la clôture conventionnelle : 159 ; solidarité préférentielle entre membres de la rencontre : 159 ; tact : 160 ; espacement : 161 ; absorption de soi par une rencontre : 171 ; rencontre accessible et ethos : 174 ; orientation commune des rencontres et profil d'engagement de l'occasion : 174 ; dérive des rencontres/rassemblements : 174 s. ; *move past the point of propriety*/franchir la frontière de convenance : 175 ; expression de loyauté pour la rencontre : 179 ; exsudation d'informations aux spectateurs : 179 ; rencontre et aparté : 181 ; déloyauté et désaffection : 182 ; collusion contre un coparticipant : 184 ; ouverture de la « scène » aux spectateurs non ratifiés : 186 ; désertion : 188-190 ; situation, rencontre, rassemblement, occasion : 243 et 245

Engage : *engager* (une conversation) ; être *engagé* (dans une occupation) ; être pris (par quelque chose) ; *s'engager* (à faire quelque chose) avec souvent l'idée de prendre un *engagement* qui a force quasi contractuelle (et pas simplement de s'impliquer dans la situation).

Engagement : *engagement.* 37n : le terme « *engagement* » est utilisé dans *Encounters* avec le sens de « *involvement* » dans *BPP* ; 73 : s'engager dans la répétition d'une conversation ; 83-111 : chap. 6 « Face Engagements » (*infra*) ; *engagement* conversationnel : 110, 196 ; droits à l'engagement : 112 ; et reconnaissance sociale : 113-117 ; chap. 8 « Engagements Among the Unacquainted » ; et positions exposées : 125-128 ; et positions ouvrantes : 128-131 ; et ouverture mutuelle : 131-139 ; droit des adultes à *engager* une interaction avec mineurs ou étrangers : 143 ; avec femmes : 144-145 ; *engagements* accessibles : 153-155 ; clôture conventionnelle : 156 ; passage de plusieurs *engagements* à un seul : 164 ; retraits illégitimes de l'*engagement* dominant : 168 ; *engagement* entre membres d'un couple : 170-171 ; et dérive : 174-176 ; et écrans : 176-178 ; et participation sans contrôle : 179 ; concentration et détournement de l'*engagement* : 180 ; loyauté et collusion : 181-182 ; 182n : et cécité ; *engagement* avec enfants : 184 ; et déloyauté avec patients ou danseurs : 182-185 ; et scène : 186 ; et prise de congé : 187-188 ; « rester coincé » : 188 ; *engagement*, au sens fort, et distribution de l'engagement, au sens d'implication : 193 ; *engagements* accessibles et loyauté, mise en sourdine, espacement, dérive : 195 ; *engagements* dans un parc : 199 ; à une terrasse de café : 200 ; bruit silencieux en cas de non *engagement* dans une discussion : 214 ; *engagement* avec une prostituée : 230 ; et retrait de la psychothérapie en hôpital psychiatrique : 231.

un-engaged/non *engagé* (parfois *uninvolved*) : 104, 139, 156, 161, 178, 186, 188 ; non *engagé* lors des occasions cérémonielles : 103 ; *dis-engaged*/*désengagé* : 51, 91, 157 (*disengagement* : 58)

Engross : s'absorber dans : engagement principal : 18, 52 et engagement subordonné : 49 ; *cognitive and affective engrossement*/absorption affective et cognitive dans une activité : 36, 39, 43, 60 ; par ses affaires : 56 ; par soi : 64, 65, 194 (cf. aussi *self-absorbing involvement* : 67) ; par un objet : 78 ; par une rencontre : 171 ; dans une tâche : 195 ; dans un travail : 206 ; par une situation : 212 ; *mutual engrossement characteristic of love-making*/abîme mutuel dans lequel sont plongés les amoureux : 167 ; absorption mutuelle et autres obligations d'engagement : 169

être captivé par : *engrossing claims on attention*/captivé par des demandes d'attention : 44 ; par des engagements principaux : 51 ; par l'occasion : 55 ; par la discussion : 171 (cf. aussi *captivating focus of attention* : 184n)

Equipment : équipement de réception : 14 ; équipement fixe d'une occasion sociale : 18 ; équipement obligatoire dans des lieux publics : 25 ; et sur-engagement dans la situation : 51

Establishment : établissement social : 20, 39, 56, 70, 201, 202, 223, 226 ; ou plus généralement, institution (en part. psychiatrique) : 56, 162, 201, 202, 206, 225, 227 ; institution (sociale) : 223, 227 ; « L'interaction en face-à-face prend place dans un type d'unités qui lui est propre, unités que nous avons qualifiées d'engagements, de rassemblements et d'occasions sociales. Un établissement social peut être vu comme un système de ces unités, tout comme il peut être vu comme un système de rôles » : 245 (cf. aussi *repressive institutions* : 40 ; *institution of acquaintanceship* : 72, *institution of introduction* : 121)

Ethos : ethos de la situation : 11 ; « Chaque classe de ces occasions possède un *ethos* distinctif, un esprit, une structure émotionnelle » : 19 ; atmosphère de groupe : 97 et longue note sur *Naven* de Bateson : 97n ; *ethos* de l'occasion : 101, 171

Etiquette : Della Casa : 9 ; *etiquette books*/manuels de civilité : 4, 5, 6, 11, 26, 66, 114, 121, 127, 135, 145, 168, 175, 189, 206 ; étiquette des affaires : 110 ; étiquette officielle : 116 : observer l'étiquette : 117 ; étiquette de la personne médiatrice : 122 ; étiquette américaine : 167 ; règle d'étiquette : 169 ; pure étiquette : 213

Evasion : esquive (139)

Exhibit : afficher, exhiber, montrer ou démontrer

Exsude : exsuder (un sens expressif) (13-14) (la notion d'exsuder se retrouve en de multiples lieux de l'œuvre de Goffman : c'est un trait récurrent de sa théorie de l'expression)

Eye-to-eye look : regard d'entente, yeux dans les yeux (92) ; *eye-to-eye contact* : contact par le regard (avec une longue citation de Simmel : 93) (Goffman utilise par ailleurs les termes de *stare*, *glance* : 92, *scan* : 182, *gaze*...)

Face : face ou visage (la face ne se réduit pas nécessairement au visage ou au corps, mais peut impliquer la configuration tout entière de la situation en tant qu'elle engage la présentation de soi). Dissimulation ou composition : 28. *Face-to-face interaction*/interaction en face à face : 8, 9, 24, 92, 133n ; et communication : 15, 17 ; et ordre public : 22 ; et observation : 85n ; et cécité ou surdité : 93n ; et accréditation conjointe : 91 ; et proxémique de Hall : 99n ; évitement du face-à-face dans une réception : 169 ; et retrait du rassemblement : 171 ; et incapacité générale à s'engager : 216 ; et unités de participation : 245. *Dog-face*/visage impassible (des prisonniers) : 28

Face engagement [cf. *encounter*] engagement de face ou rencontre/interaction focalisée : chap. 6 et définition 89 et 242 ; structure des : 88 s. ; exemples : 89 ; et contact visuel : 94 ; dedans ou dehors : 102 ; coprésence et coparticipation : 102 ; et accessibilité : 104 s. ; et relations de proximité : 104-105 ; et considération mutuelle : 105 ; prélude à agression : 105-106 ; avec patients psychiatriques : 108 ; et *acquaintanceship*/liens de connaissance : 112 ; et relations entre sexes : 117 ; tendance et évitement : 118 ; entre connaissances et inconnus : 124 ; et personnes ouvertes (jeunes enfants et personnes âgées) : 125-126 ; et ouverture des personnes hors de rôle : 126 ; et ouverture mutuelle : 131 ; et régions ouvertes : 132, 135 ; engagement de face officiel : 144 ; tactiques d'implication à l'hôpital psychiatrique : 147 ; vis-à-vis de spectateurs non ratifiés : 151 ; et situation accessible : 154 ; inattention civile, dominance, force et faiblesse : 158 ; passage d'une situation à multiples foyers à un engagement de face : 165-166 ; fête et accessibilité des engagements de face : 173 ; et affliction à enterrement : 176

Faulty : déficient (62)

Fit in : se fondre dans le décor, cadrer ou coller avec une situation, s'y ajuster sans accroc, s'intégrer : 11, 12, 35, 205

Focus : foyer d'attention : 24, 44, 58 ; officiel : 34 ; le commérage comme : 44 ; *main focus*/foyer principal d'attention : 53, 60, 201 ; effectif/simulé : 56 ; foyer unique d'attention visuelle ou cognitive dans l'activité mutuelle : 89, 96 et 243

Focused interaction : interaction focalisée (opp. *unfocused* : non focalisée) (*fully*, *partly* ou *multi-focused* : totalement focalisée, partiellement focalisée ou multi-focalisée) (ou *gathering*) : *définitions* pages 24, 83 et 91. La deuxième partie du livre est consacrée aux interactions non focalisées, la troisième partie aux interactions focalisées.

Interaction focalisées et rassemblement conversationnel : 34 ; et signes expressifs incarnés : 34 ; et inattention civile : 83 et 88 ; rassemblement focalisé : 91 ; engagement indissociablement focalisé/non focalisé dans la situation : 103, 108, 154, 172 ; *multifocused situation*/situation à multiples foyers : 164, 210 ;

Formality (opp. *informality*) : formalité (informalité) (199)

Frame (et *bracket*) : cadrage et parenthèse des engagements de face : 92n

Front/face ou façade. Gestion, inspection et délaissement de la face : 26, 27 ; se ravaler la façade : 28 ; prendre soin de sa face personnelle : 25, 28, 66 ; face d'un engagement : 62 ; maintien d'une façade de classe moyenne : 109 ; habits professionnels et façade personnelle : 205 ; symbolisme statutaire de la face personnelle : 221

Gathering : rassemblement. Exemples de rassemblements privés ou publics : 4 ; une seule catégorie : 9 ; définition : 18 ; rassemblement/situation/occasion : 18-19 ; et pluralité des définitions de situation : 20 ; non focalisé : 24 ; aliénation et hostilité : 25 ; et apparence en situation : 26 ; *alertness* et *aliveness*/vigilance et sensibilité : 30 ; rassemblement conversationnel : 34 ; abandon au rassemblement et engagement situationnel (dans la situation) : 37 ; et présentabilité : 41 ; régulations sur les engagements subordonnés : 47-48 ; et engagement principal : 51, 52, 54, 60 ; *inward emigration*/migration interne : 69 ; absence et rêverie : 70, 73, 76 ; et inattention civile : 86, 88 ; rassemblement focalisé : 91 ; désintérêt ou aliénation : 108 ; feindre d'ignorer et manque de respect pour le : 116 ; rassemblement et présentations de soi : 135 ; rassemblement et interactions non focalisées : 154 ; participants et spectateurs : 155-156 ; engagements mutuels et obligations dues au rassemblement : 169, 171, 172 ; dérive/intérêt pour rassemblement ou situation : 174 ; direction émotionnelle : 175, 187 ; conversation comme collusion contre le rassemblement : 176 ; règles d'accès, règles de respect : 194, 195, 197, 247 ; rassemblement comme petite société , ou système social, ou groupe social : 196 ; situations et rassemblements : 197 ; égards pour : 198 ; strict-relâché : 199-215 ; *commitment*/engagement : 206 ; solennité : 207 ; surinvestissement dans une tâche située comme affront : 212 ; ouverture au rassemblement et présence engagée : 214 ; offenses au rassemblement : 217 ; offense et aliénation au : 219-220, 226 ; peur et angoisse : 227 ; conduite stricte due à une personne et « gouvernement » du rassemblement : 230 ; idiome de l'aliénation au rassemblement : 231 ; bonne partie de la vie sociale organisée dans : 234 ; infractions au rassemblement et psychiatrie : 235-241 ; situation, rencontre, rassemblement, occasion : 243 et 245 ; « voir le rassemblement social comme une petite société, qui donne corps à une occasion sociale, et saisir les subtilités de la conduite sociale comme les liens institutionnalisés qui nous attachent au rassemblement » : 244 ; objet d'enquête et d'analyse : 244 ; attachement et détachement : 246 ; réalité de plein droit : 247, 248.

Give (oneself) up : se donner ou s'abandonner (à une situation, un rassemblement ou une organisation) (opposé à *hold oneself off* : 244)

Harness : harnachement (= équipement situationnel) (26)

Homosexual : homosexuel. Exploitation des règles de contact et de communication et menace pour la solidarité informelle entre hommes : 141-142

Idiom : idiome. *Body idiom* : idiome des apparences et des gestes : 33 ; comme discours de convention : 34 ; corporel : 35-37 ; expressif : 35 ; idiome corporel différent du symbolisme significatif de la conversation de gestes chez Mead : 34n ; et *idiom of involvement*/idiome de l'engagement : 37-39, 45, 46, 206, 219, 224, 233, 234 ; idiome situationnel, 231 ; *conventionalized idiom of behavioral cues*/idiome conventionnel des indices comportementaux : 243 ; idiome de l'attachement ou du détachement : 246

Improper : impropre, inapproprié, inconvenant ou incorrect (le contraire d'une conduite appropriée à la situation, convenable ou correcte)

Impropriety : impropriété ou inconvenance (on pourrait dire que *Behavior in Public Places* traite tout entier du thème des « propriétés » et des « impropriétés » situationnelles)

Infraction : infraction ou transgression (d'une règle) (25, 64, 87, 106, 139, 234, 239, 241) (Goffman utilise aussi l'expression *to break the rules*, enfreindre les règles)

Infringement : violation (235)

Initiator : initiateur (celui qui fait le premier pas ou qui prend l'initiative) (91 s)

Involve : s'engager et être engagé, au sens de prendre part, d'être impliqué et d'être pris dans la situation (sans nécessairement être engagé au sens quasi contractuel du terme). Les chapitres 3-5 sont consacrés à cette implication (*involvement*) dans des interactions non focalisées. Cf. les deux longues notes page 36 et le rapprochement avec « *commitment* » et « *attachment* ».

Involvement : liste des déviations aux propriétés de l'engagement (64) : surinvestissement dans les engagements subordonnés ; absence d'engagement principal lié à l'occasion ; insuffisance de l'engagement principal ; et sur-engagement

Termes composés :

auto-involvement/auto-engagement : 65-68 ; « manger, s'habiller, se curer les dents ou se récurer les ongles, sommeiller ou dormir » : 66 ; masturbation dans les contextes uni-genre : 67-68 ; relâchements animaux : 68-69 ; 194, 199, 208, 243

self-involvement/engagement vers soi : 65

main/principal : définition 43 ; divers : 45, 48, 62, 110, 168 ; principal diff. dominant : 44-45 ; absorption dans activité principale : 18 ; activités : 193 ; et occasion sociale : 50-52 et 205 ; secrétaires : 207 ; patients psychiatriques : 207

side/secondaire ou latéral : 43-46 ; activité secondaire : 52 ; contrepoint à la façon d'une fugue : 60 ; surprise et embarras : 61 ; s'entortiller les cheveux : 63 ; engagements latéraux : grommeler, jouer du piano sur la table, tirer sur une mèche de cheveux, griffonner une feuille de papier : 70 ; et activité méditative : 70 ; discuter, fumer : 70 ; prisonnière d'un *byplay*/jeu de scène secondaire : 148 ; 193-194 ; multiplication des engagements latéraux dans une fête : 165 ; tricoter : 205 ; gestion des engagements secondaires (fumer, se vernir les ongles pour les prostituées au travail) : 230

dominant/dominant. Définition : 44-48 ; scène d'une occasion sociale dominante : 21 ; « ce qui avait été un engagement dominant peut être rétrogradé en statut et se retrouver subordonné » : 44 ; diversion du soi de l'engagement dominant : 49 ; manger dans restaurants : 52 ; lire à Grand Central ou Penn Station (vagabonds) : 59 ; auto-engagements = distractions incorrectes des engagements dominants : 65 ; protection d'une activité dominante : 79 ; phases de conversation : 177 ; interaction dominante et jeux de

occasions d'apparition en public : 169 ; *ethos* : 173 ; *standard supplies*/ressources standard de : 174 ; s'abandonner à l' : 174 ; et dérive : 174-176 ; et dissimulation : 176-178 ; « rester coincé » : 188 ; strictes et relâchées : 198 s., 208 ; et cycles de changement : 210 ; dévotion à l' : 211 ; objets d'attachement et de détachement autres que les occasions sociales (communautés, institutions, relations, engagements) : 220 s. ; caractère sacré de l'occasion sociale : 235

Occasioned activity : activité occasionnée - accomplie dans le cadre d'une occasion : 35-36 ; engagement principal occasionné : 50-52, 61, 194 et imitation de l' : 56 ; tâche occasionnée : 61 ; *occasioned mutual-involvement*/engagement mutuel occasionné : 170-173

Offender : offenseur ou contrevenant (aux régulations de la structure de l'engagement dans la situation) : 76, 78, 132, 145, 216-223, 228, 230, 234 et jusqu'à page 241

Offense : infraction ou transgression situationnelle, en raison d'une conduite inappropriée (22, 78, offense d'oublier un nom : 120, offense virtuelle ou effective : 128, 132, 146, 172, 176, offense et sur-engagement, 212, 216-223, 226, 228, 230, 232, 234 et jusqu'à page 241 sur le rapport entre offense et psychiatrie, 246). Offense est aussi pris parfois au sens d'insulte ou d'affront (au sens propre, l'*offense* ou *offence* renvoie au péché et à l'outrage contre Dieu ou, dans un sens légal, au crime - de l'*offence of decency assault*/attentat à la pudeur à la *capital offence*/crime capital)

Offensive : offensif ou offensant.

Open persons/personnes ouvertes : 126 ; *open regions*/régions ouvertes : 132 ; *opening persons*/personnes ouvrantes : 129, 130, 132, 141. Droit d'ouverture : 143 ; coup d'ouverture : 91 ; engagement d'ouverture : 128 ; positions d'ouverture : 128, 130, 131

Openess (*mutual*) : ouverture (mutuelle)

Overhear : écouter à la dérobée (comme spectateur ou participant non ratifié)

Overture : ouverture, avance ou proposition (d'engagement)

Participation unit : unité de participation : 91, 100, 161, 162, 175

Performance : performance ou accomplissement

Placing : resituer quelqu'un moyennant une reconnaissance cognitive (« le remettre ») :112-114

Profanation : techniques de profanation : 147 ; profanation de soi : 184

Profane (ritually)/rituellement à part : 119, 131 ; profane : 23, 144, 171, 232, 234-237

Prohibition : interdiction

Proper : propre ou approprié, parfois, correct ou convenable

Propriety : propriété (opp. *impropriety* : impropriété) : définition des propriétés situationnelles (règles de conduite dans l'ordre d'interaction) : 24 ; structure et fonction des propriétés situationnelles : chap. 12

Public order [cf. *civic order, civil order, social order*] : ordre public. Normes (juridiques) qui soutiennent l'ordre public (en l'absence de coprésence) : 8 ; « la notion d'ordre public fait davantage référence à la régulation des interactions en face-à-face, entre membres d'une communauté qui ne se connaissent pas ou peu, qu'à des interactions dans des lieux enclos et privés, où seulement des familiers se rencontrent » : 9 ; « La préoccupation pour l'ordre public ne naît que de la gêne qu'un rassemblement public cause aux voisins » : 9 ; régulation normative de la dépendance réciproque, de l'accessibilité (*accessibility*) et de la disponibilité (*availability*) : 22 ; et sécurité publique (*public safety*) : 22-23 ; folie et absence de souci pour les règles normatives de l'ordre public : 24 ; *semipublic regions* : 163 ; *collapse of public order*/effondrement de l'ordre public dans les parcs : 215 ; en relation à la coprésence : 242 ; régulation des conduites de communication (comme une partie de l'ordre public) : 242 ; « la symptomatologie des "malades mentaux" a souvent plus à voir avec la structure de l'ordre public qu'avec la nature d'esprits déréglés » : 242

Race : statut, étiquette et prestige (Warner et Davis-Gardner) : 6n ; ségrégation raciale sur les voies publiques : 10 ; tabous de caste et relations égalitaires : 12 ; regard haineux : 83 ; statut de non personne des Noirs : 84 ; personnes rituellement à part : les enfants, les fous, les Noirs, les Juifs : 119 ; indiquer son chemin : 130 ; salutations réciproques entre Noirs ou Juifs ne se connaissant pas : 131 ; barrières raciales dans interaction homme noir-femme blanche (Griffin) : 142

Ratified : participant ou membre ratifié (74, 91, 143, 151, 152, 154). *Unratified breach*/rupture non ratifiée dans les barrières de communication : 145 ; *ratified mutual participation*/participation mutuelle ratifiée : 100 ; *ratified focus of attention*/foyer d'attention ratifié : 243

Recipient : destinataire : 106

Recognition : reconnaissance. Et inattention civile : 84 ; *recognitional*

glance/coup d'œil ou regard de reconnaissance : 102, 168 ; sociale et cognitive : 112-118 ; *recognitional nod*/signe de tête de reconnaissance : 116 ; conduite de reconnaissance : 118 ; non reconnaissance : 139 ; open recognition/reconnaissance ouverte : 153.

Recognize : *identify* : 103 ; *socially* : 113 ; *cognitively* : 133 ; frontière : 153 ; 118, 131

Regard : égards pour les participants à la situation et à l'occasion : 25 ; pour les propriétés situationnelles : 107 ; pour l'activité dominante : 44 ; vis-à-vis des autres : 65, 180, 229 ; égards entre ennemis : 170 ; pour la salle de bridge : 172-173 ; pour l'occasion : 170, 195 ; pour le rassemblement : 198 (cf. aussi *sake*/égard pour l'hôtesse : 172) (opp. *slight*/manque d'égard : 115 ; *disregard*/manque d'égards pour une règle : 173).

Regulation : régulation

Respect : respect. Présentation de soi et manque de respect pour le rassemblement : 26 ; feindre d'ignorer : 116 ; respect de surface pour l'engagement principal : 45 ; 87 : respect des propriétés situationnelles dans la solitude : 39n, et embarras : 87-88 ; respect d'un contrat implicite : 106 ; renoncement au respect des fauteurs de troubles : 144 ; respect pour le lieu d'une cérémonie : 168 ; respect pour le rassemblement : 194, 198, 202, 208, 214, 226, 236 ; respect et égard pour le pôle de l'attachement et de l'appartenance : 196-199 ; respect pour le foyer d'attention de l'amphithéâtre : 201 ; respect de l'uniforme : 205 ; manifestation de respect et tenue féminine : 206 ; et régulation contre le bruit : 213-214 ; respectabilité dans les classes populaires : 220-221 ; respect de soi : 225 et dignité : 247 ; formalisme et respect interpersonnel : 228 ; respect mutuel dans la passe de prostitution : 230 ; caractère moral des exigences situationnelles : 240

Reverie, brown study, woolgathering, daydreaming : rêverie : 29, 58, 70, 70n, 73, 75, 198

Right-of-way : droit de passage (132)

Role : rôle. *Communication roles reverted*/inversion des rôles de communication : 15 ; *perform roles*/performer ou accomplir des rôles : 20, 125 ; différenciation des rôles dans une occasion : 20 ; refoulement (*repressing*) ou dissimulation (*concealing*) de rôles et de capacités : 25 ; *role release* : relâchement (mais aussi libération, délivrance ou congé) dans le rôle, mis en parallèle de *role breaking* : pause (mais aussi interruption, rupture ou évasion) : 40 ; enfant qui se joue des rôles à lui-même : 76 ; coopération tacite entre personnes dans leurs rôles respectifs pour prendre congé : 110 ; jouer un rôle crucial, allouer un rôle spécifique : 113 ; se trouver *out of role*/hors rôle : 126, 129 (suspens des rôles habituels : 136 ; *to be forced out of role*/contraint de sortir de son rôle : 136 ; mannequin nu, mais pas hors rôle : 212) ; endosser des rôles sérieux, être engagé dans ses propres rôles : 126 ; « Nous avons examiné dans le langage du rôle et du statut quelques-unes des raisons pour lesquelles le droit ordinaire de l'individu à ne pas être importuné par des ouvertures peut être levé. À d'autres moments, cette autorisation est concédée, mais la terminologie du rôle social n'est pas vraiment adéquate » : 127 ; rôle de l'hôte : 129 ; jouer de son rôle pour gagner sa vie : 141 ; contraindre à endosser le rôle de non personnes dans un ascenseur : 158 ; ségrégation des rôles et gestes d'égard pour l'occasion : 170 ; *be led into the role of the butt*/devenir l'objet de la risée des spectateurs : 182 ; tenir son rôle : 187 ; rôle de l'huissier : 190 ; rôles de base-ball : 199, situations et rôles plus ou moins stricts : 203 ; rôle du « dingue » (*freak*) : 203 ; décontraction (*looseness*) conforme au rôle : 203 ; rôle et distanciation au rassemblement : 205 ; rôle institutionnel : 221 ; rôle assigné aux titulaires de charges officielles : 222 ; « langage du rôle, de la position, du symbole statutaire, de la relation sociale, de l'organisation formelle et informelle » de l'analyse institutionnelle ; 245 ; *role-expectations*/attentes de rôle : 245 ; l'institution sociale comme système de rôles : 245 ; statuts identiques, obligations d'engagement différentes et statuts différents, rôles interactionnels identiques : 245 ; ensemble de « personnes coprésentes jouant des rôles dans des lieux donnés » et l'ensemble des « preneurs de rôle en interaction » : « l'étude des obligations liées à la situation est différente de l'étude des obligations liées aux rôles sociaux » : 245

Rulings : règles ou régulations (mais aussi décisions ou jugements d'ordre administratif ou judiciaire)

Safe region : région sûre (160)

Safe supplies : ressources sûres (103, 154) (sauvegarder l'interaction contre sa vulnérabilité – filet de sauvetage, procédés qui sauvent la mise).

Scene : scène. Créer une scène (une situation gênante) : 11 ; faire une scène (bouleverser un ordre public, en prenant des *outsiders*, spectateurs ratifiés ou non, à témoin et en les impliquant dans une situation problématique) : 186-187

Self : soi (*real* ou *true* : réel ou vrai soi)

Self-possession : propriété de soi (60) ; *self-command* : contrôle de soi (61)

Shield : écran. Écran protecteur : 176-178 ; éventails, mains et journaux : 40 ; *shielded expression*/expression masquée : 69 ; *shield situational impropriety (self-talking)*/masque une impropriété situationnelle (se parler à soi-même) : 73 : *shielded involvement*/engagement masqué : 168 (ou *conceal* : 62 ; et *concealment (arts of)*/dissimulation (arts de) : 176)

Situation : situation. « La totalité de l'environnement spatial où se tient (ou se rend présent) un rassemblement » : 18 ; « Les situations débutent quand un contrôle mutuel se met en place entre les personnes coprésentes. » : 18 ; transformation d'une « région physique en *locus* d'une entité sociologiquement pertinente » : 154

Situated/situational : *situational aspect*/aspect situationnel de l'activité et/*merely-situated aspect*/aspect simplement-situé (22 ; 202n ; et 247) ; *involvement* : engagement situationnel/situé (37, 247)

Situational analysis : analyse situationnelle (239)

Situational determinism (12) ; *covering* : couverture (40) ; *coating* : vernis situationnel (76) ; *withdrawal* : retrait situationnel (41) ; *self-sabotage* : sabotage de soi en situation (225)

Situational orientation : une prise sur, une orientation vers ou un ajustement à la situation

Sociability : pure sociabilité : 101 ; *segregation of systems of conviviality*/ségrégation des systèmes de sociabilité : 106 ; *sociable occasions*/occasions de sociabilité : 208

Sociable (et *convivial*) : convivial ou sociable. Bavardages : 89 ; convivialité domestique : 101 ; occasions conviviales comme Carnavals : 136 ; risques de malfaisance et *sociable accessibility*/accessibilité et sociabilité : 136 ; *sociable gathering*/réunion de sociabilité : 170 et 177 ; discussion conviviale dans salle d'opération : 175 ; *sociable small talk*/petit bavardage de sociabilité : 177

Social order : « L'ordre social peut être défini comme la conséquence de tout ensemble de normes morales qui régule la façon dont des personnes poursuivent leurs objectifs » : 8 (l'ordre public qui régule les interactions en face-à-face en est un type d'ordre social) ; espèce d'ordre social assuré par des enfants (cinéma le week-end) : 47

Social units (three basic) : trois unités sociales de base (ou unités de participation : 91) : occasions/rassemblements/rencontres. Définitions : 18 (notamment dans la relation à la situation) et 21, 155, 195-196 (en relation aux obligations), et résumé, 243 et s. ; « Les grandes conceptions que la sociologie a développées à propos de l'organisation sociale peuvent être mises à l'épreuve pour penser les occasions, les rassemblements et les rencontres » : 244 et s.

Solidarity : solidarité. Solidarité collective : 104 ; solidarité minimale exigée par le rassemblement : 116 ; accessibilité mutuelle, informalité et solidarité : 131 ; solidarité publique : 141 ; solidarité informelle entre inconnus : 142 ; solidarité préférentielle entre membres de la rencontre : 159 ; solidarité des expériences de vie des marins : 222

Spacing : espacement (161)

Stage : scène (nom) ou mettre en scène (verbe)

Structure of involvement in the situation : structure de l'engagement dans la situation et structure de la situation : 193

Suitable : convenable, qui va bien, comme il faut

Tact (tactfulness) : tact : 50, 79, 87, 105, 110, 117, 137, 157, 160, 168, 172, 185, 189)

Tight (opp. *loose*) : strict, rigide (chap. 13) (par rapport à formel/informel : 199)

Tonus (interactional) : tonus interactionnel : 25, 26, 28

Toy-involvement : engagement de diversion. Fixer son attention sur un objet en vue de se soustraire à une situation – en s'absorbant ou en feignant de s'absorber dans l'observation d'une tâche ou le divertissement avec un animal : 74.

Trust : confiance. Impossibilité de faire confiance en certains patients psychiatriques : 23 ; *trust-in-the-other*/confiance en autrui : 78 ; référence à Garfinkel : 78n ; la « chaîne ténue de la confiance » de Lawrence Durrell : 142n ; confiance entre participants et spectateurs d'une conversation : 157, 159 ; espacement réduit et manifestation de confiance : 161 ; et signes corporels : 197 ; et paranoïa : 227

Undistractability : capacité à ne pas être distrait (208)

Women : femmes. Robe de soirée : 7 ; obligations liées à la face personnelle : 25-26 ; et discipline des jambes : 26-27 ; attractivité sexuelle : 28 ; éventails et masques : 40 ; conduites de femmes en hôpital psychiatrique : 42, 75, 108, 157, 180 ; engagements subordonnés : 47-48, des femmes indiennes : 48n ; tenue d'enterrement : 51 ; tricoter comme engagement secondaire : 52 ; soin de soi en public : 66 ; auto-engagement onaniste : 68 ; engagements de diversion des hommes en présence des femmes : 74 ; interaction femme blanche avec homme de couleur : 87 et dans le Sud des États-Unis : 142n ; tabous du regard dans sociétés exotiques : 88n ; rencontres rituelles et dé-ritualisées : 92n ; et ressources conversationnelles : 103 ; femmes non accompagnées en public : 104 ; de la rencontre au mariage : 105 ; et conduites non accessibles : 110 ; feindre d'ignorer entre hommes et femmes : 115 ; problème de la reconnaissance sociale entre hommes et femmes : 116-117 ; réputation : 117 ; présentations et dommages : 121 ; manifester de l'attention ou rendre service à une femme en public : 127-128, 140 ; femmes non accompagnées au bar : 134-135 et 134n ; interactions avec prostituée : 141 ; usage du sifflet et drague des hommes : 144-145, 144-145n, et drague à travers les enfants : 126n ; femme psychotique et dissociation du comportement : 157 ; pénalisation du baiser en public : 168n ; couples dans réception publique : 170 ; femme battue et interpellation de témoins : 186 ; quitter une femme avec tact en société : 188-189 ; conduites des femmes plus strictes que celles des hommes en public : 204 ; femmes ivres selon Lemert : 204n ; nudité en public : 210 ; être soigneux : 221 ; parfum d'une femme amoureuse : 229 ; intrusion d'une femme dans un cercle d'hommes : 230 ; patiente, femme, de bas statut, adolescente et noire : 233

Working consensus : consensus de travail : 96 (lequel a le caractère d'un *contrat implicite* : 106).

Table des matières

ÉTUDES SOCIOLOGIQUES

Collection dirigée par
Jean-Philippe HEURTIN et Danny TROM
avec la collaboration de Myriam Aït-Aoudia et Ariane Debourdeau

Depuis une dizaine d'années la sociologie a connu en France d'importantes transformations. Celles-ci sont largement redevables de l'ample processus d'hybridation disciplinaire que connaissent les sciences sociales ainsi que d'une revitalisation du dialogue entre sociologie, épistémologie des sciences sociales et philosophie. Manifestant une créativité inédite, des travaux, trop souvent dispersés, ont ainsi peu à peu profondément renouvelé l'approche des objets de la sociologie, ses méthodes et l'horizon de sa scientificité. La collection « Études Sociologiques » est conçue comme un lieu d'exposition de cette inventivité conceptuelle et comme un espace de mise à l'épreuve empirique de sa pertinence.

Ouvrages déjà parus :

BREVIGLIERI Marc, LAFAYE Claudette, TROM Danny (sous la direction de), *Compétences critiques et sens de la justice.*

BLANCHARD Arnaud, *La vraisemblance du péril.*

CEFAÏ Daniel et SATURNO Carole (sous la direction de), *Itinéraires d'un pragmatiste – Autour d'Isaac Joseph.*

CONEIN Bernard, Les sens sociaux – *Trois essais de sociologie cognitive.*

ELIASOPH Nina, L'évitement du politique – *Comment les Américains produisent l'apathie dans la vie quotidienne.*

FRANÇOIS Pierre, *Le monde de la musique ancienne.*

GOFFMAN Erving, *Comment se conduire dans les lieux publics – Notes sur l'organisation sociale des rassemblements.*

GUSFIELD Joseph, *La culture des problèmes publics – L'alcool au volant : la production d'un ordre symbolique.*

HAMIDI Camille, *La société civile dans les cités – Engagement associatif et politisation dans des associations de quartier.*

JAYYUSI Lena, *Catégorisation et ordre moral.*

JOAS Hans, George Herbert Mead – *Une réévaluation contemporaine de sa pensée.*

JOSEPH Isaac, *Météor – Les métamorphoses du métro.*

JOSEPH Isaac, *L'athlète moral et l'enquêteur modeste.*

KARSENTI Bruno, *La société en personnes.*

LEMIEUX Cyril, *Le devoir et la grâce.*

LUHMANN Niklas, *La confiance – Un mécanisme de réduction de la complexité sociale.*

OGIEN Albert et QUÉRÉ Louis (sous la direction de), *Les moments de la confiance – Connaissance, affects et engagements.*

PIETTE Albert, *Le fait religieux.*

PILMIS Olivier, *L'intermittence au travail – Une sociologie des marchés de la pige et de l'art dramatique.*

POLIAK Claude F., *Aux frontières du champ littéraire.*

RÉMY Catherine, *La fin des bêtes.*

SCIARDET Hervé, *Les marchands de l'aube.*

TIFFON Guillaume, *La mise au travail des clients.*

ZIMMERMANN Bénédicte, *Ce que travailler veut dire – Une sociologie des capacités et des parcours professionnels.*

Imprimé en France en février 2025
par l'IMPRIMERIE MAURY S.A.S. à Millau (12)
Dépôt légal : mai 2013 - N° d'impression : B25/76787C